연구대회 바이블

네이밍부터 수업 설계, 통계 분석, 보고서 디자인, 입상을 가를 한 곳까지

연구대회 바이블

네이밍부터 수업 설계, 통계 분석, 보고서 디자인, 입상을 가를 한 끗까지

초판 1쇄 2023년 11월 27일
2판 1쇄 2024년 4월 30일

지은이 김태령, 송해남, 이정원, 임지은, 조수진, 주민환
발행인 최홍석

발행처 (주)프리렉
출판신고 2000년 3월 7일 제 13-634호
주소 경기도 부천시 길주로 77번길 19 세진프라자 201호
전화 032-326-7282(代) **팩스** 032-326-5866
URL www.freelec.co.kr

편 집 박영주
표지디자인 황인옥
본문디자인 김미선

ISBN 978-89-6540-376-0

네이밍부터 수업 설계, 통계 분석, 보고서 디자인,
입상을 가를 한 끗까지

연구대회 바이블

THE BIBLE OF
TEACHERS'
RESEARCH
CONFERENCE

김태령, 송해남, 이정원, 임지은, 조수진, 주민환 지음

프리렉

차례

서론 | 연구란? — 9

1장 교육연구란? — 10
교육연구의 일반론·10 | 교육연구의 일반적 과정·12

2장 교육연구의 상세절차 — 14
1단계. 연구 주제 발견·14 2단계. 가설 설정·17 3단계. 문헌 고찰·17 4단계. 연구 설계 및 데이터 수집·20 5단계. 결과 해석·23 6단계. 보고서 마무리·24 연구 윤리·26

3장 연구대회란? — 27
연구대회의 목적 및 법령·27 | 연구대회에 참여하는 마음가짐·30

1부 | 연구대회 핵심 관통하기 — 35

1장 연구대회 네이밍 — 36
연구 제목의 필수 3요소·37 | 독립 변인과 종속 변인·39 | 연구대회 네이밍 4원칙·41

2장 경쟁력 있는 연구 설계란? — 42
특색: 교사로서의 나 탐구하기·42 | 논리: 연구 필요성 납득시키기·43 | 희소성: 어려운 길 찾아가기·45

3장 연구 분석: 양적 검증과 질적 검증 — 47
쉽게 사용하는 통계·48
질문지 통계 분석의 상황·48 설문지 통계 정리하기·49 엑셀로 평균 변화 분석 확인·50 우리 집단의 사전-사후 통계적 확인 (대응표본 T검정)·51

질적 연구 분석 방법·56
질적 자료로부터 분석하는 법·56

4장 연구 보고서 문서 디자인 — 59
보고서 디자인 3원칙·59
1. 연구대회 보고서의 가장 중요한 원칙은?·60 2. 디자인은 먼저 하는 게 좋을까? 나중에 하는 게 좋을까?·61 3. 심사위원은 하루에 몇 개나 심사할까?·63

보고서 디자인 심플 스킬 7가지·66

5장 보고서 다듬기: 수상을 가르는 한 끗 차이 — 74
차이 1. 일반화의 질을 높이자!·74 차이 2. 하나의 주제로 처음부터 끝까지 일관하자!·78 차이 3. 끝까지 힘있는 보고서를 써라!·79 차이 4. 보고서는 분할 저장하자!·79

2부 디지털교육연구대회　　83

1장 디지털교육연구대회란?　　84
대회요강 및 추진 일정·84 | 출품서류·86 | 보고서 구성 3전략·87

2장 디지털교육연구대회 뜯어보기　　91
디지털교육연구대회 보고서·92
구성 및 목차·92
서론 연구의 필요성 및 연구 방법·93　Ⅰ. 연구 배경 및 필요성·93 | Ⅱ. 연구 방법·99
본론 연구 내용·103　Ⅲ-1. 연구과제 1: 준비·103 | Ⅲ-2. 연구과제 2, 3: 수업 실행·108
결론 연구 결과 및 일반화·113　Ⅳ. 연구 결과·113 | Ⅴ. 결론 및 일반화·116
부록·117

3장 디지털교육연구대회 노하우　　120
예산을 확보하자!·120　디지털, AI-SW 역량을 기르자!·121　학교 밖으로 눈을 돌려라!·123

4장 1등급 Key point　　127
연구의 질을 높이자!·127　기획이 반이다! 연구 설계가 다했다!·131　교육 트렌드를 유의미하게 연결하자!·133

5장 마무리하며　　135

3부 수업혁신사례연구대회　　139

1장 수업혁신사례연구대회란?　　140
대회요강 및 추진 일정·140 | 출품서류 및 동영상·142

2장 수업혁신사례연구대회 뜯어보기　　145
수업혁신사례연구대회 보고서·146
구성 및 목차·146
서론 연구의 필요성 및 연구 방법·148　Ⅰ-1. 휴머니티 미술수업을 꿈꾸며·148 | Ⅰ-2. 휴머니티 미술수업을 꿈꾸며·152
본론 연구 내용·162　Ⅱ. 연구 준비: 뉴노멀 Omni 미술수업을 위한 준비·162 | Ⅲ. 연구 실천과제(1-2-3-4) 실행·164
결론 연구 결과 및 일반화·169　Ⅳ. Omni 미술수업 HUMAN 되돌아보기·169
부록·173

2차 심사 준비 및 전국대회 참가·176
현장 심사 준비·177　수업동영상 촬영 및 편집·178　연구 보고서 컨설팅 진행·180

3장 수업혁신사례연구대회 노하우   181

연구 주제가 가장 중요하다!·181 기획이 8할이다!·182 하나의 주제가 처음부터 끝까지 꿰뚫어져 있는가!·183 심사기준표부터 분석하자!·183 2022 개정 교육과정을 반영하자!·184 바로 기록하자!·186 예산을 확보하면 좋다!·186 공동 연구를 한다면!·187

4장 1등급 Key point   187

HTHT핫태핫태! 맞춤On·미래+로 New T.U.R.N.하는 탐구키움터·188 | 여섯 싱어송라이터들과 떠나는 연결고리 창작여행, 비긴 어게인!·192

5장 마무리하며   195

4부 인성교육실천사례연구발표대회   199

1장 인성교육실천사례연구발표대회란?   200

대회요강 및 추진 일정·200 | 출품서류·202 | 보고서 구성 전략·203 | 연구 주제 선정·208

2장 인성교육실천사례연구발표대회 뜯어보기   212

인성교육실천사례연구발표대회 보고서·212
구성 및 목차·212

서론 연구 준비·214 Ⅰ. 연구 준비1: 수다 꽃을 피울 준비를 하다·214 | Ⅱ. 연구 준비2: 수다 꽃 피울 아이들을 관찰하다·219
본론 연구 방법 및 연구 내용·222 Ⅲ. 연구 설계: 수다 꽃 씨앗을 심다·222 | Ⅳ. 연구 실천: 수다 꽃을 피우다·227
결론 연구 실천 효과 검증·233 Ⅴ. 연구 결과: 수다 꽃 프로젝트로 성장한 아이들·233

3장 인성교육실천사례연구발표대회 노하우   237

연구 주제는 소신과 전략의 황금비율로!·237 교사수준 교육과정을 미리 설계하자!·239 공동 연구만큼 값진 스터디를 만들자!·240 수업 곳간을 최대한 가득 채우자!·241 유연한 사고로 스케치하는 습관을 들이자!·241

4장 1등급 Key point   243

[공통] '인성교육 종합계획' 반영 연구 주제로 관심 UP·244 | 인문철학 글놀이(N.O.R.I.)터에서 같이 자라는 꼬마 가치인·248 | 구하자 프로젝트(탐(探)구하자! 친(親)구하자! 지(地)구하자!)를 통한 인성 역량 키우기·254

5장 마무리하며   258

5부 교육방송연구대회   263

1장 교육방송연구대회란?   264
대회요강 및 추진 일정·264 | 출품 자료·267

2장 교육방송연구대회 뜯어보기   272
교육방송연구대회의 특장점·272

심사기준 분석·273
1. 작품 내용·274 2. 제작 방법·276 3. 현장 적용 가능성·278

3장 1등급 Key point   279
누구를 위한 영상인가: 심사위원과 학생·279
1. 재미만을 위한 영상은 연구대회의 목적과 맞지 않다·279 2. 학생이 등장하는 영상을 만들자·280 3. 학습 내용을 이해할 수 있게 해주는 친절한 장치를 넣자·280

무엇을 담은 영상인가: 주제와 교육과정 간 연계 및 트렌드 파악·282
1. 현재 이슈가 되고 있는 주제·282 2. 교과 내용(수학, 과학, 사회, 역사 등) 관련 주제·284 3. 단골 손님 주제(환경, 학교 생활 등)·284

어떤 형식의 영상인가: 내용에 적합한 형식 선택·285
1. 단편영화 형식·285 2. 다큐멘터리 형식·287 3. 교수학습활동 형식·287

흥미롭고 편안한 영상인가: 1과 7의 법칙·288
1. 1분의 법칙·290 2. 7분의 법칙·292

4장 교육방송연구대회 준비과정 및 노하우   296
영상학습자료 제작 3단계·297
1단계. 기획하기·297 2단계. 촬영하기·301 3단계. 편집하기·306

교육방송연구대회 노하우·309
저작권 문제 클리어·309 영상 초보를 위한 로드맵·314

5장 마무리하며   320

6부 교육자료전   323

1장 교육자료전이란?   324
대회요강 및 추진 일정·324 | 출품서류 및 자료·326

2장 교육자료전 뜯어보기   331
교육자료전 준비·331
교육자료 구상·331 교육자료 제작 및 활용·334

교육자료 설명서 작성·335
구성 및 목차·336

서론 자료 제작의 배경 및 공동 연구의 필요성·338 Ⅰ. 자료 제작의 필요성 및 목적·338 |
Ⅱ. 공동 연구의 필요성 및 방침·342
본론 자료 제작 및 활용·344 Ⅲ. 자료 제작의 기초·344 | Ⅳ. 자료 제작의 실제·348 |
Ⅴ. 자료 활용의 실제·353
결론 평가 및 분석·360 Ⅵ. 자료 활용의 평가 및 효과·360

교육자료 요약서 작성·364
교육자료 전시 및 발표·365
작품 전시대 꾸미기·365 게시 용지 제작 및 발표하기·368

3장 교육자료전 노하우   370
미리 시작하자!·370 처음은 동료와 함께하자!·371 입상 가능성이 큰 응모 분야를 선택
하자!·372 교과별 특성에 맞는 자료를 제작하자!·372 교육자료전 준비를 도와줄 수 있
는 업체를 찾아보자!·373 자료 전시와 발표 준비를 철저하게 하자!·374 교육자료가 부
족하다면 전시의 시각적 효과를 극대화하자!·375

4장 1등급 Key point   376
사회와 교육의 흐름에 맞는 주제를 선정하라·378 새로운 기술을 적극적으로 활용하라
·379 현장에서 반드시 필요하다고 느낄 교육자료를 만들어라·380 효율적으로 자료를
전시하고 핵심을 잘 발표하라·382

5장 마무리하며   386

결론 《연구대회 바이블》에 부치는 글   389

참고문헌   397

서론

연구란?

1. 교육연구란?

2. 교육연구의 상세절차

3. 연구대회란?

By. **김태령** 선생님

경력 및 학위
서울특별시교육청 교사
경인교육대학교 컴퓨터교육 박사

저서
《AI 사고를 위한 인공지능 교육》,《ChatGPT와 썸타기》(이상 성안당)
《교실에서 한 발짝 앞으로! 미래 수업 가이드》(프리렉)
《컴퓨팅 사고를 위한 파이썬》(생능출판사) 등

By. **송해남** 선생님

수상 내역
2022 교육정보화연구대회 경기도 2등급 - 전국 3등급
2020, 2021 교육정보화연구대회 경기도 3등급
목정미래재단 제8회 미래교육상 최우수상(미래교육분야)

경력 및 학위
경기도교육청 교사
경인교육대학교 융합교육 석사

저서
《교실에서 한 발짝 앞으로! 미래 수업 가이드》,
《독서로 여는 첫 AI 수업, 노벨 엔지니어링》(이상 프리렉) 등

교육연구란?

이 책을 펼친 독자는 십중팔구 현직 교사일 것이고, 교사 연구대회를 궁금해하고 있을 것이다. 또 도전하길 원하는 다양한 이유를 가졌을 것이다. 그러나 무작정 할 수는 없다. 그래서도 안 된다. 동기가 무엇이든 간에 한 사람의 연구자로서 우리는 교육연구, 더 나아가 연구 자체를 먼저 이해할 필요가 있다. 연구대회 참가를 고려하기 전에 연구가 무엇이고 어떻게 수행해야 하는지부터 짚어보도록 하자.

┃ 교육연구의 일반론

"연구"란 새로운 지식을 발견하거나 기존의 지식을 검증, 확장하기 위해 체계적이고 조직적인 방법으로 수행되는 일련의 작업을 의미한다. 즉, 과학적인 방법을 이용하여 기존에 발견된 사실로부터 새로운 의미나 진실을 밝히고 지식의 영역을 확장하는 것이다. 연구는 다양한 분야에서 이루어지며, 그 목적, 방법, 범위 등은 연구 주제나 분야에 따라 다를 수 있다. 연구에는 접근 방법에 따라 크게 두 가지 패러다임이 존재하는데, 하나는 실증적 관점이고 또 하나는 해석적 관점이다.

실증주의적 논리에서는 연구라는 행위를 과학적 방법이라는 용어와 동일한 의미로 사용한다. 즉 연구의 검증에 과학적인 방법을 사용하는 것이다. 연구의 사실성, 객관성, 논리성을 담보하기 위해서 용어를 사용할 때에도 개념, 변인, 법칙, 이론과 같은 단어를 사용한다. 실증주의자는 사회현상 역시 객관적 실체가 존재하며 규칙성과 일관성을 지니는 것으로 보아 분류 가능성이 있다고 간주한다. 또한 객관적 실험과 측정 절차를 통해 현상을 밝힐 수 있고 법칙과 이론으로써 구축하는 것도 가능하다고 여긴다. 결론적으로 숫자(수량)를 통해 연구하게 되므로, 양적 연구$^{Quantitative\ research}$로 이어진다.

반면 해석학적 논리에서는 인간환경을 그 환경에 참여하는 개인들에 의해 구성되는 것으로 전제하고, 문화현상이나 사회현상 역시 양보다 질에 의미가 있다고 본다. 따라서 해석주의자의 탐구 대상은 실증주의와 달리 인간의 삶의 문제가 되며, 인간의 삶의 상황을 있는 그대로 파악하여 사회의 의미체계를 이해하는 것을 최종 목표로 삼는다. 따라서 주로 소수 집단 대상으로 질에 집중하는 질적 연구^{Qualitative research}를 수행하게 된다.

두 패러다임을 조금 더 구체적으로 살펴보면, 〈그림 0-1〉처럼 총 4가지 방법론으로 나눌 수 있다. 양적 연구의 조사연구, 실험연구, 상관관계 연구와 질적 연구의 사례연구가 바로 그것이다.

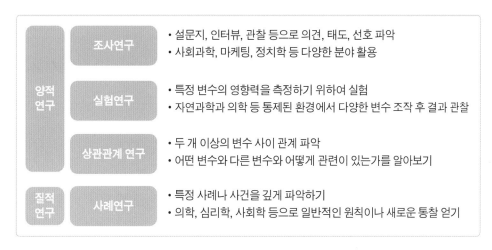

그림 0-1 **연구의 종류**

조사연구^{Survey methods}는 주로 설문지, 인터뷰, 관찰과 같은 방법을 사용하여 데이터를 수집하고 분석한다. 이러한 방식은 대체로 사람들의 의견, 태도, 선호 등을 파악하는 데 유용하며, 사회과학, 마케팅, 정치학 등 다양한 분야에서 활용된다. 실험연구^{Experimental methods}는 특정 변수의 영향을 정확하게 측정하기 위해 실험 설계를 통해 진행된다. 이는 주로 자연과학과 의학 분야에서 많이 이루어지며, 통제된 환경에서 다양한 변수를 조작하고 그 결과를 관찰한다. 상관관계 연구^{Correlational research}는 두 개 이상의 변수 사이의 관계를 파악하는 연구 방법이다. 이 방법은 변수 간의 인과관계를 명확하게 밝히지는 못하지만, 어떤 변수가 다른 변수와 어떻게 관련이 있는지를 알아보는 데 유용하다. 사례연구^{Case study}는 특정 사례나 사건을 깊게 파악하기 위한 연구 방법이다. 이는 종종 의학, 심리학, 사회학 등에서 사용되며, 개별 사례를 통해 일반적인 원칙이나 이론에 대한 새로운 통찰을 얻을 수 있다.

그렇다면 교사 연구대회 보고서는 어떤 것에 가까울까. 주로 교육 연구는 실험연구 방법을 많이 채용하고 있어, 연구대회 보고서 역시 실험연구 패러다임에 가깝다. 일반적으로 연구대회 보고서는 "새로운 교육 방법에 따른 교육 프로그램이나 새로운 도구를 제시했을 때(변인의 조작) 학생들에게 긍정적인 변화가 일어난다"를 밝히는 논지를 취하기 때문이다. 이때 긍정적인 변화의 준거로는 대개 설문조사를 이용한다. 따라서 이러한 연구는 양적 연구 중 실험연구에 포함되고, 연구의 방법 중에서도 특히 준실험연구(집단에 속한 학생이 무선할당이 아님: 표본의 신뢰성이 낮음)에 속한다. 따라서 연구대회 보고서는 실증주의와 양적 패러다임을 따르긴 하지만, 과학적 연구라기보다는 '현장' 전문가로서의 과정이 중점이라는 것을 알 수 있다.

▌교육연구의 일반적 과정

모든 연구는 비슷한 과정을 거친다. 새로운 것을 밝혀내는 과정이기 때문에 연구대회 보고서를 작성하기 위해 계획을 세울 때에도 비슷한 과정을 경험하게 된다. 실제 현장보고서와는 몇 가지 과정이 다르더라도 교육연구는 대체로 다음과 같은 단계로 이루어진다.

문제 정의 → 문헌 검색 → 가설 설정 → 연구 설계
→ 데이터 수집 → 데이터 분석 → 결과 해석 → 결과 공유

그림 0-2 **연구의 일반적 과정**

그러면 각 단계에서 어떤 일을 하는지 간단하게 알아보자.

문제 정의는 말 그대로 문제를 발견하는 단계이다. 연구의 출발점인 셈인데, 현상에 대한 의문이나 지적 호기심, 사상에 대한 주의 깊은 관찰을 함으로써 이루어진다. 예를 들면 학생들의 인성교육이 약화되었다든가, 학생들에게 협력적 문제해결력이 필요해지는 사회가 되었다든가 하는, 내부 또는 외부에 대한 통찰을 가지고 문제 접근을 시작

해야 한다. 그러한 문제로부터 참신하고 수행 가능한 연구 문제를 명확하게 정의할 수 있다.

문헌 검색은 연구 문제를 잠정적으로 설정한 후 관련 이론이나 선행 연구를 고찰하는 단계이다. 새로운 주제를 발견하거나 변경할 수도 있고, 연구 문제와 가설을 형성하는 이론적 근거를 채택할 수도 있다. 또한 이 과정에서 연구 방법, 결과 해석에 도움이 되는 자료를 획득할 수 있다. 특히 연구 보고서에서 학생들에게 적용될 새로운 프로그램을 고안할 때, 문헌 연구 과정에서 아이디어를 정교화하고 핵심으로 다가갈 수 있을 것이다.

가설 설정은 포괄적인 연구 문제[Research Problem]에서 연구 주제[Research Subject]로 명확하게 나아가는 과정이다. 이때 유의할 점은 연구 목적과 선행 연구의 결과 분석에서 이어지는, 연결되는 부분이 있는 가설을 설정해야 한다는 것이다. 가설은 대개 질문의 형태로, "A로 인해 B의 변화가 있는가?"와 같이 나타난다.

연구 설계(방법론 선택) 단계에서는 연구 대상의 실태조사를 수행하고, 그것을 기반으로 자료 수집과 분석방법, 구체적인 실행 방안, 연구의 제한점 등을 선택하게 된다.

데이터 수집 단계에서는 설정한 방법론에 따라 데이터를 수집한다. 연구 대상의 반응을 설문지로 얻거나 실험의 결과를 데이터로 정리하는 과정이다. 실제 연구에서는 가장 오래 걸리는 부분이지만 현장연구 보고서에서는 조금 또 다르다. 현장연구에서는 '현장'이 가장 중요하기에 학생들과의 수업 적용 과정이 가장 오래 걸린다.

데이터 분석은 수집된 데이터를 가지고 가설을 검증하는 단계다. 연구대회 보고서에서는 대개 교육 프로그램의 효과를 확인하게 된다. 설문조사 또는 실험 전후 비교 등을 통해 어떠한 결과가 나왔는지 통계적으로 확인한다.

결과 해석은 결과에 대해 자신의 생각을 가미하여 해석하는 단계다. 또 연구 문제에 대한 새로운 이해나 해법이 제시되었는지도 평가한다. 평균이 올랐다면 왜 올랐는지, 어떤 점이 주효했는지 해석하는 식이다. 현장연구에서는 내가 우리 학급에 적용한 프로그램이 효과적이었음을 설득하는 부분이기도 하다.

결과 공유는 지금까지의 내용을 완성된 형태의 연구로 제시하는 단계다. 현장연구에서는 보고서를 쓰는 행위가 여기에 해당한다고 볼 수 있다. 앞서 생각했던 연구의 목적과 문제, 방법과 절차, 결과 및 해석이 모두 포함되어야 하며, 참고문헌이나 연구의 초록(요약)이 추가되어 완성된 형태로 이행된다. 아무래도 많은 내용이 들어가는 보고서의 특성상 적당한 디자인을 통해 보고서를 보기 좋게 편집하는 것도 중요한 작업일 것이다.

교육연구의 상세절차

일반적인 학술 교육연구의 방법과 절차에 대해 알아보았으니, 지금부터는 '현장' 교육연구의 과정을 하나씩 살펴보도록 하자. 일반적인 연구과정과 크게 다르지는 않지만 학술연구와는 각 단계의 비중과 중요도가 상이하다. 각 단계에서 해야 할 일을 언급하여 미리 준비하도록 돕고자 한다. 단 연구대회 보고서에서 가장 큰 비중을 차지하는 실제적인 교육 프로그램들은 제외하고 이야기할 것이다. 연구대회마다 분야와 주제가 다양하므로 이에 대해서는 이후 각 부에서 자세히 다루도록 하겠다.

1단계 연구 주제 발견

연구 주제란 연구자가 탐색하고자 하는 넓은 의미의 연구 문제를 말하는 것으로, 모든 연구는 연구 주제설정에서 출발한다. 소재를 찾는 것이 가장 중요한데, 이 단계에서는 주제를 정하는 것만으로도 굉장한 진전으로 볼 수 있다. 그럼 연구 주제를 어디서 찾을 수 있을까?

첫째, **사회의 변화와 기술의 발달**이다. 시간이 흐르며 제도와 인식이 바뀌고 기술이 발달함에 따라 사회가 구성원들에게 요구하는 바도 달라지며, 우리는 여러 사회 현안을 통해 시대정신이 가리키는 방향을 탐지할 수 있다. 이는 대개 트렌드에 따라 변하기 좋은 연구 주제로서 많은 연구대회의 평가 기준이므로 눈여겨볼 만하다.

둘째, **우리 학교와 지역사회**이다. 사람과 환경은 서로 상호작용을 하며 움직이는 존재이기 때문에 자신이 몸담은 학교의 특수성, 지역사회의 특수성으로부터 새롭게 주제를 이끌어낼 수 있다. 교육현장에서 중요하게 생각하는 마을 결합을 이끌어낼 수 있는 주제이기도 하다.

셋째, **자신의 전공분야**이다. 비단 학부 전공을 말하는 것이 아니며 담당 과목이나 평소의 관심사나 흥미까지 포괄할 수 있다. 여기에서 연구 주제를 발견한다면 프로그램을 구성할 때에도, 학생들과 함께하며 일어나는 돌발 상황에도 유연하게 대처할 수 있게 된다. 특히 연구 보고서를 들여다보면 관심 없는 사람으로서는 구상해내기 힘든 아이디어가 들어가 있는 경우가 있다. 연구자의 관심이나 전공분야이기 때문이다. 또, 연구대회를 나가는 사람 중에는 처음 나갔을 때 전국 1등급을 수상하시고 그 이후에는 등급을 낮게 받는 경우도 있다. 이런 경우 초반 1회에 연구자의 아이디어가 집약되었기 때문이다. 그만큼 자신의 전공분야(국어, 수학 등의 학문 또는 안전, 다문화 등의 범교과 주제)가 큰 영향을 미친다고 볼 수 있다.

마지막으로는 **최신 연구 보고서, 연구논문, 주변**으로부터 아이디어를 얻는 것이 좋다. 매년 많은 곳에서 사회 변화에 관한 연구를 제공하기도 하고 KERIS나 한국교육과정평가원, 과학창의재단 등에서 연구 보고서를 출간하고 있다. 이러한 곳에서 교육계의 이슈를 민감하게 감지하고 관련 내용을 주제로 삼는 것도 좋다.

연구 아이디어 얻기 ♦

#사회변화와 기술의 발달　　#학교와 지역사회의 문제　　#자신의 전공/흥미 분야

#최신 연구 보고서, 연구논문, 주변

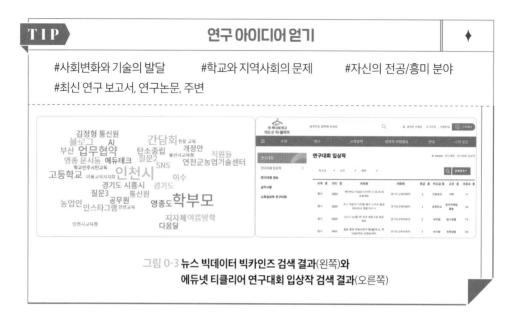

그림 0-3 **뉴스 빅데이터 빅카인즈 검색 결과**(왼쪽)**와**
에듀넷 티클리어 연구대회 입상작 검색 결과(오른쪽)

　연구 주제를 떠올렸다면 그것을 크게 4가지 기준에서 확인하는 것이 좋다. 참신성, 구체성, 가능성, 공헌도이다. 연구 주제는 새로운 것이어야 좋다. 지금까지 만족스럽지 않았거나 해답이 보이지 않았던 것이라면 더 좋다. 또한 연구 주제는 구체적이어야 한다. 연구범위를 적당하게 설정하여야 막연하고 추상적이지 않은 교육 프로그램을 여유롭게 구성할 수 있다. 가능성 측면에서는 실제로 가능한지 점검해야 한다. 욕심에 의해 프로그램을 과하게 설정하거나 너무 많은 프로그램을 하는 것은 좋지 않다. 물론 많은 내용을 눌러 담아야 보고서가 유리해지는 측면은 있겠지만, 먼저 실행할 수 있어야 함이 가장 큰 포인트일 것이다. 공헌도는 연구의 일반화 측면이라고 볼 수 있다. 이와 같은 교육과정이나 그 안의 내용을 다른 곳에서 적용할 수 있는지 또는 이 연구를 통해 사회의 어떤 측면을 변화시킬 수 있는지와 같은 부분이다. 즉 실용적 가치와 방법론적 의의를 가지는 것이 좋다. 보고서에 이 두 가지가 모두 포함되는 것이 좋으며 한쪽이 우수할 경우 다른 하나가 조금 부족하더라도 인정받기도 한다.

연구 주제의 기준	참신성, 구체성, 가능성, 공헌도

2단계 가설 설정

가설은 연구에서 제기된 연구 문제에 대한 연구자 나름대로의 잠정적 해답이다. 달리 말하면 앞서 설정한 연구 주제가 검증될 수 있는지를 가늠하는 가능성이기도 하다. 연구의 최종 단계에서는 내가 진행하는 방법(교육모형)이나 교육 프로그램 또는 도구가 효과성이 있음을 입증해야 한다. 그래서 가설을 설정할 때는 검증이 가능한지(방법과 효과의 입증, 설문도구의 일치 등), 일반화가 가능한지, 합리적 근거와 일관성이 있는지, 단순한지를 점검해야 한다. 그래서 가설의 진술이 명확한 물음의 형태로 나와야 한다. 예를 들어 "A 교육 방법이 B 역량을 향상시키는가?"와 같이 독립 변인과 종속 변인이 확실할 때 연구의 시작과 끝이 일치할 수 있다. 현장연구 보고서라 하더라도 연구의 문제-적용-효과의 단계가 일관되게 이어져야 하기 때문에 가설 설정을 명확히 하여야 한다.

연구 주제를 설정할 때	명확한 가설 진술을 한다.

3단계 문헌 고찰

문헌 고찰은 어떤 문제와 관련되어 이미 발표된 논문, 학술지, 서적 등의 자료를 모아 정리하여 자신의 연구수행 기반으로 삼는 것이다. 이 과정에서 내 연구 주제에 대한 합리적이고 이론적인 연구 방법을 찾는 한편, 유사연구(따라서 큰 의미가 없는)를 또 하는 일을 방지하여 시간을 절약할 수 있다. 또한 문헌을 통해 내 연구의 이론적 배경, 결과에 대한 해석적 근거를 마련할 수 있다.

문헌 자료로는 학회학술지, 각종 교육학 이론서, 안내서, 기사, 정부 보고서 등이 있으며 각종 연구사이트와 구글 및 네이버 학술 검색 등을 통해 얻을 수 있다. 일부 학술지, 간행물 등은 유료로 판매하지만 대학교 도서관이나 국회도서관 등을 통해 접속하면 무료로 열람 가능하다. 또한 유료라 할지라도 인터넷 검색을 통해 얻을 수 있는 경우도 많으니 모름지기 검색을 잘하는 것이 중요하다. 자신의 연구 키워드나 관련 분야로 검색하는 것이 좋다. 특히 연구 보고서는 내용의 형식이 일원화되어 있고 정해진 페이지 속에서 쉽게 읽을 수 있는 형식적 틀 역시 중요하기 때문에 가급적 다양한 보고서를 선행 문헌으로 탐구하는 과정이 중요하다.

보고서 검색 과정에서 모든 내용을 읽으려 하기보다는 초록이나 요약을 확인하는 과정으로 진행하는 것이 좋다. 그리고 이러한 참고 자료들은 마지막에 참고문헌으로 정리해야 하므로, 미리 관련 파일을 목록화하여 저장해두자.

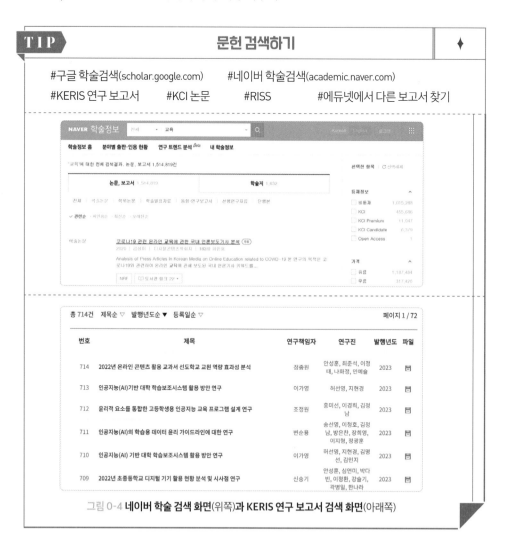

그림 0-4 네이버 학술 검색 화면(위쪽)과 KERIS 연구 보고서 검색 화면(아래쪽)

아울러 문헌에서 학생들의 효과성을 확인할 수 있는 검사도구를 찾는 것도 매우 중요하다. 역량 평가 도구나 설문지는 타당도와 신뢰도가 확인된 것을 쓰는 것이 좋다. 물론 교육 프로그램과 실제 적용이 훨씬 중요하지만, 연구의 완성도 측면에서는 기존에 논문을 통해 검증받은 검사도구를 사용하는 것이 유리하다. 이러한 검사도구는 보통 학위논문 자료 검색을 통해 효율적으로 찾을 수 있다. 학술지와 같은 간행물의 경우에는 지면이 짧아 거의 싣지 않기 때문이다. 학위논문의 부록을 참고하면 된다. 학위논문은 RISS와 같은 논문 검색 사이트(riss.kr)에서 확인할 수 있다.

그림 0-5 **RISS 웹사이트 검색 후 학위논문 부록에서 설문지 찾기**

검사도구는 무궁무진하지만 현재 교육 패러다임에서는 정의적 영역을 측정하는 것이 많다. 예를 들면 자기효능감, 자기존중감, 학습몰입, 학습동기 등이다. 그렇지만 정의적 영역뿐 아니라 지식이나 기능을 측정하는 것도 의미가 있으므로 자신이 원하는 도구를 선택하면 된다.

만약 질적 연구를 병행한다면 논문에서 예시로 든 학생들의 인터뷰 질문지 등을 참고하는 것도 가능하다. 질적 연구는 관찰기록지, 체크리스트 등 다양한 형태로 논문에 실려 있으므로 이를 살펴볼 수 있다.

TIP	양적 검사도구의 예	
역량검사, 속도검사, 언어검사, 지필, 실기검사, 읽기능력, 수리능력, 과학적 사고력, 대화능력, 적성, 성취도, 창의성, 문제해결능력, 추리능력, 공간지각, 아이디어 발상력, 대인관계, 성격검사, 자아개념검사, 태도검사, 직업흥미, 진로, 외향성/내향성, 스트레스 인지, 가치관검사, 동기부여, 성격유형		

4단계 연구 설계 및 데이터 수집

검사도구 결정 후에 이를 어떻게 사용할지 정해야 한다. 설문을 진행하더라도 내가 어떤 통계방법을 쓸 것인가에 대한 고민이 필요하다. 간단히 만족도 조사를 하는 것도 가능하지만 좀 더 검증된 방법이 좋다. 통계에 관해서는 1부에서 한 번 더 자세히 다룰 예정이다.

현장연구에서는 표집 방법(우리반 학생)이 정해져 있고 구체적인 실행방안 역시 교사로서 정리할 필요가 따로 없기 때문에, 프로그램의 효과성을 어느 부분(창의성, 몰입 등)에서 확인할 것인지 도구(창의성 검사도구나 문제해결력 검사도구와 같은)를 선택하는 단계라고 보면 된다. 일반적 연구에서는 이러한 설문과 같은 도구를 직접 제작하기도 하지만 현장연구에서는 굳이 그럴 필요가 없다. 혹 간단한 만족도 조사의 경우에는 검사도구의 타당도나 신뢰도에 주목하지 않으므로 제작하여 사용해도 좋다.

그러나 미리 계획해야 하는 것은 프로그램의 적용 대상이 몇 명인지(양적 검증 또는 질적 검증), 우리반을 대상으로만 확인할 것인지(사전-사후 대응T검정), 다른 반과 함께 비교하여 내 프로그램의 효과성을 확인할 것인지(사전-사후 독립T검정), 아니면 세 반 이상을 비교할 것인지(분산분석) 등이다. 이에 관한 고려가 있어야 프로그램 시작 전 학기 초에 사전 설문 지를 미리 돌릴 수 있다.

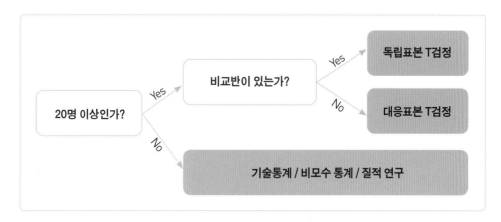

그림 0-6 **학생 인원에 따른 통계 방법의 변화**

만약 연구 대상이 20명이 되지 않을 때는 일반 기술통계(평균 분석 등)를 사용하거나 비 모수 통계방법(Mann-Whitney U 검정, Wilcoxon 순위합 검정 검색 등)을 사용하여야 한다. 이러 한 방법은 전문 통계 프로그램을 써야 하므로 접근이 어려울 수 있다. 아무래도 심사자가 이것을 이해하거나 보고서로서 설명하기가 쉽지 않으므로 단순 평균 비교나 질적인 방법 을 추천한다. 질적인 자료 수집 방법은 학생들의 면담기록지, 소감 등과 같은 개방형 설문 지가 일반적이고, 만약 질적인 방법으로만 진행하려고 한다면 수업 전사본, 면담 전사본, 관찰 기록 노트 등과 같은 자세한 내용이 더 필요할 것이다. 질적 연구 역시 좋은 방법이 다. 다양한 사례를 심층 분석하는 것이 의미 없는 통계보다 훨씬 더 시사점을 줄 수 있다.

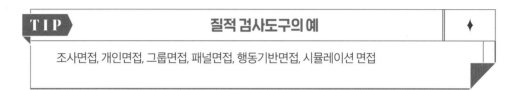

TIP ◆ **질적 검사도구의 예**

조사면접, 개인면접, 그룹면접, 패널면접, 행동기반면접, 시뮬레이션 면접 이러한 고려 후에 학생들이 학습 과정에서 느끼는 심리를 염두하여 설문지 배부 시기와 방식 등을 미리 고민해보는 것이 좋겠다. 특히 초등학생의 경우 설문 문항을 잘 이해하지 못하는 경우가 있으니 유의하자. 또 개방형 문항으로 직접 글을 쓰게 하는 방법 등도 현장연구에서만 만날 수 있는 매력이니 고려해볼 법하다. 실제적인 사회과학 연구에서는 굉장히 많은 통계 방법으로 다각도의 검증을 진행하지만, 현장연구 보고서는 이를 적절하게 조정하는 것이 좋다.

또한, 여기서 진행해야 하는 일 중 하나는 프로그램을 구안하고 정리하는 것이다. 어쨌든 현장연구의 경우 교육 프로그램이나 교육 문화 등이 그 주제가 된다. 대략적인 수업 계획이 필요하며 어떤 프로그램으로 학생들을 1년간 교육할 것인지, 어떤 도구를 제작할지가 개략적으로 정리되어 있어야 한다.

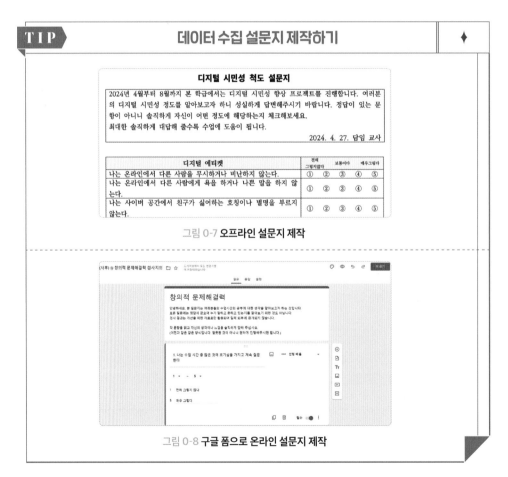

TIP **데이터 수집 설문지 제작하기** ◆

그림 0-7 **오프라인 설문지 제작**

그림 0-8 **구글 폼으로 온라인 설문지 제작**

여기까지 왔다면 이제 실제로 교육 프로그램을 진행하게 될 것이다. 약 6개월 정도 교육 프로그램을 적용하면서 틈틈이 기록하고 정리하게 될 텐데, 실제 프로그램 적용 과정은 연구대회별로 관점이 다르니 2~6부에서 확인해보자. 마찬가지로 사진 및 디자인 관련 내용은 여기에서 생략하고자 한다. 이렇게 학생들을 교육한 뒤에 학생들과 진행했던 설문조사를 다시 진행하여 사전-사후로 학생들이 어떠한 변화가 있었는가를 확인해보면 된다.

5단계 결과 해석

검사를 모두 마치고 데이터를 정리했다면 통계적으로 검증한 뒤 이를 보고서에 진술하여야 한다. 이때 유의할 점은 통계적으로 나타난 내용만 작성하는 것이 아니라 그 뒤에 연구자의 해석을 덧붙여야 한다는 것이다. 또한 이와 더불어 차트 등으로 시각적인 방법을 사용하면 훨씬 더 나은 방식으로 심사자와 독자에게 이 프로그램의 효과를 쉽게 입증할 수 있다. 현장연구를 진행하게 되면 증명하고자 하는 역량에 맞춰 수업을 기획하고 오랜 시간 그와 관련된 수업을 진행하기 때문에, 대개는 긍정적인 방향으로 결과가 나오므로 처음 자신이 목표했던 바와 유사하게 흘러간다.

질적인 검증 도구 역시 마찬가지이다. 워드 클라우드를 이용하거나 관계성 분석 등을 통해 시각적으로 결과를 제시할 때, 연구의 설득력을 높일 수 있다. 통계를 확인하는 방법과 시각적인 표현은 각각 1부에서 다룰 예정이므로 참고하면 된다.

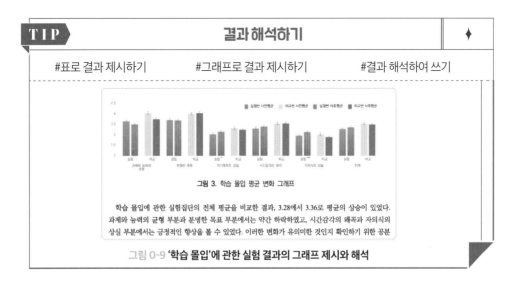

그림 0-9 '학습 몰입'에 관한 실험 결과의 그래프 제시와 해석

6단계 보고서 마무리

보고서를 어느 정도 쓰고 나면 이 내용을 디자인과 함께 정리하여 마무리지어야 한다. 심사위원들을 생각하여 명확한 디자인을 사용하는 것이 좋고, 연구대회별 요강(폰트, 구성)을 확인하여 한 번 더 어긋나지 않도록 점검한다.

연구 윤리도 중요하다. 응당 표절검사를 거치고, 참고문헌도 누락 없이 잘 챙겼는지 확인해야 한다. 표절검사는 '카피킬러' 웹사이트 copykiller.com을 이용하면 편리하게 할 수 있다. 회원가입 후 로그인한 상태에서 웹페이지 상단 [문서업로드]를 클릭해 검사 페이지에 진입한다. 문서유형을 [연구/정책보고서]로 설정하고 작성한 보고서 파일을 첨부한다. 그리고 하단 [표절검사] 버튼을 클릭하면 된다. 기본 설정으로도 검사에 무리가 없지만 원한다면 변경해 진행할 수 있다.

참고문헌 표기 양식은 여럿 있지만, 연구대회 보고서의 경우 일반적으로 APA 스타일(미국심리학회, American Psychological Association이 출판한 인용 가이드, 사회과학 분야에서 주로 사용된다)에 따라 작성하면 된다. 〈그림 0-11〉의 APA 스타일 작성 가이드를 참고하자. (QR 코드에서 원본을 확인할 수 있다.)

TIP 　데이터 수집 설문지 제작하기　♦

그림 0-10 카피킬러 로그인 후 문서 표절검사 실시하기

단행본	내주	한글	(저자명, 출판연도)
		영문	(성, 출판연도)
	예시	한글	(배창돈 1991)
		영문	(Weiskittel 2011)
	참고문헌	한글	저자명. (출판연도). 표제. 출판지: 출판사.
		영문	성, 이름 중간이름. (출판연도). 표제. 출판지: 출판사.
	예시	한글	배창돈. (1991). *십대들의 고민*. 서울: 예루살렘.
		영문	Weiskittel, Aaron R. (2011). *Forest growth and yield modeling*. NJ: Wiley.
	작성시 참고사항		- 다수의 저자는 ', (쉼표)'로 구분합니다. - 저자가 6인 이상인 경우, 대표 저자 한 명만 표기하고 뒤에 '외'를 붙입니다(영문 문헌의 경우 'et al'을 붙입니다). - ISBN을 받고 출판사에서 출판한 학위논문은 '단행본'으로 기재해야 합니다. - 표제는 이탤릭체로 작성합니다.
정기간행물	내주	한글	(저자명, 출판연도)
		영문	(성, 출판연도)
	예시	한글	(강진규, 1999)
		영문	(Lappe, 2000)
	참고문헌	한글	저자명. (출판연도). 표제. 간행물명, 권(호). 수록면수. doi:디지털객체식별자
		영문	성, 이름 중간이름. (출판연도). 표제. 간행물명, 권(호), 수록면수. doi:디지털객체식별자
	예시	한글	강진규. (1999). *연구윤리 확보를 위한 연구윤리 교육*. 연구윤리학회, 1(3), 100-120.
		영문	Lappe. (2000). *Statistical aspects of joint life insurance pricing*. Journal of Convention & Event Tourism, 2(1), 23-37.
	작성시 참고사항		- 다수의 저자는 ', (쉼표)'로 구분합니다. - 저자가 6인 이상인 경우, 대표 저자 한 명만 표기하고 뒤에 '외'를 붙입니다(영문 문헌의 경우 'et al'을 붙입니다). - 정기적으로 발간하거나, 발간했던 간행물은 '정기간행물'로 기재해야 합니다(정기적으로 발간하는 보고서 포함). - 일반적으로 학술지 논문이 해당됩니다. - 표제는 이탤릭체로 작성합니다.
학위논문	내주	한글	(저자명, 출판연도)
		영문	(성, 출판연도)
	예시	한글	(이철환, 2009)
		영문	(Franks, 2009)
	참고문헌	한글	저자명. (출판연도). 표제 (학위). 수여기관, 수여지역.
		영문	성, 이름 중간이름. (출판연도). 표제 (학위). 수여기관, 수여지역.
	예시	한글	이철환. (2009). *철도화물수송 분담률 증대방안에 관한 연구* (석사학위). 대한민국대학교, 서울.
		영문	Franks, Amy. Christine. (2009). *Another Tale of the Heike* (Ph.D). Yale University, n.p.
	작성시 참고사항		- 다수의 저자는 ', (쉼표)'로 구분합니다. - 저자가 6인 이상인 경우, 대표 저자 한 명만 표기하고 뒤에 '외'를 붙입니다(영문 문헌의 경우 'et al'을 붙입니다). - ISBN을 받고 출판사에서 출판한 학위논문은 '단행본'으로 기재해야 합니다. - 표제는 이탤릭체로 작성합니다.
보고서	내주	한글	(저자명, 출판연도)
		영문	(성, 출판연도)
	예시	한글	(이수진, 2015)
		영문	(Kessy, 2006)
	참고문헌	한글	저자명. (출판연도). 표제(보고서번호). 출판지: 출판사.
		영문	성, 이름 중간이름. (출판연도). 표제 (보고서번호). 출판지: 출판사.
	예시	한글	이수진. (2015). *소셜미디어 분석을 통한 경기도 관광트렌드 연구*. n.p.: 경기연구원.
		영문	Kessy, S. S. A. (2006). *The contribution of microfinance institutions to poverty reduction in Tanzania* (Research Report No. 06.3). Washington, DC: Government Printing Office.
	작성시 참고사항		- 다수의 저자는 ', (쉼표)'로 구분합니다. - 저자가 6인 이상인 경우, 대표 저자 한 명만 표기하고 뒤에 '외'를 붙입니다. - 일반 연구보고서, 기술보고서 등이 해당됩니다. - 표제는 이탤릭체로 작성합니다.
웹페이지	내주	한글	(저자명, 출판연도)
		영문	(성, 출판연도)
	예시	한글	(박해리, 2003)
		영문	(Wikipedia, 2015)
	참고문헌	한글	저자명. (출판연도). 표제. 접속표기 접속일자, URL
		영문	성, 이름 중간이름. (출판연도). 표제. Retrieved 접속월 접속일, 접속연도, from URL
	예시	한글	박해리. (2015). *프랑켄슈타인, 인간답다는 것에 대해*. 2015.05.18. 접속, http://blog.naver.com/beartipsets98769687/182760948182
		영문	Wikipedia. (2015). *Oriental Film*. Retrieved February 1, 2015, from https://en.wikipedia.org/wiki/Oriental_Film
	작성시 참고사항		- 다수의 저자는 ', (쉼표)'로 구분합니다. - 저자가 6인 이상인 경우, 대표 저자 한 명만 표기하고 뒤에 '외'를 붙입니다(영문 문헌의 경우 'et al'을 붙입니다). - 접속표기는 접속일자의 의미를 명확히 하기 위한 표시 또는 표기를 말하며 일반적으로 '접속'이라고 표기합니다(영문에서는 'Retrieved'). - 일반적으로 웹사이트, 블로그 등이 포함됩니다. - 표제는 이탤릭체로 작성합니다.

그림 0-11 **APA 스타일에 맞춰 참고문헌 작성하기** (출처: 카피킬러)

연구 윤리

현장연구도 보통은 아이들과 함께 진행하기 때문에, 연구 설계부터 연구 마무리까지 윤리 이슈에 유의해야 한다. 먼저, 학생들의 결과물 등을 사진으로 제시하기 때문에 민감한 내용이 포함될 수 있음을 이해해야 한다. 기본적으로 참가하는 학생들의 사생활 보호와 비밀보장이 필요하며, 소감문이나 사진 등을 사용할 때는 이 학생이 누군지 알아보지 못하도록 마스킹하는 등의 처리가 필요하다. 만약 연구 과정에서 책 출판을 진행한다거나 외부 활동이 연계되어 개인 정보가 노출될 수 있다면 미리 사전 동의서 등을 받아두는 것이 윤리적 이슈를 방지할 수 있는 방법일 것이다. 일반적인 연구에서는 연구 대상이 아동이나 학생일 경우에 윤리적 절차가 조금 더 복잡하나 교육 연구의 경우 학교 현장의 정상적인 교육 활동 아래에서 이루어지는 것이므로 프로그램 진행 자체에 대해서 걱정할 필요는 없다.

검사도구의 경우에도 마찬가지이다. 학생들의 경우 검사불안이 높을 수 있으므로 불안을 최소화하면서 최상을 수행할 수 있는 방법을 찾는 것이 좋다. 너무 어려운 검사도구를 사용하지 않아야 하고 개인정보가 외부로 유출되지 않게 하여야 한다. (물론 통계기법을 사용할 때에는 설문에서 각 학생을 구분할 수 있어야 한다. 연구 시에는 기명으로 진행하되 보고서화 과정에서 익명 처리하면 된다.)

연구 결과를 발표할 때에도 연구 윤리는 중요하다. 표절 이슈를 방지하기 위해 카피킬러 서비스를 사용하여 미리 확인해야 하고, 참고한 내용에 대해서도 명확하게 참고문헌 표기를 하였는지도 점검할 필요가 있다. 마찬가지로 출처가 누락되지 않았는지도 확인해야 한다. 이러한 연구 윤리 관련 문제들은 어겼을 경우 아예 출품에서 배제될 수 있기 때문에 미리 여러 번 확인하는 것이 좋다.

연구대회란?

연구대회의 목적 및 법령

교원 연구대회는 법령을 통해 교원이나 교육전문직원이 교육 현장에서 교수 학습이나 교육행정 관련 문제의 개선 또는 해결을 목적으로 '교육 방법 연구, 제도 개선, 교육자료 개발, 교수활동 성과' 등의 실적을 대상으로 공정한 경쟁을 펼치는 대회로 명명되고 있다.[1] 한마디로 교육 혁신이나 문화 개선을 목적으로 하는 자발적인 연구 과정을 말하며, 3개군으로 나누어 운영된다.

□ 연구대회 군별 분류

군	분류기준
1군	연구보고서 대회 중심
2군	자료제작이나 실기 지도 대회 중심
3군	2군에 속하지 않은 ㉮공인 연구대회 중심으로 분류

※ 동일 대회에 연구보고서와 자료 제작 등 서로 다른 영역이 있다 하더라도 동일군으로 간주
※ ㉮ 공인연구대회: 공공기관이나 공공(교원)단체 등이 교육부장관 또는 시·도교육감의 인정을 받아 개최하는 대회를 말함

군	순	대 회 명	전국대회 개최조직	경기도대회 주무부서	비고
1군	1	수업혁신사례 연구대회	교육부	교육과정정책과	
	2	디지털교육연구대회	교육부 한국교육학술정보원	미래교육담당관	
	3	학교체육연구대회	대한체육회	체육건강과	
	4	교육방송연구대회	한국교육방송공사	교육과정정책과	
	5	경기도인성교육실천사례연구발표대회	교육부	생활인성교육과	2023부터 시도대회 예선대회 재운영

	1	경기도기능지도연구대회	(사)한국농업교육협회, 고용노동부	진로직업교육과	
2군	2	학교운동부연구상(전국, 소년, 동계)	대한체육회	체육건강과	
	3	과학전람회	과학기술정보통신부 국립중앙과학관	경기도교육청 미래과학교육원	
	4	교육자료전	한국교원단체총연합회	협력지원과	경기교총 주관
	5	장애학생직업기능경진대회 연구상	교육부	특수교육과	
	6	장애학생체육대회 연구상	대한장애인체육회	특수교육과	
3군	1	현장교육연구대회	한국교원단체총연합회	협력지원과	경기교총 주관
	2	기타공인 연구대회			

그림 0-12 **연구대회 군별 분류 및 현황**(경기도교육청 기준)

포인트는 이러한 '자발적인' 연구대회 참여를 통해 '연구실적'을 인정받을 수 있다는 점. 이 '연구실적'은 교육공무원의 승진규정에 포함된다. (한 번이라도 연구대회 입상작 보고서를 훑어본 적이 있다면 아무 보상 없이 100% '자발적으로' 참여하기 힘들다는 것을 알게 된다.)

제37조(연구실적평정점) ① 연구실적평정점은 3점을 초과할 수 없다. <개정 2007.5.25.>
②연구대회입상실적평정은 다음 표에 의하여 평정한다. 이 경우 연구대회입상실적은 1년에 1회의 연구대회입상실적에 한하여 평정한다. <개정 2007.5.25.>

입상등급	전국규모연구대회	시·도규모연구대회
1등급	1.50점	1.00점
2등급	1.25점	0.75점
3등급	1.00점	0.50점

③석사 및 박사학위 취득실적은 다음 표에 의하여 평정한다. 이 경우 직무와 관련있는 학위의 인정기준은 승진후보자명부작성권자가 정한다. <개정 2002.6.25., 2007.5.25.>

박사	직무와 관련 있는 학위	3점
	그 밖의 학위	1.5점
석사	직무와 관련 있는 학위	1.5점
	그 밖의 학위	1점

그림 0-13 **연구실적평정점**

연구실적평정점은 총 3점을 초과할 수 없으며 연구대회입상과 학위취득으로 나누어 평정한 후 이를 합산할 수 있다. 연구대회입상실적은 1년에 1회만 평정 가능하며, 〈그림 0-13〉의 평정 점수는 1인 연구 시에 해당된다. 2인 공동 연구일 때는 입상실적의 7할, 3인

공동 연구일 때는 5할, 4인 이상 공동 참여일 경우에는 3할로 평정받는다. 학위취득 실적은 직무와 관련 있을 경우, 박사 학위를 받으면 3점 만점이 되는 구조이다. 이 연구실적평정은 2점으로 축소된다는 개정 소식이 전해지긴 했으나 실제로 입법예고 후 개정이 진행되지는 않았다.[2]

그럼 교육공무원의 또 다른 승진 루트인 교육전문직종의 연구실적평정을 살펴보자. 〈그림 0-14〉는 2024년 경기도 지역의 교육전문직 연구실적평정점 개정안이다. (해당 내용은 시도별·연도별로 개정되니 꼭 재직하는 시도의 공문을 확인하자.) 주목할 만한 점은 교육전문직종에게 '연구 열정과 성취'가 필요한 역량임을 전제하되 연구실적평정은 타이트하게 인정하고 있다는 것이다. 학위취득 실적 평정이 상위 학위 1개에서만 인정이 된다는 것은, 박사 학위(일반 승진에서는 3점에 해당)가 있어도 교육전문직종에서는 1점만 인정되어 나머지 1점을 채우기 위해서는 연구대회를 무조건 나가야 함을 의미한다.

또 연구대회 수상 등급별로 평정을 달리하지 않는 것도 주목할 만하다. 한마디로 연구대회 참여 횟수 자체가 늘어야 하는 것이다. 예를 들어 석사 학위를 받은 후라면, 전국 등급 1회, 시도 예선 등급 1회, 적어도 2년간 연구대회에 참여해야 한다. 즉 학위취득만큼 연구대회를 통한 연구실적을 중시하고 있다는 것을 알 수 있다. 물론 해당 내용은 경기도 기준으로 전국 공통 사항은 아님을 다시 한번 강조하고 싶다.

① 연구실적 평정은 교육공무원승진규정 제35조, 제36조 및 제37조 제2항, 제3항의 규정에 의한 교원 재직 중 연구실적을 다음 표에 의거 평정하되, 평정점은 2점을 초과할 수 없다.

구분	포상 평정 대상		평정점
연구대회	전국규모 연구대회(1~3등급)		1.00점
	시·도 규모 연구대회(1~3등급)		0.50점
학위	박사	직무와 관련 있는 학위	1.00점
		기타의 학위	0.50점
	석사	직무와 관련 있는 학위	0.50점
		기타의 학위	0.25점

② 학위취득으로 인한 연구실적 평정은 상위 학위에 대해서 1개만 인정한다.

○ 연구실적 평정은 교육공무원승진규정 의거 평정 기준 마련

○ 변화하는 미래사회에서 교원들의 자발적인 연구 열정과 성취는 교육전문직원에게 필요한 역량이므로 연구실적 평정을 인정하고자 함

그림 0-14 **교육전문직 연구실적평정점**(경기도교육청 기준)

이렇게 '자발적인' 교원의 연구 활동을 장려하며 '연구실적'을 인정해주기 때문에, 혹자는 연구대회를 준비하는 사람들을 승진을 준비하는 교사라고 생각한다. 연구대회 준비에 눈이 멀어 실제적인 교육 활동은 던져두고, 사진과 보고서화에 몰두한다는 오해를 받기 쉽다. 하지만 아쉽게도 '연구실적'은 교사 승진 체계에서 미미한 부분을 차지하고 있다.

일반 승진 평정 기준을 본다면, 경력점수 70점, 근무평정 100점, 연수 성적평정 30점, 그리고 가산점 12.25점으로 이루어져 있다. 그중 연구실적은 연수 성적평정 30점 안의 3점을 차지하고 있는 아주 작은 영역이다. 그 외 가산점 영역은 연구 학교 근무/재외국민교육기관 근무/학교폭력 예방 점수/보직 교사 경력/도서 벽지 근무 경력/농어촌, 접경지, 공단지역 근무 경력 등으로 다양하다. 이 가산점 점수 체계는 수시로 변경되고, 지역 특색을 반영하기 때문에(서울특별시는 농어촌 점수가 없다.) 계획적으로 접근하여 점수를 얻어야 한다. 이 모든 점수를 챙기지 않고 딱 연구대회 참여를 한다고 승진을 할 수 있는 것이 아니다.

마찬가지 교육전문직 또한 보직교사와 담임교사 경력을 합쳐서 12점(1년에 한 가지만 인정받을 수 있다)을 채우는 것이 우선이다. 연구실적 2점보다 경력 점수 12점을 우선시해야 할 것이며, 이조차도 교육전문직종의 서류 전형에 필요한 부분일 뿐, 실제 논술 및 교육과정 시험 점수가 더 중요하다. 연구대회 점수가 있다고 해서 무조건적으로 전문직종 시험에 유리한 것이 아니다. 시험에 떨어지면 말짱 꽝이다.

▍연구대회에 참여하는 마음가짐

앞서 교원 연구대회의 법령을 해석하고 연구실적평정을 분석해보았다. 결론을 한마디로 정리하면 연구대회를 통해 연구실적평정 점수를 챙긴다고 해서 승진 준비로 직결되지는 않는다는 것이다. 그렇다면 왜 연구대회에 참여하는 것일까? 그리고 연구대회 입상의 비법이 무엇인지, 왜 다들 궁금해하는 것일까?

첫 번째, 교원의 전문성 신장 및 발휘가 가능하다. 교사는 학교에 발령이 나면 각종 공문을 읽고 해석한 후, 업무 계획서를 써서 부장회나 업무 계원들에게 공유해야 한다. 학년 부장이라면 1년이 시작되는 2~3월, 전체 학년 교육과정을 작성하고 동학년 선생님들께 공유하며, 우리 학년의 교육과정 재구성 프로젝트를 구상해 문서화하게 된다. 이렇듯 교사는 글을 읽고, 쓰고, 공유한다. 업무적으로나 수업적으로나 글을 읽어야 하며, 우리반 학생들 수준에서 이해가 잘 가는 문장으로 글을 써야 한다. 가끔은 동료 교사나 학부모에게 알리기 위한 글을 쓴다. 그리고 이 과정에서 끝없는 피드백을 받는다. 연구대회에 참여하든, 참여하지 않든 교사는 글을 읽고 쓰고 공유하고 있다.

따라서 연구대회 보고서라고 해도 원래 쓰던 글을 그저 논리 구조에 입각한 문서로 엮고, 원래 하던 교육과정 재구성을 정교화하여 담는 과정일 뿐이다. 그렇기에 연구대회 점수가 필요하다는 태도로 그저 화려한 디자인과 사진을 나열한 선생님보다 자신의 전문분야를 갈고닦아 학생들에게 교육 연구를 실천하겠다는 마음가짐을 가진 선생님의 입상이 (경험적으로도, 확률적으로도) 당연하다. 자기 자신을 돌아보면 교사로서 잘하는, 자신 있는 수업이 있지 않은가? 아이들과 소통하고 수업 방식을 고민하며, 학생들의 반응이 달라지는 것을 느낀 경험이 있지 않은가? 교사라면 그런 순간이 100% 존재한다. 그 순간의 내가 자신 있는 수업을 연구의 형태로 1년간 지속하고, 논리에 입각한 문서로 엮어내는 것이다. 연구대회 참여를 승진에 목맨, 또는 점수가 급한 사람들이 하는 일로 생각하기보다, 내가 원래 하던 교육의 연장선상으로 고민해야 한다.

> **원래 우리의 전문성은 수업 연구에 있다.**

두 번째, 학생들의 미래를 바꿀 수 있는 과정이 된다. 이 무슨 교과서적인 소리냐고 반문할 수 있지만 교사가 그만큼 시간과 열정을 투자한 수업 연구가 끝난 후에 학생들의 변화는 당연하게도 긍정적이다. 아무리 교사가 원래 하던 교육과정 재구성을 그대로 하면된다지만, 1년간 수업 연구를 진행하다 보면 (연구대회 참여를 하지 않을 때보다) 더 많은 재구성 프로젝트를 설계하게 된다. 또 교육과정 재구성 방향에는 교사가 추구하는 가치가 담기고, 교과서의 속도는 따라 갈 수 없는 미래 지향적인 내용이 내포될 것이다. 수업 흐름에 방해 요소가 있을 수 있고 실수도 겪겠지만, 일련의 연구 과정에서 교사가 의도하고 원하는 내용으로 구성된 교육이 지속적으로 투입되게 된다.

이 시간들은 당연히 학생들의 삶에 귀중한 자양분이 되고, 새로운 사회에 내딛는 소중한 한걸음으로 이어질 것이다. 교육정보화 플랫폼 중심의 연구라면 디지털 시민으로서의 귀한 경험이 될 것이고, 따뜻한 인성 중심의 연구라면 포용적 가치관을 지닌 사람으로 자랄 것이며, 예술 중심 연구를 통해 학생들의 심미적 감성이 자극받을 것이다. 그렇기에 연구대회에 참여한다면, 학생의 입장에서 출발해 학생 실태분석을 통하여 연구를 설계하는 것이 가장 기본이다. 지금 내가 연구 점수가 급하니까 그냥 프로젝트를 설계하는 것과, 우리반 학생들의 실태를 분석하여 필요한 교육을 재구성하는 것은 전혀 다르다.

> ## 원래 우리 수업은 학생들과 함께하는 것이다.

세 번째, 교사 개인의 활동 범위를 넓힐 수 있다. 고기도 먹어본 사람이 먹고, 100점도 받아본 사람이 받는다. 교사로서 1년간 연구를 수행하여 하나의 문서로 엮어본 경험은, 선생님들에게 다양한 기회의 장을 열어줄 것이다. 각종 출판 저술, 연구회 활동, 프로그램 개발 등 다양한 작업을 할 때 석사 학위(석사논문)를 가지고 있다든가, 연구대회에 입상한 경력이 있다면 높은 평가를 받는다. 논리에 입각한 한 편의 문서를 완성해본 경험은 그 선생님이 일정 수준 이상의 문장 구성력, 연구 실행력, 끈기, 통찰력 등 다양한 능력을 갖추고 있음을 내포하고 있기 때문이다. 실제로 이 책의 저자 중에는 연구대회에 도전하며 구상했던 수업을 다듬어서 여러 출판사에 투고하여 출판으로 이어진 경험을 한 사람도 있으며, 이 같은 출판 경험은 자연스럽게 강의로, 다양한 강의를 해본 경험은 원격 연수 촬영이나 교육청 콘텐츠 제작 등으로 이어진다. 꼭 일원화되지 않더라도 세상의 넓고 다채로운 기회와 마주할 순간이 열릴 것이다.

이번 《연구대회 바이블》 도서를 기획하면서 각 연구대회 전국 등급을 받은 선생님들을 수소문했고, 책의 방향을 공유하며 단 한순간도 능력을 의심하지 않았다. 이미 자신의 연구가 왜 필요하고, 어떤 의미로 설계되었는지, 한 문서 안에 일관적인 논리로 주장했고 그 능력을 연구대회 등급 수상으로 검증받은 사람들이기 때문이다. 이렇게 교사 개인에게 더 넓은 세상이 열리는 것은 결국 교육 문화의 성장, 혁신적인 수업 선도로 이어질 것이다. 이 모든 것은 새로운 원천이 되어 다시 교실을 빛나게 해줄 것이고, 또 하나의 재구성 프로젝트로 학생들에게 다가갈 것이다.

교사의 성장은 곧 교육의 성장이다.

연구대회 참여는 분명 어려운 일이다. 보고서는 한 편의 소논문과 같으며, 실제 연구 절차에 비해 생략되는 부분이 있다 하더라도 전체를 꿰뚫는 논리 구조를 갖추고 있어야 한다. 한편으로 학위논문에서는 그다지 중시되지 않는 수업 사진들을 다채롭고 역동적으로 담아낼 필요도 있다. 1년간 교사가 기본적으로 수행하는 담임, 수업, 그 외 업무를 제때 충실히 해내며 교육 연구를 지속적으로 병행하기란 결단코 쉽지 않다. 그렇기에 교원 승진 규정에서 연구실적을 포상해주며 교육 연구를 장려하고 있다.

그러나 교사로서 우리가 잊지 말아야 할 것이 하나 있다. 목적에 매몰되어 교육 연구를 수단으로만 사용하지 말자. 절대 승진 점수를 위한 수단으로 연구대회에 참여하지 말자. 앞서 강조했듯이, 교사의 전문성이 반영된 수업을 위하여, 학생들의 미래를 위하여, 교육의 성장을 위하여 교육 연구를 하자. 그 마음가짐이야말로 연구대회를 마주하기에 가장 기본적으로 필요한 자세라고 할 수 있을 것이다. 연구실적평정은 나의 전문성과 학생들의 전인적 성장을 위한 노력에 따라오는 부가적인 산물일 뿐이다.

자, 이제 마인드 셋이 되었다면, 연구대회 참여 시에 공통적으로 알고 있어야 하는 부분을 확인해보자. 어떤 연구대회에 참여하든지 좋은 팁이 될 것이다.

1부 연구대회 핵심 관통하기

1. 연구대회 네이밍
연구 제목의 필수 3요소 · 독립 변인과 종속 변인 · 연구대회 네이밍 4원칙

2. 경쟁력 있는 연구 설계란?
특색: 교사로서의 나 탐구하기 · 논리: 연구 필요성 납득시키기 · 희소성: 어려운 길 찾아가기

3. 연구 분석: 양적 검증과 질적 검증
쉽게 사용하는 통계 · 질적 연구 분석 방법

4. 연구 보고서 문서 디자인
보고서 디자인 3원칙 · 보고서 디자인 심플 스킬 7가지

5. 보고서 다듬기: 수상을 가르는 한 끗 차이

By. **김태령** 선생님

◆ ◆ ◆

경력 및 학위
서울특별시교육청 교사
경인교육대학교 컴퓨터교육 박사

By. **송해남** 선생님

◆ ◆ ◆

수상 내역
2022 교육정보화연구대회 경기도 2등급 - 전국 3등급
2020, 2021 교육정보화연구대회 경기도 3등급
목정미래재단 제8회 미래교육상 최우수상(미래교육분야)

경력 및 학위
경기도교육청 교사
경인교육대학교 융합교육 석사

연구대회 네이밍

연구대회를 나가기 위해 마주하는 첫 장벽이자, 지금도 많은 선생님을 포기하게 만드는 것. 바로 연구대회 네이밍이다. 보통 연구대회를 나갈까 생각하며 제일 먼저 하는 일은 작년자 수상 보고서를 살펴보는 것이다. 에듀넷 티클리어 홈페이지 edunet.net에서는 연구대회 보고서를 업로드하여 제공하고 있다. 특히 디지털교육연구대회의 경우에는 별도의 메뉴를 만들어 관리하고 있으며, 여타 연구대회의 경우에도 업로드되고 있으니 참고하자.

지역	연도	자료명	대회명	등급	학교급	교과	조회수
전북	2024	문화데이터 기반, OPEN 제안지 프로젝트로 미래진로역량 갖춘 꿈바라기 기르기	제62회 전북현장교육연구대회	1	초등학교	창의적체험활동	22
전북	2024	Let's go 생태술(SUP) 프로그램으로 지구생태시민 기르기	제62회 전북현장교육연구대회	1	초등학교	비교과	30
전북	2024	<THANK! 나·너·우리 감사하기> 프로그램으로 바른 인성 길러기	제62회 전북현장교육연구대회	1	초등학교	비교과	24
전북	2024	밝은 태양을 향해 솟구치는 해·바·라·기 아이들의 행복 이야기	제62회 전북현장교육연구대회	1	초등학교	비교과	10
전북	2024	C.O.IN. 프로그램을 통한 안디미로 안 성적금 만들기	제62회 전북현장교육연구대회	1	초등학교	비교과	4
전북	2024	『On+GREAT 인물학습 프로젝트』로 3S사회정서역량 기르기	제62회 전북현장교육연구대회	1	초등학교	비교과	12

그림 1-1 에듀넷 티클리어 연구대회 입상작 검색 화면

하지만 잘 지어진 연구대회 제목을 본다고 해서 나의 제목이 뚝딱 나오는 것은 아니다. 연구대회 제목은 연구 설계의 절반이라고 해도 과언이 아닐 정도로 매우 중요하다. 이런 중요성을 깨닫지 못한 채로 '일단 네이밍은 대충 해서 내고, 나중에 써야지'라고 생각하는 선생님들은 거의 80%가량은 탈락한다고 볼 수 있다. 필자가 선생님들의 연구대회 탈락을 원해서 이런 말을 하는 것이 아니라, 네이밍에 설계가 담겨 있고, 설계가 깔끔해야 보고서가 하나의 논리대로 명확하게 적히기 때문이다. 따라서 연구대회 참여를 결심한 해의

1월부터 연구대회 네이밍을 고민하기를 권해드린다. 왜냐고? 그거야 좋은 네이밍은 한순간에 나오지 않기 때문이다. 필자가 연구대회에 관련한 조언을 나눌 때 샤워할 때도, 길을 걸을 때도, 설거지를 할 때도, 언제나 네이밍을 고민해보라고 말한다. 끝없이 생각할수록 좋은 네이밍이 나오기 마련이다.

| 연구 제목의 필수 3요소

자, 어떤 점을 고민하여 네이밍해야 할까? 그냥은 알 수 없다. 우리에게는 참고자료가 필요하다. 우선은 각종 연구대회의 전국 등급 수상 보고서 제목 몇 개를 뽑아 살펴보자.

연구 제목	독립 변인 A	종속 변인 B	연구 핵심 목표/특색
지속가능발전 e-IDEA 프로젝트로 미래세대 NEEDS 채우기! (2022-1등급)	e-IDEA 프로젝트	NEEDS	지속가능 발전
행복한 세상을 만드는 LEAD 프로젝트로 사회과 역량 기르기 (2022-1등급)	LEAD 프로젝트	사회과 역량	행복한 세상, 사회과 역량
인성 T.O.P 스타(STAR)프로젝트를 통해 평화로운 민주시민으로 성장하기 (2021-1등급)	T.O.P 스타(STAR)프로젝트	민주시민	평화
글로벌 W.I.T.H.+ 프로젝트로 더불어 사는 소우주 세계시민으로 거듭나기 (2022-1등급)	글로벌 W.I.T.H.+ 프로젝트	세계시민	더불어 살기 (공동체 정신)
O.R.D.A(오르다) 전략으로 디지털키즈의 문해력 골든타임 잡기 (2022-2등급)	O.R.D.A(오르다) 전략	문해력	국어과 수업
블렌디드 2.0. 미래를 이끄는 THE+해봄 탐구수업으로 과학의 힘 키워봄! (2022-3등급)	블렌디드 2.0. 미래를 이끄는 THE+해봄 탐구수업	과학의 힘	과학과 수업

표 1-1 **교육정보화연구대회, 인성교육실천사례연구발표대회, 수업혁신사례연구대회 수상작 제목**

일단 수상 보고서 제목의 공통점으로 제목 속에 독립 변인 A와 종속 변인 B가 잘 드러난다는 것을 꼽을 수 있다. 'A로 B 기르기', 'A로 B 함양하기' 등 약간 어미가 다를 수는 있지만 A로 B를 한다는 핵심은 같다. 이렇게 A로 B를 실천하겠다는 독립 변인과 종속 변인이 잘 드러나야 한다. 그리고 한 가지 더, 그 연구의 핵심 목표를 제목에 담으면 더할나위 없다. 표 분석 결과를 보면 1, 2등급 보고서에 두 변인 외에도 수업의 핵심 주제나 목표를 담아낸 것을 볼 수 있다. 이와 관련하여 필자의 연구대회 보고서 제목을 가지고 보충 설명을 해보려 한다.

연구 제목	독립 변인 A	종속 변인 B	연구 핵심 목표
블렌디드 A.C.E. 전략으로 CRe-Actor 양성하기 (2020-경기도 3등급)	블렌디드 A.C.E. 전략	CRe-Actor	잘 드러나지 않음
디지털 S.C.O.U.T. 시민성 준비! (2021-경기도 3등급)	드러나지 않음	디지털 S.C.O.U.T	잘 드러나지 않음
ESD-NEO 학습으로 다함께 지구촌 SEEC 역량 기르기 (2022-경기도 2등급, 전국 3등급)	ESD-NEO 학습	SEEC 역량	지속가능(ESD)

표 1-2 **필자의 3년간 교육정보화연구대회 출품 연구 제목**(출품 당시 기준)

예를 들어 디지털교육연구대회를 나간다고 생각해보자. 대부분은 '에듀테크, AI/SW, 메타버스……. 이런 플랫폼을 써서 어떤 수업을 하는 연구구나'라고 생각할 것이다. 틀린 말은 아니지만, 어디까지나 수단일 뿐인 플랫폼만 단순 사용해서 디지털교육연구대회에서 수상을 하기에는 너무 늦었다. 에듀테크 플랫폼만 다양하게 제시하는 연구는 8~10년 전쯤 했다면 파격적인 이슈로 1등급을 받았을 것이다. 하지만 지금은 너무 많은 에듀테크가 제공되고, 학교마다 와이파이 설치와 함께 1인 1기기가 보급되고 있는 실정이다. 교육정보화는 수단으로 생각해야 한다. 이 수단을 이용해서 내가 연구에서 이루고 싶은 핵심 주제나 목표를 드러내야 하는 것이다.

실제로 필자의 2020~2021년 보고서는 모두 '디지털 시민성'을 양성하는 것에 집중하였다. 정보화도구를 쓰니까, 디지털 공간에서 수업을 하니까 당연히 디지털 시민성에 초점을 맞추어야 한다고 생각한 것이다. 하지만 디지털교육연구대회에 출품될 만한 수업을 한다면, 디지털 시민성은 어떻게 보면 당연히 신장될 수밖에 없는 요소가 아닐까? 학교체육연구대회에서 체력이 늘어나는 것이 당연하고, 인성교육실천사례연구발표대회에서 아이들의 인성이 함양되는 것이 당연하듯이. (물론 연구를 1년 수행한다고 모든 아이들의 체력과 인성, 디지털 시민성이 기하급수적으로 키워지는 것은 아니라는 것은 알고 있다.) 즉 내가 나가고자 하는 연구대회는 수단이고, "그 연구대회에서 내 보고서가 어떤 특색 있는 핵심 주제를 갖고 있는지"가 Key point가 되는 것이다. 2022년 당시 필자는 교육정보화연구대회를 통해 '지속가능성'을 연구하고자 하였고, 그 의미를 담아 연구대회 네이밍을 설계하였다. 그리고 처음으로 전국대회에 출전하여 3등급을 받게 되었다.

이 글을 읽는 선생님들께서 꼭 디지털교육연구대회에 나가는 게 아니더라도 핵심은 같다. 연구 제목에는 독립 변인, 종속 변인 그리고 내가 담고 싶은, 추구하고 싶은 연구의 핵심 주제가 드러나야 한다. 이 3가지를 고민하지 않고 지은 네이밍의 보고서? 솔직히 작성하는 내내 고통스러울 것으로 예상되며, 시도 예선대회 수상도 기대하기 어렵다고 말씀드리고 싶다.

| 독립 변인과 종속 변인

그렇다면 독립 변인과 종속 변인은 어떻게 도출할까? 〈표 1-1〉, 〈표 1-2〉의 'LEAD 프로젝트', 'ESD-NEO 학습'과 같은 독립 변인, '사회과 역량', 'NEEDS', 'SEEC 역량' 등의 종속 변인을 어떻게 이름 짓는지에 대해 본격적으로 설명하겠다.

독립 변인	종속 변인
내가 주로 하는 활동 연구 모형으로 사용할 수 있는 단어의 머리글자	검사도구 검색하기(논문 참고)

표 1-3 **네이밍 방법**

보통 독립 변인은 내가 실행하려는 연구의 수업 단계를 의미한다. 예를 들어 'NEO 학습'은 Need-Explore-Outlast의 머리글자를 따온 것으로, "필요성을 느끼고-탐구하고-실생활로 지속하는 수업"이라는 의미를 가지고 있다. 그렇다면 이런 수업의 단계는 어떻게 지으면 될까? 그냥 지으면 된다. 물론 이게 학위 논문이라면 여러 전문가의 타당도 검증을 몇 차례 받아야 하는 큰 단위의 연구가 되겠지만, 이론적 토대보다는 현장연구의 느낌을 담아 '그냥' 짓는 것이다. 당장은 감이 안 올 수 있지만, 지금부터 본인이 나가고 싶은 연구대회의 수상작들을 살펴보면 한층 이해가 수월하게 될 것이다.

대부분 독립 변인은 선생님들께서 직접 네이밍을 한다. 많이 쓰는 단어로는 Research, Experiment, Action, Design, Share, Making, Idea, Mapping, Story, Learn, Communication 등이 있다. 때로 Research에서 R보다는 E가 머리글자 구성요소로 필요하면, 'rEsearch'로 표기하는 경우도 있다. 억지 아니냐고? 괜찮다. 연구대회에서의 독립 변인은 선생님들의 독창성과 다양성을 담는 것으로 간주되기 때문이다. 물론 기왕이면 〈표 1-1〉의 '인성 T.O.P.

프로젝트'나 'LEAD 프로젝트'처럼, 단어의 머리글자를 모은 단어 하나하나가 대등하게 강조되고 긍정적인 의미로 완성될 때, 전반적인 완성도를 높이는 요인으로 작용할 것이다.

그러나 종속 변인은 좀 다르다. 보통 연구대회 보고서는 내가 진행하는 독립 변인이 담긴 수업을 통해 학생들의 탐구 능력이나 문제 해결력, 인성 역량 등의 특정 역량이 신장되었다고 주장하는 논지로 전개된다. 그 역량이 신장되었음을 어떻게 증명하는가? 바로 '신뢰도가 확보된 이미 만들어진 검사도구'를 기반으로 실시한 '양적 통계 검증'을 통해서다. 단순히 평균값이 높아졌다고 유의미한 향상이 있다고 판단하지 않는다. 그 양적 통계 검증의 방법은 이후 3장을 참고하자.

우선은 '신뢰도가 확보된 이미 만들어진 검사도구'를 찾는 방법부터 이야기하겠다. 어디 있을까? 논문을 읽어보는 수밖에는 없다. 석사 논문 대부분은 부록에 본인이 사용한 검사도구(이것도 본인이 개발한 것이 아니라 교수님, 박사님, 연구원 등이 이미 타당도 검사 등을 거쳐 개발을 완료한 문항)를 발췌하여 싣고 있다. 따라서 석사 논문 부록에서 검사도구를 가져오거나, 교수님, 박사님, 연구원 등이 개발한 검사 문항을 참고하면 된다. 보통 이미 만들어진 검사도구를 사용한 석사 논문은 '~가 ~에 미치는 영향 검증' 식의 제목이고, 실제로 검사 문항을 개발한 연구는 '~문항 개발' 식의 제목을 취하고 있으니 검색할 때 참고하자. 검사도구를 찾았다면, 그 검사도구를 활용하여 내가 신장시키고 싶은 역량이 향상되었다고 주장할 것 아닌가? 그럼 종속 변인은 검사도구에서 이름을 따오면 되는 것이다.

예를 들어보자. 「초등학생을 위한 디지털 리터러시 검사도구 개발 및 검증」이라는 논문에서 이승민, 강두봉 연구자는 총 7개 영역의 38 문항을 제작하였다. 그 7개 영역은 '문제 해결', '정보 접근', '콘텐츠 창작', '공유', '협업', '정보보호 및 윤리', '디지털 메타인지'였다. 필자는 이 검사도구를 활용하여 나의 독립 변인 수업이 학생들의 디지털 리터러시를 함양하였음을 검증할 예정이었다. 그러니 함양하고 싶은 종속 변인을, 검사도구를 기반으로 네이밍하면 되지 않겠는가? 이에 주어진 7개 영역에서부터 다음과 같이 5가지 역량을 만들어냈다. 물론 말이 이어지지 않는 것도 있지만 괜찮다. (콘텐츠 창작을 창의적 생산 능력으로 말을 바꾸면서 영단어로는 'O'가 필요해서 Output을 강조하였다. 이렇게 해도 도 3등급 수상을 했으니, 머리글자에 너무 얽매이지 말고 검사도구 기반으로 네이밍을 자유롭게 하자.)

그림 1-2 필자의 네이밍 예시

| 연구대회 네이밍 4원칙

자, 거창하고 두렵게 느껴지던 연구대회 네이밍. 이제는 직접 지을 수 있을 것이다. 원칙을 다시 짚어보자. 첫째, 〈독립 변인 A로 종속 변인 B하기〉의 형태를 유지할 것. 둘째, 연구의 특색 있는 핵심 주제가 잘 드러나도록 단어를 추가할 것. 셋째, 독립 변인의 경우 내가 주로 할 활동을 기반으로 자유롭게 네이밍해도 괜찮다는 것. 넷째, 종속 변인의 경우 검사도구를 기반으로 네이밍하는 것이 연구대회 보고서의 논리를 명확하게 한다는 것.

이 4원칙을 기반으로 나만의 연구 제목을 만들어 보자. 물론 앞서 말했듯이 연구 제목은 한순간에 나오지 않는다. 보통 연구 계획서를 3~4월쯤 작성하게 되니까, 1월부터 고민해보자. 매일 고민할 필요 없다. 예능을 보다가도, 요리를 하다가도 아이디어가 떠오르면 메모해두고, 한 달 정도를 충분히 궁리해볼 것을 권한다. 대충, 막, 급하게 지은 연구 제목 하에 작성한 보고서는, 솔직히 설계가 명확하지 않을 확률이 더 높다. 차라리 연구 과정 초반에 한 달 고민하고, 연구를 수행하는 4~6개월이 명확한 편이 나을 것이다.

경쟁력 있는 연구 설계란?

독립 변인과 종속 변인 설정으로 연구 청사진을 대략적으로 그려보았는가? 그렇다면 이제 연구 설계를 통해 연구과제를 완성하자. 앞서 네이밍을 할 때에 연구 설계를 담아야 한다고 했듯, 연구 제목과 연구 설계는 한몸처럼 이어져 있다. 심사위원들은 연구 제목과 설계만 보고도 50%의 결정을 한다. 수많은 연구 보고서 사이에서 경쟁력을 담보하기 위해 짚어봐야 하는 포인트를 소개한다.

│**특색**: 교사로서의 나 탐구하기

연구대회를 준비하는 선생님들이 필자에게 가장 많이 묻는 것은 "A 수업으로 연구대회를 나가도 될까요?"란 질문이다. 사실 연구대회 수업이 거창하고 특별하리란 생각은 선입견이다. 연구 보고서에서 가장 중요한 것은 특색과 논리이다. 먼저 특색은 '교사로서의 나'를 탐구하며 정립할 수 있다. 우선 2022년 제 16회 교육정보화연구대회 전국 수상작들에서 그 예를 살펴보자. (해당 내용은 필자가 주로 나간 디지털교육연구대회, 구 교육정보화연구대회를 중심으로 설명할 예정이다.)

연구 제목	교과	특색
메타버스 기반 MATrix 전략으로 CoM 역량 기르기 (1등급)	영어	메타버스+영어
다문화가정 학생과 함께하는 다온(DAON)프로젝트로 문해력 기르기 (2등급)	국어	다문화가정+문해력
디지털 똑디테크 기반 학생 주도형 N-F-T 프로젝트로 미래경제역량 기르기 (3등급)	기타	디지털+경제

표 1-4 **2022년 제 16회 교육정보화연구대회 1, 2, 3등급 연구 제목**

보고서를 일일이 들여다보지 않아도 이 3가지 연구 제목에서 특색을 알아챌 수 있다. '메타버스 수업을 영어 교과에 활용했을 때', '다문화가정 학생들과 국어과 문해력 프로젝트를 실시했을 때', '디지털 플랫폼으로 경제 수업을 진행했을 때'. **특색**은 본인이 가장 자신 있는 수업이기도 하고, 학교 근무 특성이기도 하며, 관심 있는 분야이기도 하다. 달리 말하면 "평소에 많이 하는 수업, 가장 부담 없는 주제, 1년간 학급 운영이나 교육과정 설계 시 중점을 두는 것"으로 요약 가능하다.

필자의 경우 STEAM 수업을 가장 많이 하고, 석사과정을 융합교육 대학원에서 수료하였으며, 매해 디지털 플랫폼이나 AI 프로그래밍 수업을 비중 있게 꾸려가고 있다. 따라서 여러 연구대회 중 이 특색이 가장 빛을 발할 수 있는 디지털교육연구대회를 택한 것이다. 에이, 필자의 배경 자체가 디지털교육연구대회에 너무 유리하다고? 그럼 반대로 에듀테크에 자신 있는 선생님들은 인성교육실천사례연구발표대회 참가와 거리가 멀까? 그렇지 않다.

예를 들어 그림책, 연극 수업이 본인의 강점이자 특색이라고 생각해보자. 그림책과 연극 수업은 디지털교육연구대회에서도 충분히 승산이 있는 요소이다. 그림책을 읽고 독후 활동을 에듀테크 플랫폼으로 실천하거나, 연극 수업에 엔트리의 AI 블록을 활용해도 좋다. 투닝이나 미리캔버스, 캔바 등의 창작 플랫폼을 활용해서 나만의 만화, 포스터, 그림책 그리기를 해봐도 재미있겠다. 반대로 인성교육실천사례연구발표대회에 나간다면 연구의 독립 변인을 에듀테크 도구로 설정하고, 종속 변인은 인성 역량이 함양된 결과로 삼으면 된다. 즉 본인이 가진 수업의 특색과 장점을 연구대회 종류에 맞게 디자인하면 되는 것이다.

자, 그럼 이 글을 읽는 선생님의 연구 특색은 무엇인가? 그 고민에서부터 연구대회 수업의 출발점이 결정된다.

| 논리: 연구 필요성 납득시키기

교사 연구대회의 특성은, '연구'의 학문적 성취보다는(물론 중요하다) 시대, 사회, 교육현장의 요구와 필요성에 방점이 찍힌다는 데 있다. 현 시점에서 교육 현장에 왜 필요한지를 언급하는 것이 매우 중요하다. 그렇다면 단순히 '핫한' 키워드를 내세우면 될까? 이번에도 2022년 제 16회 교육정보화연구대회 전국 수상작을 먼저 확인해보자.

연구 제목	교과	필요성
메타버스 기반 MATrix 전략으로 CoM 역량 기르기 (1등급)	영어	메타버스로 영어 활용 공간 구현
메타-플렉스 기반 ROAD프로그램을 통한 진로개발역량 기르기 (2등급)	기타	교실 공간과 수업시간이라는 제한점을 메타버스로 극복하는 체험형 진로교육 제공
메타버스 L.I.V.E.S 프로젝트를 통한 미래사회 삶의 주인 되기 (3등급)	사회	다양한 디지털 정보를 활용하는 메타버스 수업 공간 제공

표 1-5 2022년 제 16회 교육정보화연구대회 1, 2, 3등급 연구 제목

1, 2, 3등급으로 수상 결과는 갈렸지만 세 보고서에는 공통점이 있다. 모두 동일한 수단, 메타버스라는 주제를 기반으로 연구를 진행했다는 점이다. 메타버스는 2020년 코로나19로 인해 교육계에 등장한 핫한 키워드였다. 여기서 알 수 있는 것은 '메타버스'는 수업을 실현시키는 수단이자 도구일 뿐이라는 사실이다. 메타버스로 영어 수업을 하든, 진로 수업을 하든 상관없다. 관건은 '왜 메타버스인지', 그 이유와 필요성을 논리적으로 제시하는 것이다. 영어 교과에서 메타버스라는 가상 공간은 학생들의 소통을 활성화하는 장 역할을 할 수 있을 터이고, 진로 활동과 같이 체험과 시뮬레이션이 중시되는 설계라면 메타버스의 역할은 더욱 클 것이다. 그것이 연구 보고서에 꼭 필요한 논리이다. (참고로 필자는 연구 제목만 보고 필요성을 어떻게 강조했는지 추측했고, 보고서를 열었을 때 그 추측이 맞았다.)

역할극을 이용한 인성 교육을 하겠다, 에듀테크 플랫폼을 기반으로 도덕 교육을 실천하겠다, 인공지능 플랫폼으로 역사 교육을 연구하겠다. 모두 당연하고 중요한 교육적 시도일 것이다. 하지만 수업의 주제와 특색이 갖는 요소와 연구 설계의 이유를 잘 연결 지어야, 연구의 당위성과 논리가 공고해진다. 예를 들어보겠다.

> 만약 필자가 에듀테크 플랫폼을 기반으로 도덕 연구를 진행한다면 도덕의 인성이나 덕목을 시각화, 체험화하여 제공하기 어려운 한계점을 들어 에듀테크가 필요한 이유를 설명할 것이다. 인공지능 플랫폼으로 역사를 수업해야 하는 까닭은, 역사적 사료 해석이 어렵고 추체험이 중요한 역사 탐구학습에 AI를 보조 도구로서 활용하는 경험을 제공하고 싶기 때문이다.

필자의 연구 이유를 읽으면서 '오… 그런 이유로 연구를 했구나!' 하고 수긍하였는가? 그렇다면 필자는 선생님들로부터 연구의 특색과 함께 당위성을 인정받은 것이다. 이런 특색과 논리를 갖추지 않고 작성한 연구 보고서는 단순히 수업의 나열로만 읽힐 가능성이 크다. 가령 VR을 만들고 체험하는 수업을 하더라도, VR을 채택하고 사용하는 논리가 필요하다. 즉 이 수업의 연구 보고서에는, 꼭 '도덕과의 인성이나 덕목을 눈으로 보고 체험하기가 어렵기 때문에'란 논리가 함께 제시되어야 한다.

연구 논리가 필수불가결이란 사실은 잘 알겠다. 그렇다면 이 연구 논리는 어떻게 찾아가야 할까? 다시 VR을 도덕과의 도구로서 사용하는 연구를 가지고 생각해보겠다. 우선 할 일은 VR을 활용한 선행 연구를 찾는 것이다. VR이 가진 교육적 효과를 정리할 필요가 있다. 또 도덕과의 덕목 연구의 필요성도 찾자. 그 두 가지를 연결하면 된다. 애초에 VR 활용 도덕 교육 연구를 검색하면 되지 않냐고? 그런 연구가 많다면 곧 이미 흔하게 수행되었다는 뜻이니, 독창적이지 못한 주제로 분류될 가능성이 크다. 덩달아 이전 회차에 등급을 수상한 보고서에 비슷한 내용이 있어 독창성 면에서 감점받을 확률도 커진다. 그러니 차라리 선행 연구가 많이 없는 게 낫다.

또 인공지능 플랫폼으로 역사 교과를 연구하고 싶다면, 인공지능 플랫폼이 교육적으로 활용된 모든 선행 연구를 살펴보자. 그리고 역사과 탐구 관련 논문을 살펴보자. 인공지능이 사용되지 않았더라도 역사과에서 인물 중심으로, 또는 사건 중심으로, 또는 추체험 학습으로 탐구하였을 때 학생들의 사고력 신장에 도움이 되었다는 선행 연구가 분명 있을 것이다. 그 내용을 인공지능 플랫폼이 가져다주는 편리함이나 미래 기술 활용 측면과 연결 지어 연구의 당위성을 강조하는 것이 필요하다.

이 과정이 바로 연구 등급을 결정하는 Key point이다.

희소성: 어려운 길 찾아가기

필자가 지난 3년간 연구대회에 참여하면서, 또는 여러 연구회 보고서를 작성하고 공모전에 나가면서 깨달은 사실 한 가지는, 어려운 연구일수록 등급을 받기가 편리하다는 것이다. '편리하다'는 표현이 쉽다고 느껴질 수 있겠지만, 엄밀히 다른 의미이다. 제일 이해하기 쉬운 예시로 요즘 교육계의 화두인 미래교육을 들어보겠다. 같은 앱이나 플랫폼이더라도 고학년에게 수업을 적용한 연구에 비해 저학년에게 실시한 연구의 숫자가 적다. 다시 말해 저학년 대상의 연구 보고서가 가지는 희소성의 가치가 높아진다. 같은 노력으로 연구를 수행했더라도 훨씬 높은 점수를 받을 확률이 커지는 셈이다.

앞서 언급했듯이 디지털교육연구대회에서 교육정보화는 수단이다. 인성교육실천사례연구발표대회에서도 인성교육은 당연한 활동이며, 교육방송연구대회에서 영상 제작 플랫폼은 흔한 소스가 되어버린다. 그렇다면 오히려 여타 선생님들이 생각하지 못한 어려운 길을 가야 한다. 차라리 메타버스나 인공지능을 주제로 연구를 수행할 것이라면 인성교육실천사례연구발표대회로 방향을 틀어라. 인공지능을 기반으로 한 미래사회에서도 중요시되는 것은 윤리적, 사회적 관점이며 포용적 가치관이다. 디지털교육연구대회에서 메타버스는 어찌 보면 많이 나온, 흔한 주제이지만 그것으로 구현하는 인성교육 과정은 색다르게 느껴질 수 있을 것이다. 마찬가지로 학교폭력 예방을 주제로 연구를 진행할 거라면 디지털교육연구대회로 방향성을 설정하는 편이 오히려 수상 확률이 높다. 학교폭력 예방을 위한 역할극이나 포스터 만들기, 캠페인 등을 디지털 공간에서 진행하거나, 에듀테크 플랫폼으로 제작하면 되지 않겠는가?

이렇듯 어떤 연구대회를 준비하든 간에 연구 설계에 특색과 다채로움을 담지 않으면, 아쉽게도 1년간 들인 노력에 비해 등급 결과가 나오지 않을 수 있다. 다시 한번 강조하지만, 이 글을 읽는 선생님이 가장 자신 있는 활동, 자주 하는 수업을 떠올리자. 그리고 그 수업을 하기 위한 수단으로서 연구대회 종류를 바라볼 것을 권한다. 이때 다른 선생님들이 선택하지 않았을 법한 연구대회를 과감하게 선택해보는 것이 오히려 1등급으로 가는 지름길이 될 수도 있다.

결정하였는가? 선생님이 선택한 연구대회 보고서에 관한 세세한 설명은 추후 각 부에서 제공할 예정이다. 1부의 다음 장에서는 어느 연구대회 보고서를 작성하든 두루 통용될 수 있는 내용, 즉 일반적으로 수행되는 양적 검증 방법과, 일반화 가능성 제시, 디자인 팁 등에 대해서 설명한다.

연구 분석: 양적 검증과 질적 검증

어떤 연구의 평가가 좋으려면, 응당 연구의 타당성이 입증되어야 할 것이다. 이는 연구 설계의 논리와도 연결되는 대목으로, 연구대회 보고서에 한정해 말하자면 적용된 수업 프로그램이나 교육자료 등이 유의미한 효과를 보여야 한다는 뜻이다. 따라서 우리는 연구 결과를 객관적으로 검증해야만 한다.

앞서도 잠시 언급했지만 연구 결과 분석 방법은 수치와 계량화된 데이터에 초점을 맞춘 양적 검증과 주관적이고 복잡한 현상을 탐구하는 질적 검증으로 나뉠 수 있다. 양적 검증은 주로 설문지를 통해 수행되며, 대부분 5점 또는 4점 리커트 척도(매우 아니다~매우 그렇다)를 통해 이뤄진다. 보통 여러 질문이 한 영역을 구성하지만 영역이 따로 없이 각 질문이 개별적인 경우도 있을 것이다. 질적 검증 수단으로는 인터뷰, 소감문, 관찰기록지, 사례기록지 등이 있으나 현장연구에서는 대개 학생들의 소감문을 사용한다. 왜냐하면 다른 것들은 교사의 기록인 반면, 소감문은 학생 입장에서 쓰여진 생생한 느낌이기 때문이다. 따라서 이러한 소감문은 텍스트로 변환하든 사진으로 넣든 간에 보고서의 중요한 자료가 된다.

본 장은 설문지를 통해 양적 검증을 했으며, 학생들의 소감문이나 교사의 관찰기록지 등, 질적 검증을 위한 데이터 역시 확보되었다는 상정하에 서술되었다. 아울러 본 장에서 이야기하는 통계는 과학적인 방법에 기반하고는 있지만, 통계적 추론을 통해 사실을 밝히는 학술 논문이 아니라 현장연구 보고서(교육 현장에 적용되는 프로그램이나 교육방법 개발에 초점이 있는)의 보조 지표 정도로 사용함직한 수준임을 꼭 유념하길 바란다. 만약 학술논문 등 검증과 신뢰에 기반을 두는 연구를 진행한다면 조금 더 학술 통계에 기반을 둔 서적을 참고하는 것이 좋다.

┃쉽게 사용하는 통계

통계란 사회과학 연구에서 연구의 신뢰성을 담보하기 위해 가장 중요하게 채용되는 수단이지만, 현 시점 기준으로 현장연구에서는 가장 중요한 부분은 아니다. 적용된 프로그램의 효과성을 투입-산출의 일차원적인 과정으로 이해하기도 어렵거니와 교육의 효과는 시간차를 두고 쌓이는 경우가 많기 때문이다. 따라서 교육의 효과 유무 문제에서는 학생들의 종합적인 반응을 통해 연구자가 현장전문가로서 내린 판단이 중시된다. 현장연구 보고서 역시 교육의 신뢰도와 효과성보다는 프로그램의 설계와 내용의 참신성에 조금 더 비중이 쏠릴 수밖에 없다. 그럼에도 통계는 이 프로그램이 실제 교육으로 가능함을 증명하는 아주 간단한 도구이기도 하다.

질문지 통계 분석의 상황

질문지를 이용했다면 대개 특정한 영역의 사전-사후를 검사하며, 프로그램 적용 전과 적용 후의 달라진 점을 탐구하게 된다. 크게 다음 3가지 정도로 정리해볼 수 있다.

1. 만족도 조사 등을 마지막에 한 차례 실시 (프로그램 적용 - 우리반 만족도 조사)
2. 사전-사후로 실시하되, 개발한 프로그램 적용 학생만을 대상으로 함 (설문조사 - 프로그램 적용 - 설문조사)
3. 사전-사후로 실시하되, 개발한 프로그램을 적용한 학생과 일반 프로그램을 적용한 다른 반 학생을 비교
(적용 학생: 설문조사 - 프로그램 적용 - 설문조사 / 일반 학생: 설문조사 - 일반 수업 - 설문조사)

일반적으로 현장연구에서는 단순히 사전-사후 평균값을 비교(1번)하거나 대응표본 T검정(2번)을 이용한다. 1번의 경우 너무 단순(평균 비교 등)하여 통계적으로 의미가 없다. 2번의 경우에는 사전과 사후가 다른 집단으로 볼 수 있을 만큼 변했다는 것을 통계적으로 검증할 수 있는 대응표본 T검정을, 3번의 경우에는 특별교육을 받은 학생이 기존의 교육을 받은 학생들과 처음에는 같은 정도의 역량 또는 태도를 가졌으나 교육 후에 다르게 성장했다는 것을 비교하는 독립표본 T검정을 사용할 수 있다. 이 방법은 연구 과정을 겪은 학생들(실험반) 외에 일반적인 프로그램을 동일 기간, 환경에서 적용한 학생들(비교반)이 필요하기 때문에 번거로운 점이 있다.

따라서 이번 장에서는 사전-사후를 실시했을 때 평균을 분석하는 방법, 대응표본 T검정

을 진행해보도록 하자. 이때 주의할 점은 학생들을 서로 구분할 수 있어야 한다는 것이다. 익명으로 받으면 사후 결과와 매칭하기가 어렵기 때문이다. (너무 대놓고 이름을 쓰기가 어렵다면, 학생들의 자리 배치대로 설문지를 걷는 방법도 있다.)

설문지 통계 정리하기

설문지 통계를 가장 쉽게 정리하는 방법은 무엇보다 온라인을 이용하여 설문을 받는 것이다. 구글 설문지를 이용하여 설문을 받게 되면 이를 스프레드시트로 바로 출력할 수 있게 되므로 수식을 이용하여 계산하기 용이하다. 하지만 학교 수업상황에서 학생들의 편리성을 위해 서면 설문지를 출력하는 것이 좋을 수도 있으니 학급 상황에 맞게 선택하자.

C	D	E	F	G	H	I	J	K	L	M	N	O	P
	사전1	사전2	사전3	사전4	사전5	사전6	사전7	사전8	사전9	사전10	사전11	사전12	사전13
학생1	3	3	4	3	2	3	4	4	4	3	2	3	3
학생2	3	3	4	3	2	3	4	4	3	4	3	3	3
학생3	3	5	4	3	1	5	4	3	4	4	2	3	4
학생4	5	5	4	5	3	4	4	4	3	5	5	4	5

그림 1-3 **설문 문항 스프레드시트 수합 과정**

설문지를 정리하는 방법은 사람마다 다르지만 설문 분석을 한꺼번에 하기 위해서는 〈표 1-6〉과 같이 정리하는 것이 용이하다. 예시는 설문 문항수가 4개이고, 2개는 지식, 2개는 태도를 나타낸다고 가정했을 때의 정리 방법이다. 각 칼럼의 이름은 자신이 알 수 있도록 임의대로 정하면 된다. 5점 척도로 구성된 설문조사였고 사전과 사후에 동일한 설문조를 했다고 가정한다. 만약 사전-사후 검사를 실시하였지만 영역(지식, 태도 등)이 따로 없이 진행되었다면 1번 행이 따로 없어도 되며, 영역별 평균인 J부터 O열까지는 영역 구분이 필요하지 않다.

	A	B	C	D	E	F	G	H	I	J	K	L	M	N	O
1		사전지식		사전태도		사후지식		사후태도							
2	이름	전1	전2	전3	전4	후1	후2	후3	후4	사전지식평균	사후지식평균	사전태도평균	사후태도평균	사전전체평균	사후전체평균
3	학생1	3	5	4	2	4	5	5	4	(가)	(나)	(다)	(라)	(마)	(바)
4	학생2	2	3	3	2	4	3	4	5						
5	학생3	5	4	4	4	5	4	5	5						

표 1-6 **설문 문항 정리 예시**

여기서의 칼럼명 '사전지식'이나 '전1', '후1'과 같은 것들은 단순히 구분용이므로 표기 방법이 특정하게 정해져 있지는 않다. 하지만 스프레드시트에서 많은 개수의 설문 문항을 기반으로 통계를 진행하다 보면 헷갈리기 쉬우므로 적어두는 것이 좋다. 또 하나 주의할 점은 부정문항의 존재이다. 만약 '문제를 해결하는 것이 재미있다.'와 같은 긍정문항 위주 설문에서 '나는 문제를 맞닥트렸을 때 어려움을 느낀다.'란 부정문항이 있을 경우 역코딩을 실시해야 한다. 즉, 만약 해당 문항에 4점을 체크하였을 경우 실제로는 부정적인 내용이므로 5점 척도인 경우 2점, 4점 척도인 경우 1점으로 바꿔주어야 한다. 이는 수식 =6-해당셀 과 같이 처리할 수도 있으며 양이 적으면 직접 바꾸는 것도 고려해볼 만하다.

엑셀로 평균 변화 분석 확인

일단 엑셀을 통해 간단히 체크해보자. 먼저 평균 변화다. 엑셀이나 구글 스프레드시트나 평균의 변화 수식으로는 동일하게 =average(범위) 를 사용한다. 만약 C2와 E2의 평균이라면 =average(C2, E2) 와 같이 쓰며 C2부터 E2까지의 평균이라면 =average(C2:E2) 처럼 콜론(:)을 사용한다. 〈표 1-6〉에서 (가)의 경우 =average(B3:B4) 와 같이 쓰면 된다. (나)는 =average(F3:G3) 이 될 것이다. (마)는 사전전체평균이다. 따라서 =average(B3:E3) 까지 모두 선택하면 된다. 이렇게 각각의 평균을 구한 뒤 엑셀과 스프레드시트의 채우기 도구를 이용하여 이를 끝까지 채우면 된다.

U	V	W	X		U	V	W	X
사후19	사후20	사전지식	사전태도		후19	사후20	사전지식	사전태도
2	4	3.6	3		2	4	3.6	3
3	3				3	3	3.4	3
4	5				4	5	3.8	3.4
4	5				4	5	4	4.6
3	4				3	4	3	3.2
4	4				4	4	4	3.8

그림 1-4 **채우기 핸들(+)을 이용하여 나머지 셀 채우기**

만약 〈그림 1-4〉처럼 평균이 소수 한자리 정도로만 나온다면 값의 변화를 명확히 알기 어렵다. 따라서 이런 경우 변경이 필요한 셀들을 드래그해 선택한 뒤, 소수의 자릿수를 변경해주는 것이 좋다. 마우스 우클릭 메뉴에서 [셀 서식]을 클릭하고 팝업창의 소수 자릿수에 원하는 숫자를 입력하면 된다. 일반적으로 평균은 소수 2자리까지를 확인한다.

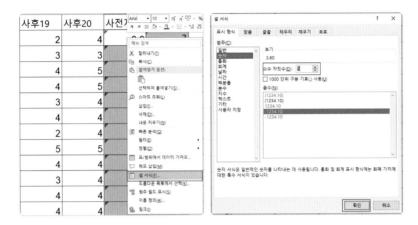

그림 1-5 **평균 자릿수 바꾸는 방법**

이후 평균을 분석하면 된다. 만약 전체 평균의 변화를 단순히 숫자로 확인하고자 한다면 가장 아래 행에 해당 열의 모든 평균을 구하면 된다. 예를 들어 학생 수가 20명이고 사전 지식 평균이 J3부터 있었다면 J23에 =average(J3:J22) 수식을 입력하여 값을 구할 수 있다. 같은 방법으로 구한 사후평균과 비교하여 전체의 변화를 확인하면 된다. 이 전체 평균 변화는 시각화할 때도 쓰이므로 값을 미리 구해두는 것이 좋다. 만약 현장연구 보고서에 평균값만을 담는다면 여기까지만으로도 충분하다. 실제로 등급을 받은 많은 보고서 중에서 통계적인 의미 없이 평균 변화만을 가지고 프로그램의 결론을 내린 경우도 많이 있다.

우리 집단의 사전-사후 통계적 확인 (대응표본 T검정)

일반적으로 프로그램을 적용한 반의 사전-사후 검사가 통계적으로 의미(단순한 우연이 아니다)를 가지기 위해서는 통계적 추정을 통해 나온 결과가 유의미하다는 것을 증명해야 한다. 이럴 때 가장 와닿는 방법은 대응표본(사전-사후) T검정일 것이다. 물론 학생들이 무작위로 표집된 것은 아니지만 학생들이 동질하다는 가정하에 진행하는 최소한의 장치이다. 앞서 작성한 〈표 1-6〉과 같이 사전-사후가 같은 내용의 설문으로 이루어져 있고 데이터가 정리되어 있다면 가능하다.

먼저 사전과 사후의 데이터를 수합하여, 사전과 사후의 영역별 평균, 전체의 평균을 모두 정리한다. 엑셀로 하려면 다음 절차를 따르는 것이 수월하다.

① [파일]→[옵션] 메뉴로 접속하여 [리본 사용자 지정] 탭의 우측에서 [개발 도구]를 체크한다.

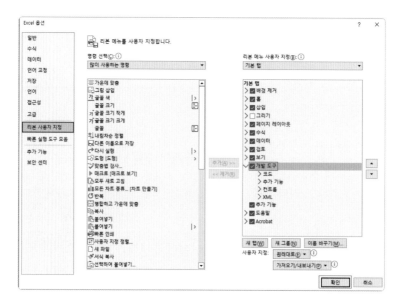

② 메뉴에 [개발 도구] 탭이 생기면 [추가 기능]→[Excel 추가 기능]을 클릭하고, [추가 기능] 창에서 [분석 도구 팩]에 체크한다.

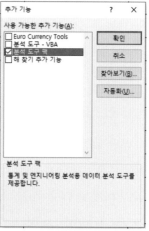

③ 그럼 [데이터] 탭에 [데이터 분석] 메뉴가 추가되었을 것이다. 클릭한다.

④ [통계 데이터 분석] 창이 뜬다. 분석 도구 목록에서 't-검정: 쌍체비교'를 선택한 후 [확인] 버튼을 클릭한다.

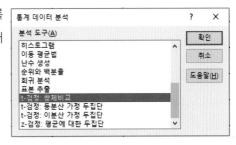

⑤ [변수 1 입력 범위(1):]에서 ⬆ 버튼을 눌러 영역별 또는 전체 사전평균(해당 칼럼 데이터 전체)을 선택하고, [변수 2 입력 범위(2):]에는 사후평균 전체를 입력한다. 그리고 [출력 옵션]에서 분석 결과를 어디서 확인할지 정한다. [출력 범위]에 셀을 지정해 해당 시트의 특정 구역에 출력하거나, 아예 새 시트를 만들어볼 수도 있다. [확인] 버튼을 눌러 결과를 확인하면 된다.

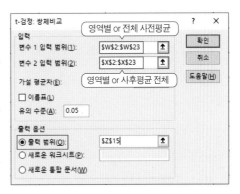

만약 구글 스프레드시트를 사용한다면 조금 더 쉽게 확인할 수 있다. 하지만 많은 정보가 나오는 엑셀과 달리 확인할 수 있는 것은 유의확률(p)뿐이다. 하지만 유의확률만 있어도 보고서에서는 통계적 의미가 있음을 알리는데 무리가 없으므로 이 방식을 사용해도 괜찮다(평균과 분산 등은 다른 수식을 통해 구할 수 있다).

그림 1-6 **구글 스프레드시트의 대응표본 T검정 결과**

앞서 엑셀로 수행한 대응표본 T검정 결과는 〈그림 1-7〉과 같다. 결과를 어떻게 해석할지 살펴보겠다. 여기서 중요한 데이터를 꼽자면 '평균'(산술 평균)과 '분산'(값이 서로 떨어져 있는 정도), 그리고 't 통계량', 'P 양측 검정' 정도다. (피어슨 상관 계수는 두 변수(사전-사후)가 얼마나 상관관계를 가지는지를 나타내는 수치라 보고서에서는 크게 필요하지는 않다.)

t-검정: 쌍체 비교		
	변수 1	변수 2
평균	3.763636364	3.615909091
분산	0.398614719	0.43413961
관측수	22	22
피어슨 상관 계수	0.779848673	
가설 평균차	0	
자유도	21	
t 통계량	1.615674276	
P(T<=t) 단측 검정	0.06054494	
t 기각치 단측 검정	1.720742903	
P(T<=t) 양측 검정	0.121089881	
t 기각치 양측 검정	2.079613845	

그림 1-7 **엑셀로 수행한 대응표본 분석 결과**

평균부터 차례로 짚어보겠다. 설문이 만약 긍정문항이었다면 평균은 상승하는 것(변수1<변수2)이 당연히 좋다. 그리고 상승폭이 클수록 좋을 것이다.

분산의 경우 우리반의 편차이다. 편차가 클수록 설문 문항에 대한 학생 편차가 크다는 것을 이야기한다. 분산 역시 통계적으로는 중요하다. 분산이 크면 표본의 신뢰도가 낮아지기 때문이다. 그러나 분산의 크기는 대다수 비슷하게 나오곤 한다.

't 통계량'의 경우 두 집단 차이의 평균을 표준오차로 나눈 것으로, 유의수준(p)을 결정하는 데 주요한 역할을 한다. 그렇지만 유의수준(p)과 연관되어 있기 때문에 P 양측 검정을 통해 이를 확인해보는 것이 좋다.

'P(T<=t) 양측 검정'은 두 평균의 차이가 통계적으로 유의미한지 확인하는 것이다. 일반적으로 "p값이 0.05 이하"인지 확인하는데, 왜냐하면 100명 중 95명 이상이 효과를 볼 수 있는, 95% 수준 이상이어야 결과를 신뢰할 수 있기 때문이다. 현재 엑셀 분석 결과에서는 P 양측 검정 수치가 0.05보다 높게 나타났으므로, 이 데이터가 통계적으로는 유의하지 않다고 볼 수 있다. 반면 〈그림 1-6〉의 데이터는 p값이 0.05보다 작으므로 통계적으로 유의미하다고 볼 수 있다.

대응표본 분석에 따른 결과 정리와 해석

자, 분석을 마치고 통계적으로 유의한 결과를 얻었다. 이것을 보고서에 제시할 때에는 표와 그래프를 통해 정리하는 것이 좋다. 우선 여기서는 표로만 정리하겠다(그래프는 1-5장에서 확인하라). 설문 결과 분석표에는 사전평균, 사후평균, t 통계량, p 유의수준을 제시하는 것이 일반적인데, 제시할 수치는 보고서의 형태와 분량을 고려해 선생님의 판단하에 구성하길 바란다. 일반적으로 보고서에서는 사전-사후평균, 평균변화량, 표준편차, p값, t 통계량 순서로 집중한다. 예를 들면 〈표 1-7〉과 같은 느낌으로 구성될 것이다.

*p<0.05. **p<0.01, ***p<0.005

구분	평균	표준편차	평균변화	t	p
영역1 적용 전	2.94	1.027	0.62 상승	8.065	.000***
영역1 적용 후	3.56	.792			
영역2 적용 전	3.11	3.140	0.39 상승	1.437	.152
영역2 적용 후	3.50	3.340			
프로그램 적용 전 전체역량	3.03	2.604	0.5 상승	2.63	.014*
프로그램 적용 후 전체역량	3.53	2.375			

표 1-7 **설문 결과 분석표 예시**

이러한 경우에 대응표본 T검정 결과를 보기 위해 필요한 정보가 모두 들어가게 된다. 만약 평균 분석만 하는 정도라면 사전 평균값과 사후 평균값을 나란히 제시하고, 평균 변화 정도만 기재하는 것이 좋다. 이렇게 설문 결과는 모두 정리되었더라도, 같은 분석표를 두고도 결과에 대한 해석은 다양하게 이뤄질 수 있다. 당연히 실제 학술 연구에서는 이 결과를 해석할 때도 매우 주의하여 논증해야 한다. 다만 현장연구에서는 프로그램의 효과성을 알리는 데 주력하는 편이 좋다. 또한 정해진 분량에 따라 자유롭게 조절할 수 있다. 다음은 〈표 1-7〉의 설문 결과를, 현장연구 보고서 수준에서 해석한 것이다.

> 영역 1의 경우는 사전 검사 2.94에서 사후 3.56으로 0.62만큼 상승하였고, 이 결과는 통계적으로 유의(p<0.005)한 것으로 나타났다. 연구과제 2에서 영역1을 목표로 진행했던 ○○ 교육과 ○○ 교육을 해당 상승의 주요 요인으로 추측할 수 있다.

영역 2의 경우는 사전 검사 3.11에서 3.50으로 상승하였다. 통계적으로 유의하진 않지만 평균에서 큰 상승이 있었고 (질적 분석이 있다면) 학생들의 소감으로 미루어볼 때 수업의 주안점이 흥미에 있었기에 학생들이 매우 즐거워하는 모습을 평균의 변화를 통해 확인할 수 있었다.

전체적인 평균은 3.03에서 3.53으로 0.5만큼 상승하였고 통계적으로도 유의($p < 0.05$)하였다. 이를 통해 해당 역량을 목표로 하였던 '○○ 프로그램'에서의 '○○ 수업 방식'이 학생들의 ○○역량을 키우는 데 효과적이라는 것을 알 수 있다.

| 질적 연구 분석 방법

질적 연구를 현장연구에서 진행하기란 쉽지 않다. 다양한 자료를 전문성을 기반으로 해석하는 질적 연구 보고서는 필히 연구자가 가진 통계적 경험이나 해당 분야의 심도 있는 지식을 동원하여 작성해야 한다. 이는 현장연구 보고서에 분량상의 애로사항을 야기할 것이다. 그래서 현장연구에서의 질적 연구는 설문조사 수준의 생생한 자료로서의 역할만을 수행한다. 그럼에도 수상하는 데에는 큰 문제가 없다.

질적인 연구자료는 일반적으로 서술적 관찰 기록지, 개요 양식, 비교 표, 수업 전사본 등 교사 기록이 있을 수 있으며 학생 소감문, 수업 기록, 면담 기록지 등의 학생 기록이 있을 수 있다. 일반적으로는 학생 기록을 중심으로 쓰게 되는데, 여기서는 연구자료로 학생 소감문과 면담 기록지가 있다고 가정하여 기술하겠다. 다음 내용은 질적 연구의 사상적 배경을 반영하지 않았으며 몇 가지 기법만을 예시로 들어 설명한 것이다.

질적 자료로부터 분석하는 법

학생 소감문이 확보되었다면 우선 이를 디지털화하는 것이 좋다. 단순히 소감을 사진으로 넣는 것보다 핵심적으로 반복되는 의미를 찾아 제시할 필요가 있기 때문이다. 손글씨로 소감을 썼을 때에도 텍스트화하여 데이터를 보관하자. 녹음을 했을 경우에는 전사를 하거나 인공지능 기술[STT]을 이용하여 기록으로 바꿔두는 것이 좋다.

하지만 학생들의 소감 사진을 직접적으로 연구 보고서에 제시하는 방법도 의미가 있다. 학생들의 글씨에서 나오는 힘이 있기 때문이다. 손글씨로 소감을 썼을 때에는 스캔하거나 사진을 찍어 잘 보존하는 것이 좋다. (질적 연구 결과를 보고서에 담을 시기라면, 연구의 막바지에 이르렀을 때이다. 디지털화된 자료든, 사진 자료든 꼭 필요하니 잘 보관하자.) 이 소감을 연구 보고서에 사용하는 방법은 크게 둘 정도로 나눠볼 수 있다.

학생들의 언어 인용하기

일반적으로 질적 연구에서 사용하는 방법이다. 실제 연구에서는 인용할 때 필히 의견의 대표성이나 관점의 범주에 따라 내적, 외적 타당도를 고려해야 하지만 이를 차치하고 본다면 학생들의 공통 언어로부터 이끌어내는 좋은 방식이다. 또한 이렇게 사례를 인용하였을 때는 인용한 이유와 그 안에서의 주안점을 함께 적어주어야 한다.

> 친구들과 프로젝트할 때 구글 도구를 이용해서 함께 진행했더니 제 아이디어가 받아들여져서 좋았어요. 그리고 함께 할 때 재미있었고 빨리 만들 수 있어서 좋았어요. (학생 A)
>
> 예시) 본 연구에서 진행했던 협력 프로젝트에 구글 협업도구를 사용한 결과 학생들은 자신의 아이디어가 받아들여진다는 점에서 자기효능감을 느낄 수 있었다. 또한 흥미 부분에서도 시사점을 볼 수 있었으며 학생들은 이러한 방식이 효과적이라고 생각하였다.

이와 같이 각 학생의 소감을 연구 결과와 연결하여 설명해낸다면 하나의 자료로서 기능하게 된다. 보고서 분량상 문제가 없다면 텍스트보다는 학생들이 직접 쓴 손글씨 사진으로 제시해도 의미 있겠다. 참고로 이와 같은 언어적 데이터를 분석하는 프로그램도 존재하며 공통점을 중심으로 패턴을 찾는 것도 가능하다. 질적 연구만을 중심으로 한다면 고려해볼 만한 접근이다.

학생들의 사례 기술하기

교실 안에서는 밖에서 상상할 수 없는 많은 일이 펼쳐진다. 혼돈의 공간 속에서 개별 원자들의 질서의 흔적을 파악하는 것이 바로 교사이다. 따라서 교사는 학생들의 양태를 자세히 관찰하여 이를 사례로 제시할 수 있다. 질적 연구에 대한 경험은 부족할 수 있지만 현장전문가로서의 특질을 십분 발휘하는 것이다. 학생들의 미묘한 변화를 포착하고, 본인의 연구와 관련 있는 지점을 기술하자. 개별 사례마다 연구의 범주에서 해석하는 것이 어려울 수 있으나 보는 입장에서 굉장히 재미있어지는 부분이기도 하다.

> 학생 A는 ○○○ 교육 프로그램 이후에 친구와 지내는 모습이 이전과 눈에 띄게 달라졌다. ○○○ 프로그램에서 가장 많이 강조했던 I-message로 말하는 빈도가 늘어났고 대화의 거시구조가 변함으로써, 관계에서 오는 자가피드백을 통해 의사소통능력이 현저하게 향상됨을 볼 수 있었다.

학생들의 언어 통계적으로 분석하기

이는 학생들의 인터뷰라는 질적 자료를, 양적 검증의 통계와 유사하게 분석하는 방식이다. 예를 들면 학생들의 작문에서 해당 개념과 관련한 단어가 몇 번 등장했는지, 태도와 관련된 부분에서 긍정어가 몇 번 등장했는지 같은 내용을 분석하는 것이다. (통계라고 보긴 어렵지만) 최근 몇 년간의 보고서에서는 이러한 내용을 워드 클라우드로 제시하는 경우가 많아졌다. 워드 클라우드는 등장 빈도가 높은 단어일수록 크게 그려지므로, 좋은 시각적 보

그림 1-8 **워드 클라우드 예시**

조 수단이 될 수 있다. 이때에도 연구 흐름과 연결되는 해석을 덧붙여주는 것이 좋다.

질적 연구는 그 방법을 제대로 적용했을 때 더 큰 설득력을 가진다. 하지만 현장연구 보고서의 특성상 이것이 쉽지 않으므로 정도를 잘 조절하는 것이 필요하다. 분명 어려움은 크지만, 많은 연구 보고서가 양적 검증을 기반으로 하고 있기에 잘 수행된 질적 연구 보고서가 오히려 관심을 끌 수 있다. 예를 들어 소수의 아이들을 대상으로 질적 연구를 충분히

밀도 있게 진행했을 경우 독창성을 가지는 경우가 많으므로 충분히 생각해볼 만하다. 또한, 양적 검증을 기반으로 하더라도 질적인 연구는 설득력 보강에 도움이 되므로 함께 버무린다면 더욱 좋은 보고서가 되리라 생각한다.

본 장에서는 양적 검증과 질적 검증 그리고 연구 보고서에 통계적 기법을 적용하는 간단한 방법을 알아보았다. 아무리 현장연구에서 중요한 것이 연구 설계와 프로그램 내용이라지만, 프로그램을 검증하고 효과를 알리는 일 역시 결코 소홀히 할 수 없다. 주제를 정했다면 이를 검증할 수 있는 도구를 찾아 검증 과정을 보여주는 것이 연구의 태초라 할 수 있으며, 그 '검증 과정 제시'에 가장 효과적인 것이 통계다. 한마디로 통계는 연구 설계를 바로 세우는 중요한 과정인 것이다.

연구 보고서 문서 디자인

| 보고서 디자인 3원칙

에듀넷 티클리어에서 아무 연구대회 보고서를 골라 열어보자. 표는 기본, 각종 도형과 그래프, 사진, 캐릭터에다 곳곳에 아이콘까지 동원해 빼곡히 채운 면들을 확인할 수 있다. 지금 읽고 있는 이 글처럼 평이하게 쭉 서술된 줄글이 아니며 퍼즐조각처럼 자잘한 요소가 잔뜩, 정연한 퍼즐처럼 잘 '짜여' 있다.

대부분의 연구대회에서 보고서가 주는 이러한 첫 인상은 매우 중요하다. 오직 보고서만이(몇몇 연구대회를 제외하고) 연구대회의 입상 여부를 판가름하기 때문이다. 보고서의 표지부터 첫 번째 장을 펼쳐 내용을 보기 전까지 가장 먼저 들어오는 것은 보고서의 전체적인 디자인이다. 그렇기 때문에 이 디자인을 어떻게 하느냐가 한 등급 정도를 바꿔놓을 수 있는 중요한 역할을 하게 된다.

그런데 이런 문서를 '꾸며본' 경험이 우리에게 있는가? 연구대회 보고서는 처음이라면 접해보지 못했을 독특한 양식으로 구성된다. 무작정 이런 문서를 만들라는 이야기를 들으면, 아무리 채워넣을 '내용'을 잘 준비했더라도 무엇을 어떻게 해야 할지 꽤 난감할 것이다. 그런 여러분을 위해 여기 보고서 디자인 3원칙을 제시한다.

1 연구대회 보고서의 가장 중요한 원칙은?

앞서 "디자인을 어떻게 하느냐가 한 등급 정도를 바꿔놓을 수 있는" 역할을 한다고 언급하였다. 그런데 사실 이 말은 역으로 가장 중요한 것은 내용임을 방증하는 것이다. 왜냐하면 등급을 바꿔놓을 수 있는 것이지 수상 여부를 바꿔놓을 수 있는 것은 아닌 까닭이다.

실제 수많은 전국 1등급 입상작들을 살펴보면 딱히 디자인이라 할 만한 요소가 없는 보고서도 많을뿐더러, 디자인의 기본원칙을 지키지 않은 경우도 상당하다. 그러나 딱 하나 공통점이 있으니, 바로 연구대회 보고서만이 주는 '숨막힘'이다. 일반적으로 문서에서 '여백의 미'는 독자들의 숨통을 틔워주는 심미적인 기능을 한다. 하지만 연구대회 보고서는 제한된 분량 안에서 경쟁을 하는 구조로, 내용을 다 담기 어려울 정도로 많은 프로그램을 진행한 연구 보고서가 유리할 수밖에 없다. 그 탓인지 거의 모든 보고서는 읽기 싫을 정도의 분량을 자랑하고 있다. 즉, 내용이 잘 짜여 있다면 디자인은 크게 신경 쓰지 않아도 괜찮다.

그러나 이것이 아무런 체계가 필요 없다는 이야기는 아니다. 우리에게 필요한 것, 가장 우선되어야 하는 것은 굳이 따지자면 일반적인 디자인이 아니라 전체를 아우르는 큰 틀이다. '이번 연구에서 내가 강조하고 싶은 것이 무엇인가?'라는 연구 보고서의 콘셉트를 초기에 잡아 놓아야만 통일성 있는 디자인을 갖춘 보고서를 완성할 수 있다. 또한 지원 연구대회 양식에 맞는 기초 틀을 잡아 놓는 것을 추천한다.

이러한 틀을 잡았다면 그 틀을 채울 보고서의 내용을 알차게 하는 데 주력하자. 디자인은 연구 주제를 탐색하고, 나만의 특색 있는 연구 설계를 정립한 다음에 고려되어야 한다.

디자인원칙1	디자인보다 많은 교육 사례를 만드는 것에 신경 쓰자.

② 디자인은 먼저 하는 게 좋을까? 나중에 하는 게 좋을까?

연구대회 준비를 하기 전에 이 책에 있는 다른 보고서들을 비롯해 많은 보고서를 살펴보았을 터다. 보고서마다 페이지 구성은 일관적이지만 수업 과정을 담은 틀은 모두 다르다는 걸 알았는가? 다만 비슷한 점이 있다면 교내 행사 계획서(안)가 담고 있는 수준의 디자인 요소들, 즉 로마자 구분 제목이나 아라비아 숫자 제목에 대한 디자인이 조금 들어간 정도이다. 이러한 부분은 연구대회 보고서를 만들면서 얼마든지 수정할 수 있는 부분이다.

그렇다면 가장 먼저 고려해야 할 것은 무엇일까? 연구대회 보고서의 꽃은 바로 학생들에게 실제로 적용되는 교육 내용을 담은 본론이다. 가장 많은 분량을 차지하면서 동시에 내 교육 프로그램의 차별점을 보여줄 수 있는 부분이겠다. 따라서 몇 개의 프로그램이 어느 정도의 분량으로 배치될지 미리 생각해두어야 한다. 또한, 이 부분은 연구를 수행해 가며 학생들의 사진과 반응으로 채워야 하며, 끝없이 수정하고 고민하며 최적의 구성을 뽑아내기 위해 노력해야 하는 파트이다. 몇몇 좋은 예를 들면 〈그림 1-9〉와 같다.

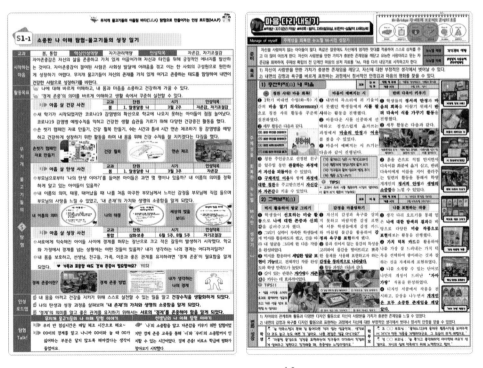

그림 1-9 **본론 구성 예시**[1][2]

하나같이 구성적으로 연구의 설계에 따른 덕목, 가치를 강조하거나 추구하는 역량과 연구 설계의 합치를 노린 것이 돋보인다. 따라서 디자인보다 먼저 이루어져야 할 것은 내 연구 프로그램 설계를 완전하게 보여줄 수 있는 계획을 짜는 일이다. 내가 진행할 교육 프로그램이 대단위의 프로그램 안에서 여러 개의 교육 단계로 이루어지는지, 아니면 어느 정도 독립성을 가진 짧은 교육 프로그램이 여럿 모인 구성인지 같은, 전체적인 틀 차원의 거시적인 계획, 청사진이 있어야 한다.

이러한 계획을 담아내기 위해서는 표를 먼저 작성하자. 이 표 구성은 형식이 정해져 있지는 않으니 자신이 출품하는 연구대회와 연구 특성에 맞게 구성하면 된다. 표 구성 전에 다양한 연구 보고서를 되도록 많이 참고하여, 자신이 펼치고 싶은 연구 설계에 가장 적합한 틀을 만들어두는 것이 좋겠다. 연구 수행 과정 동안 이 틀은 계속 수정될 것이다. 최종적으로 내 교육 프로그램이 잘 담기는 그릇을 만들었다면 그때, 디자인을 시작하자.

〈표 1-8〉은 대단위의 교육 프로젝트 아래에 작은 주제를 설명하는 양식이다. 이를 비롯해 여러 예를 참고하여 자신의 개성을 표현하면서 연구를 효율적으로 담아낼 그릇을 찾아보자.

교과	역량, 단계, 덕목 등		핵심역량	역량, 단계, 덕목, 교과 등	도구	역량, 단계, 덕목, 교과 등
성취기준	성취기준, 해당 프로그램의 목표, 프로그램의 주안점 등					
연구과제 N 제목	소 프로그램 1 제목 [활동 시기, 필요 도구, (#)해시태그, 부록위치 등]					
연구과제 N 제목	소 프로그램 1 활동 줄글 설명 [줄글을 통해 프로그램 및 활동 단계 설명]					
연구과제 N 제목	활동 사진		활동 사진		활동 사진	활동 사진
연구과제 N 제목	사진 제목		사진 제목		사진 제목	사진 제목
연구과제 N 제목	소 프로그램 2 제목					
연구과제 N 제목	소 프로그램 2 활동 설명					
연구과제 N 제목	사진 제목	사진	사진 제목	사진	사진 제목	사진
연구과제 N 제목	소 프로그램 3 제목					
연구과제 N 제목	소 프로그램 3 활동 설명					
연구과제 N 제목	활동 사진과 제목		활동 사진과 제목		활동 사진과 제목	활동 사진과 제목
수업 팁 성장 관찰	인성 로드맵, 진로 변화, 학생 성장 관찰, 수업 팁					
소감 팁 등	학생 소감			교사 관찰		
소감 팁 등	학생 소감 캡처 사진, 소감 내용 발췌 등			교사의 수업 이야기, 교사의 관찰 내용, 학부모 반응 등		

표 1-8 **본론 구성 전 표 예시**

디자인 원칙 2 　　프로그램을 충분히 보여줄 수 있도록 먼저 구성을 기획하자.

❸ 심사위원은 하루에 몇 개나 심사할까?

학생들의 자필 글쓰기 과제를 검사한다고 생각해보자. 어떤 글이 가장 눈에 먼저 들어올까? 학교의 현실을 잘 모른다면 '이야기가 기승전결이 있는', '흥미로운 주제를 담은', '자신의 감정을 솔직하게 담은'이라고 대답할지도 모르겠다. 하지만 우리는 전부 정답을 알고 있다. '읽을 수 있는' 글이다. 일반적으로 한 반 학생의 절반 정도는 알아보기 힘든 글씨를 쓰며, 겨우 3~4명 정도만이 한눈에 보기 좋은 글씨체를 가지고 있다. 알아보기 힘든 글씨는 당연지사 담은 내용을 이해하기 어렵고, 공과 시간을 들여 '해독'하는 과정이 필요하다.

이와 같은 관점으로 연구 보고서 심사 과정을 바라보자. 이제 어떤 것이 먼저 눈에 들어올지 명확해지지 않았는가? 하루에 수많은 보고서를 살펴보는 심사위원의 입장에서 가장 중요한 것은 '이 보고서가 눈에 들어오는가'이다. 우리는 이 문제를 간단히 '가독성'으로 정리할 수 있다. 가독성이라는 것은 여러 의미를 내포하고 있는 개념이다. 이것은 글자의 생김새나 배치, 색과 관련되어 있기도 하고, 글을 쓰는 방법이기도 하다.

글자의 가독성

먼저 글자 차원의 가독성은 폰트, 장평, 자간, 줄 간격 등으로 실현된다. 그중에서도 폰트가 가장 많은 역할을 한다. 아름다움은 여러 번의 시도 끝에 찾아진다. 일부 연구대회의 경우 바탕체 외의 폰트를 감점하는 경우가 있으니 주의는 필요하다. 그러나 연구대회요강에 특별히 정해진 경우가 아니라면 장평, 자간, 줄 간격 등을 시험하며 가장 가독성이 좋은 값을 찾아가는 것이 옳다. (사견이지만, 필자의 입장에서 타이포란 디자인의 가장 기본이라고 생각한다. 디자인은 심미적인 관점에서 학생들을 예술성의 세계로 인도하여야 하는 교사의 소양이면서도 상대방의 입장에서 배려할 수 있는 능력이기 때문에 폰트 감점은 불필요하다고 생각한다.)

폰트는 크게 2가지로 구분한다. 획의 삐침이 있는 바탕체/명조체 계열(세리프)과 획의 삐침이 없는 고딕체/돋움체 계열(산세리프)이다. 바탕체 계열은 문장 단위의 긴 본문 글을 쓸 때 많이 사용되고, 고딕체 계열은 제목이나 짧은 단어를 제시할 때 많이 사용한다. 따라서 제목 단위에서는 고딕체 계열을 쓰는 것이 좋고, 본문에서는 바탕체를 쓰는 것이 좋다. 만약 폰트를 저작권이 허락하는 한 자유롭게 사용 가능하다면 기본 글꼴 외에 나눔(네이버), KoPub(출판인협회), NotoSans(구글) 등이 가장 대중적이고 가독성이 좋은 폰트라고 볼 수 있다. 또한, 아무리 예쁜 글꼴도 여럿이 섞이면 번잡해지므로 한 보고서 내에서 최대 3종류 이내로 제한하여 쓰는 것이 좋다.

| 나눔명조 | KoPub바탕 Light | 조선일보명조 |
| 나눔고딕 | KoPub돋움 Light | NotoSans CJK KR Light |

그림 1-10 **추천 폰트**

자간과 장평은 글꼴마다 다른 설정을 적용해주어야 가독성이 좋아진다. 기본 폰트(바탕, 고딕 등)에서 일반적으로 가독성이 좋은 것으로 알려진 것은 장평이 95~98 정도이며, 자간은 -5에서 -20 사이다. 혹, KoPub 글꼴을 사용하는 경우에는 애초 폰트 자체가 종이 출판을 위해 개발된 만큼 기본적으로 자간과 장평이 좁게 보이는 경향이 있으므로 자간을 -3 정도만 두는 것을 추천한다.

줄 간격은 인쇄할 경우 180%를 가장 표준적으로 보고 있다(한글 프로그램의 기본 설정이기도 하다). 다만 첫 번째 원칙에서 언급하였듯이 숨막히게 눌러 담은 인상(연구의 내용이 알차고 수업 실천사례가 많음)을 주기 위해서 줄 간격을 줄이는 경향이 있다. 보고서의 경우 길어야 한 문단에 2~3줄 정도의 글이며, 본론 수업 과정도 표 안에 잘 구분되어 있으므로 120%에서 150% 사이로 두는 것도 괜찮다. 오히려 같은 내용인 한 문단 내의 줄 간격을 줄이고, 다른 문단과의 줄 간격을 넓힐 때 내용적인 측면에서도 구분이 더 잘된다.

폰트의 크기 역시 매우 중요하다. 폰트의 사용이 어려울수록 크기는 중요성을 식별하는데 좋은 역할을 한다. 우리가 여태 온갖 문서에서 봐왔듯 보통 중요한 내용은 크게, 상대적으로 덜 중요한 내용을 작게 표현하게 된다. 하지만 오히려 폰트 크기를 줄여서 더 주목받게 할 수도 있다.

나의 세계 확장하기

OO활동(창의적 체험활동)을 통해 학생들은 다양한
소통방식(온라인, 오프라인)을 배우고 가족과 어울리며 학교와 동네에
관심을 가지고 다양한 문화를 사랑하는 세계 시민으로의
역량을 지니게 되었다.

나의 세계 확장하기

OO활동(창의적 체험활동)을 통해 학생들은 다양한
소통방식(온라인, 오프라인)을 배우고 가족과 어울
리며 학교와 동네에 관심을 가지고 다양한 문화를
사랑하는 세계 시민으로의 역량을 지니게 되었다.

그림 1-11 **자간, 장평, 줄 간격 조절 여부에 따른 가독성 차이**

색의 가독성

가독성은 색 설정을 통해서도 증대될 수 있다. 각 요소가 서
로 다른 내용을 담고 있고, 중요도가 다름을 색으로 나타낼 수
있다. 그러나 연구 보고서의 심사는 대부분 흑백으로 이루어
진다. 따라서 색의 채도보다는 명도에 집중해야 한다. 그래서
색을 사용할 때는 색 구성에 너무 영향을 받기보다는 각 구획
이 확실히 구분되도록 색을 사용하는 것이 좋다.

<그림 1-12>는 한글의 색 설정 탭으로 좌우는 채도, 상하는
명도 분포이다. 비슷한 내용을 작성할 때는 명도의 차이가 작
은 색을 고르고, 다른 내용을 강조하고 싶을 때는 명도의 차이

그림 1-12 **색 설정**

가 큰 색을 고르자. 색을 고른 다음에는 [흑백으로 미리보기]하여 확인할 필요가 있다.

글의 가독성

앞에서 언급했듯 가독성은 글자 외에 작문 자체와도 관련되어 있다. 어떻게 하면 가독
성을 살리며 글을 쓸 수 있을까? 분량이나 주제 문제로 이 책에서 글쓰기를 많이 논하기
어렵지만, 몇 가지 간단한 원칙은 제시할 수 있다. 첫째, 한 문장의 길이를 너무 길게 쓰지
않는 것이 좋다. 둘째, 다양한 단어를 써 읽는 재미를 주는 것이 좋다. 셋째, 한 문단에는
하나의 생각만이 두괄식으로 나타나야 한다. 구성과 상관없이 보고서에 가장 많이 담기는
것은 연구자인 교사가 쓴 글이다. 따라서 글을 읽는 것이 어렵지 않도록 심사위원을 배려
할 필요가 있다.

　　　　　　글 구성과 타이포에서 가독성을 고려하자.

| 보고서 디자인 심플 스킬 7가지

큰 원칙들을 살펴보았으니, 보고서 꾸미기에 사용할 만한 더 세세한 팁과 스킬을 공유하고자 한다.

1 색 조화롭게 사용하기

보통 흑백으로 심사받는 연구 보고서인 만큼 색의 조화는 입상에 별다른 영향을 미치지 않는다. 그리고 이를 심사하는 경력의 선생님 또는 관리자와, 연구대회를 연찬의 의미로 나가고자 하는 연차의 선생님이 향유하는 문화적 차이는 디자인 문법을 서로 이해하기 어렵게 만들기 때문에, 색에 너무 주목하지 않는 것이 좋다.

그런 의미에서 색 선택은 전문가한테 맡기기로 하자. 색 조합을 힘들여 직접 할 필요가 없다. 잘 만들어진 색 조합을 찾으면 그만이다. 구글에 '색 조합' 또는 '디자이너 색 조합'을 검색하면 꽤 다양한 결과를 찾을 수 있다. 이 이미지를 캡처하거나 복사해둔 후, 파워포인트나 한글 프로그램에 있는 [스포이트] 도구로 해당 색을 찍어서 사용하면 된다. 그럼 내 보고서에 손쉽게 예쁘고 조화로운 색 구성을 적용할 수 있다.

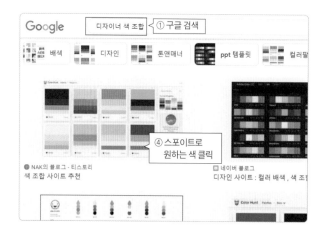
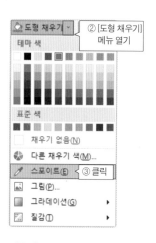

그림 1-13 '**디자이너 색 조합**' 검색 결과와 스포이트 도구 사용법

대부분의 연구 보고서에는 연구 설계와 과정을 한눈에 제시하는 흐름도가 있다. 또한 교육자료전에서도 자료설명서 등을 구조도 형식으로 제시하곤 한다. 이렇듯 설계를 한눈에 보여주는 작업은 다양한 도형으로 구성하는 것이 일반적이다. 필자는 가장 간단한 도구인 파워포인트로 구조도를 만드는 방법을 알려주고자 한다.

파워포인트에서는 도형을 쉽게 다루는 도구를 제공하고 있다. 도형을 만든 후 [도형 서식]에서 [점 편집] 기능을 이용해보자. [점 편집] 없이 그냥 도형을 수정하면 모양은 정해져 있고 크기나 색만 바꿀 수 있지만, [점 편집]을 활성화하면 각 꼭지점과 선분을 각각 수정할 수 있어 다음 그림처럼 자유로운 변형이 가능해진다.

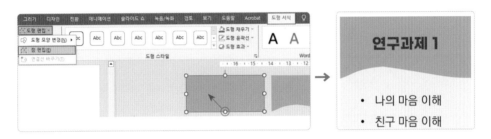

그림 1-14 **점 편집으로 도형 만들기**

한글의 도형 서식은 한계가 많다. 그래서 도형 편집은 주로 파워포인트에서 하게 된다. 그렇다면 파워포인트의 도형을 어떻게 작업 중인 보고서로 가져올까? 먼저 필자는 파워포인트 내에서 텍스트까지 삽입하여 저장하는 것은 지양하라고 말하고 싶다. 그림에 들어간 텍스트까지 저장하는 경우 한글에서는 화질을 담보하기 어렵다. 그래서 도형만 저장하여 불러오고, 한글에서 [글상자]를 사용하여 텍스트를 삽입하는 것이 좋다. 다음 절차를 따라 하면 간단히 할 수 있다.

① 먼저 파워포인트에서 원하는 도형을 만들고, 도형에서 마우스 오른쪽 버튼을 클릭하여 [그림으로 저장(S)]한다.

② 저장한 그림을 한글에서 불러온다. 그림의 [개체 속성]에서 본문과의 배치를 [글 뒤로]로 설정한다.

③ 새로 글상자(메뉴→입력→글상자)를 만들고, 그림 위로 글상자를 옮긴 후 [개체 속성]에서 선(테두리)와 채우기(색)을 모두 제거한다.

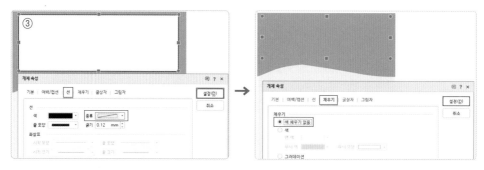

④ 마우스 오른쪽을 클릭해서 그림과 글상자를 [개체 묶기]로 묶어준 뒤 그 위에 글을 쓴다.

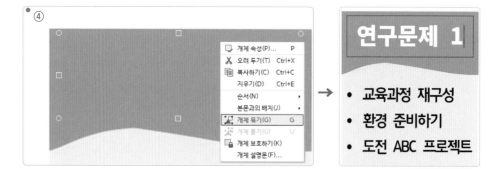

파워포인트 그림 작업 시 유의점

참고로 파워포인트에서 저장한 그림이 해상도가 떨어지지 않게 하기 위해서는 미리 저장 옵션을 확인할 필요가 있다. [파일]→[옵션]→[고급] 탭에 들어가 [이미지 크기 및 품질] 항목에서 [파일의 이미지 압축 안 함] 박스를 체크한 뒤, 기본 해상도를 [고화질]로 선택해 주면 된다.

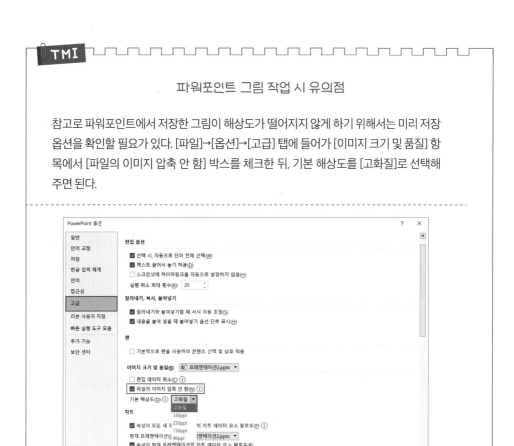

그림 1-15 **파워포인트 해상도 설정**

---

4 나만의 작은 아이콘 만들기

보고서에는 반복적으로 등장하는 것들이 있다. 바로 연구 과정의 핵심 수단(패들렛이나 카훗 같은 협력 온라인 도구 등)이나 추구하는 역량(가치 덕목 등)이다. 이런 핵심적인 내용들을 매번 텍스트로 사용하게 되면 눈에 잘 띄지 않는다. 연구 과정을 약어로 지칭하거나 어울리는 이미지를 활용해 아이콘화하는 것을 고려하자.

일반적으로 아이콘에는 아웃라인이 있는 것과 없는 것, 속이 꽉 채워진 솔리드 스타일과 어느 정도 그림처럼 구성된 세미솔리드 스타일 등 다양한 종류가 있다. 우리의 주안점은 '눈에 잘 띄는 것'이다. 만약 머리글자 아이콘을 만든다면 굵은 글꼴을 사용해서 다른 것과 구별되는 느낌을 주자. 거듭 말하지만 연구대회 심사위원이 가진 심미안을 생각해보면 눈에 확 들어오는 방향을 추구하는 것이 좋겠다.

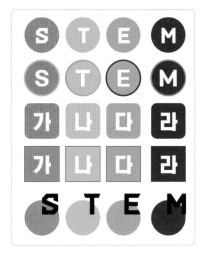

그림 1-16 **아이콘 구성 예시**

아이콘을 만들 때도 한 연구 보고서 내의 동일한 형태를 추구할 필요가 있다. 예를 들어 수업에 활용한 교육 플랫폼을 아이콘화한다고 가정해보면, 교육 플랫폼의 시그니처는 각각 다르게 생겼을 것이다. 이때 파워포인트의 [도형 병합] 기능을 이용하면 균일하게 맞춰줄 수 있다.

그림 1-17 **도형 결합으로 아이콘 균일하게 맞추기**

5 사진 예쁘게 넣기

연구대회 보고서에서 사진은 중요한 역할을 한다. 교육 프로그램이 잘 이루어졌다는 것을 보여줌과 동시에 해당 프로그램의 생생함을 드러내기 때문이다. 적절한 사진은 가독성 좋은 글만큼이나 어떤 교육이 이루어졌는지 빠르게 보여주는 역할을 한다. 그리고 의외로 보고서 작업 과정에서 어려움을 느끼게 하는 곳이기도 하다. 누적되었을 경우 용량이 커져 한글 프로그램을 굉장히 느리게 작동하게 만들며, 오류도 자주 일어나게 한다. 그래서 사진 삽입은 보고서의 마무리 단계에 하는 것이 적절하다.

일반적으로 작성한 표 안에 사진을 넣는 방법은 간단하다. 그림 파일을 마우스 드래그&드롭으로 표 안에 놓으면 된다. 여기서 중요한 점은 사진을 셀 안에 딱 맞도록 배치해야 한다는 것이다. 상하좌우에 여백이 남아 있는 경우, 숨막히는 구성의 보고서 느낌이 나지 않는다. [자르기 도구]를 이용하여 원하는 만큼 잘라준 후 셀 속성에서 셀 안의 여백을 모두 0으로 맞춰주는 것이 좋다. 간혹 셀 배경을 사진으로 선택하여 삽입하는 경우도 있다. 이 경우 사진의 비율이 깨져 화질이 낮아지게 되므로 별로 추천하지는 않는다. 가급적 생생하게 느낌을 전달할 수 있도록 고화질의 사진을 삽입하는 것이 좋다.

그림 1-18 **사진 삽입, 셀 속성 설정하기**

또한, [용량 줄이기 설정]을 미리 확인하자. 사진이 많아지면서 한글 프로그램에서 사진 용량을 줄이도록 설정하는 기능인데, 이 경우 인쇄물에서의 화질 저하가 심각하다. [그림 삽입할 때 적용]을 체크 해제하여 가급적 이미지 용량을 줄이지 않도록 설정해두자. 만약 사진 데이터 압박으로 인해 문서 로딩이 너무 느려진다면 [보기] 메뉴의 [그림]을 체크 해제하여 사진으로 인해 문서가 느려지지 않도록 잠시 숨길 수 있다.

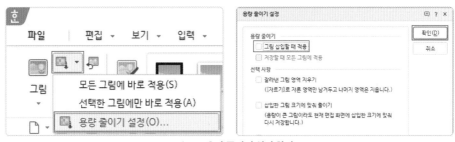

그림 1-19 **용량 줄이기 설정 확인**

보고서의 결론 부분에는 차트(그래프)가 꼭 들어간다. 연구 검증 결과를 한눈에 보기 좋게 제시할 수 있기 때문이다. 이때 엑셀을 사용하면 손쉽게 훌륭한 차트를 만들 수 있다. 그러나 엑셀에서 만든 이 차트는 통계적으로 너무 정직하다. 연구대회 보고서에서는 통계적 의미보다 효과성을 강조하는 것이 중요하다. 신뢰도보다는 연구 효과가 얼마나 증대했는지를 눈에 띄게 보여주는 것이 필요한 것이다.

첫째, y축 척도와 제목은 제거하자. 막대그래프 위에 값을 바로 표시해주는 편이 훨씬 눈에 잘 들어온다. 둘째, 각 막대그래프의 명도 차이를 강조하거나 패턴 채우기를 사용하자. 어차피 흑백으로 인쇄되기 때문에 색보다는 패턴을 활용하는 것이 훨씬 구분이 잘 된다. (사실, 차트가 아니라 사각형을 만들어서 차트처럼 써도 무방하다.)

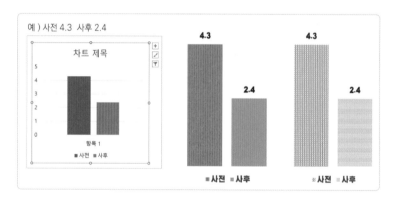

그림 1-20 **엑셀 차트와 그래프 차이**

마지막으로 그래프의 차이가 많지 않을 경우 축 옵션을 이용하여 최소값을 바꾸는 것도 가능하다. 이 그래프의 목적은 정확한 값의 전달보다는 '효과가 있다', '상승했다'라는 것을 보여주는 것에 집중하는 것이 좋다. 신문 등에서도 값의 차이가 많이 나지 않을 때도 그래프의 최소값을 조절하거나 중간을 생략하여 전하고자 하는 바를 명확하게 표현하고자 노력한다.

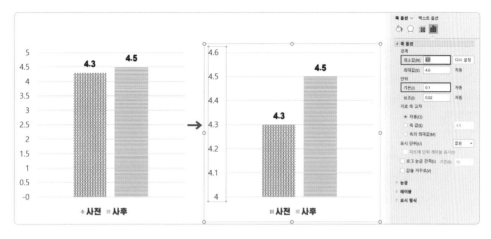

그림 1-21 **축 최소값 조절을 통해 효과적으로 의미 전달하기**

7 무료 디자인 소스 활용하기

연구대회 보고서에서도 저작권 준수는 매우 중요하다. 일반적으로 보고서에 실리는 프로그램이나 학생 사진 등은 교사가 생성한 것이기 때문에 문제가 되지 않는다. (학생 초상권 등은 동의서를 받았다는 전제 하의 이야기다.)

하지만 디자인에 사용하는 요소들은 저작권을 다시 한번 확인해보자. 일반적으로 하는 착각 중 하나가 상업적 이용이 가능하면 무료로 써도 된다고 생각하는 것이다. 유명한 아이콘 사이트 중 하나인 flaticon의 자료 대부분에는 "Attribution is required."라는 단서조항이 붙어 있다. 이는 무료 사용이지만 꼭 출처를 밝혀야 한다는 것이다. 보통 보고서에 작은 아이콘까지 출처를 밝히기는 어렵다.

반면 아이콘파인더 사이트(iconfinder.com)의 경우 이러한 link back을 제거하고도 사용 가능하게 돕고 있다. 따라서 아이콘이 필요한 경우 이 기능을 적극 활용하도록 하자. 마찬가지로 미리캔버스

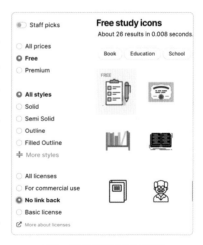

그림 1-22 **아이콘파인더 사이트**

^{miricanvas}도 단일 이미지가 아닌 경우에는 무료로 출처표기 없이 사용하게 해준다. 이렇듯 도움이 되는 몇 가지 무료 디자인 소스 사이트를 소개한다. 이는 대부분 링크까지 남기지 않아도 되는 곳이다.

TIP	무료 디자인 소스 사이트	◆

1. 픽사베이(pixabay.com) : 사진, 그림, 아이콘
2. 펙셀(pexels.com/ko-kr) : 사진
3. 아이콘 몬스터(iconmonstr.com) : 아이콘
4. 아이콘파인더(iconfinder.com) : 아이콘

5장 보고서 다듬기: 수상을 가르는 한 끗 차이

여기까지 쉼없이 달려왔다면 이제는 어느 정도 '출품할 만한' 연구대회 보고서의 틀을 갖추었을 것이다. 다만 누차 이야기했듯 '남들이 하는 만큼만 해서는, 남들과 같은' 결과를 받을 가능성이 높다. 그러므로 1부를 마무리하기 전에, 마지막으로 등급 수상을 가를, '한 끗 차이'를 만드는 노하우를 전하고자 한다.

차이1 일반화의 질을 높이자!

[일반화]는 말 그대로 내가 연구한 과정이 다른 학교나 교사에게서 적용·발전 가능한지, 학교 현장에서 지속적으로 추진될 만한 가치가 있는지, 즉 이 연구 수업이 '일반적으로' 확산될 수 있는지를 다루는 파트이다. 교육과정과의 연계성은 어느 연구 보고서든 어

느 정도는 본론에 계속 강조하고 있을 것이다. '교육과정과의 연계'가 이미 제시되어 있는 데다 '일반화'의 요구분량이 적다 보니(20쪽 연구 보고서에서는 0.5~1쪽), 많은 선생님이 큰 고민 없이 일반적으로 작성하곤 한다.

그렇지만 분량이 적다고 중요도가 낮은가? 한번 본인이 제출할 연구대회 심사기준표 요강을 잘 살펴보자. 분량에 비해 '일반화' 영역의 배점이 결코 적지 않음이 보일 것이다. 꼭 '일반화'라는 단어로 표현되지 않더라도 여러 연구대회에서 '현장 교육에 얼마나 기여할 수 있는지'가 주요 평가 요소임을 확인할 수 있다.

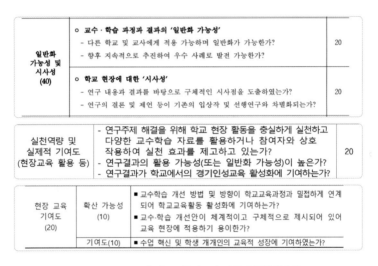

일반화 가능성 및 시사성 (40)	○ 교수·학습 과정과 결과의 '일반화 가능성' - 다른 학교 및 교사에게 적용 가능하며 일반화가 가능한가? - 향후 지속적으로 추진하여 우수 사례로 발전 가능한가?	20
	○ 학교 현장에 대한 '시사성' - 연구 내용과 결과를 바탕으로 구체적인 시사점을 도출하였는가? - 연구의 결론 및 제언 등이 기존의 입상작 및 선행연구와 차별화되는가?	20
실천역량 및 실제적 기여도 (현장교육 활용 등)	- 연구주제 해결을 위해 학교 현장 활동을 충실하게 실천하고 다양한 교수학습 자료를 활용하거나 참여자와 상호 작용하여 실천 효과를 제고하고 있는가? - 연구결과의 활용 가능성(또는 일반화 가능성)이 높은가? - 연구결과가 학교에서의 경기인성교육 활성화에 기여하는가?	20
현장 교육 기여도 (20)	확산 가능성 (10)	■ 교수학습 개선 방법 및 방향이 학교교육과정과 밀접하게 연계되어 학교교육활동 활성화에 기여하는가? ■ 교수·학습 개선안이 체계적이고 구체적으로 제시되어 있어 교육 현장에 적용하기 용이한가?
	기여도(10)	■ 수업 혁신 및 학생 개개인의 교육적 성장에 기여하였는가?

그림 1-23 **2024년 기준 교육정보화-인성-수업혁신 요강**

이제 일반화 파트를 소홀히 대하면 안 된다는 것은 잘 알았을 것이다. 그렇다면 '차별화된 일반화'를 어필하기 위해 어떤 노력을 해야 할까?

• **교수학습자료 배포**

교수학습 프로그램의 확산을 위해서 가장 많이 하는 것은 '교수학습자료 배포'이다. 필자는 블로그의 글을 쓰기도 했고, 구글 사이트 도구로 게시하여 제공하기도 하였다. 더 나아가 수업 문화 개선을 위해 도서를 집필하거나 교육청 교수학습지원단으로 활동하는 것도 의미 있다.

그림 1-24 **일반화 예시** (1)

• 연구회 운영 및 가입

또는 협업 기반의 교육 문화를 위한 연구회 운영에 도전하거나, 교사 네트워크에 가입해두는 것도 좋다. 물론 필자는 도단위 교육 연구회의 회장이지만 그렇다고 연구회를 거창하게 만들라는 이야기는 아니다. 연구 주제와 관련된 연구회에 1년 정도 가입하거나, 연구회 단위에서 운영하는 자율 연수/학교밖 전문적 학습공동체에 참여하는 것만 해도 충분하다.

그림 1-25 **일반화 예시** (2)

• 연수 및 세미나 개최

가능하다면 연구 주제와 관련된 세미나나 연수를 개최해봐도 좋겠다. 1급 정교사 연수나 학교 출강 등의 기회가 있으면 더없이 좋겠지만, 일명 스타 강사로 불리며 여기 저기 강의를 다니는 선생님처럼 되는 게 사실 더 어렵다. 간단하게 세미나를 개최하려면 교내 전문적 학습 공동체를 활용해보자. 전학공 시간에 각자의 수업을 발의하거나 나눌 때 해당 연구 주제에 관해 소개해도 좋다. 또 지식샘터 사이트를 적극 활용해볼 것을 권한다. 지식샘터는 누구나 지식샘이 될 수 있다는 슬로건 아래 교사라면 누구나 강의를 열 수 있다. 연구 주제와 관련된 수업을 나누거나, 연수를 진행하여 일반화에 기여해보자.

그림 1-26 **일반화 예시** (3)

부담스럽게 느껴질 수 있음을 잘 안다. 하지만 연구 초기부터 일반화 영역에서의 점수 확보에 대해 미리 계획을 세워두고 하나라도 실행해볼 것을 권한다. 선생님들이 심사위원이라고 생각해보자. 연구를 진행하고 교수학습자료 배포/관련 연구회 활동/연구 내용 기반의 강좌 개설을 한 A 선생님과, 그에 반해 연구만 수행하고 아무 활동을 하지 않은 B 선생님이 있다면 어떤 보고서에서 교육 기여도를 느끼겠는가? 이런 활동들은 한 끗 차이지만 결과적으로 큰 차이를 불러온다.

지금까지 소개한 것은 필자가 실제 시도한 일반화 방안이지만, 그 밖에도 다양하고 독창적인 일반화 방안을 고민했었다. 꼭 이것이 정답이라기보다는 필자의 고민 방향을 선생님들의 연구 과정에 적합하게 변경해봐도 좋으니, 참고해볼 것을 권한다. 미리 말해두지만 '일반화'에만 힘을 준다고 결과 등급이 확 올라가는 것은 아니다. 이 모든 과정은 특색 있는 연구 설계와 논리적인 연구 과정이 정립되었다는 가정하에 추천하는 것이다.

먼저 공공기관에서 개최하는 공모전을 관심 있게 봐두자. 특히 내 수업 주제와 관련이 있는 부처의 공모전을 살펴서, 연구 보고서에 제시된 활동 중 1개로 참여해보면 아주 완벽한 일반화가 아닐까? 실제로 필자는 '온라인 학습 챌린지'라는 2020년의 연구 수업을 잘 정리하여 인터넷 윤리 교수학습 지도안 공모전에 제출하였다. 물론 수상을 하지는 못했지만 연구 결과를 전국 단위로 공유하겠다는 의지를 밝힌 것으로 충분하다.

또 학교 보도자료도 1~2회 정도 챙겨두길 권해드린다. 무슨 언제적 보도자료냐고 기겁하실 수도 있다. 하지만 대부분의 연구는 학교 공간에서 이루어지지 않는가? Simple is the best. 학교를 배경으로 한 수업 사례를 홍보한다고 생각하고 1~2회 정도 보도자료를 작성하자. 학교 관리자 선생님들은 매우 좋아하실 것이다. 이렇게 교내에 나의 연구를 알리고 홍보하는 데도 힘써야 한다.

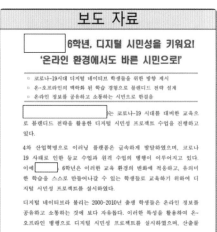

그림 1-27 **일반화 예시** (4)

차이 2 하나의 주제로 처음부터 끝까지 일관하자!

연구대회에 제출되는 보고서를 보면 하나같이 다 멋지고 화려하다. 이 많은 연구 보고서 중 어떤 보고서는 좋은 등급을 받고 어떤 보고서는 탈락하는 결과를 받게 된다. 필자는 정말 열심히 썼는데 등급을 받지 못했다면서, 자기 연구 보고서를 봐 달라는 동료 선생님의 부탁을 받은 적이 꽤 있는데, 내 연구 보고서보다 더 내용도 좋고 멋져서 무슨 말을 해줘야 할지 난감했던 경험이 많았다. 물론 필자는 수업 연구대회 관련 심사를 해본 경험이 없기 때문에 함부로 말할 수는 없다. 하지만 몇 년간의 경험을 돌이켜볼 때 다양하고 화려한 나열식 보고서보다는 한 주제가 관통하는 보고서 쪽이 더 고평가를 받을 확률이 높았음을 말하고 싶다.

연구의 필요성과 배경, 연구 설계의 주안점, 용어의 정의 등에서 강조한 모든 용어와 개념을 연구 과정에도 하나씩 배분하여 전체적인 논지가 일관되도록 노력해야 한다. 필자에게 컨설팅을 부탁한 한 보고서의 경우 국어 연구를 어휘, 글쓰기, 읽기로 나누어 제시하면서 평생학습역량을 신장하는 것이 목표라고 서술하였다. 필자는 어휘, 글쓰기, 읽기의 각 연구과제에서 평생학습역량 6가지를 1:1 매칭 또는 1:2 매칭으로라도 배분하여 강조할 것을 조언해주었다. 이런 식으로 하나의 주제가 연구의 시작부터 끝까지 정확하게 연결되어 있어야 한다.

차이 3 끝까지 힘있는 보고서를 써라!

연구를 실행하고 보고서를 작성하면서 가장 빈약해지기 쉬운 것이 마무리다. 왜냐하면 몇 개월이나 수업을 실행하고 자료를 모으고 기록하다 보면, 연구 실행에 이미 있는 에너지를 다 쏟아서 지친 나머지 연구 결과 분석과 결론부 작성에 소홀해지기 쉽기 때문이다. 그러나 필자는 연구의 시작과 마무리가 연구 실행 과정보다 더 중요하다고 생각한다. 구체적인 문제로 시작해서 객관적인 데이터와 분석을 제시한 뒤 현장 적용 가능성을 시사하면서 보고서 시작과 같은 무게로 끝에 무게중심을 두어야 한다.

계속 강조하지만 전체적인 흐름, 부분 간의 연결성 평가는 필수다. 보고서를 빠르게 완성해 나가다 보면 부분에 집중한 나머지 연구 주제의 맥락을 잃어버리기 쉬우므로 주의하자. 본인도 모르게 연구 결과가 자칫 처음의 연구 의도 및 목적과 사뭇 다른 방향으로 흘러가는 실수를 할 수도 있다. 따라서 일관성 있는 결론을 내렸는지 끊임없이 살펴보고 신중하게 완성하자.

특히 보고서를 분량에 맞게 다 썼더라도 마감 기한 끝까지 몇 번이고 재검토하면서 채우고 보완하는 과정이 중요하다. 물론 그때쯤이면 다시 보고 수정할 기력이 없다는 것을 잘 안다. 하지만 제출 전 반드시 읽는 사람의 관점에서 보고서를 객관적으로 읽어봐야 한다. 어떤 부분을 어필하고 싶었는지, 나만의 킬링 포인트가 잘 살아 있는지에 유의하면서 끝까지 힘을 실어 보고서를 완성하자.

차이 4 보고서는 분할 저장하자!

마지막 차이는 사소하다면 사소하지만 큰 도움이 될 일종의 요령이다. 연구대회에 처음 도전할 경우 문서 작업, 디자인 등에 두려움을 느껴 중도 포기하거나 마감일까지 분량을 다 채우지 못해 제출하지 못하는 사례가 많다. 필자도 처음에는 익숙지 않은 연구 보고서 스타일 문서 작업에 어려움을 느꼈고, 기한 내에 채울 수 있을까, 진도가 나가지 않아 애가 탔었다. 또 힘들게 보고서를 작성해도 작성한 보고서가 날아가거나 사진과 그림 때문에 보고서 용량이 커져 작업이 힘들어지는 문제 등등을 겪었다.

이런 곤란을 겪고 있을 때 연구대회 경험이 많으신 같은 학년 선배 선생님께서 연구 보고서를 나누라는 조언을 주셨다. 즉 서론-본론-결론으로 나누어 다른 파일로 만들고 추후에 합치는 방식이다. 물론 본론이 가장 길 테니 연구과제1-연구과제2-연구과제3으로 각각 저장하는 것을 추천한다. 이는 디자인 과정에서도 필수적인데, 보고서 용량이 점점 커지다 보면 오류가 발생하거나 아예 내용이 날아갈 가능성도 커진다. 최종 수합 전까지는 각각의 파일로 편집하고 합치는 것이 효율적이다.

합친 뒤에도 날짜별로 저장할 것을 권한다. 합본이 된 뒤에는 용량이 어마무시하게 커진 뒤라서, 날아가게 되면 재작업을 할 범위 또한 같이 커진다. 꼭 날짜별로 파일을 관리하자.

0. 목차.hwp
0. 요약서.hwp
0. 표지.hwp
0. 표지ver2.hwp
1. 연구 배경 및 필요성.hwp
1. 연구 배경 및 필요성.pdf
2. 연구 방법.hwp
2. 연구 방법.pdf
3-1. 연구과제 1.hwp
3-1. 연구과제 1.pdf
4. 연구 결과.hwp
5. 결론 및 일반화.hwp
6. 참고 문헌.hwp
그림1.png
아이콘.hwp
연구과제 확장.hwp
연구과제2 합본.hwp
연구과제2 합본.pdf
연구과제3 최종합본.hwp
연구과제3 최종합본.pdf
참고문헌.xlsx
프레젠테이션1.pptx
합본0706.pdf
합본0710.pdf

그림 1-28 **파일 저장 예시**

지금까지 우리는 함께 연구 보고서의 제목을 정하고 각자가 가진 교사로서의 특색을 바탕으로 보고서를 설계하였다. 전체적인 틀을 잡고 디자인도 해보았다. 마지막으로 완주에 도움이 될, 선생님의 등급 수상 문을 열어줄 조언까지 챙겨드렸다. 어떤가, 점점 더 연구대회 참여에 자신감이 붙지 않는가?

각 연구대회별 특성에 맞는 연구 과정과 유의점들은 이어지는 각 부에서 상세히 다루겠지만, 연구대회의 핵심에 해당하는 네이밍, 연구 설계, 연구 검증, 디자인 방법의 노하우는 대략적으로 나눈 것이다. 이 1부의 내용은 다시 말하면 연구대회에 처음 도전하는 선생님들이 가장 먼저 겪는 어려움과 크게 다르지 않다.

"새는 알을 깨고 나온다. 알은 세계다." 헤르만 헤세의 『데미안』에 나오는 문장이다. 새에게 알은 전부와도 같은 세계이다. 두렵겠지만 그 세계를 파괴하고 날아오를 때, 새에게는 새로운 세상이 열린다. 필자가 드리는 이 모든 조언은 부딪히고, 도전하고, 시도하는 그 순간 비로소 선생님의 것이 될 것이다. 이 책을 읽는 선생님도 알을 깨고, 연구대회로 나아가는 새로운 과정으로 날아오르시길 바란다.

2부 디지털교육 연구대회

1. 디지털교육연구대회란?
  대회요강 및 추진 일정·출품서류·보고서 구성
  3전략

2. 디지털교육연구대회 뜯어보기

3. 디지털교육연구대회 노하우

4. 1등급 Key point

5. 마무리하며

By. **송해남** 선생님

수상 내역 2022 교육정보화연구대회 경기도 2등급 - 전국 3등급
  2020, 2021 교육정보화연구대회 경기도 3등급
  목정미래재단 제8회 미래교육상 최우수상(미래교육분야)

경력 및 학위 경기도교육청 교사
  경인교육대학교 융합교육 석사

저서 《교실에서 한 발짝 앞으로! 미래 수업 가이드》,
  《독서로 여는 첫 AI 수업, 노벨 엔지니어링》(이상 프리렉) 등

디지털교육연구대회란?

| 대회요강 및 추진 일정

　KERIS(교육학술정보원)가 주관하는 디지털교육연구대회(구 교육정보화연구대회)로, 미래 지향적 수업 혁신을 목표로 하고 있다. 2024년 기준 디지털 교수·학습, 교육용 SW·AI, 디지털 학교경영의 3가지 분과가 있으며, 에듀테크를 활용한 교수학습 사례나 인공지능, 메타버스 등 미래 교육을 적용하는 수업 연구가 주를 이룬다. 디지털 교수·학습과 교육용 SW·AI 분과는 동일 학교급의 2인까지 공동 연구가 가능하며, 시도교육청 예선으로 40%를 선발하고, KERIS 본선으로 60%를 선발하여 시상한다. (2024년 기준으로 예선까지도 40%에서 60%로 변경되었다. 등급을 받을 아주 좋은 기회이다.) 디지털 학교경영 분과는 같은 학교에서 4인에서 10인의 교원을 꾸려 진행하는 연구로, 학교의 전체적인 운영 전략이나 교육 모델을 제시하는 관점이다. 이 학교경영 분과는 예선 없이 바로 본선 심사로 진행된다.

　각 분과가 요구하는 출품서류를 살펴보면, 디지털 교수·학습은 20쪽(+요약 5쪽, 부록 10쪽) 보고서 인쇄본과 파일을 준비해야 하고, 교육용 SW·AI는 개발한 소프트웨어 소스와 함께 10쪽(+요약 2쪽, 부록 10쪽) 보고서 인쇄본과 파일이 필요하다. 1인이나 2인 연구를 진행하고 싶다면, 앱 개발 가능 여부에 따라 분과를 선택해도 좋겠다. 디지털 학교경영은 20쪽(+요약 5쪽, 부록 10쪽) 보고서와 함께 '학교교육과정 계획서'도 제출해야 한다. 학교 맞춤형 교육 연구를 초점으로 하는 만큼, 디지털 교수·학습과 달리 실제 학교교육과정도 검토해야 한다. 교내에 마음 맞는 선생님들이 있고, 관리자의 지지가 있다면 이 분과를 고려해 보는 게 좋다. 왜냐하면 일단 제출 편수가 많지 않아 경쟁률이 낮다. 2022년 기준 학교경영 분과 제출 건수는 2교였다. 1교는 3등급을 받았고, 1교는 특별상을 받았는데, 2순위교의 사기를 진작시켜주고 연구대회를 활성화하기 위하여 특별히 수여한 것이다. 학교의 상황이 따라준다면 디지털 학교경영 선택이 오히려 좋을 수도 있다.

지금까지 설명한 내용을 표로 정리해보았다. 2024년 디지털교육연구대회 요강 기준으로, 매년 조금씩 개정되니 꼭 공문을 확인하길 바란다.

	자격	연구 관점	제출 내용
디지털 교수·학습	개인 또는 동일 학교급 교원으로 구성된 2인 공동 연구	· AI 코스웨어 등 하이터치 하이테크 교수학습 방법 연구 · 에듀테크, 스마트기기, 교육용 앱, 디지털교과서, e학습터, AI, 빅데이터, 메타버스 관련 교수학습 활동이나 방안 연구	· 보고서 35쪽(본문 20쪽, 요약 5쪽, 부록 10쪽)
교육용 SW·AI		· 참신한 교육용 SW 개발 · 교육용 AI, 빅데이터 프로그램 개발, 적용 연구	· 보고서 22쪽(본문 10쪽, 요약 2쪽, 부록 10쪽) · 개발한 앱 소스
디지털 학교경영	4인~10인	· 학교 내 에듀테크 활용 경영 전략 · 학교 내 디지털교육 대전환을 도모하는 특화 교육활동 제시	· 보고서 35쪽(본문 20쪽, 요약 5쪽, 부록 10쪽) · 학교교육과정 계획서

표 2-1 **디지털교육연구대회 분과별 내용**(2024년 기준)

디지털교육연구대회는 시도 예선대회와 전국 본선대회로 나뉜다. 시도 예선대회에 입상한 작품은 모두 자동으로 본선에 출품되며 각 연구 평정점은 높은 것 하나만 인정된다. 필자가 근무하는 경기도는 디지털교육연구대회에 강한 지역은 아니라 경기도 예선 3등급일 경우, 전국대회의 입상 가능성이 적다고 판단한다. (적어도 필자가 경기도 예선 3등급인 경우에는 전국대회 본선은 떨어졌다.) 여타 지역에서는 예선 결과와 본선 결과가 아예 뒤집히기도 해서, 그 결과를 기다리는 재미가 쏠쏠하다.

보통 시도대회 예선이 8월 출품이라 여름방학 내내 보고서 작성에 매달려야 한다는 단점이 있지만, 여타 연구대회에 비해 결과를 빨리 받아볼 수 있다. 2학기 개학 직후 시도대회 결과가 공지되는데, 예선 입상자를 대상으로 시도별 컨설팅을 진행하여 본선 입상 수를 늘리기 위함이다. 각 시도마다 예선 일정은 상이하니 매해 공문을 꼭 확인하자.

월	추진 일정	개별 연구과제 (예시)
1~2월		· 전년도 수상 흐름 분석하기 · 차년도 교육 트렌드 예측하기(교육 트렌드 도서 읽기) · 이론자료 수집하기(논문 읽기)
2~3월		· 연구 주제 및 제목 선정하기
3~4월	· 디지털교육연구대회 시행 공고 · 사전 설명회(지식샘터) 개최	· 연구 대상 학급 실태 분석하기
5월	· 시도 예선대회 계획서 접수	

5~7월		· 수업 진행하며 연구 보고서 작성하기
8월	· 시도 예선대회 출품서류 접수(8월 초)	· 연구 보고서 마무리하기
8월 말	· 시도대회 심사 및 결과 발표	
9월	· 전국대회 참가자 컨설팅 실시	· 전국대회 출품을 대비해 보고서 수정하기
10월 초	· 전국대회 서류 접수 (시도교육청이 수합하여 KERIS 제출)	
10~11월	· 전국대회 심사	
10월 말~11월	· 전국대회 입상작 공시(에듀넷 티클리어)	· 전국 1등급 예상자들은 실사 연락을 받으므로 준비하기
11월 중순	· 전국대회 입상작 확정	
12월 초	· 전국대회 시상식	

표 2-2 **디지털교육연구대회 추진 일정**(2020~2023년 기준)

〈표 2-2〉에는 공문상 기재된 일정과 일정에 따라 연구자가 준비해야 할 과정을 함께 담았다. 출품 계획서는 5월 제출이지만 만일 4월 말에야 연구 계획을 고민해서 계획서를 작성한다면, 1~2월부터 고민한 연구에 비해서는 그 얼개가 분명하지 않을 것이다. 앞서 1부에서 언급하였듯이 연구대회 네이밍과 나만의 특색 있는 연구 설계는 출품 전년도 12월쯤부터는 끝없이 고민해야 한다. 잘 기획된 연구 과정을 5~7월간 진행하는 것은 어렵지 않지만, 연구과제 수립부터 엉킨 실은 연구 흐름 내내 선생님을 옥죌 것이다. 꼭 출품 계획서를 제출하기 전에 나만의 명확한 연구 설계를 준비하자.

| 출품서류

디지털교육연구대회에서는 보고서와 함께 USB를 제출한다. 연구 보고서 인쇄본은 총 6부를 제출하는데, 그중 5부는 블라인드 버전이다. 이것은 심사위원과 출품자가 일면식이 있는 경우, 특정 표기를 통하여 득점을 유도하는 일을 막기 위한 방식으로 학교 이름도 모두 지워야 한다. (예를 들어 가정통신문을 캡처해서 연구 과정에 넣더라도 학교 이름은 가려야 한다.)

USB에는 보고서 HWP와 PDF 파일을 블라인드 버전과 정보 기재 버전으로 나누어 담는데, 교육용 SW·AI 분과라면 앱 소스까지 함께 제출한다. USB에 레이블을 부착하여 제출해야 하므로 일정 크기 이상의 USB를 구비하도록 하자.

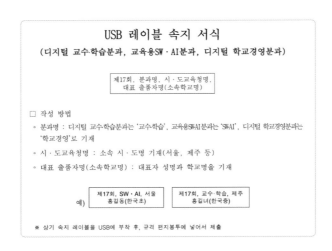

그림 2-1 **USB 레이블 서식**(공문 참고)

　그 외에도 '개인정보 수집·이용 동의 확인서'를 제출해야 한다. 연구 보고서에 학생들의 수업 활동 모습이나 변화 정도가 담기는 만큼, 초상권이나 개인정보가 수집·이용될 수 있음을 사전에 학부모들에게 공지해야 한다는 취지다. 물론 출품 시에는 가정에서 회신받은 동의서를 제출할 필요는 없다. 동의서는 각 연구자의 책임하에 보관하되, 개인정보 수집·이용에 동의한 학생 명단을 제출하는 방식이다. 참고로 필자는 개인정보 수집·이용 동의서를 받지 않았고 모든 학생의 이름과 얼굴을 블러 처리하여 제출하였다. 쉽게 말하면 개인정보를 사용하지 않는다면 굳이 동의서를 제출할 필요는 없는 것이다.

| 보고서 구성 3전략

　그렇다면 보고서는 어떻게 구성해야 할까? 디지털교육연구대회의 세 분과 중 보고서가 가장 큰 역할을 하는 디지털 교수·학습 분과에 맞추어 설명하고자 한다. 총 20쪽의 보고서는 세 파트, 즉 서론-본론-결론으로 나눌 수 있다. 보통 20쪽을 제출하는 보고서 대부분이 〈표 2-3〉과 같은 **5-12-3**의 구성을 취하고 있다.[1]

서론	연구 배경 및 필요성~연구 방법	5쪽
본론	연구 내용 (연구과제1~3)	12쪽
결론	연구 결과 및 결론, 일반화	3쪽

표 2-3 **20쪽 보고서 분량 구성**

이 배분이 필수는 아니나 가장 이상적인 형태로서, 이보다 본론이 늘어나는 경우 서론과 결론이 빈약해질 수 있고, 반대로 서론이나 결론이 너무 길어져도 본론을 담을 지면이 부족해질 가능성도 있다. 연구대회 보고서는 한정된 지면 내에서 벌이는 논리와 체계의 싸움이다. 만약 본론을 1쪽 줄여가면서까지 결론에 꼭 담아야 할 내용이 있다면 5-11-4의 구조로 진행해도 무방하다. 다만 그렇게 구성하는 특별한 이유와 그에 상응하는 논리와 체계가 보고서 문면에 잘 드러나야 한다.

디지털교육연구대회 보고서는 주로 3개의 연구과제를 제시하므로, 본론의 12쪽은 연구과제 1개당 4쪽을 기준으로 잡으면 된다. 하지만 연구의 주제 및 상황에 따라 연구과제 1은 2~3쪽으로 줄이고, 연구과제 3은 그만큼 늘리는 것도 가능하다. 지금부터는 3개 연구과제를 구성하는 대표적인 3가지 전략에 관해 기술하고자 한다. 잘 살펴보고, 본인의 연구주제와 학교 상황에 맞게 선택해보자.

전략 1 연구 흐름을 탄탄하게!

연구과제 1	연구과제 2	연구과제 3
수업 환경 조성	교육과정 재구성	실제 수업
2~4쪽	2~4쪽	4~6쪽

표 2-4 **연구과제 구성 전략 1**

가장 일반적인 구성이다. 이때 연구과제 1에는 주로 연구 준비 단계가 들어간다. 연구를 위한 인적/물적 환경 조성, 학생 역량 강화, 연구 전략 설정 등이 해당된다. 이런 내용을 2~4쪽 분량으로 자세하게 기술하는 것이다. 그 뒤 연구과제 2로 넘어가서는 교사(연구자)가 교육과정을 어떤 이론을 근거로 재구성하였는지에 대해 2~4쪽 분량으로 작성한다. 만약 공동 연구라면 〈그림 2-2〉처럼 왜 공동으로 연구를 해야 하는지, 어떻게 두 교사가 협력하여 교사 역량 강화를 꾀했는지를 언급해도 좋겠다. 마지막으로 남은 연구과제 3에 실제 연구 수업을 싣는다. 총 4쪽으로, 1쪽당 수업 1개나 2쪽당 수업 1개 식으로 규칙적으로 채워진다.

이렇게 본론 12쪽을 구성하게 된다면 실제 연구과제 수록이 적어질 수밖에 없다. 연구과제 1, 2를 각 3쪽으로 줄인다고 해도 연구 수행 수업은 최대 6쪽에만 기술되기에, 이 구성은 연구 주제나 설계가 매우 특색 있을 때 강점이 있다. 시의성이 있는 설계라면 수업 개수는 적어도 괜찮다.

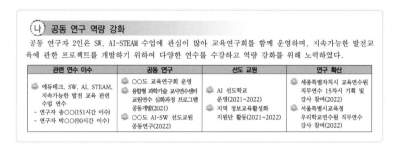

그림 2-2 **연구과제 2 - 공동 연구 역량 강화 예시**

전략 2 수업 개수로 승부 보자!

연구과제 1	연구과제 2	연구과제 3
수업 환경 조성/교육과정 재구성	실제 수업	실제 수업 (연구과제 2보다 확장)
3~4쪽	3~4쪽	4~6쪽

표 2-5 **연구과제 구성 전략 2**

이번에는 앞서 연구과제 1, 2에 나누어 담았던 수업 환경 조성을 위한 준비나 교육과정 재구성 내용을 연구과제 1로 몰아넣는 형태다. 그렇기에 연구과제 1의 분량도 최소 3쪽으로 충분히 확보되어야 하겠다. 그리고 연구과제 2와 3에 실제 수업을 제시한다. 연구 수행이 과제 2개에 나뉘어 기술되므로 그 차이가 있어야 하겠다. 필자는 연구과제 2에서 3으로 넘어가면서 문제 해결 주제나 방법, 장소 등이 확장되도록 설계하는 것을 추천한다.

예를 들어 연구과제 2에서 우리 교실과 학교의 문제를 해결했다면, 연구과제 3에서는 지역사회의 문제에 초점을 맞추는 것이다. 아니면 연구과제 2에서 단방향 에듀테크 플랫폼을 다룬 뒤 연구과제 3에서 서로 소통하고 협업할 수 있는 쌍방향 플랫폼을 선정해도 좋겠다. 어떤 방식이든 수업을 나누는 기준을 정하는 것이 좋다. 물론 분량 면에서도 연구과제 2와 연구과제 3이 동일하거나, 연구과제 3이 확장되는 형태로 많아지는 것이 보고서 구성상 의미가 있을 것이다. 전략 1에 비해 실제 수업을 많이 소개할 수 있기 때문에 대부분의 보고서는 이 구성을 채택하고 있다.

전략 3 연구 범위를 학교 밖으로 넓게!

연구과제 1	연구과제 2	연구과제 3
수업 환경 조성/교육과정 재구성	실제 수업	일반화 (지역사회, 가정 등으로 큰 확장)
3~4쪽	4~6쪽	3~4쪽

표 2-6 **연구과제 구성 전략 3**

전략 2와 거의 비슷하되 연구과제 3에 핵심 활동을 많이 배치하는 전략이다. 지역사회 유관 기관과 협업 활동을 하거나(동물권 보호 수업과 연계된 동물원 견학, 사육사 초청 수업 등), 연구 주제와 관련 있는 실천 내면화 활동을 진행하는 것이다. 이처럼 지역사회나 실생활로의 큰 확장/일반화를 추구한다는 데 큰 강점이 있다. 이렇게 연구과제 3의 방향성을 구성하는 게 어려울 수 있기 때문에 분량을 줄이고 연구과제 2를 늘려 제시해도 충분하다. 이 전략에 관해서는 이후 2-3장 '학교 밖으로 눈을 돌려라!' 절에서 더 자세히 이야기하겠다.

TMI

연구과제 네이밍

추가로 이 연구과제 1-2-3의 네이밍도 고민해보자. 특히 여기서 초등과 중등의 차이가 확연히 드러나는데, 초등 선생님들은 이 연구과제 네이밍도 아기자기하다. '씨앗을 심어요-싹을 틔워요-꽃을 피워요'라든지, '너와나 발맞춰-우리같이 한걸음-다함께 지구한바퀴'라든지……. (사실 이것은 필자가 한 네이밍이다.) 꼭 이렇게 귀여운 느낌이 아니더라도 '프로젝트 환경 조성하기-교육과정 디자인하기-프로젝트 실행하기' 등의 네이밍을 고수하는 것이 초등 연구의 느낌이라면, '연구과제 1-연구과제 2-연구과제 3'으로 정직하게 나아가는 형식은 중등 연구에 많다. 어느 쪽이 맞고 틀리거나 유리하고 불리한 것은 아니다. 다만 그렇다는 사실을 전달할 뿐이다. 결정은 연구자의 몫이다. (필자는 초등 교사이기 때문에 앞으로도 아기자기한 연구과제명을 작성할 것이다…….)

디지털교육연구대회 뜯어보기

2020년. 코로나19가 학교를 강타하고 온라인 개학이니, 에듀테크 교육이니 디지털 만능론이 팽배하던 시기, 필자는 하필 과학정보부장이었다. 이 책을 읽는 선생님들은 필자와 함께 탄식을 내뱉으셨으리라 생각한다. 하필 온라인 수업 시기에 과학정보부장이라니……. 막 5년차 1급 정교사 자격을 받은 필자는 당시 한창 교육 현장에 욱여넣어지던 에듀테크 플랫폼과 스마트기기들을 보며 허탈함을 느꼈다. 디지털 융합 교육이 왜 필요한지, 어떤 구성으로 교육과정에 녹여내야 하는지 등의 충분한 고민과 선행 연구 없이 마구잡이로 수업을 해야 하는 상황에 숨이 막혀왔다.

어느 날, 필자는 결심하였다. 현실을 어쩔 수 없으니, 적극적으로 나서 정말 필요한 디지털 교육을 연구하고 설계하여 적용해보자! 어차피 온라인 수업과 에듀테크 융합 교육을 실천해야 한다면 교사로서 의미 있는 교육을 하자! 이러한 발돋움에서 필자의 디지털교육연구대회 도전기가 시작되었다. 그렇게 2020년부터 2022년까지 교육정보화연구대회에 3년 연속으로 참가하였으며 2020~2021년에는 경기도 3등급을, 2022년에는 경기도 2등급-전국 3등급을 수상하였다. 전국 1등급을 받은 적은 없으나, 3년간 한 번도 떨어진 적이 없다.

그 과정에서 수없이 많은 밤을 지새고 고민하고 부딪히고 고군분투하였기에, 이 책에서 해답을 찾고 싶은 선생님들의 마음을 잘 알고 있다. 한편으로는 2023년 교육정보화연구대회에 출품하지 않게 되면서, 컨설팅을 해드린 세 팀의 선생님들께서 모두 시도 예선대회에 입상하는 것을 보고, 필자의 경험이 도움이 될 수 있다는 확신을 얻었다. 하여 이 기회를 빌어 디지털교육연구대회 보고서 작성 팁을 제시하고자 한다.

| 디지털교육연구대회 보고서

함께 뜯어볼 보고서는 〈ESD-NEO 학습으로 다함께 지구촌 SEEC 역량 기르기〉로, 필자의 2022년 제 16회 교육정보화연구대회 전국 3등급 수상작이다. 2020년~2021년에 걸쳐, "정말 필요한 디지털 교육을 적용해보자"란 의지를 갖고, '지구 환경 문제'를 디지털-SW-AI 프로젝트로 해결한다면 어떨까, 고민하며 연구를 시작하였다. 여러 교육 요소 가운데 '환경' 문제가 학생들의 삶과 가장 긴밀히 연계된 주제라고 생각되어 골랐으며, 미래 사회의 가장 큰 변화인 '디지털-AI 대전환'과 융합하여 진행하고 싶었다.

구성 및 목차

우선 목차를 통해 연구 흐름부터 이해하는 것이 좋겠다. 필자는 보고서를 크게 5개의 파트로 구성하였고, 그중 I장에는 연구가 왜 필요한지를, II장에는 어떻게 설계하였는지를 밝혔다. 여기까지가 서론에 해당한다. 실제 연구 과정은 III장에 담았는데, 앞서 소개한 '보고서 구성 3전략'을 적용하는 본론 파트라 할 수 있다. 마지막으로 연구 효과를 검증하고 전체 연구의 결론 및 일반화 방안을 제시하는 결론부로 마무리하였다. 각각 IV장과 V장에 해당한다. 이제 전체 개괄을 어느 정도 마쳤으니, 각 파트를 상세히 살펴보도록 하자.

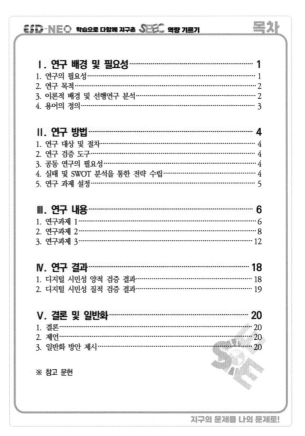

ESD-NEO 학습으로 다함께 지구촌 **SEEC** 역량 기르기 　목차

I. 연구 배경 및 필요성 ·············· 1
1. 연구의 필요성 ························ 1
2. 연구 목적 ···························· 2
3. 이론적 배경 및 선행연구 분석 ······ 2
4. 용어의 정의 ························· 3

II. 연구 방법 ······················ 4
1. 연구 대상 및 절차 ·················· 4
2. 연구 검증 도구 ····················· 4
3. 공동 연구의 필요성 ················· 4
4. 실태 및 SWOT 분석을 통한 전략 수립 · 4
5. 연구 과제 설정 ····················· 5

III. 연구 내용 ····················· 6
1. 연구과제 1 ························· 6
2. 연구과제 2 ························· 8
3. 연구과제 3 ························· 12

IV. 연구 결과 ····················· 18
1. 디지털 시민성 양적 검증 결과 ······ 18
2. 디지털 시민성 질적 검증 결과 ······ 19

V. 결론 및 일반화 ················· 20
1. 결론 ······························· 20
2. 제언 ······························· 20
3. 일반화 방안 제시 ··················· 20

※ 참고 문헌

지구의 문제를 나의 문제로!

그림 2-3 〈ESD-NEO 학습으로 다함께 지구촌 SEEC 역량 기르기〉 목차

서론 연구의 필요성 및 연구 방법

서론의 첫 번째 파트로, 내 연구와 관련된 교육적 요구, 시대 변화, 사회 문제 등을 열거하며 연구의 필요성을 어필하고, 각종 선행 연구나 이론 등을 함께 언급해 연구의 배경을 제공한다. 연구 목표 수립까지 3쪽 정도의 분량이면 알맞다.

Ⓤ I. 연구 배경 및 필요성 Ⓤ

1 연구의 필요성

가 21세기의 학교 교육, 무엇을 놓치고 있나요?

　　인류의 생존을 위협하는 지구 환경의 변화는 경제, 사회, 정치 등 복합적 요인에 의한 것으로 더 이상 하나의 관점으로 바라볼 수 없다. 우리가 살아가는 환경 속에서는 다양한 경제 활동이 일어나고 있다. 그러한 경제 활동은 사람들의 사회적 생활에 영향을 미치고 사람들의 사회적 행위는 또다시 환경을 변화시킨다. 하지만 유기적이고 복합적인 지구의 문제에 비해 이를 포함하는 교육 프로그램은 부족한 현실이다.

　　이에 본 연구에서는 환경보호, 경제성장, 사회발전을 상호 연관지어 유기적으로 학습함으로써 전 인류가 함께 살아갈 수 있는 미래실천적 지속가능발전 교육으로의 전환을 제시하고자 한다.

#지속가능발전 #미래실천 #환경보호 #경제성장 #사회발전

나 지구의 문제는 곧 나의 문제, 지속가능발전 교육으로!

　　초중고의 어린이·청소년으로 자라나는 시기에는 친환경적 행동을 형성하고, 이를 바탕으로 실천적 참여를 유도해야 한다. 특히 프로젝트 기반으로 직접 문제를 해결하는 경험을 통해 학생들의 삶에 실질적인 변화를 줄 필요가 있다(변문경, 조문흠, 2016; 정민영, 김영환, 2020). 또 뉴노멀 사회에 예상하기 힘든 인구 변화, 경제적 불평등, 환경오염 문제에 스스로의 목소리를 낼 수 있도록 협력, 비판적 사고를 함양할 기회를 제공해야 한다. 따라서 본 연구에서는 **학생들이 지구의 문제를 나의 문제로 여기고 실천-탐구할 수 있도록** 하고자 한다.

2 연구 목적

　　본 연구는 **ESD-NEO** 학습을 통하여 학생들의 환경 역량과 지속가능 생산 및 소비에 관한 실천적 태도를 함양시켜, 환경-경제-사회 문제의 순환을 추구하는 것에 목적이 있다.

　　첫째, **ESD-NEO** 학습을 위한 환경을 조성하여 친환경적 가치관과 실천적 역량을 강화시킨다.

　　둘째, **ESD-NEO** 학습을 통해 환경-경제-사회 문제를 탐구하고 자신의 삶으로 확장시키는 경험을 갖게 한다.

　　셋째, **ESD-NEO** 학습으로 환경-경제-사회 지속가능한 순환을 삶의 태도로 내면화, 지역사회로 연계한다.

가 지속가능발전 교육(ESD)이란?

'지속가능발전(Sustainable Development)'은 바바라 워드가 처음 사용한 개념으로 **'미래세대의 필요를 훼손하지 않는 범위에서 현 세대의 필요를 충족시키는 발전'**으로 제시되고 있다(WCED, 1987). 이러한 지속가능발전의 요소를 학습함으로써, 지속가능발전을 달성할 수 있도록 의식을 길러주는 과정을 '지속가능발전 교육(Education for Sustainable Development)'이라 명명한다. 내용으로는 사회, 환경, 경제적 관점을 통합적으로 제시하고 있으며, 지식적인 이해를 넘어서서 학교, 가정, 사회 전반의 태도 변화를 통해 지속가능한 실천 역량을 강화하는 것을 비전으로 하고 있다(유네스코한국위원회, 2008).

환경(Environment)	경제(Economy)	사회(Society)
- 자연 자원(물, 공기, 토양) - 에너지, 기후변화 - 생물다양성, 식량 생산	- 지속가능 생산과 소비 - 기업의 지속 가능성 - 시장경제, 빈부격차 완화	- 인권, 평화, 안전, 통일, 건강 - 문화 다양성, 시민참여, 세계화 - 양성평등, 국제적 책임

학생이 지속가능발전에 대해 관심을 가지고 탐구하며 문제를 해결하는 경험은 장차 성인이 되었을 때 가질 가치와 신념의 기반이 될 것이다. 이렇게 형성된 친환경적 가치관과 지속가능발전을 실천하고자 하는 소양은 지속가능한 사회를 위한 중요한 자양분이 되므로, 지속가능발전 교육은 뉴노멀 미래 사회를 위해 필수적이다(최지연 외, 2017). 이러한 지속가능발전 교육은 학교 현장에서 많은 연구가 이루어지고는 있지만, 사회 전체나 각 영역으로 확산되었다고 보기는 어렵다(이선경 외, 2014).

따라서 지속가능발전 교육을 위해 필요한 것은 첫째, 체험 중심으로 학습자가 주도적으로 참여할 수 있는 수업이 제공되어야 한다. 다양한 체험 위주의 활동으로 학생들이 일상생활에서 실천하고 습관화할 수 있는 지속가능발전 교육이 필요하며(최지연 외, 2013), 수업에서 습득한 지식을 실생활에 적용할 기회를 제공해야 학생의 삶에 실질적으로 연결된다(정민영, 김영환, 2020). 둘째, 범교과적 프로젝트 학습이 필요하다. 지속가능발전 교육은 한 가지 요소에 대한 분절적인 접근보다는 통합적, 총체적인 접근으로 교수학습해야 하며(오현주, 박재근, 2017), 여러 교과가 통합되어 실제적인 학습 주제로 제공될 필요가 있다(허남구, 2020). 셋째, 학교를 넘어서 학생들의 실생활, 사회로 연계-확장될 필요가 있다. 학교의 역할은 공공의 이익을 사회에 재생산하는 데에 있다(Nearing S, 1915). 지속가능발전 교육 대부분은 환경 캠페인, 농사 체험 등 일회적인 이벤트 수업으로 그치는 경우가 많아(전송이, 2019), 지역이나 진로 분야의 연계성을 높일 필요가 있다(최지연 외, 2013).

이에 본 연구에서의 지속가능발전 교육(ESD)는 사회-환경-경제적 관점을 통합적, 총체적으로 아우르는 접근을 통해 학생들의 일상생활의 변화와 지역사회로의 확장 연계를 추구하는 프로젝트 학습으로 제시하고자 한다.

나 선행 연구 분석을 통한 시사점 도출

연구자	주제	내용 분석
서연경, 고명희(2013)	프로젝트 중심 학습을 적용한 실천 중심의 인성교육 프로그램 개발 및 운영 사례	미래세대에게 필요한 협력, 커뮤니케이션, 비판적 사고, 테크놀로지 사용 등의 기술을 습득할 수 있는 프로젝트가 필요하다.
육경민(2020)	고등학교 기술가정 교과서에 반영된 지속가능발전교육 관련 내용 및 탐구 성향 분석	대부분의 교과서가 환경적 지속가능성 관점을 중심으로 설명하고 있어, 환경-경제-사회적 지속가능 관점의 모든 측면을 고려할 필요가 있다.
김다원 외(2020)	초등 지속가능발전 교육 수업 전략과 모듈 개발	학생들이 직접 보고 경험한 사회 현상과 문제를 토대로 지속가능한 발전을 설계할 때 이를 실천할 수 있는 능력을 길러줄 수 있다.

시사점	1. 뉴노멀 사회에 필요한 다양한 미래 기술을 체험하기 위한 학습 환경 조성 ➡
	2. 환경-경제-사회적 지속가능성을 탐구-확장할 수 있는 학생 중심 프로젝트 구성 ➡
	3. 가정, 지역사회로의 실천을 도모하는 적극적인 참여-확장 활동 설계 ➡ 연구과제3

4 용어의 정의

(가) ESD-NEO 학습이란?

주제의미	**Near-Earth-Own 지구의 문제를 나의 문제로!**
	물, 공기, 생물 환경의 오염 문제는 국경을 가리지 않고 일어난다. 이에 수반되는 경제적 불평등의 심화는 인권이 보장되지 않고 빈곤이 심화되는 사회를 만든다. 지구가 겪는 문제는 이제 나의 문제로 여겨야 한다. 우리는 환경 문제가 경제-사회와 밀접한 연관이 있음을 알고 이를 해결하고자 노력하고 행동하는 가치관을 가질 필요가 있다. 이에 본 연구에서는 지구의 문제를 자신의 문제로 여기는 학습 프로젝트를 진행하고자 한다.

학습단계	**Need** (필요를 느끼다)	**Explore** (탐구하다)	**Outlast** (지속하다)
	책 읽기, 뉴스, 디자인 사고, 체험, 설문조사 등을 통해 환경-경제-사회 문제의 심각성을 체감하고 문제 해결의 필요를 느끼도록 하는 단계	학습에 능동적으로 참여하며, 미래기술을 활용하여 문제를 해결하는 단계. 실생활뿐만 아니라 사회적 문제까지도 확장하여 구체화하는 단계	학습 과정 및 결과를 실제적 상황으로 연결하여 삶의 방향을 바꾸고 발전시키는 단계. 지속적으로 삶 속에서 실천해나가는 것이 중요하다.

(나) SEEC 역량이란?

Social(사회) 역량	**Environment(환경) 역량**	**Economy(경제) 역량**
모두가 행복하고 누구도 차별받지 않는 사회를 추구하며, 장애인-아동-노인 등 사회적 약자를 위해 문제를 해결할 수 있는 역량	환경을 보호하기 위해 내가 해야 할 일을 하고, 다양한 실천 행동에 참여하며, 전 지구적인 환경 문제에도 관심을 가지려는 역량	나의 물건 구매 및 소비가 환경에 영향을 미친다는 것을 알고, 지속가능한 생산과 소비에 적극적으로 참여하고 실천하려는 역량

Cycle(순환) 역량
사회-환경-경제 역량을 함양하여 사회의 융합적이고 복합적인 문제를 다각적으로 해결함으로써, 미래 사회에 필요한 문제 해결, 협업-소통, 비판적 사고력 등을 기를 수 있다. 이와 같이 지속가능한 사회의 궁극적인 상호작용을 기반으로 선순환을 강조함으로써 얻을 수 있는 지식, 기능, 태도를 모두 순환 역량으로 지칭하고자 한다.

연구의 필요성에서는 내가 연구 주제를 선정한 교육적인 이유를 제시한다. 디지털교육 연구대회에서는 보통 디지털 소양 교육이 필요한 이유나 에듀테크/AI/SW 관련 역량에 대한 내용이 나온다. 미래 교육을 혁신하는 게 주요 골자인 연구이다 보니 적시교육적 요소, 신문 기사, 미래 사회를 예상하는 명언 등을 언급하기도 한다. 필자는 학교 교육에 지속가능발전 교육이 부재함을 짚으며, 친환경적 문제 해결 방법을 직접 탐구할 필요성을 강조하였다. 연구가 다 끝난 후 책을 집필하면서 이 부분을 다시 보니 필자의 보고서에서 '가'와 '나'가 다소 겹치는 것으로 느껴진다. 차후 전국 1등급 보고서와 비교하면 확연하게 느껴지겠지만 연구의 필요성의 갈래를 명확하게 여러 개로 제시하는 것이 좋겠다.

2022 연구 필요성	지금 수정한다면
가. 21세기의 학교 교육, 무엇을 놓치고 있나요?	가. 끓고 있는 지구, 뉴노멀 시대의 환경 역량!
나. 지구의 문제는 곧 나의 문제, 지속가능발전 교육으로!	나. 미래 기술로 직접 참여-해결하는 경험을 제공하자!

표 2-7 **연구의 필요성 비교 분석**

〈표 2-7〉에서 보듯, 2022년도 보고서에 작성한 연구의 필요성은 '가'와 '나'가 비슷한 내용이다. '가'에서는 21세기 학교 교육 내용에는 지속가능성이 부재함을 이야기하고, '나'에서는 지구의 문제를 나의 문제로 간주하여 직접 문제를 해결해보자는 내용을 담고 있다. 지금 만약 객관적으로 저 부분을 수정한다면 '가'에서는 환경 수업 필요성을 역설하고, '나'에는 에듀테크/디지털 플랫폼/AI-SW/메타버스 등의 미래 기술로 이 환경 문제를 해결해야 한다는 내용을 담겠다.

앞서 연구 일반론에서도 언급하였듯이 디지털교육연구대회에서 디지털 플랫폼, 에듀테크 활용 등은 흔한 사례이기 때문에 그것을 수단으로 어떤 목표를 달성해야 할지, 다른 보고서와 차별화되는 나만의 연구 목표와 특색을 담을 필요가 있다. 메타버스 플랫폼으로 영어 수업을 진행하는 연구라면 영어 교육에서 메타버스 플랫폼이 필요한 이유나 효과를 강조하는 것이 좋다.

2 연구 목적

연구 목적은 일반적으로 환경 조성-문제 해결-확산의 순서로 설정하는 것이 좋다. 보고서의 결론부와 연결 지어서 작성해야 하므로, 너무 미시적인 관점에 머무르면 연구 결론 역시 거시적인 관점에서 언급하기 어려워진다. 또 전체 일관성을 위해 연구과제 1-2-3과도 직관적으로 매칭될 수 있도록 환경 조성-문제 해결-지역사회나 실생활로의 확산, 내면화의 형태로 목표를 수립하자. 서론은 이론적 배경, 용어의 정의 등까지 합쳐서 3쪽 정도여야 한다. 연구 목표까지는 아무리 많아도 1.5쪽으로 구성하도록 하자. 필자는 1쪽에 연구 목표까지 모두 담았다.

3 이론적 배경 및 선행 연구 분석

• 가. 이론적 배경: 지속가능발전 교육이란?

이론적 배경은 나의 연구 주제와 관련하여 분석하고 가야 할 이론을 짚는 부분이다. 내연구를 수행할 때 다른 사람들이 알고 있으면 좋다고 생각되는 정보를 제공하는 부분이라 할 수 있겠다. 특히 많은 이론 중에서도 내 연구와 연결된 부분을 정리하여 싣는 것이 중요하다. 예를 들어 '지속가능발전 교육'에 대해서는 여러 연구자가 정의를 내리고 있지만, 필자에게 필요한 정의는 '유네스코한국위원회'에서 정리한 내용이었다. 또지속가능발전 교육 방법 중에서는, 체험 중심-범교과적-실생활, 사회로 연계될 필요성을 굵은 글씨체로 강조하였다. 물론 다른 좋은 방법이나 이론이 많겠지만 이 파트에는 잘 선별해 나의 연구에 관련된 내용만 정리하는 것이 좋다. 가령 메타버스 기반 연구라면 메타버스 교육이 무엇인지를 말하고, 메이커 교육 기반 보고서인 경우 메이커 교육에 관해서만 알려주면 된다.

• 나. 선행 연구 분석 및 시사점 도출

앞서 작성한 이론적 배경과 비슷해 보일 수 있지만 나의 연구에 보다 직접적·특징적으로 영향을 미치는 선행 연구를 분석 및 정리한다. 필자는 선행 연구들을 일목요연하게 표로 넣은 뒤, 어떤 연구가 어떤 연구과제에 영향을 미쳤는지를 아이콘으로 표시하였다. 석·박사논문이 아니기 때문에 꼭 선행 연구를 논문으로 분석할 필요는 없다. 연구 보고서를 참고해도 좋다. 여기서 핵심은 선행 연구의 제언 혹은 연구 결과를 업그레이드시켜서 나의 연구에 반영하는 데 있다. 이런 업그레이드 과정이 없다면 선행 연구로 이미 충분하다는 뜻이 되어, 내 연구의 당위성을 설득할 수 없게 된다.

예를 들어 필자의 선행 연구 분석 중 둘째 행을 보자. '고등학교 기술과정 교과서에 반영된 지속가능발전 교육 관련 내용 및 탐구 성향 분석' 결과, 환경-경제-사회적 지속가능 관점의 모든 측면을 고려한 교과서가 아직 없음이 파악되었기 때문에 필자의 연구를 진행할 이유가 생기는 것이다. 현재 교과서에서 지속가능발전 교육을 통합적으로 잘 수행하고 있다면 나의 연구의 독창성이 저하되지 않겠는가. 필자는 이 과정에서 논문을 굉장히 많이 읽었다. 논문을 많이 분석할수록 단어의 양이나 질에서 훨씬 깊이 있는 보고서가 될 수 있기에 추천하는 바이다.

4 용어의 정의

용어의 정의는 내 연구에서 사용할 이름을 정의하는 파트다. 앞서 [1부. 연구대회 핵심 관통하기]에서 연구의 독립 변인과 종속 변인을 머리글자 조합으로 만들었을 것이다. 이 것을 알아보기 쉽게 소개하면 되는데, 동시에 해당 용어가 20쪽에 이르는 연구 보고서 내에서 같은 의미로 언급된다는 약속이 된다. 필자는 독립 변인인 'ESD-NEO'에 학습 단계로서의 의미뿐만 아니라 주제 의미를 부여하였다. 의도는 연구 특색을 다채롭게 드러내기 위함이었는데, 한 단어에 주제 의미와 학습 단계 의미를 두 가지 넣게 되면 오히려 불명확하게 느껴질 수도 있다. 필자의 경우 다소 불명확하게 느껴지더라도 '지구의 문제를 나의 문제로!'의 슬로건을 강조하다는 마음으로 두 가지 의미를 나누어 제시하였다.

여기까지가 총 3쪽 정도 분량이면 알맞다. (필수 가이드라인은 아니니 기준점으로만 참고하자.)

서론의 두 번째 파트, 연구 방법이다. 이 부분은 연구 대상, 검증 문항, 실태 분석, 연구 전략, 연구과제 설정 등을 담는다. 대략적으로 2쪽으로 구성하여 앞서 제시한 연구의 필요성 및 목적과 합하여 5쪽 정도로 기준을 잡자.

ⓤ Ⅱ. 연구 방법 ⓤ

1 연구 대상 및 절차

연구 대상						연구 방법		연구 기간		
경기도 Y, H 초등학교 5~6학년 (44명, 2개 학급)						2인 공동 연구		2022년 3월~10월 (2학기 후속 연구 예정)		

연구 수행 내용		연구 추진 일정								공동연구 수행	
		3월	4월	5월	6월	7월	8월	9월	10월	송○○	박○○
계획	연구 주제 선정 및 선행연구 분석	✿	✿							✿	✿
	실태조사 및 전략 수립, 환경 조성		✿	✿						✿	✿
실행	ESD-NEO 학습 프로그램 개발			✿	✿					✿	✿
	연구과제 1,2,3 수행			✿	✿	✿				✿	✿
	연구 산출물 수집 및 정리				✿	✿				✿	✿
검증	연구 결과 검증 및 통계 분석							✿		✿	
	연구 보고서 작성						✿	✿		✿	
확산	후속 지도 및 일반화를 위한 자료 배포						✿	✿	✿	✿	✿

2 연구 검증 도구

검증 내용	검증 도구	검증 방법		시기
환경 역량	초등학생 환경역량 검사도구의 개발 (정희라 외, 2020)	양적	대응표본 t 검증	4월, 7월
경제 역량	K-SDGs 12 목표에 관한 인식 및 태도 설문 활용 (이화권, 이성원, 2021)			
사회 역량	사후 소감 및 FGI	질적	면담	수시

3 공동 연구의 필요성

구분	연구자 송해남	연구자 박기림
강점 및 약점	ⓢ 정보화 연구대회 다수 입상 ⓢ 2019-2021 SW 선도학교 및 AI 선도학교 운영 경험 ⓢ 정보교육 관련 도서 집필 2회 ⓦ 지속가능발전 교육 경험 부족	ⓢ 민주시민교육 수업 경험 및 수상 실적 다수 ⓢ 2021-22 AI 선도학교 운영 경험 ⓢ 지속가능발전 교육에 관심이 많음 ⓦ 정보화 연구 경험 부족
공동연구의 필요성	✿ 지속가능발전 개념을 다양한 융합 프로젝트로 개발하기 위해 전문 분야가 다른 교사 간 협력이 필요 ✿ 지역사회 및 진로 분야와 연계·확장하기 위하여 타 지역 간 교류가 필요	

4 실태 및 SWOT 분석을 통한 전략 수립

(가) 실태 조사 분석

지속가능발전을 아나요?	수업 경험 여부			어떻게 해결해야 할까?	실태 분석
안다 (5명) 모른다 (39명)	·환경오염(59%, 26) ·에너지(4%, 2) ·기후변화(25%, 11) ·지속가능 생산과 소비(0%, 0) ·빈부격차(0%, 0) ·인권, 평화(15.9%, 7) ·문화다양성(6.8%, 3) ·시민참여(20.5%, 9)	있음 있음 있음 있음	없음 없음 없음 없음 없음 없음 없음	구체적이지 않고 단순하다.	실태 지속가능발전에 대한 개념을 잘 모르며, 수업 경험이 '환경' 부분에 국한되어 있음. 방안 지속가능 환경-경제-사회를 아우르는 통합적인 주제별 프로젝트가 필요 실태 엔트리나 AI 플랫폼 활용 경험이 있으나 단순한 체험에 그치며, 문제 해결에 대한 대답도 일차원적임. 방안 SW, AI, VR, 앱 활용 등 다양한 수단과 삶의 문제를 해결하는 실제적인 프로젝트 필요
	수업 경험 여부				
	·엔트리(59%, 26) ·로봇 활용(20.5%, 9) ·AI 활용(34%, 15) ·앱 활용(15.9%, 7) ·VR 활용(0%, 0)	👥👥👥👥👥 👥👥 👥👥👥 👥			

| SWOT 분석 | • 정보 교육 경험이 많은 교사
• 교사 연구회 공동 운영
• AI 선도학교 운영
• 적극적으로 응용, 적용하려는 학습자 | S강점 W약점 O기회 T위협 | • 일회성 환경교육 경험
• 학생들의 프로젝트 학습 경험 부족
• 지속가능발전 교육 및 연구 경험 부족
• 연계 확장할 지역사회 자원 부족 |

다 핵심 전략 수립

S-O 전략	■ AI 선도학교 운영으로 정보교육 활성화, 스마트 기기 기반 협업 환경 조성 ➡ 연구과제1
S-T 전략	■ 교사연구회 공동 운영 및 연수 참여 등 교사 역량 강화 ➡ 연구과제1
W-O 전략	■ ICT, SW, AI 피지컬 컴퓨팅 등 다양한 수단과 실제 삶과 연결되는 프로젝트 학습 제공 ➡ 연구과제2 연구과제3
W-T 전략	■ 교내 캠페인, SNS 활용 챌린지 참여 및 지역사회 연계 학습 프로그램 신청 ➡ 연구과제2 연구과제3

5 연구 과제 설정

ESD-NEO 학습으로 다함께 지구촌 SEEC 역량 기르기

연구과제1 너와나 발맞춰

기본 환경/역량 조성

ESD-NEO 환경조성
• 학습 환경 조성
• 공동 연구 역량 강화
• 학생 역량 강화

ESD-NEO 교육과정 정교화
• 내용 요소 구조화
• 프로젝트 방향성 구축

SEEC 기초 역량 로드맵
• 업사이클링 체험
• 생태 환경 느끼기
• 지속가능 자원분배 게임
• 인권공모전 참여

바꿔요 초콜릿, 바꿔요 공정한 노동
(E)경제 공정무역 체험을 통해 체인지 유어 초콜릿 챌린지 참여하기

연구과제2 우리같이 한걸음

지속가능 환경(E)-경제적(E) 문제해결

미세먼지 증강현실, 만들어요 파란 하늘!
(E)환경 나무심기와 AR로 미세먼지 저감 프로젝트 실천하기

AI! 분리수거를 부탁해!
(E)환경 AI의 지도학습 원리를 이용하여 분리수거 AI 설계하고 웹툰 기획전 개최하기

뚝딱뚝딱! 버리지말고 새로 만들어요
(E)경제 페트병을 모아 나만의 업사이클링 장난감 설계하고 경매 진행하기

연구과제3 다함께 지구한바퀴

지속가능 환경(E)-경제(E)-사회적(S) 관점의 전지구적 문제해결

뜨거워지는 지구를 지켜라! 미래 기후 예측 AI
(E)환경 기후 데이터 분석을 통해 미래 기후 예측 AI 설계하고 캠페인으로 확장하기

사는 것에서(BUY) 사는 것으로(LIVE)! 녹색 CEO
(E)경제 친환경 기업을 탐구하고 나만의 지속가능한 경제 브랜드 런칭하기

우리 손으로 만드는 푸르른 한 끼!
(S)사회 녹색 식생활의 중요성 알고 잔반 캠페인 및 식사이클링 참여하기

다함께 열어가는 유니버설 월드!
(S)사회 장애인도 편하게 이동할 수 있도록 돕는 로봇 설계하기

모두가 행복한 우리의 미래 도시를 그려요!
(S)사회 미래 지속가능한 도시를 VR로 디자인하여 유튜브로 홍보하기

지구를 바꾸는 따뜻한 발명, 적정기술!
(S)사회 지구촌 문제 해결을 위한 적정기술 레고위두로 실현하기

배움을 삶으로, 실천해요!
(C)순환 환경보호뮤비 제작
(C)순환 중고마켓
(C)순환 사회적 기부

➡ SEEC 역량 함양 ⬅

1 연구 대상 및 절차

연구 대상 및 절차를 간략하게 작성한다. 공동 연구를 진행하는 경우 각 연구자가 전체 연구에서 어느 부분에 중점을 두었는지 기여도를 표시하기도 한다. 필자는 여기서 연구과제 절차를 계획-실행-검증 확산으로 구성하였다. 비슷한 형태가 있을 텐데 혹시 찾을 수 있겠는가? 바로 연구 목표 설정과 궤를 같이 하고 있다.

디지털교육연구대회의 시도 예선은 8월 1~2주에 마무리되는 관계로 핵심 연구는 3~8월에 이루어질 것이다. 하지만 대부분의 보고서에서는 2학기를 일부 반영하여 연구 기간을 잡는다. 일반화의 배점이 크기도 하고, 실제로 연구 수업 자체는 1학기에 집중 운영하더라도 2학기에 반성, 성찰 등을 진행할 수 있기 때문이다.

2 연구 검증 도구

검증 도구는 1부에서도 언급했지만 논문을 검색하여 기개발된 검사 문항을 쓰는 것이 좋다. 디지털교육연구대회기 때문에 단순히 에듀테크 활용, AI-SW 능력 등을 검증할 수도 있고, 또는 연구 특색마다 관련된 문항을 찾아도 좋다. 일반적으로 디지털 검증 도구는 '융합소양(4C)', '창의적 문제 해결력', '인공지능 리터러시', '디지털 리터러시', 'STEAM 태도' 등을 많이 사용한다. 필자의 경우 지속가능성에 관한 연구인 만큼 '환경 역량', 'K-SDGs 12' 등 연구 특색과 관련된 문항을 사용하였다.

질적 검증의 경우 가장 흔하게 사용하는 방법이 포커스 그룹 인터뷰[FGI]다. 실제 연구 검증 과정에서 질적 검증은 대화를 녹음해 전사하고, 단어 빈도 수를 분석하는 등 후가공 절차를 거쳐야 한다. 하지만 교사 연구 보고서에서는 녹음-전사 과정을 거치지 않고 간단한 면담을 진행해도 좋다.

3 공동 연구의 필요성

공동 연구를 진행한다면 연구자 사이의 연계성을 언급하자. (물론 공동 연구를 진행하는 제일 큰 이유를 알고 있다. 혼자 하기 어려우니까…….) 공동 연구가 필수가 아닌 만큼, 두 연구자가 가진 강점과 약점을 분석하여 협력 과정의 특장점을 끌어낼 필요가 있다. 교육정보화 수행 측면도 좋고, 연구 특색이나 설계에서 연구자들의 강점과 약점이 상호보완됨을 어필하면 의미 있겠다.

4 실태 및 SWOT 분석을 통한 전략 수립

• 가. 실태 조사 분석

연구 주제와 관련된 연구 적용 이전 학생의 실태를 분석한다. 일반적으로 디지털교육 연구대회에서는 디지털/에듀테크/AI/SW 플랫폼 활용 경험을 묻거나, 문제를 직접 해결해본 프로젝트 참여 경험을 다루곤 한다. 여기서 중요한 점은 실태 분석 결과를 인포그래픽, 디자인 등을 활용하여 한눈에 들어올 수 있게끔 제시해야 한다는 것이다. 또 실태 분석 결과를 연구 과정에 어떻게 연결할지도 고민해보자.

• 나. SWOT 분석

앞서의 실태 분석과 함께 제시해도 좋고 분할해도 괜찮다. SWOT 분석은 연구 환경을 강점, 약점, 기회, 위협 면에서 분석하여 전략을 수립하기 위한 수단이다. 디지털교육연구대회 보고서는 대부분 강점이나 기회 면에 AI 선도학교 등의 사업 운영, 교사가 자체적으로 참여하는 연구회 역할 등을 기입하고 있다. 단순히 디지털/에듀테크에 관련된 분석을 해도 괜찮지만, 연구 주제에 걸맞은 내용을 넣어도 괜찮다. 필자의 경우에도 정보 교육 경험이 강점이지만, 지속가능발전 연구 경험이 위협으로 분석되었다. 그러면 이 분석 결과에 맞게끔 전략을 수립하면 되는 것이다.

5 연구과제 설정

이제 지금까지의 서론을 모두 아울러, 그래서 어떤 연구를 진행할지를 한 도식으로 정리해 최종 연구과제 설정을 할 차례다. 연구과제 1-2-3에서 수행할 수업의 주요 활동들이 한눈에 잘 보이게 만들자.

수시로 강조하자

실태 분석과 SWOT 분석에서도 잊지 말고 꼭 내 연구과제와의 연결성을 강조해야 한다.
필자가 '방안' 등의 노란 아이콘과 연구과제 아이콘을 넣은 것, 눈치챘는가? 2020~2021년
에는 이런 작업을 하지 않았다가 컨설팅을 받아서 2022년에 반영한 부분이니, 이 글을 읽
는 선생님들께 소중한 팁이 되길 바란다.

본론 연구 내용

Ⅲ-1. 연구과제 1: 준비

총 12쪽 분량의 연구 수행 과정으로 보고서의 핵심이라고 할 수 있다. 연구과제를 설정하는 방법은 앞서 제시하였으니
필자의 보고서에서는 〈표 2-5〉와 같은 구성을 택했음을 참고하여 살펴보자.

Ⅲ. 연구 내용

연구
과제 1

| ESD-NEO 환경 조성 | ESD-NEO 교육과정 정교화 | SEEC 기초 로드맵 |

1 ESD-NEO 환경 조성

가 학습 환경 조성

| 피지컬 컴퓨팅 교구 | AP/ WIFI 사진 | 웹캠 설치 |
| 온책읽기 도서 구비 | 노트북/크롬북 | AI 정보융합실 구축 | 전자칠판 구비 |

나 공동 연구 역량 강화

공동 연구자 2인은 SW, AI-STEAM 수업에 관심이 많아 교육연구회를 함께 운영하며, 지속가능한 발전교육에 관한 프로젝트를 개발하기 위하여 다양한 연수를 수강하고 역량 강화를 위해 노력하였다.

관련 연수 이수	공동 연구	선도 교원	연구 확산
✿ 에듀테크, SW, AI, STEAM, 지속가능한 발전 교육 관련 수업 연수 - 연구자 송○○(151시간 이수) - 연구자 박○○(90시간 이수)	✿ 경기도 교육연구회 운영 ✿ 융합형 과학기술 교사연수센터 교원연수 심화과정 프로그램 공동개발(2021) ✿ 경기도 AI-SW 선도교원 공동연구(2022)	✿ AI 선도학교 운영(2021~2022) ✿ 지역 정보교육활성화 지원단 활동(2021~2022)	✿ 세종특별자치시 교육연수원 직무연수 15차시 기획 및 강사 참여(2022) ✿ 서울특별시교육청 우리학교연수원 직무연수 강사 참여(2022)

다 학생 역량 강화

엔트리 기초 학습 엔트리 블록 체험을 통해 기초적인 컴퓨팅 사고력을 키울 수 있도록 준비하였다. 기초적인 블록형 프로그래밍이 가능하여야 문제 해결을 위한 자신만의 알고리즘 설계가 가능하다.

구글 클래스룸으로 협업 구글 워크페이스를 교육에 활용함으로써 각자 문서나 슬라이드를 작성하여 과제로 제출하거나, 모둠별로 공동 작업을 할 수도 있다. 또 그림을 그리거나 포스트잇을 게시하는 잼보드 활용도 가능하다. 이렇듯 구글 클래스룸을 기반으로 쉽게 협업이 가능하다.

AI 플랫폼 활용 AI의 원리를 활용한 에듀테크 체험을 통해 기초적인 AI 리터러시를 체득할 수 있다. 퀵드로우, 오토드로우, AI 듀엣, Semi-conductor 등의 간단한 플랫폼으로 AI에 대한 흥미를 가질 수 있도록 하였다.

메타버스 체험 디지털 기반의 가상 공간에서 다양한 활동이 가능한 메타버스 체험을 통해 시, 공간적 제약을 뛰어넘는 높은 몰입도를 가져올 수 있다. AR 기반 교육 활동을 통해 학습자들의 상호작용을 높일 수 있도록 하였다.

2 ESD-NEO 교육과정 정교화

가 내용 요소 구조화

학교 전반의 교육과정의 지속가능 발전 교육은 환경 교육의 관점을 벗어나지 못하고 있다는 여러 연구의 제한점에서 비롯하여 **환경-경제-사회적 관점이 통합적으로 연계된 실천적인 프로그램을 개발**하였다. 또한 **학교 너머의 실생활로 지속가능성에 대한 실천을 확장**할 수 있도록 학습 요소를 정선하였다.

지속가능 환경	지속가능 경제	지속가능 사회
• 미세먼지 대응 • 분리수거 • 미래 기후 예측 및 대응	• 공정무역과 아동노동 • 업사이클링을 통한 자원 순환 • 지속가능 생산과 소비	• 적정기술 • 지속가능한 식생활 구축 • 유니버설 디자인 • 모두가 함께하는 미래

기존의 환경 교육이 학생들에게 환경오염의 심각성을 알리는데에 그쳤다면 본 연구에서는 **학생들의 실천을 강조하고, 배운 내용이 실생활 경험과 연결**되도록 하는 것에 중점을 두었다. 특히 환경교육 프로그램에 과학 기술과 변화하는 교육을 반영할 필요가 있다고 하였다(김세현 외, 2018). 따라서 타 연구와는 달리 **지속가능 환경 수업에 AR, 노벨 엔지니어링, AI 에듀테크** 등을 녹여냈다.

지속가능 경제를 위한 수업은 **다양한 경제적 경험**과 함께 사회적 가치와 의미를 부여하고자 하였다. 궁극적으로 나의 소비가 끼칠 사회적, 환경적 영향력을 알기 위해서는 **적극적인 지속가능한 소비를 구현할 필요가 있다**(송인숙, 천경희, 2016). 따라서 **학생들의 소비가 어떤 영향력을 미치는지 알고, 변화를 촉구하는 수업으로 구성**하였다.

지속가능한 사회를 위한 수업에서는 **사회의 취약층, 형평성, 안전한 사회 등의 거시적 관점을 제공**하고자 한다. 특히 학생들이 직접 보고 경험한 사회 현상과 문제를 토대로 수업을 구성하고, 이를 세계적 관점과 연결할 필요가 있다(김다원 외, 2020). 지속가능한 사회를 구축하기 위해 AI, 피지컬 컴퓨팅, 캠페인, VR, 앱 설계 등을 활용하여 문제해결에 직접 참여하고 사회 문제를 통찰할 기회를 제공하였다.

3 SEE 기초 로드맵

인권공모전 참여 지속가능한 **사회**를 위한 자신의 생각을 ICT 플랫폼으로 드러낼 수 있도록 미리캔버스를 활용하였다. 생활 속 인권 침해 요소를 살펴보고 공모전에 제출하기 위한 포스터와 표어 문구 등을 제작하여 사회 문제에 참여하는 기본 자세를 형성하였다.

지속가능 자원분배 게임 과거, 현재, 미래 세대로 나누어 한정된 자원을 분배하는 상황을 통해, 미래 세대의 자원 문제를 피부로 느껴보았다. 이를 통해 지속가능한 경제가 필요한 이유를 이해하고 더 나아가 지속가능발전의 필요성을 절감할 할 수 있었다.

생태 환경 느끼기 학교 생태 환경을 느끼고, 체험할 수 있는 기회를 제공하기 위해 생태 전문가를 초청하였다. 학교 주변을 돌아보며 식물의 이름과 생김새를 알아봄으로써 주변 환경을 돌아보는 마음을 가질 수 있도록 하였다.

업사이클링 체험 지속가능한 **환경**을 위한 다양한 문제해결에 참여하기에 앞서, 업사이클링 무드등 만들기, 양말목으로 업사이클링 작품 만들기 등 기초적인 환경 친화적 가치관 형성을 위해 노력하였다.

연구과제 1은 준비 단계로 연구를 위한 인적/물적 환경을 조성하고 학생의 역량을 강화했음을 알리고, 연구자가 계획한 교육과정 재구성안을 담는다. 본론 12쪽 중에서 가장 뻔한 파트다. 보고서를 분석해보면 가장 정형화되어 있다고 느낄 것이다. 따라서 이 연구과제 1에서 독창성이나 다양성을 꾀하는 것이 유리할 수 있다.

크게 물적 환경 조성, 인적 환경 조성으로 나뉜다. 또 인적 환경 조성은 연구를 수행하는 교사와 실제 참여하는 학생으로 다시 분리해 이야기할 수 있다.

가. 물적 환경 조성: 학습 환경

물적 환경 조성은 뻔한 연구과제 1에서 제일 뻔한 부분이다. 디지털교육연구대회인 만큼 학교의 기기나 테크 환경이 어떻게 조성되어 있는지를 언급하게 되니, 아무래도 뻔하다고 이야기하게 된다. 한 5년 전 연구대회 때는 노트북, 스마트기기 등의 디바이스 확보나 AP 설치 등의 활동에 환경 조성 측면의 가치가 있었다. 하지만 1인 1기기와 AP를 교육청 차원에서 권장하고 있는 현재, 그런 사진이 다른 보고서와 비교하여 가치가 있을까? 아닐 터다. 본인 연구에 필요한 환경 조성 사진을 삽입하는 게 더 효과적이다. 예를 들어 에듀테크를 활용한 인문학 교육이 연구 목표라고 하자. 다른 학교에도 있는 기기 사진 여러 장보다 인문학적 소양을 강조하기 위해 학교 차원에서 특별하게 실행한 준비 과정을 담는 것이 더 의미 있을 것이다. 온책읽기 도서를 구비했다거나, 도서관에서 퀴즈 풀기를 했다거나……. 그냥 학교의 기기 환경을 자랑하는 데 소중한 지면을 낭비하지 말자.

필자는 전자칠판이나 AI 융합실 리모델링 등, 관련 사업의 성과로 구축된 환경을 강조하여 넣었다. 2022년 당시 리모델링을 직접 진행한 AI 선도학교가 몇 없었기 때문에, 한정된 지면 내에서 경쟁성을 확보할 수 있을 것이라고 생각했기 때문이다.

나. 인적 환경 조성: 교사, 학생

인적 환경 조성에서는 연구과제 수행을 위해 교사 역량을 강화했음을 어필하자. 개인 연구 때에는 필자가 수강한 연수 등을 자세히 기재하였으나, 이 보고서는 공동 연구인 만큼 연구자 사이의 협력을 강조하는 방향으로 구성하였다. 뒤에서 언급하겠지만 디지털교육연구대회에 출전할 생각이 있다면 디지털 역량이나 인공지능, 메타버스 등 관련 연수를 많이 들어두는 것이 좋다. 관련 연구회에 가입하는 것도 괜찮다. 혹시 연구자가 직접 강의를 진행한 경험이 있다면 사진도 남겨 놓자.

마지막은 학생 역량 강화다. 학생들이 이 연구에 참여하기 위해서 사전에 어떤 플랫폼을 익혔는지 서술하면 된다. 예를 들어 구글 문서로 협업 글쓰기를 하는 것이 실제 연구 내용이라면, 구글 클래스룸의 전반적인 활용법을 익히는 기초 학습 과정을 여기에 언급하자. 코스페이시스 에듀로 직접 VR을 제작한다면 카드보드나 머지큐브 등으로 간단한 체험을 해볼 수도 있을 것이다.

2 교육과정 분석 연구과제 1의 독창성

이제 교육과정을 분석할 차례다. 수업 요소를 선정하거나 교과 성취기준과 연계하고 평가 방법 등을 기재하기도 한다. 필자는 3년간의 동일한 디지털교육연구대회 출전을 통해 연구과제 1 구성이 계속 반복되는 것에 염증을 느꼈다. 또 교육과정 재구성표가 어떻게 보면 연구과제 설정과 반복된다고 생각하였다. 이에 이번에는 방향을 선회하여 '프로젝트 방향성 구축'과 'SEEC 기초 로드맵'을 구상하였다. 먼저 '프로젝트 방향성 구축' 파트에서는 연구 방향을 6개로 설정하여 도식화하였다. 서론에서 분석한 선행 연구 결과를 기반으로, 내 연구에 어떤 중심점을 가지고 갈지를 강조한 것이다. (물론 어떤 면에서는 서론의 핵심 전략 수립과 반복된다고 판단할 수도 있다.)

또 'SEEC 기초 로드맵'은 학생들의 역량을 단순히 강화하기보다 내 연구 주제에 맞는 활동을 통해 기초적인 연구 환경을 조성하겠다는 취지로 만든 것이다. 필자의 연구 주제가 지속가능성 교육에서 환경-경제-사회 활동을 통합적으로 수행하는 것이었으므로 그를 예비해 단순한 활동을 미리 진행했음을 밝히고 있다. 이 부분을 구상할 때 필자는 다른 보고서보다 연구과제 1을 독창적으로 구성하고 싶다는 생각이 강했다. 이것이 득일지 실일지는 연구자의 판단이니 참고만 하자.

연구과제 2, 3에는 실제 수업 실행 모습을 담는다. 여기서는 필자 보고서의 연구과제 2와 연구과제 3의 첫 부분을 발췌해 대표적으로 살펴보자.

연구과제2 / 우리같이 탐험 / 생각나래 탐험학 / LEARN & PLAY

🔎 지속가능 환경적 관점 : 배움과 경험을 연결하도록 더 다양하게!
🔎 지속가능 경제적 관점 : 나의 소비가 환경적, 사회적으로 주는 영향력을 알도록!

| 환경 | 경제 | 사회 | | AR NE |

미세먼지 증강현실, 만들어요 파란 하늘!
[6국 05-06] [6사 08-05] [6도 03-04] [6과 05-03]

수업 스케치

환경오염의 범위가 날로 커짐에 따라 '미세먼지'와 같은 공기 오염에 관한 교육의 중요성도 강조되고 있다. 환경부의 주요 업무 추진 계획에 '미세먼지로부터 국민 안전 보호'라는 문구가 등장하였으며(환경부, 2022), 실생활에서도 미세먼지로 인한 불편함이 늘고 있다. 이러한 기후환경 변화는 경제적 불황으로도 이어지기 때문에 지속가능성의 상호 연계성을 고려하여 지도해야 한다(김다원 외, 2020).

<u>증강현실(AR) 기반의 체험형 프로젝트를 통해 눈에 보이지 않는 미세먼지에 대해 인식, 대처 방안을 효율적으로 교수학습할 수 있으며</u>, 환경친화적 가치관과 환경 감수성을 발달시킬 수 있다. 또 학생들이 실제 삶 속에서 나무 심기를 내면화할 수 있도록 실천 의지를 불러오는 수업이 될 것이다.

Need
필요를
느끼다

미세먼지가 없는 날 하고 싶은 일 그리기

• 미세먼지 걱정마! 읽기(1/6차시) : 미세먼지에 대해 공감대를 불러오는 도서를 통해 수업의 몰입을 불러올 수 있다. 노벨 엔지니어링 교수학습 방법을 활용한다.
• 미세먼지로 불편했던 경험 나누기 : 미세먼지가 없는 파란 하늘, 내가 하고 싶은 일은 무엇일까? 그림으로 나타내어 보자! 학생들은 파란 하늘 아래서 친구들과 뛰어노는 모습, 연 날리는 모습 등을 표현하며 문제 상황에 몰입하였다.

Explore
탐구하다

• 업사이클링 화분 만들기(2~3/6차시) : 미세먼지 문제의 실제적인 해결책은 나무를 많이 심는 것에 있다. 공기정화 식물인 스파티필름, 아이비 등을 직접 심으며 깨끗한 공기를 위한 활동에 참여할 수 있다.

식물 심기

• AR 체험하기(4/6차시) : 그런데 눈이 보이지도 않는 미세먼지를, 식물이 어떻게 없애준다는걸까? AR 기술을 이용하여 식물의 공기정화 작용을 눈으로 생생하게 느껴보자!
• 미세먼지 저감 체험하기(5/6차시) : 우리가 색칠한 나무를 스캔하여, 먼지로 가득한 하늘을 푸르게 청소한다. 이렇게 감각적인 자극을 통해 현실에서 할 수 없는 경험을 제공하는 것은 학생들의 실천의지를 높여준다.

AR 컬러링 엽서 / 미세먼지 저감 체험하기 / 느낀 점 나누기

TIP

AR은 현실 세계에 가상의 물체를 덧씌워 대상을 입체적이고 실재감 나게 만들어 준다. 미세먼지는 눈에 보이지 않기 때문에 그 심각성을 이해하기 어렵다. 이를 AR의 공학적 특성과 연결할 수 있다.

Outlast
지속하다

• 새로운 결말 나타내기(6/6차시) : 나무 심기, AR 체험, 미세먼지 저감 체험 등 학생들이 경험한 다양한 해결책을 삶으로 내면화하고 실천으로 연결하고자 한다. 노벨 엔지니어링 교수학습 방법에서는 책 속의 결말을 새롭게 나타냄으로써 감성적 체험을 도모하고 있다.

이야기 바꾸어 나타내기

성과

▸ 미세먼지 교육의 필요성에 대응하여 AR 기술과 책 읽기, 그림 그리기 등을 연계한 체감형 교육개발
▸ 식물 심기 등의 실제적인 활동을 통해 환경친화적 가치관 및 환경감수성 형성

한 걸음 더!

▸ 책 읽기와 기술을 융합하는 노벨 엔지니어링 교수학습 방법을 통해, 환경문제의 심각성을 생생하게 인지시키고, 삶의 문제로 내면화 가능
▸ AR을 활용한 실감형 환경 교육의 가능성 확인

수업 가이드

노벨 엔지니어링 수업 시, 이야기 바꾸어 쓰기를 어려워하는 친구들은 이야기를 만화로 바꾸어 그리거나, 책 표지를 바꾸어 그려보도록 해도 좋다. 중요한 것은 수업에서 체험한 과정을 거시적 관점으로 이해하여 새로운 결말을 생각해보는 것에 있다.

♪ 지속가능 환경적 관점	♬ 지속가능 경제적 관점	☙ 지속가능 사회적 관점
미래 기술을 활용하여 학교 밖으로!	건강한 환경과 따뜻한 사회의 순환고리가 되도록!	나와 사회와 세계를 하나로!

| 환경 | 경제 | 사회 |

뜨거워지는 지구를 지켜라! 미래 기후 예측 AI

[6국 01-04] [6수 05-04] [6사 08-06] [6과 05-03] [6과 17-02] [6실 04-08] [6실 04-11]

수업 스케치

최근 지구 온난화로 인한 기후 변화의 심각성은 환경 문제의 주요한 문제로 자리잡았다. 기후 변화 교육에서 시간적, 공간적 제약 극복을 위한 방안으로 AI교육과 연계한 스마트 교육의 필요성이 대두되고 있지만 효과적인 자료가 부족한 실정이다(송정범, 박정호, 2021). 이에 **본 수업에서는 학생들이 기후 데이터를 활용하여 기후 변화를 예측하는 AI 프로그램을 제작하고자 한다.** 학생들은 다양한 기후 데이터를 분석하고 AI에 학습시키며 데이터를 읽고 쓸 수 있는 데이터 리터러시 능력을 기를 수 있다. 한 걸음 더 나아가 이를 활용하여 지역사회의 참여를 독려하는 환경 캠페인으로 확장해볼 것이다. 이러한 과정에서 인공지능을 활용하여 내 삶의 문제를 창의적으로 해결하는 AI 리터러시와 함께 지속가능환경을 자기주도적으로 그려나가는 기회를 부여할 수 있을 것이다.

Need
필요를 느끼다

기후 변화 사이클

- 기후 변화 사이클 그리기(1/8차시) : 기후 변화를 초래한 원인을 알아보고 기후 변화가 동식물에 미치는 영향과 그 결과 인간에게 미칠 수 있는 다양한 문제점을 기후 변화 사이클로 그려본다.
- 인간의 무분별한 환경 오염이 결국 사이클을 그리며 식물, 동물을 거쳐 인간에게 심각한 피해를 줄 수 있음을 인지한다.

Explore
탐구하다

- 기후 데이터 해석하기(2/8차시) : 지구 기온 변화 추이 꺾은선 그래프, 사계절 변화 원그래프, 작물 재배 그림 그래프 등 다양한 기후 데이터를 살펴보고 기후 변화의 심각성을 해석해보자.
- 미래 기후 예측 인공지능 프로그램 만들기(3~4/8차시) : 엔트리 인공지능 모델 중 '예측'을 사용하여 과거의 기후 데이터를 학습시켜 미래의 기후를 예측하는 프로그램을 제작한다. 예측 결과 나온 데이터를 바탕으로 미래에 생길 수 있는 문제점과 이를 막기 위해 실천할 수 있는 해결방법을 토의하고 '세계 환경의 날'을 맞이하며 기후 변화의 심각성을 알리는 캠페인을 준비한다.
- 환경 보호 업사이클링 캠페인 피켓만들기(5~6/8차시) : 박스의 뒷면을 활용하여 기후 변화의 심각성을 알리고 환경 보호를 독려하는 캠페인 피켓을 제작한다.

기후 데이터 분석하기	재활용 박스로 캠페인 준비하기	미래 기후 예측 AI 1	미래 기후 예측 AI 2

TIP

미래 기후 예측 AI 제작 시에 '연도'라는 변수를 생성하여 궁금한 미래의 연도값을 입력받으면 해당 연도의 예측 기온을 알려줄 수 있도록 한다. 학생들에게는 '변수'의 개념과 필요성을 이해하는 것이 어려울 수 있다. 변수는 데이터를 저장하는 역할을 하며 사용자가 입력하는 연도값이 매번 달라짐으로 이 값을 '연도'라는 변수에 저장하기 위해 변수가 필요함을 안내해준다.

Outlast
지속하다

세계 환경의 날 캠페인

- 세계 환경의 날 캠페인(7~8/8차시) : 티핑 포인트 설문조사, AI 예측 프로그램 체험 부스 운영, 박스 재활용 피켓 캠페인 등 사람들에게 미래 기후 변화의 심각성을 알리고, 환경 보호를 위한 사람들의 참여를 독려하는 캠페인으로 확장한다.

성과

- ▶ 기후를 예측하는 AI 프로그램을 제작하고 이를 해석하여 활용하는 데이터 리터러시 능력 함양
- ▶ 지역사회에 기후 변화의 심각성을 알리고 환경 보호의 필요성과 실천을 독려하는 환경 캠페인으로 확장

한 걸음 더!

- ▶ 인공지능과 협업하여 삶의 문제를 해결하는 AI 리터러시 함양
- ▶ 환경 문제 해결에 참여하고 캠페인으로 확장함으로써 자기주도적 문제해결 경험 부여

수업 가이드

미래 기후 예측 AI 프로그램을 환경 캠페인에 활용하면 미래의 기후 변화를 직관적으로 볼 수 있어 기후 변화의 심각성을 알리는데 효과적이다. 캠페인에 참여하는 사람들이 직접 기후 예측 프로그램을 사용해볼 수 있도록 홍보하는 포스터와 기후 예측 AI 프로그램에 활용된 데이터와 원리를 안내하는 포스터를 제작하여 캠페인에 활용해보자.

수업 실행 1쪽 구성법

필자는 연구과제 2에서 4개, 연구과제 3에서 6개로 총 10개의 수업을 진행하였고, 수업 하나당 1쪽을 할애해 보고서에 배치하였다. 이것이 정해진 양식은 아니다. 연구과제 3은 확장 느낌을 내기 위해 수업 하나를 2쪽에 걸쳐 배치하는 경우도 있다. 계속 반복해서 언급하지만 연구자의 선택이니 참고로 판단하자.

이때 각 수업에서 이루어진 활동들을 보고서의 주제 네이밍 단계에 맞추어 분류하고 사진과 함께 제시하면 된다. 별도의 형식이 정해져 있다기보다는 주제 네이밍 단계별로 활동이 잘 드러나게끔 구성하는 것이 포인트다. 필자의 보고서 네이밍은 〈ESD-NEO 학습으로 다함께 지구촌 SEEC 역량 기르기〉였고 'Need-Explore-Outlast'의 약자로 학습 단계를 구성하였다. 보고서 왼쪽 열을 보면 이를 반영한 NEO단계가 명시되어 있고, 해당 수업 활동을 보여주는 사진과 글이 배치되어 있다. 앞서 1부에서 언급하였듯 수업의 다채로움과 어울림을 드러낼 수 있는 사진을 배치하고 활동을 설명하는 글을 작성하면 된다. 꼭 읽고 가야 하는 수업 단계 흐름이나 중요한 부분에 음영, 볼드 효과를 주어 강조해주는 것 역시 잊지 말자. 또 보고서의 상단에는 연계되는 성취기준과 수업 설계 의도를 함께 담아 교육과정과의 연계성을 내세웠다.

수업 실행 보고서 작성 노하우

어떤 수업들을 진행했는지는 교안을 읽어보면 금세 아실 것이다. 연구 수업은 베테랑들인 독자 선생님들의 재량에 맡기고, 여기에서는 연구과제 2와 연구과제 3을 보고서 형식으로 작성할 때 어떤 점을 고려하면 좋을지 노하우를 나누고자 한다.

• 가. 연결성 및 연구 핵심 강조하기

앞서 제시한 연구과제 2와 연구과제 3 보고서를 잘 살펴보자. 좀 튀어 보이는 대목이 있을 것이다. 이처럼 연구 내용 구성 시 중점을 이미지나 글자로 강조하기를 강력히 권한다. 채점자의 입장에서 보면, 보고서는 하나같이 다채로운 사진이 가득한 20쪽 뭉치에, 그 수도 많다. 하나하나 뜯어보지 못하므로 내가 먼저 유심하게 보아줬으면 하는 지점을 계속 강조할 필요가 있다.

또 수업의 설계 의도나 이론적인 배경을 수업 후의 성찰이나 나눔으로 곧바로 연결하자. 필자의 보고서는 '수업 스케치'와 '성과', '한 걸음 더!'로 구성되어 있다. 연구과제 2의 '수업 스케치'부터 보자. 예를 들어 미세먼지 수업을 한다면, 왜 이 수업을 해야 하는지, 또 왜 AR로 융합해야 하는지가 연구의 핵심이다. 디지털교육연구대회에서 AR은 어쩌면 흔한 것이다. 그걸 왜 수업 도구로 선정했고, 어떤 의도로 어떤 수업 주제와 연결했는지를 설득력 있게 제시하는 것이 중요하다. 필자는 눈에 보이지 않는 미세먼지를 현실에 덧대어 보이는 AR 기술로 나타내, 미세먼지 문제의 심각성을 실감나게 하여 효과적인 수업을 하겠다는 의도를 밝혔다.

이 설계 의도에 수업 후의 성찰이나 느낀 점을 연결한다. (계속 이야기하지만 어떤 의도로 연구를 진행했고 이러한 성과를 얻었음을 알리는 것은 어디까지나 채점 받는 사람의 몫이다.) 필자는 수업 후 느낀 성찰을 '성과'에, 거시적으로 내 연구 수업이 가지는 의미를 '한 걸음 더!'에 기재하였다. 미세먼지 교육을 증강현실과 연계한 체감형 교육을 개발하고 친환경적 가치관 형성을 위해 노력했으며, 그 결과 AR 기반의 실감형 환경 교육의 가능성을 확인하였음을 알 수 있다.

이 포인트를 연구과제 3을 통해 한 번 더 살펴보자. '수업 스케치'에는 기후 문제를 인공지능으로 다뤄야 하는 이유를, 수업 설계 의도에는 데이터 리터러시를 언급하였다. 수업 후 교사가 느낀 점을 바탕으로 한 '성과'에서는 데이터 리터러시를 실제로 함양했고, 환경 캠페인으로까지 확장했음을 알 수 있다. 마지막으로 '한 걸음 더!'에는 이런 수업을 통해 인공지능과 협업하는 자기주도적인 문제 해결 경험을 부여할 수 있음을 담아, 거시적인 관점의 수업 평가를 하였다. '수업 스케치→성과→한 걸음 더!'로 자연스럽게 이어지는 논리적 연결이 느껴지는가?

이 과정이 없다면 총 8~12개로 이어지는 연구 수행동안 비슷한 수업이 진행될 가능성이 높다. 이렇게 연구 수업마다 강조하고 싶은 포인트를 잘 잡아 연결성을 생각하며 쓴

연구 보고서와 그렇지 않은 연구 보고서는 12쪽이 모였을 때 그 힘이 다를 것이다. 만약 작성하다가 이미 앞에서 기재한 내용이 또 들어간다면, 연구 설계를 바꾸면 되는 것이다. 스스로의 연구 설계를 검증할 수 있는 기회가 된다.

• 나. 에듀테크 팁 나누기

또 디지털교육연구대회 연구 보고서에 에듀테크나 디지털 플랫폼에 대한 팁을 나누는 코너를 넣는 것도 의미 있다. 수상한 보고서들을 보면 형태는 다르지만 팁을 보고서 구성의 한 형태로 갖고 가는 것을 확인할 수 있을 것이다. 필자는 팁도 두 분류로 나누어 제시했는데, 단순히 에듀테크 플랫폼이나 인터페이스에 관련된 내용은 'TIP'으로 제공했다. 그 외에 수업을 해본 교사가 나누는 수업 활용 팁은 '수업 가이드'라는 명칭으로 작성하였다. 꼭 이렇게 나누어 제시할 필요는 없지만 디지털교육연구대회인 만큼 미래 수업 혁신에 필요하다고 생각되는 팁을 나누어보자.

• 다. 강조 아이콘 넣기

마찬가지로 보고서에서 어떤 에듀테크를 사용하였는지 아이콘으로 강조하여 보자. 필자는 연구에 사용한 플랫폼이나 사이트를 모두 아이콘화하여 보고서 상단 오른쪽에 넣었다. 위치는 상관없지만 디지털교육연구대회에 걸맞게 에듀테크나 디지털 교육 플랫폼을 강조해서 넣자. 다른 1등급 보고서를 보면 연구 주제에 맞는 내용도 계속 아이콘으로 삽입하기도 한다. 예를 들어 '지속가능성' 관련 연구 진행 시 지속가능 목표 아이콘을 연구 수업마다 넣는 것이다.

이상으로 연구 보고서 본론을 샅샅이 살펴보았다. 여태 공유한 보고서 작성 당시의 생각이나 노하우들을 염두하고 다시 수상한 여러 보고서를 읽어보면 눈에 보이지 않던 것들이 들어올 것이다. 그중 나의 보고서에 반영할 부분을 선별해보자.

결론 연구 결과 및 일반화

Ⅳ. 연구 결과

이제 연구 수업이 얼마나 효과를 거두었는지, 연구의 결과를 제시할 차례다. 보통 양적 검증과 질적 검증으로 나눈다.

🇺🇳 Ⅳ. 연구 결과 🇺🇳

ESD-NEO 수업이 학생들의 **SEE** 역량 함양에 영향을 주었는지 알아보기 위한 검증을 다음과 같이 실시하였다.

검증 내용	검증 도구	검증 방법	
환경 역량	초등학생 환경역량 검사도구의 개발 (정희라 외, 2020)	양적	대응표본 t 검증
경제 역량	K-SDGs 12 목표에 관한 인식 및 태도 설문 활용 (이희권, 이성원, 2021)		
사회 역량	사후 소감 및 FGI	질적	면담

1 양적 검증 결과

환경 역량 검사도구의 경우 성찰·통찰, 환경 정보활용, 창의적 문제 해결, 환경 감성, 의사소통 및 갈등해결, 환경 공동체의 6개 역량으로 구성되어 있으며, **지속가능한 소비와 생산**에 대한 문항은 인식과 태도 두 영역으로 이루어져 있다.

환경 역량 검증 결과 E						
영역	평균	증감	t	SD	유의확률(p)	그래프
성찰·통찰	3.63 / 4.40	▲ 0.77	-7.073	0.702	0.000***	3.63 / 4.4
환경 정보활용	3.34 / 4.04	▲ 0.7	-6.199	0.737	0.000***	3.34 / 4.04
창의적 문제해결	3.26 / 4.02	▲ 0.76	-6.859	0.724	0.000***	3.26 / 4.02
환경 감성	3.40 / 4.21	▲ 0.81	-5.837	0.899	0.000***	3.4 / 4.21
의사소통 및 갈등해결	3.33 / 4.03	▲ 0.7	-5.974	0.758	0.000***	3.33 / 4.03
환경 공동체 역량	3.10 / 4.13	▲ 1.03	-9.689	0.690	0.000***	3.1 / 4.13
전체	3.34 / 4.13	▲ 0.79	-8.255	0.622	0.000***	3.34 / 4.13

지속가능한 소비와 생산에 관한 인식과 태도 검증 결과 E						
영역	평균	증감	t	SD	유의확률(p)	그래프
인식	3.71 / 4.44	▲ 0.73	-6.292	0.757	0.000***	3.71 / 4.44
태도	3.42 / 4.40	▲ 0.98	-8.674	0.729	0.000***	3.42 / 4.4
전체	3.54 / 4.42	▲ 0.88	-8.103	0.704	0.000***	3.54 / 4.42

모든 하위요소와 전체 평균 점수의 유의미한 향상을 확인할 수 있었다. 특히 모든 영역에서 유의 확률이 0.000으로 분석되어 **ESD-NEO** 학습이 학생들의 지속가능 환경-경제적 역량을 향상시켰고, 자신의 실천으로 문제를 해결할 수 있음을 인식하는 데에 매우 효과적이었음을 확인할 수 있다.

2 질적 검증 결과

ESD-NEO 수업을 통한 **사회적 역량과 실천적 문제 해결**을 강조하는 본 연구의 효과를 검증하기 위해 프로젝트에 참여한 학생과 학부모의 소감을 확인하였다.

학생 참여 소감 S	2학기에도 1학기때인것처럼 체험이나 캠페인 올하면좋겠다 중고장터 하고 기부해서 좋았습니다!	학부모 소감 S	조금은낯설고 어려울 수 있는 개념들을 활동을 통해 직접 체험을 하며 배울 수 있어서 너무 좋았습니다. 개인적으 로 [ ]이가 우리 사회에 대한 관심이 다소 부족했는데, 선생님과 많은 활동을 하며 사회에 대해 배우고 후기심이 생겨 너무 감사합니다. 환경에대해좀 더 관심이 생겼고 분리수거도 열심히합니다.

학생들의 수업 사후 소감문을 보면 사회 문제에 직접 참여하여 문제를 해결하거나 자신의 의견을 사회에 전달한 경우의 만족도가 크게 드러남을 알 수 있었다. 또 학부모들의 경우 학습한 결과가 가정으로의 습관으로도 내면화된 것에 만족도가 높았다. 이에 **ESD-NEO** 학습을 통해 학생들의 사회적 역량에도 긍정적 영향을 주었음을 알 수 있다.

또한 환경-경제-사회의 통합적인 관점으로 문제 해결에 참여하는 과정에서 미래 사회에 필요한 순환 역량이 향상되었는지 검증하기 위하여 학생 10명을 대상으로 포커스 그룹 인터뷰(FGI)를 실하였다.

질문	학생 답변
지속가능한 발전에 대해 어떻게 생각하나요?	• 처음에는 잘 몰랐지만, 우리와 미래 세대가 함께 살아 가기 위한 방법이다. • 환경을 깨끗하게 하는 것만 지속가능한 발전이라고 생각했지만, 수업 이후에 경제적 활동이나 사회적 문제도 함께 고려해야 한다는 것을 알았다. → 환경적 관점뿐만 아니라 경제적, 사회적 관점까지 통합적으로 고려하게 됨.
가장 기억에 남는 활동은 무엇인가요?	• 중고장터에서 내가 안 쓰는 물건을 팔고 번 돈으로 직접 기부를 한 것이 가장 기억에 남는다. • 레고 위두나 네오봇을 활용하여 생각만 하던 기술을 직접 구현해 본 것이 인상깊었다. • 환경과 관련된 데이터를 분석하고 캠페인에 참여하고, 지속가능한 브랜드를 런칭하여 어플로 제작한 것이 뿌듯했다. → 실생활 적용, 인공지능이나 컴퓨팅 도구를 활용하여 문제를 해결한 경험을 통해 미래 실천적 지속가능한 삶의 방식을 정립할 수 있었음.
일상 속에서 지속가능한 발전을 실천하기 위해 노력하나요?	• 업사이클링을 집에서 실천해서 안 쓰는 플라스틱을 모으고 있다. • 공정 무역을 하는 카페나 식당을 찾아서 소비하게 되었다. → 프로젝트 이후 일상생활에서 지속가능한 습관을 내면화-실천함으로써 지속가능한 사회의 일원으로 존재하게 됨.

학생들의 FGI 결과를 보면 첫째, 본 연구를 통해 환경, 경제적 문제 해결에 직접 참여함으로써 지속가능 사회의 일원으로 존재하는 만족도가 높았음을 알 수 있다. 둘째, 문제 해결에 캠페인/VR/앱 설계/챌린지/AI 등을 활용한 경험이 학생들의 환경-경제-사회가 유기적으로 연계된 관점을 부여하고 순환 역량의 긍정적인 변화를 끌어냈음을 확인할 수 있다.

양적 검증 결과는 사전과 사후의 대응표본을 T검정하여 표와 그래프로 나타내면 된다. 그냥 평균의 상승값을 기재하면 안 되냐는 질문을 들은 적이 있는데, 안 되는 것은 아니다. 하지만 대부분의 보고서에서 대응표본 T검정을 하고 있음을 감안할 때, 되도록 발맞춰 연구 검증의 정확도를 챙겨가는 게 좋지 않을까?

질적 검증은 설문조사, 인식도 조사, 단어 빈도 분석, 발전도 분석 등으로 아이들의 변화도를 담으면 된다. 필자는 참여 소감과 간단한 질문으로 구성된 FGI를 담았다. (만약 미리 포커스 그룹 인터뷰를 진행하지 못했다면, 선생님이 예상 답변을 쓰더라도 누가 알겠는가? 질적 검증을 비우는 것보다야 낫다고 생각한다.)

사실 연구 보고서라면 당연히 연구 결과가 긍정적이고 유의미하게 나온다. (일반적인 수업이 아니라 1년간 애써서 진행한 연구이니…….) 그렇다면 이 부분에서 강조해야 할 것은 무엇일까? 내가 검증하고자 했던 종속 변인, 영어 철자 조합으로 만들어 놓은 역량과 검증 결과를 잘 연결해야 한다는 것이다. 필자의 연구에서도 SEEC 역량을 함양하는 것이 목표였으므로, 검증을 통해 각 머리글자에 해당하는 역량들이 함양되었는지를 확인하였다. 이때 환경 역량, 경제 역량은 양적 검증으로, 사회 역량은 질적 검증으로 체크함을 명확히 밝혔다. 어차피 모든 연구 보고서에서 유의미한 향상이 이루어진다면 검증 체계를 명확하게 하는 것에 힘쓰자.

또 연구 결과를 단순 숫자로만 나열하기보다, 각종 그래프와 아이콘 등으로 시각적 효과를 주는 것도 잊지 말자. 연구 결과는 보통 1.5~2쪽 분량에 배치되기 때문에 글을 많이 담기보다 아이콘과 그래프로 함축적으로 나타내는 것이 좋다.

전체 연구를 아우르는 결론과 (앞서 제시한 연구 검증 결과보다 거시적인 관점의) 제언, 일반화로 구성되는 1~1.5쪽 분량의 파트다. 많은 내용을 담지 못하니, 정말 핵심적인 것만 언급하여 연구를 마무리하면 된다.

V. 결론 및 일반화

1 결론

'**ESD-NEO** 학습으로 다함께 지구촌 **SEEC** 역량 기르기' 연구 수행 결과 학생들의 지속가능한 환경-경제-사회적 역량 및 태도에 긍정적인 변화가 있었으며, 구체적인 결과는 다음과 같다.

첫째, **ESD-NEO** 학습을 통해 환경-경제-사회 문제를 탐구하고 자신의 삶으로 확장시키는 경험을 부여하였다. 본 연구에서는 챌린지/캠페인/업사이클링 등 환경-경제-사회 통합적이고 다양한 체험 위주로 학생들의 참여를 도모하였으며, 일상생활에서 습관화할 수 있도록 강조하였다. 단순히 지식을 습득하는 수업이 아닌 실생활에 적용할 기회를 제공함으로써 배움을 삶으로 연결하는 모습을 확인할 수 있었다.

둘째, **ESD-NEO** 학습으로 환경-경제-사회 지속가능한 순환을 삶의 태도로 내면화하는데 효과적이다. 학생들은 환경 캠페인, 공정무역, 장애인 이동권, 적정기술 등의 다양한 사회 문제에 참여하였으며, 이 과정에서 협력/의사소통/비판적 사고/과학, 기술적 사고력 등의 다양한 역량을 촉진시킬 수 있었다. 이렇듯 지속가능한 환경-경제-사회 문제 해결에 참여함으로써 실천적인 삶의 태도를 내면화할 수 있었다.

셋째, **ESD-NEO** 학습은 뉴노멀한 환경, 사회 변화에 대응하기 위한 미래 실천적 교육과정으로서의 가치가 있다. 본 연구에서는 지속가능 발전의 통합적, 총체적인 접근을 제공하였으며 다양한 교과와 실생활, 사회 문제를 연계-재구성한 프로젝트를 제공하고 있다. 엔트리, AI, VR, 앱 설계, 피지컬 컴퓨팅 등을 활용하여 뉴노멀한 미래 사회에 대비하기 적합하며, 캠페인이나 챌린지 등 일상과 지역사회로의 확장 연계 가능성도 높다.

2 제언

첫째, 학교 현장의 ESD 실천을 위한 환경 조성이 필요하다. VR이나 엔트리, AI 플랫폼, 피지컬 컴퓨팅을 다루기 위해서는 무선 AP, 스마트기기, 교구 등의 환경과 이를 수업으로 풀어낼 수 있는 교사의 역량이 필요하다. 또한 구글 클래스룸, 투닝, 미리캔버스, 패들렛 등의 ICT 플랫폼을 제공하기 위한 온라인 환경도 선행되어야 할 것이다.

둘째, 학교와 지역사회를 연결하기 위한 자원이 필요하다. 본 수업에서는 챌린지, 캠페인, 지역사회기관에 편지 전달 등의 지역사회 연계를 위하여 노력하였지만 실제 체험학습이나 지역사회 자원을 활용함에 어려움이 많았다. 이에 지역사회 연계 자원을 확보하거나 공공기관의 캠페인, 행사 등의 일정을 활용한다면 풍부한 프로젝트 운영이 가능할 것이다.

3 일반화를 위한 노력

1. 교수학습자료의 현장적용성 향상

교수학습자료의 접근이 용이하도록 본 프로젝트의 전 과정과 수업 운영 방법 등을 구글 사이트 도구로 제작하여 공유하였으며, 교사 커뮤니티에 소개하였다. 수업 시 사용한 활동지, PPT, 교육용 플랫폼 등을 상세히 소개하여 **ESD-NEO** 학습의 현장적용성을 높였다.

2. 교원 역량 강화를 위한 연수 지원

공동 연구자 2인은 융합교육 연수 강사로 위촉되어, 교원의 수업 역량 강화를 위하여 연수 지원에 참여하였다. 수업 재구성 방법, VR, SW-AI 등에 대해 연수를 진행하였으며, 이러한 교원 역량 강화를 통해 **ESD-NEO** 학습의 발전 방향을 엿볼 수 있었다.

3. 연구회 공동 운영

공동 연구자 2인은 경기도 노벨 엔지니어링 교육 연구회를 공동 운영하고 있으며, 2022년 경기도 초등 AI-SW 선도교원으로 위촉되어 공동 연구를 진행하였다. 이와 같이 교사 간 협업과 공유를 활성화하여 교수학습자료의 개선 및 일반화가 가능하였다.

전체 연구의 결론은 처음에 제시된 연구 목적과 연결 지어 작성하는 것이 좋다. 연구 목적을 '준비→실행→확산'의 흐름으로 언급하였는데, 그와 연결 짓는다면 '연구 실행을 통한 문제 해결 경험→역량 강화→확산 가치' 순으로 풀어가게 될 것이다. 특히 확산 가치가 중요한데, 연구를 수행한 제한적인 집단 내에서만 유의미하다면 크게 가치가 없다. 그보다 지역사회 연계/미래 사회 대비/실생활 연계/적시 교육가치/디지털 융합 대비 등의 거시적인 관점에서의 가치를 논해보자. 훨씬 더 풍부한 연구의 마무리가 될 것이다.

제언의 경우 앞으로 이 연구를 진행할 후배 선생님에게 이야기한다고 생각하고 1~2가지의 조언을 쓰면 된다. 보통은 타 학년군에서의 적용, 타 교과 중심의 재구성, 환경 조성을 위한 노력 등을 언급한다. 또 디지털교육연구대회의 특성상 다양한 기기를 위한 예산, 학교 사업 운영 등이 필요한 경우가 있다. 정해진 내용은 딱히 없지만 연구를 수행하며 확인한 보완점을 후속 연구를 위해 제시한다고 생각하자.

일반화는 앞서 1부에서도 다룬 만큼 그쪽을 참고하자. 일반화는 분량에 비해 배점이 높은 편이다. 작은 지면 안에서 어떻게 하면 독창적이고 효과적인 일반화를 매력적으로 펼칠 수 있을지 고민해보자!

부록

디지털교육연구대회의 경우 10쪽의 부록을 제출해야 한다. 부록은 자유형식이되, 내 연구 보고서와 함께 봤을 때 도움이 될 것 같은 자료를 덧붙이는 것이다. 그럼에도 불구하고 10쪽이라는 분량은 꼭 채우기를 권한다. 그것은 성의의 문제이다. 여기에 디지털교육연구대회 보고서의 부록 구성에 많이 등장하는 항목을 소개한다. 이 모든 것을 다 담을 필요는 없고, 이 중 나의 연구에 도움이 될 만한 요소를 조합하여 나만의 부록을 구성하여 보자.

디지털교육연구대회 부록 구성요소 예시

본문 보고서에 담지 못한 연구과제의 B컷 사진, 검사도구의 실제 문항, 양적-질적 검증의 상세한 결과, 연구 수업 지도안, 수업에 사용한 교수학습자료(QR이나 학습지 캡처), 수업에 사용한 에듀테크/디지털 플랫폼 설명, 평가 양식(QR이나 평가지 캡처), 더 자세하고 풍부한 일반화 방안, 더 자세한 학생 산출물 분석 (글쓰기 결과라면 문장이나 단어 하나하나 분석하여 넣기/엔트리 코딩 결과면 코드 하나하나 분석하여 넣기)

가 수업 활용 교수학습자료

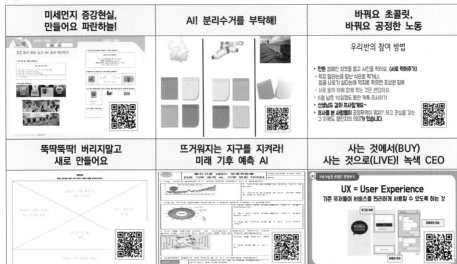

미세먼지 증강현실, 만들어요 파란하늘!	AI! 분리수거를 부탁해!	바꿔요 초콜릿, 바꿔요 공정한 노동
뚝딱뚝딱! 버리지말고 새로 만들어요	뜨거워지는 지구를 지켜라! 미래 기후 예측 AI	사는 것에서(BUY) 사는 것으로(LIVE)! 녹색 CEO

나 수업 활용 교육 도구

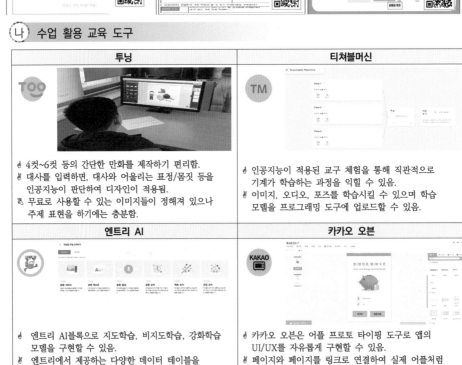

투닝

- 4컷~6컷 등의 간단한 만화를 제작하기 편리함.
- 대사를 입력하면, 대사와 어울리는 표정/몸짓 등을 인공지능이 판단하여 디자인이 적용됨.
- 무료로 사용할 수 있는 이미지들이 정해져 있으나 주제 표현을 하기에는 충분함.

티처블머신

- 인공지능이 적용된 교구 체험을 통해 직관적으로 기계가 학습하는 과정을 익힐 수 있음.
- 이미지, 오디오, 포즈를 학습시킬 수 있으며 학습 모델을 프로그래밍 도구에 업로드할 수 있음.

엔트리 AI

- 엔트리 AI블록으로 지도학습, 비지도학습, 강화학습 모델을 구현할 수 있음.
- 엔트리에서 제공하는 다양한 데이터 테이블을 활용하여 인공지능 학습을 시킬 수 있음.
- 나의 작품을 아카이빙하고 공유가 가능함.

카카오 오븐

- 카카오 오븐은 어플 프로토 타이핑 도구로 앱의 UI/UX를 자유롭게 구현할 수 있음.
- 페이지와 페이지를 링크로 연결하여 실제 어플처럼 기능을 탑재할 수 있음.
- 윈도우, 태블릿, 핸드폰에서 프로그래밍 가능함.

가 미세먼지 증강현실, 만들어요 파란 하늘!

나 AI! 분리수거를 부탁해!

디지털교육연구대회 노하우

예산을 확보하자!

디지털교육연구대회에서 가장 기본값은 기기와 예산이다. 물론 공문에서 말하는 '일반화'를 위해서라면 예산이 부족한 학교에서도 가능한 수업이어야 하겠지만, 대부분 교육정보화 연구에서는 1인 1기기/무선 AP가 기본값이었다. 더구나 코로나19를 거치면서 1인 1기기를 실현하겠다는 교육부의 정책이 확고해지면서,[2] 전자칠판/VR 오큘러스 기기/로봇/드론 등의 다양한 기기를 구비해야 하는 부담이 커졌다. 그래서 디지털교육연구대회에 3년간 참여한 필자는 학교에 각종 예산을 확보하기 위해 다양한 사업을 신청하였다. 2023년 기준 디지털, SW-AI 교육 관련 다양한 사업을 〈표 2-8〉로 정리하였으니 참고해보자.

사업	예산(천원)
AI 선도학교	정보교육실 구축교 82,000천원 교육운영모델교 12,000천원
디지털 창의역량 실천학교	12,000천원
디지털 선도학교	48,000천원
AI 활용 맞춤형 교육 시범학교	10,000천원

표 2-8 **디지털, SW-AI 교육 관련 사업 예산**(2023년 기준)

대부분의 사업은 교육운영비(학생 교육을 위해 사용할 수 있는 예산)와 비품구입비(필요한 기기를 구입할 수 있는 예산)로 나누어질 것이다. 비품구입비는 전체 예산의 일부만 사용할 수 있도록 제한되어 있는 경우가 많다. 필자의 경우에도 1인 1기기 사업으로는 크롬북을 지원받았으나 호환성이 좋은 노트북 구입이 필요해지자, 3년간의 AI 선도학교 예산을 조금씩 투자하여 15대의 노트북을 마련하였다. 만약 내년에도 필자가 근무하는 학교에서 각종 사업을 진행한다면, 20대까지 구비 가능하리라 기대하고 있다.

교육운영비는 1차적으로 연구대회 수업 시에 필요한 다양한 교구를 구매할 수 있다는 점에서 활용도가 좋다. 기본적으로 학급에 할당된 예산도 있겠지만, 연구대회 보고서 제출 시 재구성한 수업이 6~12개는 들어갈 터. 우리반 학생 25명에게 1개씩의 교구를 매 수업마다 제공해주려면 기본 예산으로는 턱없이 부족하다는 것을 알 수 있다. 2차적으로는 학교에 다양한 행사를 열 수 있다. 외부 강사를 불러도 좋고, 현수막을 달거나, 체험 후 간식/선물을 구매해주기에도 좋다. 학교 자체적으로 캠프나 체험학습을 진행할 때에도 미리 용도가 정해져 있는 기본 학교예산 외에 유연한 활용이 가능한 것이다. 이러한 예산이 확보된 사업운영교에서의 연구와 기본예산으로 진행하는 연구는 보고서에 담기는 시각적 효과가 달라질 수밖에 없다. (굳이 시각적 효과라고 언급하는 이유는 연구대회 보고서를 목적으로 이 책을 집필하고 있기 때문이다. 필자도 예산을 확보하는 이유가 단지 연구대회만을 위해서가 아님은 당연히 알고 있다.)

또 이러한 사업운영교에서는 대부분 관련 교육 문화를 선도할 것을 과제로 제시하고 있다. 학부모/교원 대상 특강이나 지역사회와 연계한 다양한 체험 행사, 캠프 등을 진행할 수 있는 것이다. 이 과정을 선생님의 연구 주제와 연계한다면 더없이 좋은 일반화 소스로 활용할 수 있지 않을까? (마찬가지로 학교 행사를 꼭 내 연구대회를 위해 기획하라고 받아들이는 선생님이 없길 바란다.) 필자는 AI 선도학교에 근무하고 있어 관련 예산으로 AI 학생 캠프, 학부모와 함께하는 행사, 전교생 대상 체험 주간 등을 운영하고 있다. 이 활동들은 사진 한두 장과 함께 연구 보고서의 AI 교육과 관련된 과제나 지역사회 연계 파트에 제시될 수 있다. 물론 이 행사들이 내 연구 과정의 핵심인 것처럼 보여서는 안 된다. 개인 연구 등급을 위해서 예산이 내려오는 것은 아니지 않은가? 다만 연구 수업을 잘 진행하고 연계하여 학교 차원, 가정 연계 목적의 행사를 기획할 때 관련 목적으로 예산을 활용할 수 있다는 이야기다.

디지털, AI-SW 역량을 기르자!

디지털교육연구대회에 도전하는 선생님들께는 어떻게 보면 당연한 이야기일 것이다.

미래지향적 수업 혁신이 목표인 연구대회인 만큼 디지털 활용 능력 및 AI-SW 관련 연구가 많이 진행되기 때문이다. 미리캔버스, 캔바, 북크리에이터, 코스페이시스 에듀, ZEP, 로봇 활용, AR 등등……. 정말 많은 에듀테크 플랫폼이 쏟아진다. 이에 관한 역량을 기르기 위해 다양한 연수를 수강해볼 것을 권한다. 해당 연구를 진행하기 위해 연수를 얼마나 들으며 철저히 준비했는지를 보고서에 강조할 수 있기 때문이다. 〈그림 2-4〉는 필자의 2021년 연구대회 보고서 중, 교사 연구 역량 강화에 관한 내용을 발췌한 것이다.

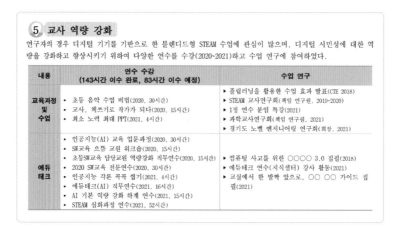

그림 2-4 교사 역량 강화 보고서 부분 예시

이처럼 연구 과정에서 교사가 관련 연수를 몇 시간 이수하였는지도 연구과제로 표현할 수 있기 때문에, 관련 연수를 많이 듣는 것이 좋다. 유튜브로 독학하거나 플랫폼을 몇 번 뒤적여보면 아는 수준이더라도 연수를 찾아 듣는 것을 더 추천한다. 대부분 연수들은 이수 시간을 6차시부터 많게는 60차시까지 구성하여 제공되기 때문에, 연수 시간을 확보하는 것도 가능하지만 수업에 녹일 수 있는 다양한 노하우나 아이디어를 공유받을 수 있기 때문이다. 〈표 2-9〉는 2023년 상반기 기준 진행된 다양한 연수를 정리한 내용이다. 특히 디지털 역량 강화, 인공지능 교육 등의 분야는 투입 예산이 지속적으로 늘어나고 있으니 해당 시기의 공문을 잘 참고한다면 더욱 다채로운 연구 준비가 가능할 것이다.

연수	주관	특징
지식샘터	교육학술정보원 (KERIS)	누구나 지식을 공유할 수 있는 지식샘이 될 수 있다는 기조 아래 에듀테크, 디지털 교과서, 메타버스, AI 코스웨어 등 관련 연수를 진행한다. 모두 온라인으로 이루어지고, 주제별 2~6차시 정도로 비교적 연수 과정이 짧아서 부담이 없다. 강의를 연수자가 직접 개최하는 방식이니 매달 1일에 지식샘터 홈페이지(educator.edunet.net)를 살펴보자.
디지털교육 직무연수	경기도 미래교육연수원	디지털 역량 강화를 기초과정부터 전문가과정까지 나누어서 진행한다. 디지털 창의역량 실천학교와 연계하여 들어봐도 좋겠다.
초등 SW-AI 역량강화 직무연수	경기도 융합과학교육원	SW-AI 역량 강화를 위해 7시간 실습 연수로 진행되며 기초-기본-융합 분반이 구성되어 있다. 같은 내용으로 1년간 기수 제도로 운영했으니 참고하여 보자.
초등SW·AI교육 역량강화 직무연수	경기도 미래교육연수원	6차시의 온라인 연수로, 동일한 교육과정이나 강사를 다르게 운영하고 있다. 전 기수를 수강한 인원은 연수 신청이 불가하다.
융합교육(STEAM) 교원연수	한국과학창의재단	기초, 심화연수는 방학 중 숙박형으로 이루어지며 융합 수업 지도안을 설계해야 한다는 점에서 어려움이 있지만 그만큼 배울 것도 많은 연수이다. 모듈형은 온라인으로 이루어지니 먼저 모듈형으로 시도해봐도 좋겠다.
창의교육거점센터 연수	교육부, 한국과학창의재단	시도별로 운영되는 창의교육거점센터에서 주최하는 연수로 2023년 기준 온라인으로 운영되었다. 따로 지도안이나 수업을 구상할 필요는 없고, 수업 사례와 함께 플랫폼을 실습하는 방식이다.
AIEDAP 교원연수	교육부	마스터 교원을 양성하여 리더 교원을 멘토링하는 방식으로 인공지능 교육 문화를 확산시키려는 연수이다. 수도권뿐만 아니라 지역 권역별로 모집하고 있으니 공문을 잘 확인해보자.
SWAI교육 전담교원 연수	한국과학창의재단	연수 명칭은 조금씩 상이하나 한국과학창의재단에서는 매년 정보교육 관련 연수를 개최하니 참고하자. 2022년에는 전면 온라인이었지만 2023년에는 숙박형이었다. 보통 한국과학창의재단의 연수에는 지도안을 설계하여 제출해야 한다.
에듀테크 활용 수업 선도교원	경기도교육청	챗GPT, 메타버스, 디지털 교과서 등 에듀테크 역량 강화를 위한 연수로 마찬가지로 실행학습 지도안을 제출해야 한다.

표 2-9 **디지털, SW-AI 역량 강화 연수**(2023년 기준)

여름 방학을 앞두고 다양한 주관기관에서 각기 다른 연수가 진행되니 미리 공문을 확인하여 필요한 연수를 잘 선별하도록 하자.

학교 밖으로 눈을 돌려라!

필자가 전국 대회 입상을 노리며 수상 보고서를 살펴보았을 때 느낀 공통점이 있다. 연구 과정이 교내로 국한되지 않는다는 점이다. 앞서 1부에서 언급한 일반화 부문을 차치하고서라도, 연구의 한 줄기 정도는 가정-지역사회로 연계시키고자 노력했다는 것이 느껴졌다.

　이를 본받아 필자의 연구 보고서에도 지속가능성에 대한 수업 진행 후 실천-내면화를 하기 위한 활동으로 [배움을 삶으로, 실천해요!] 파트를 추가하였다. 환경부가 주최하는 2022 탄소중립 캠페인송 제작 공모전에 참여하였으며, 학교에서 중고장터를 진행한 후 모인 금액을 유네스코한국위원회의 교육사업에 기부하였다. 이 활동들은 핵심 연구 수업 이후 추가된 줄기로서, 연구 과정을 학생들의 삶으로 연결하기 위한 노력으로 말미암아 얻어진 내용이다. 이 글을 읽으시는 선생님들께서도 뮤직 비디오를 찍기 위해 스토리보드 작성/파트 분배/실제 촬영 과정/편집 등 얼마나 많은 품이 들어가는지 아실 것이다. 중고장터의 진행에서도 또한 명확한 규칙을 마련하고 안내하여 학생들 사이에 금전 관련 다툼이 없도록 준비하는 것에 매우 주력했던 기억이 난다.

배움을 삶으로, 실천해요!

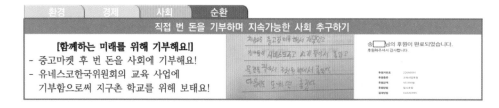

그림 2-5 **연구 확장을 위한 노력 예시** (1)

또 하나의 보고서를 보자. 2022 전국 2등급을 수상한 〈지속가능발전목표 실천을 위한 에이스 프로젝트로 e-생태시민성 함양하기〉이다. [걸어서 생태 속으로]란 파트에서는 동물 사랑에 관한 연구를 진행하는데, 다양한 활동이 이루어졌음을 볼 수 있다. 직접 새 모이통을 만들어 걸어 두거나, 식물도감을 제작하는가 하면, 근처 하천에서 플로깅 활동을 진행하였고, 더 나아가 지역 센터로 현장체험학습도 갔다.

사실 디지털교육연구대회에서 동물을 위해 할 수 있는 일을 토의하거나 스마트 렌즈로 식물 정보를 찾는 활동은 크게 특별한 수준은 아니다. 하지만 연구의 전체 흐름에서 지역 사회와의 연계성을 위해 노력한 점이 훌륭하다. 여기서 진행한 활동을 준비하는 과정이 결코 쉽거나 간단하지 않음은 현직 교사라면 잘 알 것이다. 당장 플로깅만 나가려 해도 안전 교육이나 활동계획을 기안해야 하고, 관련 센터의 지원이 없다면 현장체험학습은 학교 예산확보부터 시작해 보험 처리, 버스 대절, 간식이나 점심 준비 등 처리할 일감이 산더미로 딸려온다. 고생은 많았겠지만, 이러한 과정이 연구대회 보고서에서는 지역사회, 가정으로의 연계 가능성 측면에서 높게 평가된 것으로 보인다.

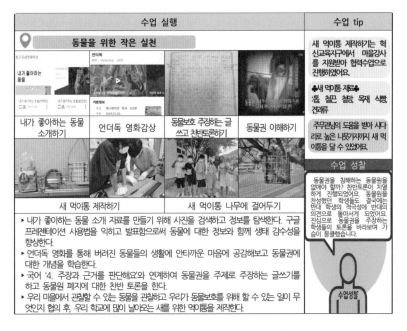

그림 2-6 **연구 확장을 위한 노력 예시** (2)[3]

한 가지 예시를 더 살펴보자. 2019 전국 3등급 수상작 〈학생중심 STAR 프로그램 개발·
적용으로 천체 전문가되기〉이다. 시간이 꽤 지난 연구 보고서이지만 필자가 분석했던 보
고서 중 가장 감명을 받은 연계 활동이 있기에 소개하고 싶다. STAR라는 연구 설계를 통
해 천체 전문가를 양성하는 것이 목표인 연구로, 연구 명칭에서도 느꼈겠지만 실제로 천
체 관측을 하였다. 그것도 밤에. 천체 망원경을 설치해서.

필자라면 엄두도 못 낼 실천 활동이다. 야간에 체험활동을 학교에서 기획한다는 것은
학교 측 관리자의 허락과 가정에서의 협조도 필수적인 일이며, 학생 안전 귀가 지도가 매
우 핵심적일 것이다. 이러한 과정을 거쳐서 밤에 모인다 하더라도 천체 망원경을 구비하
는 것도 가격이 만만찮다. 산 넘어 산이다. 하지만 활동 구성과 사진이 드러난 이 부분을
통해 연구의 필요성과 실천 가능성을 공고히 하였다고 볼 수 있다.

그림 2-7 **연구 확장을 위한 노력 예시** (3)[4]

2023년 기준 필자가 근무하는 지역에서는 '디지털기반 창의융합체험 지역연계 기본프
로그램'을 운영하였다. 지역사회 기관에 직접 가서 체험학습을 할 수 있는 프로그램으로,
비용 및 버스 등을 모두 지원받을 수 있다. 교사의 입장에서 행정 처리를 효율적으로 진행
할 수 있다는 장점도 있고, 지역 자원을 활용한다는 점에서도 신청해볼 만하다. 특히 교내

에서 블록형 프로그래밍 활동을 한 연구가 있다면 확장 연계형으로 적합할 것이다. 또 지역 센터와 연계한 축제나 부스 체험도 잘 찾아보자. 필자가 근무하는 지역에서는 6월 5일 세계 환경의 날과 연계하여 '숲속의 행복나눔 축제'를 개최하고 있다. 부스를 운영할 동아리나 초등학교를 미리 모집하고 있으니 환경 교육이나 지속가능성 관련 연구를 진행한다면 실천-연계 활동으로 고려해볼 법하다.

이렇듯 연구과제 내에서도 실생활과 지역사회 연계, 가정으로의 내면화 등을 추구하기 위해서 다양한 활동을 고려해야 한다. 지역사회나 가정으로 연계하는 방법을 교내에서만 고심하지 말고, 연구 수행 기간 동안 각종 유관 기관에서 발송되는 공문을 확인하자. 내 연구 주제와 걸맞은 공모전이나 지역사회 축제, 체험학습 등을 잘 찾아 한 뼘 더 나아간 연구를 해보자.

1등급 Key point

지금까지 필자의 연구 보고서와 연구대회 참가 과정을 되짚어보면서 전반적인 감은 잡혔을 것이다. 이제부터는 2022학년도의 교육정보화연구대회 전국 1등급 보고서들을 자세히 분석하면서 1등급으로 선생님을 데려다줄 한 끗, Key point로는 어떤 것이 있을지 함께 찾아보자. 해당 보고서들은 에듀넷 티클리어(edunet.net)에 공시되어 있으니 교사로 로그인해 다운로드 받을 수 있다.

연구의 질을 높이자!

〈ON-BOOK ARTIST 프로젝트로 미래핵심역량(6CS) 기르기〉는 독서 교육에 정보화 기술을 융합하여 미래 핵심역량을 자극하고자 하는 연구다. 국어, 미술 교과를 중심으로 작가/화가/크리에이터를 양성하겠다는 주제 중심 프로젝트가 펼쳐진다. 필자가 생각하는 이 보고서의 가장 큰 특장점은 연구과제 3과 질적 검증, 일반화에 있다. 연구과제 3은 앞서 언급하였듯 가정-지역사회 등으로 수업의 장을 넓히는 부분이고, 질적 검증과 일반화도 일반적인 보고서에서는 분량이 작은 부분이다. 이런 부분의 질을 높여 높은 등급을 노릴 수 있었다. 하나씩 살펴보자.

보고서를 보면 연구과제 2에서는 북트랩스, 코스페이시스 에듀 등의 (디지털교육연구대회에서라면 일반적인) 플랫폼을 활용한 프로젝트 활동을 하였다. 작가/화가/크리에이터 프로젝트에서 다양한 플랫폼을 학습에 활용해본 학생들은 연구과제 3 '프로젝트 확장하기'에서는 모둠별로 전자책 제작, 전시관 구성 등 자기주도적인 산출물을 구성한다. 그리고 만든 작품을 NFT로까지 변환하는데, 이런 흐름이 유의미하며 실제적인 확장으로 느껴진다. 연구과제 2와 연구과제 3의 수준이 확실히 차이 날 뿐 아니라, 직접 만든 책을 ZEP에 전시하고 오픈마켓에서 가상화폐로까지 확장하는 과정이 아주 독창적이다.

실천과제	2	ON-BOOK ARTIST(아티스트) 프로젝트 실행하기			
연구과제 2	나는야, 작가!	**떠나자, 책의 세계로** • 독서 플랫폼 및 읽고 싶은 도서 탐색하기	**작가가 될 준비하기** • 에듀테크 기능 학습 및 예시 작품 감상하기	**예비 작가들의 회의** • 이야기에 관한 생각을 나누며 E-BOOK 제작	**나만의 E-BOOK 평가** • 인지적·정의적 자기 평가 및 반성
	활용 에듀테크	독서친구 도서관 경북독서친구 전자도서관	북트랩스 모두의 동화 북트랩스	북트랩스 모두의 동화 북트랩스	ThinkerBell Padlet 띵커벨 패들렛
	나는야, 화가!	**책과 함께, 예술의 세계로** • 디지털 작품, 온라인 전시회 탐색 후 그릴 대상 정하기	**With. ON-BOOK 표현 방법 알아보기** • 에듀테크 기능 학습 및 연습하기	**예비 화가들의 탐구** • 표현할 대상에 대해 이야기 나누며 탐구 및 작품 제작	**나만의 디지털 예술 작품 평가** • 인지적·정의적 자기 평가 및 반성
	활용 에듀테크	Google Arts & Culture 아트스텝스 오픈씨 아트앤컬처	COSPACES 8bit화가 오토드로우 코스페이시스	ThinkerBell Padlet 띵커벨 패들렛	COSPACES 8bit화가 코스페이시스
	나는야, 크리에이터!	**책과 함께, 영상의 세계로** • 북 트레일러 영상(책 광고)을 감상하고 광고할 책 정하기	**책 광고 계획하기** • 책 광고에 들어갈 장면을 계획, 나에게 맞는 동영상편집 도구 고르기	**예비 크리에이터 회의** • 친구들과 협동하여 책 광고에 필요한 사진, 그림, 소리 등 자료 수집하고 영상 제작	**책 광고 평가** • 인지적·정의적 자기 평가 및 반성
	활용 에듀테크	YouTube 유튜브		블로 키네마스터 멀치 유캇		YouTube 유튜브

표 2-10 **연구과제 2~연구과제 3으로 이어지는 자연스러운 수업 확장**[5]

또 질적 검증의 경우 〈그림 2-8〉과 같이 1쪽 분량을 투자하여 구성하였는데, 이처럼 다양한 관점에서 변화도를 관측한 것도 의미가 있다. KWL 전략과 서술형 응답, 키워드 분석, 교사의 발전도 서술, 학생의 발전도 서술까지 나누어 구성한 점에서 질적 검증의 유의미성이 돋보인다. 여타 보고서에서는 단순히 소감을 받고 마무리되는 것에 비해 다양한 질적 내용을 분석한 것이 강점이 된 것으로 느껴진다.

나 **질적 검증 결과**

◈ ON-BOOK ARTIST 프로젝트 관련 전반적인 응답 조사 결과

💡 **KWL 전략**으로 알아보기(알고 있는 것, 알고 싶은 것, 알게 된 것)

Q. 독서·예술 활동에 대해 평소에 어떤 생각을 했나요? 온라인 독서·예술 활동에 대해 어떤 것을 알고 있었나요?	Q. ON-BOOK ARTIST 활동 중에 나중에 더 알아보거나 더 활동해 보고 싶은 것들이 있나요?	Q. ON-BOOK ARTIST 활동을 하면 새롭게 알게 된 점이 있다면 무엇인가요?
■ 전자책을 전자도서관에서 읽어 본 적이 있다. 책을 읽어주는 영상을 온라인으로 보는 것을 알고 있었다. ■ 전시회를 온라인으로 볼 수 있다는 것을 알고는 있었지만, 많이 해 보지는 않았다.	■ 전자책 만들기로 가족 앨범도 만들어 보고 싶다. 책 소개하기 영상처럼 다른 영상도 만들어 보고 싶다. ■ ZEP으로 할 수 있는 다른 활동들도 해 보고 싶다. 퀴즈 대결도 해보고 싶다고 생각했다.	■ 책을 앱을 이용해서 온라인으로도 만들 수 있다는 것을 알게 되었다. ■ 영상편집이 이렇게 쉬운 것이라는 걸 알게 되었다. 예술 체험과 작품 전시를 온라인으로 한 것도 신기했다.

💡 **독서 활동에 관한 인식 변화**	💡 **예술 경험에 관한 서술형 응답**
■ 독서를 하고 나서 독후감 쓰는 것 말고도 다양한 것을 할 수 있는 것이 좋았다. 글로 쓰는 것도 좋지만, 그림이나 영상으로 만드는 것이 재밌다. ■ 책을 고를 때 도서관에서만 고르는 것이 아니라 책 소개 영상을 찾아볼 수도 있고 온라인 사이트에서 권장도서 목록을 볼 수 있다.	■ 태블릿으로 그림 그리는 것이 종이에 그림을 그리는 것과 느낌이 달라서 이상하기도 했지만, 계속 그리다 보니 더 잘 그려 보고 싶어졌다. ■ 전시회를 온라인에서 보는 게 신기했고, AI가 내가 그린 선을 인식해서 그림을 완성해 주는 것을 또 해 보고 싶었다.

◈ ON-BOOK ARTIST 프로젝트 활동 결과에 대한 소감 키워드 분석

➡ "만들어, 읽고, 해보는, 재밌다, 알게 되었다, 해보고 싶다." 와 같은 활동 중심의 긍정적인 낱말이 나타났다.

➡ "읽고, 쓰는, 편집이, 체험과, 영상"의 낱말들을 보아 학생들이 경험의 폭을 넓혀 읽고 쓰는 활동에 대한 관심도가 높아졌을 것으로 파악하였다.

➡ "전자책, 온라인으로, 책"을 등의 키워드로 봐서 독서를 하고 정보화 자료를 활용하여 작품을 만드는 것에 대한 긍정적인 반응을 확인하였다. 또, 온라인으로 메타버스 공간을 활용하는 전시회에 대한 호응이 높아 다음에도 또 해보고 싶다는 반응이 나타났다.

◈ 인문학 소양(독서, 예술 경험)의 발전 정도 파악

프로젝트	💡 교사가 바라본 학생 변화 모습	💡 ON-BOOK ARTIST 들의 이야기
📝 **나는야, 작가!**	・학생들은 책을 생각하면 단순히 단편적인 줄거리, 활자 위주로 생각하는 경우가 많았으나 독서에 대한 생각의 폭이 넓어졌다. ・디지털 도구를 활용하여 인문학적 소양을 기를 수 있는 기본 역량을 다졌다.	・디지털 콘텐츠로 독서에 대한 경험을 쌓고, 직접 책을 만드니 독서가 재밌게 느껴졌다. ・멍커벨, 패들렛을 이용해 온라인에 작품을 게시하고 친구들에게도 보여줘서 신기했다.
🎨 **나는야, 화가!**	・독서의 경험을 활용하여 예술적인 경험으로 연결할 수 있었다. ・다양한 디지털 매체를 활용하여 그림이나 영상에 대한 예술적 경험을 확장하였다.	・디지털 콘텐츠를 활용하여 작품을 완성하는 과정에서 어려운 부분은 친구들에게 물어보고 서로 도우면서 하니까 많이 어렵지 않았다. ・픽셀아트, 3D아트 등 다양한 예술에 대해 알게 되어 좋았다.
💻 **나는야, 크리에이터!**	・책에서 얻은 긍정적인 경험을 다른 사람들에게도 소개하는 과정에서 자료를 선택하는 능력이 향상되었다. ・영상편집 프로그램을 활용해 창작하는 과정에서 책을 깊게 살펴보는 학생들의 모습을 발견했다.	・온라인으로 작품 감상, 창작 작품 게시 등의 예술 활동을 할 수 있다는 사실을 알게 되었다. 내가 스스로 만들고 싶은 작품을 만들어 보는 경험을 하니 집에서도 여러 작품을 만들어 보고 싶다는 생각이 들었다.

그림 2-8 **다양한 관점의 분석이 돋보이는 질적 검증 페이지**[6]

마지막으로 일반화 부분이다. 디지털교육연구대회의 일반화는 '다른 학교나 교사에게 적용 가능한가?'라는 관점에서 연구자 나름의 구상을 담는다. 이 보고서는 다른 교사를 위한 프로젝트 재구성안을 제시한 점이 새롭게 느껴진다. 필자는 다른 교사들을 위한 일반화 방법으로 연수를 한다거나 교수학습자료를 제공하는 방식을 생각했었는데, 재구성을 직접 하여 제공하는 방식도 훌륭하게 평가받을 수 있을 것이다.

ON-BOOK ARTIST 프로젝트의 일반화 예시

ON-BOOK ARTIST 프로젝트 재구성	적용가능학년	3-6G	적용교과	국어, 미술, 창체

<table>
<tr><td>성취기준</td><td colspan="4">[4국03-05] 쓰기에 자신감을 갖고 자신의 글을 적극적으로 나누는 태도를 지닌다.
[4국05-05] 재미나 감동을 느끼며 작품을 즐겨 감상하는 태도를 지닌다.
[4미02-01] 미술의 다양한 표현 주제에 관심을 가질 수 있다.
[4미02-04] 표현 방법과 과정에 관심을 가지고 계획할 수 있다.</td></tr>
<tr><td>배움주제</td><td colspan="4">나만의 이야기를 만들고 정보화 표현 도구를 이용해 예술 작품으로 창작할 수 있다.</td></tr>
<tr><td>T.I.S.T</td><td colspan="2">주요 활동내용</td><td>역량</td><td>활용 에듀테크</td></tr>
<tr><td>Target
(목표설정)</td><td>주제 정하기</td><td>■ 내가 원하는 책을 선택하여 읽기
■ 나만의 이야기 재구성 및 창작하기</td><td rowspan="4">자신감
콘텐츠
의사소통
협력
비판적 사고
창의적 혁신</td><td>탐색도구
e독서친구, 전자도서관</td></tr>
<tr><td>Idea
(전략탐색)</td><td>표현 방법 알아보기</td><td>■ 나만의 이야기 표현 방법 탐색 및 계획하기
- 나만의 책 만들기
- 이야기 속 등장인물, 장면 표현하기
- 나만의 만화 만들기
- 나만의 책 광고 만들기
- 나만의 영화 만들기</td><td rowspan="2">탐색도구: YouTube, ThinkerBell, Padlet, Google Arts & Culture, artsteps
창작도구: 북트랩스, CoSpaces Edu</td></tr>
<tr><td>Study
(연구실행)</td><td>자료수집 하기</td><td>■ 필요한 자료 수집하기
- 다양한 정보화 기기를 이용하여 필요한 자료 수집하기(사진, 그림, 소리, 도구 등)</td></tr>
<tr><td>Test
(자기평가)</td><td>창작 활동하기</td><td>■나만의 ON-BOOK 예술작품 만들기
- 개인 또는 협동하여 작품 만들기
- 친구들의 작품을 감상하기</td><td>탐색 및 창작도구
ZEP, OpenSea</td></tr>
<tr><td rowspan="4">과정중심 평가</td><td>영역</td><td colspan="2">평가내용</td><td>평가방법</td></tr>
<tr><td>지식</td><td colspan="2">• 이야기의 구성 요소를 이용하여 나만의 이야기를 만드는 방법을 알고 있는가?</td><td>관찰평가, 자기평가</td></tr>
<tr><td>기능</td><td colspan="2">• 나만의 이야기를 바탕으로 다양한 표현 도구를 사용하여 예술 작품을 만들 수 있는가?</td><td>포트폴리오</td></tr>
<tr><td>태도</td><td colspan="2">• 예술 작품의 재미와 감동을 느끼고 친구들의 작품을 바른 자세로 감상할 수 있는가?</td><td>관찰평가, 동료평가</td></tr>
<tr><td>유의점</td><td colspan="4">• 역량 및 에듀테크 활용은 적용 내용과 학급의 상황에 적절하게 선택하고 변형하여 활용한다.</td></tr>
</table>

그림 2-9 **'프로젝트 재구성안'으로 채운 일반화 예시**[7]

기획이 반이다! 연구 설계가 다했다!

〈메타버스 기반 MATrix 전략으로 CoM 역량 기르기〉 보고서의 경우 연구 설계부터 아주 명확하고 특색 있게 잘 되었다. 어떻게 보면 코로나19가 지나가고 일상으로의 회복을 기하고 있는 2022년에 메타버스 교육을 다루는 것은 일견 시의성이 부족할 수도 있다. 하지만 메타버스 공간을 세계 사람들을 만나 영어 대화를 나눌 수 있는 장소로서 제시하여,

시공간적 한계로 "배워도 사용할 곳이 없는 영어"를 연습할 수 있는 새로운 장으로서 활용하자는 의도에 설득력이 있어 특장점으로서 작용한다.

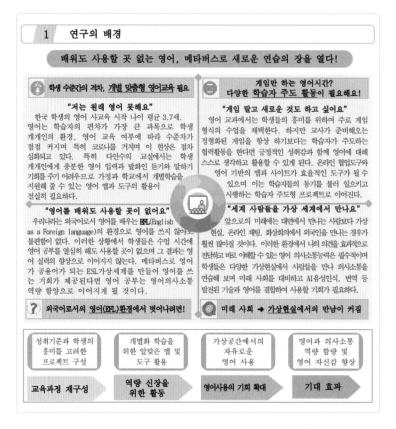

그림 2-10 **영어 교과 '소통' 공간으로서 재조명된 메타버스**[8]

이렇듯 연구 설계가 명확하다 보니, 연구과제 구성 하나 하나에도 자연스럽게 특색이 잘 드러난다. 사실 AR마커와 게더타운, 코스페이시스 에듀 플랫폼은 메타버스 연구에서는 흔한 교육 도구이다. 하지만 영어 교육이라는 주제 하나로 다채롭고 재미있는 연구로 엮이게 되었다. AR로 동물을 공부하고, 클래스 카드로 동물 단어를 학습한 후, 코스페이시스 에듀에서 가상 사파리를 방문하는 흐름이 촘촘하게 이어진다. 다시 말해 연구 네이밍과 설계를 정교하고 독창적으로 잡게 되면 연구 본론에 해당하는 12쪽의 연구 수업 수행까지도 특색 있게 이어갈 수 있는 것이다.

그림 2-11 영어 교육 필요성이 잘 드러나는 메타버스 연구 과정[9]

교육 트렌드를 유의미하게 연결하자!

〈개념 기반 탐구학습 단계 적용 DSI 프로젝트로 사회과 변혁적 역량 기르기〉 보고서의 재미있는 점은 'DSI'라는 연구 주제 네이밍이 수업 단계가 아니라는 것이다. 오히려 수업 단계는 개념 기반 탐구학습이라는 이론에서 가져온 것을 그대로 사용하였다. 이 보고서의 제목에 포함된 DSI는 수업 단계가 아닌 프로젝트의 방향성, 구심점으로서, 특히 적시 교육적 관점에서 변혁적 역량에 초점을 맞춘 것이 독창적이다. 왜 디지털 플랫폼 기반의 문제를 해결해야 하는지의 당위성을, 미래 역량인 변혁적 역량과 잘 엮어냈다.

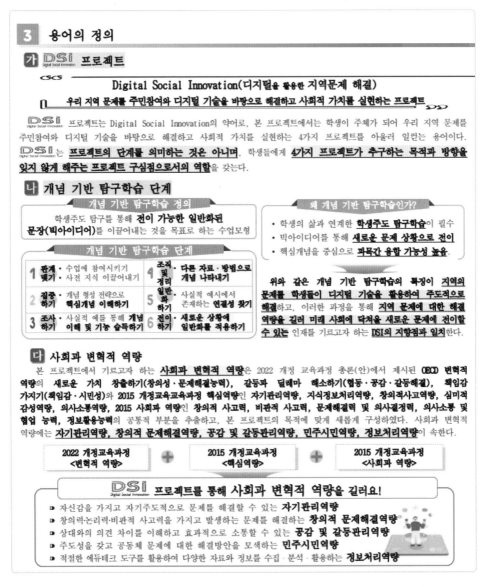

그림 2-12 영어 약어 네이밍을 수업 단계가 아닌 프로젝트 구심점으로서 활용한 독창성 예시[10]

그래서 이를 토대로 재구성된 교육과정 내용을 보면 지역 공공 기관/문화 유산/지역 안내/탄소 중립 등 사회과와 어울리는 교육과정 요소들을 주제로 잡고, 각종 에듀테크 도구로 문제를 해결하는 프로젝트가 나열된 것을 알 수 있다. 연구 설계에서 재구성까지의 흐름에 막힘이 없게 느껴진다. 띵커벨, 구글 슬라이드, 구글 맵스, 구글 문서 등은 교육정보화연구대회에서 흔한 디지털 플랫폼이다. 하지만 변혁적 역량이 필요하다는 미래 사회의 변화 요소에 지역사회 문제 해결 과정을 연결함으로써 플랫폼들이 유의미하게 작용할 기회를 제공하고 있는 것이다.

성취기준	빅아이디어	DSI② 문화유산을 알리는 유네스코 지킴이 캠프 개최하기		과정중심평가	활용 에듀테크 도구
[4사03-03] [4사03-04] [4국01-02] [4미02-06] [4음01-03]	역사는 현재 우리의 삶에 영향을 미친다.	관계맺기	• 우리 지역의 역사를 지켜야 하는 이유 알기 • ○○ 유네스코 역사 지킴이 주제망 꾸미기		멘티미터 GitMind
		집중하기	• 역사와 문화유산에 대한 개념 형성하기 • 역사와 문화유산에 대한 개념 조직하기	평가① 알로 산출물 평가	클래식AI 잼보드 알로
		조사하기	• 우리 지역의 문화유산 파악하기 • 우리 지역의 문화유산 및 역사적 인물 탐구하기	평가① 탐구 결과지 평가	패들렛 워드클라우드
		조직 및 정리하기	• 우리 지역의 문화유산 및 역사적 인물 홍보자료 만들기 • 홍보자료를 알리기 위한 메타버스 플랫폼 제작하기	평가② 발표 관찰평가	구글슬라이드 제페토
		일반화하기	• 프로젝트에서 배운 내용을 한 문장으로 표현하기 • 우리 지역의 문화유산이 현대에 미치는 영향 알기	평가③ 플립그리드 영상평가	패들렛 플립그리드
		전이하기	• 100년 뒤 우리 지역의 문화유산 예상하기 • 유네스코 역사 지킴이 캠프 개최하기	평가② 캠프 장면 관찰평가	툰타스틱 구글슬라이드

그림 2-13 **DSI 프로젝트 교육과정 재구성 중 '문화유산을 알리는 유네스코 지킴이 캠프 개최하기'**[11]

연구대회
★★★
5장
★★★
1·등·급

마무리하며

디지털교육연구대회로 연구의 세계 입문

앞서도 언급하였지만 필자는 디지털교육연구대회라는 한 우물을 팠다. 그럼에도 2021년에 또 전국 등급을 수상하는 데 실패하면서, 좀 더 쉬운(?) 다른 연구대회로 갈아타볼까 고민한 적이 있었다. 왜 디지털교육연구대회로 시작해가지고, 하며 스스로를 탓하기도 하

였다.

미래교육 혁신을 지향하고 있는 디지털교육연구대회는 메타버스, 인공지능, SW 플랫폼, 디지털 교육 콘텐츠 등이 필수적으로 포함되어야 하기에 끝없이 교육과정을 재구성해야 한다. 누차 이야기하였듯 그러기 위해서는 다양한 예산을 따와야 했고, 교과서가 담지 못하는 기술 공학적 변화를 교사가 자료로 만들어 제공해야 했다. 혹자는 디지털교육연구대회를 보며 '미래교육에 관심이 없으면 절대 나갈 수 없는 대회'라고 평가하기도 한다. 어떻게 보면 맞다. 하다못해 VR을 활용하는 수업을 하려고 해도 학생들 개별 VR 기기를 구입하는 데에는 예산이 들고, 교과서에는 없는 VR 교육자료를 미리 준비해야 하니까.

그럼에도 불구하고 계속 디지털교육연구대회에 도전했던 이유는, 첫째로 학교 현장의 미래를 선도하고 이끌어 나간다는 자부심이었던 것 같다. 마구잡이로 이유 없이 욱여넣어지는 SW·AI교육 콘텐츠들을 유의미하게, 학생들의 삶과 연결하여 제공하면서 교사로 살아 숨쉬는 기분을 느끼기도 하였다. 누가 억지로 디지털교육연구를 하라고 하지 않았지만, 스스로 이런 수업을 하면서 즐겁고 새로운 플랫폼을 적용하며 느낀 점이 있었기 때문에 필자는 디지털교육연구대회에 참여한 것이다.

둘째, 교사 개인의 관점에서 바라보더라도 미래교육 분야에 뛰어드는 것은 앞으로의 교직관 설계에 유리하다. 2022 개정 교육과정에서 '디지털 리터러시 강화'를 역설하는 지금, 미래교육 분야는 계속해서 규모가 커지고 있다. 단순히 인공지능, 프로그래밍 등에 초점 맞춘 수업을 하는 것이 미래교육이 아니다. 도덕의 덕목 중심 프로젝트를 인공지능 교육에 접목할 수도 있고, 미술/음악 교과에 디지털 플랫폼을 녹일 수도 있다. 선생님의 핵심 능력이 무엇이든, 미래교육과 관련시킬수록 다양한 길이 열리는 시대이다. (필자는 2020년 교육정보화연구대회 3등급 수상을 기점으로 다양한 에듀테크 플랫폼에 관한 강의를 시작했고, 지금은 주당 1회 정도의 외부 출강을 나가고 있다. 또 첫 1저자 집필 도서 속 콘텐츠 역시 디지털교육연구대회 수업으로부터 출발했다.) 이 과정에서 교사 개인의 성장도 분명히 뒤따른다.

셋째로 디지털교육연구대회 그 자체의 강점도 분명하다. 여타 연구대회에서는 1년간 이루어지는 교육 활동 전반을 모두 연구 주제와 엮고 내실화하기 위해 노력해야 하지만, 디지털교육연구대회에서는 특정 콘텐츠를 담은 프로젝트를 집중하여 진행하면 된다. 수업 영상이나 부가적인 제출 자료도 적은 편이다. 기간으로 봐도 1학기 말에 수업 적용을 마무리한 뒤 여름방학에 작성, 제출 가능하고 2학기 초입에 예선대회 결과가 나온다. 비교적 연구 기간이 짧고 선택과 집중이 가능하다.

디지털교육연구대회 참가의 가치

미래 사회의 변화 속도는 늦출 수 없다. 요즘 학생들에게 초등학교 고학년을 거치며 컴퓨터/스마트기기/디지털 플랫폼을 다루는 경험은 필연적이다. 컴퓨터의 모든 부품을 알고 조립할 수 없더라도, 앱을 개발할 수 없더라도, 컴퓨터와 스마트기기의 앱을 '당연히' 사용한다. 선생님이라는 직업에 컴퓨터를 다루는 소양이 직결되는 것은 아니지만, 업무-수업 진행 과정에서 필수적임을 알고 계시지 않는가. 달리는 말(인공지능)과 경주하지 말고 말 위에 올라타라는 어느 학자의 말처럼,[12] 우리는 인공지능을 다룰 줄 알며 그에 수반되는 사회 변화에 유연하게 적응하는 미래 시민을 키울 필요가 있다. 그러자면 교육정보화연구만큼 학생들의 삶의 문제를 디지털 융복합적 관점으로 바라보는 과정이 또 없다.

디지털교육연구대회를 통해 필자는 단순히 앱을 유희용으로 활용하는 것이 아니라, 문제 해결을 위한 온라인 투표 양식을 만들고 결과를 분석, AI 모델을 만드는 과정을 제공하였다. 그 결과 우리반 학생들은 따로 말하지 않아도 앱으로 문제를 해결하게 되었다. 친구들의 포스트잇 글이 잘 보이지 않으면 자연스럽게 '잼보드'라는 플랫폼을 활용하여 의견을 나누고, '미리캔버스'를 활용하여 포스터를 제작한다. 친구들끼리 의견을 모아 표로 만들어야 할 일이 있으면 자연스럽게 '구글 설문'을 링크로 만들고 결과를 '엑셀' 표로 정리한다. 필터가 씌워진 '카메라 앱'을 보며 "인공지능이 얼굴 인식 값을 좌표로 따라 다니게 프로그래밍되었구나!"라고 해석하기도 한다.

필자는 이 과정에서 학생들의 문제 해결 역량과 디지털 리터러시가 성장했으리라고 믿고 있으며, 이 과정을 겪은 학생들과 그렇지 않은 학생들의 미래 시민으로서의 실재도는 다를 것이라 감히 자부한다. 또 학생들의 진로 설정에서 유의미한 경험으로 다가가기도 한 듯하다. 디지털-AI-SW로 문제를 해결한 경험을 자양분으로 한 뼘 더 나아가 진로를 설정하는 학생들도 있었다. AI 선도학교 담당자 협의에서 만난 중학교 선생님들께서, 필자의 학교 출신 아이들이 교내 AI 동아리를 주도하며 관련 고등학교 진학을 준비한다는 이야기를 들려주신 것이다.

강조했듯 단순 코딩, 프로그래밍에 집중하는 것이 미래교육이 아니다. 필자가 주장하는 미래교육은 디지털 사회와 AI 발달 과정 속에서 학생들에게 주어지는 문제 해결 경험이다. 동시에 우리는 학생들에게 기술 발달의 윤리적인 관점이나 사회적인 영향력을 짚어주고, 포용적인 인성을 가진 미래 인재로 거듭나도록 인도할 수 있다. '키오스크'를 편리하게 이용하면서도 "내가 아닌 다른 사회 취약 계층에게는 어려운 부분이 있을 수 있겠구나!"에 생각이 가닿을 수 있는 사람. 문제를 해석하고, 노인을 위해 글자가 큰 버튼을 만들어 반영할 수 있는 사람. 그게 필자가 원하는 미래교육의 목표임을, 연구대회 보고서를 가다듬고 채우며 알게 되었다.

달리는 말(인공지능)을 올바른 방향으로 이끌 수 있는 사람을 키워야 한다면, 초등교육이 바로 적기 아닐까? 기초 인성관이 함양되고 도덕적 가치관을 정립하는 시기. 올바른 미래교육으로 학생들의 첫 걸음을 응원할 수 있다면 더할나위 없을 것이다. 그 무대가 바로 디지털교육연구대회이다.

이 글을 읽으며 공감하는 선생님이 계시다면, 어쩔 수 없다. 디지털교육연구대회 참여를 통해 포용적 가치관과 이타적인 관점을 가진 미래 인재를 양성해보자. 더불어 등급까지 같이 얻는다면 1타 2피일 것이다. 필자의 노하우와 팁을 바탕으로 전국 1등급 수상으로 한 발짝 나아가시기를 응원드린다.

3부

수업혁신사례 연구대회

1. 수업혁신사례연구대회란?

2. 수업혁신사례연구대회 뜯어보기
수업혁신사례연구대회 보고서 작성·2차 심사 준비
및 전국대회 참가

3. 수업혁신사례연구대회 노하우

4. 1등급 Key point

5. 마무리하며

By. **임지은** 선생님

수상 내역
2021 수업혁신사례연구대회 대전시 1등급 – 전국 1등급
2017 교실수업개선실천사례 연구발표대회 대전시 1등급

경력 및 학위
대전광역시교육청 교사
한국교원대학교 초등미술교육 석사

활동
교육청 초등수업혁신지원단, 지원청 초등컨설팅장학지원단,
현장중심 장학자료개발, 교수학습지원센터 위원

수업혁신사례연구대회란?

| 대회요강 및 추진 일정

수업혁신사례연구대회는 교육부와 한국교육과정평가원 공동 주관으로 열리며, AI·에듀테크 등 미래형 교육환경에 적합한 교수학습 모델을 발굴하고 미래 핵심역량을 키워줄 수 있는 수업 우수사례를 공유·확산하는 것을 목적으로 한다. 수업혁신사례연구대회의 전신은 매년 교육부 주관으로 개최됐던 '교실수업개선 실천사례 연구발표대회'다. 이것이 2021년부터 수업혁신사례연구대회로 개편되어 실시되고 있는데, 특히 2023~2024년 운영 계획을 보면 이전 대비 큰 변화가 많이 생겼으며, 이는 수업혁신사례연구대회를 활성화하기 위한 것으로 보인다.

주요 변경 사항을 살펴보면 2022년까지는 '교과교육활동'과 '창의적 체험활동' 2개였던 연구영역에 '융합교육활동(교과-교과, 교과-창체)'이 추가되어 총 3개 연구영역으로 확대되었다. 또한 1인 1연구를 원칙으로 하고 공동 연구를 인정하지 않았는데, 학교급이 동일한 교원에 한해(시도별 지침 확인) 공동 연구 2인까지 가능하도록 허용되었다. 전국대회 참가 자격 역시 이전의 시도대회 1등급 입상자에서 1~3등급 입상자 전원으로 확대되고, 입상자 비율 또한 작품수의 40%에서 60%로, 1, 2, 3등급 비율은 1:2:3에서 1:1:1로 상향되었다. 입상 가능성과 1, 2등급을 받을 가능성이 모두 높아진 셈이다. 또 하나의 큰 변경 사항은 보고서 분량이 기존 총 60쪽에서 2023년에는 총 40쪽 이내, 다시 2024년에는 총 25쪽 이내로 대폭 간소화되었다는 점이다. 타 연구대회보다 수업혁신사례연구대회를 어렵다고 평가하는 이유 중에 이 보고서 분량도 한몫하고 있었던 것은 사실이다. 이를 고려할 때 향후 이전보다 많은 선생님이 수업혁신사례연구대회에 참가할 것으로 예상된다. (실제로 2023년 수업혁신사례연구대회 사전설명회에 참석한 교원이 2022년 대비 약 6배 증가하였다고 한다.)

지금까지 설명한 내용을 표로 정리해보았다. 표의 내용은 2024년 수업혁신사례연구대회 운영 계획 기준으로, 매년 조금씩 개정되니 꼭 공문을 확인하길 바란다.

구분	기존(~2022년)	개선(2024년)
연구영역 확대	· 교과교육활동(교과교육) · 창의적 체험활동(창체)	· 교과교육활동(교과교육) · 창의적 체험활동(창체) · 융합교육활동(융합교육)
공동 연구 허용	· 1인 1연구 원칙, 공동 연구는 인정하지 않음	· 1인 1연구 · 공동 연구는 2인*까지 (*학교급이 동일한 교원, 시도별 지침 확인)
전국대회 입상자 비율 상향	· 최종 출품 작품 수의 40% 이내 1:2:3의 비율로 1,2,3등급 결정	· 최종 출품 작품 수의 60% 이내 1:1:1의 비율로 1,2,3등급 결정
전국대회 참가자격 확대	· 시도대회 1등급(순위) 입상자 대상으로 전국대회 개최	· 시도대회 입상자 전원(1~3등급) 대상으로 전국대회 개최
출품서류 간소화	· 보고서 분량: 총 60쪽 이내(부록 포함) · 수업동영상 전체 · 수업동영상 요약본(15분)	· 보고서 분량: 총 25쪽 이내(부록 포함) · 수업동영상 전체 · 수업동영상 요약본(15분)

표 3-1 **수업혁신사례연구대회 주요 개선/변경 사항**(2024년 기준)

수업혁신사례연구대회는 예선대회인 시도대회와 본선대회인 전국대회로 나뉜다. 2022년도까지는 시도대회에서 1등급을 받은 작품만 전국대회에 출품되었는데, 2023년부터 예선대회에서 입상한 1~3등급 작품 모두 전국대회에 출품할 수 있게 되었다. 예선대회 결과와 전국대회 결과가 달라질 수도 있으며 연구실적평정점은 시도대회와 전국대회 중 유리한 것 하나만 평정한다. 전국대회 입상자 비율이 2023년부터 상향됨에 따라, 대부분의 시도 역시 2024년부터 예선대회 입상자 비율을 60%로 조정하였다.

다음 표는 수업혁신사례연구대회 추진 일정이며, 매년 조금씩 달라질 수 있으니 공문을 통해 꼭 정확하게 확인하길 바란다. 실질적인 연구 기간이 1년이라 볼 수는 없지만, 필자의 경우 꽤 긴 연구 진행 기간 동안 언제 뭘 해야 하는지 누가 딱 말해줬으면 좋겠다고 생각한 적이 많았다. 특히 연구대회가 처음이라면 더 그럴 것이다. 시도에 따라 예선대회 일정이 다를 수 있으니 주의하면서 예시와 같이 추진해보면 어떨까?

시기	추진 일정	개별 연구과제 (예시)
2월		· 주제 선정하기: 기획(주제 선정, 수업단계(전략) 구상), 심사기준표 분석하기
3월 초		· 연구 보고서 제목 정하기
3월 중순		· 연구 보고서 큰 틀 짜기
3~4월	· 시도대회 시행 공고	· 실태 분석하기
4월	· 연구대회 사전 설명회 개최 · 시도대회 계획서 접수	· 연구 보고서 서론 작성하기: 연구의 필요성과 연구 대상, 내용, 방법, 연구 전 실태 분석 작성
5~6월	· 연구대회 참가자 대상 컨설팅 실시	
4~7월		· 연구 보고서 본론 작성하기: 일정대로 연구 수행 후 일관성 있고 주제 해결의 모습이 보이게 작성
7~8월		· 연구 보고서 마무리하기: 연구 결과 분석 및 결론 부분 작성, 연구 보고서 편집(콘셉트, 가독성 등 고려)
8월 초	· 시도대회 출품서류 접수	· 검토 후 예선대회 서류 제출하기: 연구자 관련 정보 표기, 오타, 편집, 인쇄규정 등 확인
8월 중	· 시도대회 출품서류 심사 및 결과 발표	
8~9월	· 시도대회 수업 심사 및 최종 결과 발표	· 교수학습과정안 및 현장 심사 준비하기 · 수업동영상 촬영 및 제출하기
~10월 초	· 전국대회 참가자 컨설팅 실시	· 컨설팅 내용 반영해 수정 및 보완하기
10월 중순		· 전국대회 서류 출품하기
11월~12월 초	· 전국대회 심사위원회 구성 및 심사	
12월 초	· 전국대회 입상예정작 안내	
12~1월 중	· 전국대회 입상자 확정 및 시상	

표 3-2 **수업혁신사례 연구대회 추진 일정**(2024년 기준) **및 개별 연구과제 예시**

| 출품서류 및 동영상

수업혁신사례연구대회 출품서류로는 제일 처음 계획서(간략하게 작성하고 연구 보고서와 내용이 달라져도 괜찮다. 단, 제목은 확실하게 정해서 제출하는 것이 좋다.), 이후 연구 보고서(부록 포함), 수업동영상과 연구 보고서 파일 수록 USB, 표절검사 결과확인서가 있다. 이외 시도에 따라 다르지만 참가 신청서, 학교장 추천서, 출품 서약서, 실사 확인서 등이 추가될 수 있으며 이 서류들은 표지 및 USB 라벨 양식을 포함하여 공문에 서식으로 제시되니 이를 사용하면 된다.

연구 보고서

수업혁신사례연구대회는 1차 심사가 보고서 심사다. 시도대회와 전국대회 둘 다 연구 보고서만으로 1차 심사를 하고 입상 예정작(시도대회는 출품작의 60% 또는 40%, 전국대회는 60%)을 선정한다. 이 1차 심사에서 뽑혀야 수업동영상으로 심사하는 2차 심사를 받을 수 있다. 2차 심사에서 연구 보고서로 받은 1차 심사 점수와 수업동영상 심사 점수를 합산하여 1, 2, 3등급이 결정된다. 보고서 점수가 1차와 2차 결과에 모두 영향을 주며 1차에서 뽑히지 않으면 고생해서 찍은 수업동영상은 보여줄 수도 없이 그대로 끝인 시스템이다. 따라서 출품서류는 2종이지만 준비 과정의 에너지는 연구 보고서에 더 많이 쏟아야 한다.

연구 보고서의 경우, 분량 기준이 변경되어 총 40쪽(2023년 기준)의 내용을 총 25쪽에 담아야 하게 되었다. 요약서와 목차, 부록 속 교수학습과정안 2회분의 분량은 거의 정해져 있으므로, 주로 본문이나 서론, 부록의 수업일지 및 기타 자료 쪽에서 분량을 조정함이 좋겠다. 또 연구 실천과제의 개수를 조절하면 본론 중 연구 실천 부분과 부록의 수업일지 부분 분량을 자연스럽게 조절할 수 있다. 분량 기준이 바뀌었다 해서 보고서에 들어가야 할 내용이 빠지지는 않는다. 따라서 40쪽 내용을 기준으로 25쪽 보고서 분량을 〈표 3-3〉 예시처럼 구성할 수 있다. 요약서, 목차 및 연구의 서론-본론-결론을 담은 본문, 교수학습과정안과 수업일지 및 자료의 부록 순으로 1-17-7 구성으로 작성한다. 부록 미제출자는 입상 대상에서 제외되며 25쪽 기준 분량 미만이거나 초과 시 감점이 있다.

구분	내용	25쪽 보고서	40쪽 보고서
요약서	연구 요약	1쪽	2쪽
본문	목차 서론 본론 결론	(목차 1쪽 미포함) 3쪽 12쪽(실천과제 3개, 4쪽씩) 2쪽	1쪽 6쪽 15쪽(실천과제 3개, 5쪽씩) 3쪽
	본문 계	17쪽 이내	25쪽 이내
부록	교수학습과정안 수업일지 기타 자료	4쪽(2회분, 2쪽씩) 3쪽(실천과제 3개, 1쪽씩)	4쪽(2회분, 2쪽씩) 6쪽(실천과제 3개, 2쪽씩) 3쪽
	부록 계	7쪽 이내	13쪽 이내
총 계		총 25쪽	총 40쪽

표 3-3 **보고서 분량 기준 변화에 따른 25쪽 보고서 분량 구성 예시**

수업혁신사례연구대회 연구 보고서에서 가장 핵심이 되는 부분은 본문이다. 연구의 과정과 결과가 체계적으로 담기도록 보고서를 작성하기 위해서는 서론-본론-결론 내용 구성이 매우 중요하다. 내용 구성을 미리 계획하지 않고 보고서를 작성하게 되면 보고서를 쓰는 내내 이 많은 쪽을 어떤 내용으로 어떻게 채울지 고민만 하다가 결국 논리적이지 않은 구성의 보고서를 작성하게 된다. 분량이 줄었다 하더라도 많은 분량이기 때문에 처음부터 내용 구성을 분명하게 계획한 후 작성해야 내용도 알차고 과정부터 결과까지 논리적이고 체계적인 보고서를 작성할 수 있다.

서론	본론	결론
연구의 필요성 문제 분석 선행 연구자료 분석 연구 대상자 사전 진단 교육과정 분석 연구 방향 설정 및 용어의 정의 연구 실천과제 설정 연구 운영 계획 및 준비	실천과제별 계획 및 설명 수업 실천 내용 수업의도 교육과정 분석, 재구성 과정 수업설계 단계별 실천 과정 및 결과물 제시 수업 결과 분석 일반화 또는 반성	연구 결과 분석 정량적/정성적 결과 제시 연구 결론 참고문헌

표 3-4 **서론-본론-결론 내용 구성 예시**

수업동영상

수업혁신사례연구대회에서 수업동영상 제출 대상자 및 일정은 1차 보고서 심사 이후 별도로 안내된다. 연구 보고서와 함께 무조건 수업동영상을 함께 제출하는 것이 아니라는 뜻이다. 시도대회 입상 및 전국대회 출품 가능성이 높을 때 수업동영상 제출 대상자가 되는 것이다. 편집 없이 1차시분 수업 전체를 대상으로 녹화 저장한 수업동영상과 함께 수업동영상 요약본(15분)도 제출해야 한다. (공동 연구의 경우 참가 교원 각각 1차시분 전체를 촬영하여 수업동영상 2개, 수업동영상 요약본 2개를 제출한다.) 교사와 학생들의 활동을 모두 볼 수 있도록 한 장소에서 고정하여 촬영해야 하고 클로즈업 등은 가능하다. 수업 단계, 핵심 활동, 참관 관점 등은 수업동영상 화면 하단에 자막 처리한다. 수업동영상 요약본의 경우 수업동영상 전체 영상 중 수업의 특징을 효과적으로 보여줄 수 있는 부분만 편집하여 제출하면 된다. 공문에서 제시하는 수업동영상 제출 방법과 용량(확장자명, 화면 크기, 파일 용량) 등을 꼭 확인하여 제작하길 바란다.

수업혁신사례연구대회는 개선되었다고는 하지만 연구 보고서와 수업동영상을 모두 요구하는, 여전히 도전하기 쉽지 않은 연구대회이다. 하지만 교육현장에 있는 교사로서 우리는 지속적으로 교수학습 관련 문제를 개선하고자 노력하고 있고, 이를 해결할 수 있는 전문성을 가지고 있으며, 그러한 역량을 꾸준히 신장시키고자 하는 의지가 있기에 충분히 도전할 만한 매력적인 연구대회라고 생각한다. 수업혁신사례연구대회에 참가하는 것만으로도 강한 원동력을 얻어, 평소 내가 관심을 가지고 있던 주제로 깊이 있게 수업을 연구하고 교육과정을 운영해볼 수 있는 좋은 경험이 될 것이다.

수업혁신사례연구대회 뜯어보기

이 부의 목적은 수업혁신사례연구대회 입상에 도전하는 선생님들에게 체계적이고 효과적으로 연구대회를 준비할 수 있도록 도움을 주기 위함이다. 필자는 감사하게도 좋은 결과를 얻었지만, 언제 무엇을 어떻게 해야 하는지 너무 막막해서 누가 좀 알려줬으면 좋겠다고 생각한 적이 한두 번이 아니다. 이는 필자만의 고민이 아니다. 필자가 입상 후 한국교육과정평가원 주관 2022년도 수업혁신사례연구대회 사전 워크숍에서 사례 발표를 할 때도 그랬지만, 연구대회를 잘 준비하고 있는 것인지, 혹은 내 보고서는 왜 입상하지 못했는지 봐 달라고 하는 주변의 요청이 적지 않았다. 이런 어려움을 알기에 필자의 경험이 누군가에게 도움이 되기를 바라면서 과정을 나누고자 한다. 이 방법이 꼭 정답은 아니겠지만, 연구 보고서 작성부터 컨설팅, 수업동영상 제작에 이르기까지 전반적인 과정에서 시행착오를 겪으면서 필자가 느꼈던 점, 배운 점 등을 여기 자세히 공유하겠다.

| 수업혁신사례연구대회 보고서

그러면 필자의 연구 보고서, 〈AI시대! 뉴노멀 Omni 미술수업 HUMAN으로 심미적 감성역량 기르기〉를 바탕으로 차근차근 보고서 작성을 함께 해보자. 이는 5학년 학생 21명을 대상으로 실행·연구한 것으로, 2021년도 수업혁신사례연구대회에서 시 대회 1등급, 전국대회 1등급을 수상한 보고서다.

구성 및 목차

연구 보고서에서 가장 먼저 정해야 할 것은 제목이다. 제목은 중간에 바꿀 수도 있지만, 가능하면 처음부터 수정 없이 쭉 가져갈 만한 것으로 정해야 좋다. 제목에는 수업의 전략과 내용, 목표가 명시되어야 하고 교육 트렌드, 올해의 키워드 등을 포함하여 시선을 끄는, 뭔가 읽고 싶은 것이면 좋다. 연구 핵심 수업 전략과 결과(수업을 통해 무엇을 변화시킬 것인지), 이 두 가지가 포함되도록 적고 너무 길거나 짧지 않게, 조합어가 너무 많지 않게, 정갈하게 다듬어 만든다.

그다음은 구성인데, 연구 보고서의 구성은 매우 중요하기 때문에 큰 틀로 한눈에 이해되도록 목차부터 같이 보겠다. 간혹 목차를 분량을 채워주는 1쪽 정도로 생각하는 경우가 있는데, 필자는 목차가 정말 중요하다고 생각한다. 그래서 목차는 가장 처음과 가장 마지막까지 시간을 투자해야 하는 부분이라고 말하고 싶다. 필자는 보고서를 크게 5장으로 구성하였는데, 'Ⅰ. 휴머니티 미술수업을 꿈꾸며'와 'Ⅱ. 뉴노멀 Omni 미술수업을 위한 준비'가 서론, 'Ⅲ. Omni 미술수업 HUMAN 실천이야기'가 본론, 'Ⅳ. Omni 미술수업 HUMAN 되돌아보기'가 결론이라 보면 된다. 마지막은 부록으로, 교수학습과정안과 수업일지, 기타 자료로 구성하였다.

Contents

Ⅰ 휴머니티 미술수업을 꿈꾸며

1. 새로운 미래, 인간다움을 키워줄 미술수업 어떻게 시작할까? ········· 4
2. 우리 아이들의 모습을 살펴보다 ········· 5
3. 우리 아이들이 심미적 감성역량을 키우려면? ········· 6
4. 학생들의 처음 모습 살펴보기 ········· 7~8
5. 2015 개정 교육과정 분석 ········· 9
6. 미술 수업 디자인하기 ········· 10~11

Ⅱ 뉴노멀 Omni 미술수업을 위한 준비

1. 코로나19상황에 따른 연구 운영계획 및 전략 ········· 12
2. 코로나19상황에 따른 Omni 미술수업을 위한 환경조성 ········· 12
3. 교육과정 연계 및 분석 ········· 12

Ⅲ Omni 미술수업 HUMAN 실천이야기

- 실천과제 1 희(喜) 🧡 감사/기쁨 ········· 13~17
- 실천과제 2 노(怒) 💙 불안/씁쓸함 ········· 18~22
- 실천과제 3 애(哀) 💙 슬픔/그리움 ········· 23~27
- 실천과제 4 락(樂) 💙 소망/즐거움 ········· 28~32

Ⅳ Omni 미술수업 HUMAN 되돌아보기

1. 인간다움과 미래핵심역량을 갖춘 인재로 성장하고 있어요! ········· 33
2. Omni 미술수업 HUMAN 연구, 이런 결론을 얻었어요! ········· 34
3. 연구를 맺으며 ········· 35
   참고문헌 ········· 35

Ⅴ 부록

1. 1학기 교수학습과정안 ········· 36~38
2. 2학기 교수학습과정안 ········· 39~41
3. 수업일지 ········· 42~57
   - 실천과제 1 희(喜) 🧡 감격/풍요로움 ········· 42~45
   - 실천과제 2 노(怒) 💙 분노/권태로움 ········· 46~49
   - 실천과제 3 애(哀) 💙 상실감/황량함 ········· 50~53
   - 실천과제 4 락(樂) 💙 꿈꾸는 행복/아름다움 ········· 54~57
4. 교육과정 분석 및 활동 결과물 ········· 58~60

그림 3-1 〈AI시대! 뉴노멀 Omni 미술수업 HUMAN으로 심미적 감성역량 기르기〉 목차

서론 연구의 필요성 및 연구 방법

연구 보고서의 처음은 주로 연구의 필요성이나 연구 배경 등, 연구자가 이 연구 주제를 선정하게 된 이유를 설명하며 연다. 필자는 읽는 이로 하여금 내 연구의 첫 인상을 형성시키는 첫 단계라고 생각한다.

1. 새로운 미래, '**인간다움**'을 키워줄 미술수업 어떻게 시작할까?

 시대적 배경 우리는 이미 **인공지능(AI)**의 시대를 체감하고 있다

- 인공지능(AI: Artificial Intelligence)이란? 사람의 지적활동을 컴퓨터를 통해 구현하는 기술
- AI는 정해진 답을 찾는 능력이 인간보다 빠르고 정확하여 인간보다 훨씬 효율적으로 인간의 지적활동과 노동의 상당부분을 대체할 전망

'18~'22년 AI 경제에서의 일자리 수요 전망		
일자리 분야	비율	업무내용
'명백히 인간적인'	58%	대인소통, 창의전략적 의사결정 업무 등
AI 기반	25%	데이터 분석가, 소프트웨어 개발자 등
AI 직접 관련	17%	AI 기술 개발자, 빅데이터 전문가 등

(마이크로소프트(MS). 2020)

'**명백이 인간적인**'

일자리의 수요가 가장 클 전망
인간은 더욱 인간적인 분야에 집중

사티아 나델라 사장=마이크로소프트

사회적 의미 코로나19이후, 우리교육은 어떻게 변화해야 할까요

- 코로나19 확산에 사회적 거리두기와 온라인수업

코로나19 학생·교직원 주간 확진자 추이
(단위:명)

211	210	277	335	395
32	35	52	50	58

학생 / 교직원
(자료: 교육부)
3월 11~17일 | 18~24일 | 25~31일 | 4월 1~7일 | 8~14일
출처=서울신문

문화예술격차 더 커졌다!

경기신문

- 인성결여, 학교폭력문제

"힘하면 다 용서됨"…'학폭' 부른 성적 지상주의

중앙일보   MBC뉴스

코로나19 이후 미래교육에 대한 질문,
커지는 **교육격차**의 문제와 교육시스템의 변화 → 온라인과 오프라인이 연결된 교육 필요
문화예술을 양유하고 감수성을 키우는 교육

 학생의 요구 학생들에게 진짜 필요한 교육은 무엇일까요

"예술은 '특별하게 하기'이다.
삶의 예술은 일상 넘어
존재한다고 여겨지는 예술을 다시
삶의 영역 안으로 들여놓는 것
내면이 충만해지는 경험"
-인류학자 디사나야케

아이들에게 이런 배움이 필요해!
- **미래**에 요구되는 **역량**을 키워주는 배움
- **나**를 애정을 가지고 바라보게 하는 배움
- 직접 체험하고 느끼고 **경험**하는 배움
- 결과만큼 **과정**을 중요하게 다루는 배움
- **인간다움**을 갖추고 다른사람과 **협업**하는 배움

미래 인공지능의 시대에 새로운 가치를 만들어내는 창조적인 직업, 감성적이거나 인간적인 특성을 필요로 하는 직업, 아주 중요한 판단을 요구하는 직업을 감당할 아이들을 위해 창의융합적으로 사고하고 감성을 더하며, 다른 사람과 협업할 수 있는 심미적 감성역량을 키울 수 있는 수업이 필요하다.
"유머니티가 숨쉬는 새로운 미술수업을 창안해보자!"

2. 우리 아이들의 모습을 살펴보다

"이거 왜 해요"

미술의 의미를 느끼지 못하는 아이들

- 아이들은 미술은 시험에 안 나오는 중요하지 않은 과목, 왜 배우는지 모르겠고 손만 아프고 힘들다 또는 공부 안해서 좋다고 하는 아이들이 많았다.

미술의 가치를 이해하며 자신과 주변세계에 대한 미적감수성을 키워주자!

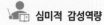 **심미적 감성역량**

"이렇게 해도 돼요?"

미술시간에만 **자신이 없는** 아이들

- "이렇게 그려도 돼요?", "무슨 색깔로 칠해요?", "친구는 잘 그렸는데 전 못 그리겠어요.." 유독 자신감 없고 결정을 못하고 주저하고 망설이는 아이들이 많았다.

자신의 느낌과 생각을 창의적으로 표현하고 자신감 있게 소통하도록 하자!

 **창의적 사고역량**

"같이 하기 싫어요"

자신의 의견만 주장하는 아이들

- 친구의 말을 경청하기보다 자신의 의견만 주장하고 의견을 하나로 모으지 못해 제 시간에 활동하지 못하며 다투거나 혼자 하면 안되냐고 묻는 아이들 때문에 협력하여 목표를 달성하는 성공의 경험이 절실한 상황이다.

들어주고 의견을 모으고 배려하고 함께 이뤄나가는 배움이 필요하다!

 의사소통역량

"시험 안보잖아요"

미술은 안 중요한 교과로 생각하는 아이들

- 미술은 시험 안보고 수학, 영어 같은 과목이 중요한 공부지 미술은 공부에 별 도움 안된다 말하는 아이들이 많았다. 수학, 과학만큼 미술도 중요한 교과라고 생각하지 못했다.

미술이 삶에 미치는 영향이나 미술 문화를 즐기는 태도를 길러주자!

 **지식정보처리역량**

"잘 모르겠어요"

'나'를 잘 모르는 아이들

- 자기가 제일 좋아하는 것, 재미를 느끼는 것, 잘하는 것이 무엇인지 모르고 학교 공부, 학원 숙제에 쫓겨 스스로에 대해 깊이있게 생각해볼 기회가 없는 아이들은 자존감이 떨어지고 쉽게 상처받으며 막연한 장래희망을 가지고 있거나 꿈이 없다.

자기 자신에 대해 깊이 있게 생각해볼 기회를 제공하고 자기자신을 사랑하는 마음을 만들어주자!

 자기관리역량

	2015 개정 교육과정에서 제시한 핵심역량이란?	
심미적 감성역량	인간에 대한 공감적 이해와 문화적 감수성을 바탕으로 삶의 의미와 가치를 발견하고 향유하는 능력	
창의적 사고역량	폭넓은 기초 지식을 바탕으로 다양한 전문 분야의 지식, 기술, 경험을 융합적으로 활용하여 새로운 것을 창출하는 능력	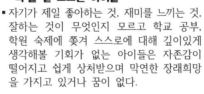
의사소통역량	다양한 상황에서 자신의 생각과 감정을 효과적으로 표현하고 다른 사람의 의견을 경청하며 존중하는 능력	
지식정보처리역량	문제를 합리적으로 해결하기 위해 다양한 영역의 지식과 정보를 처리하고 활용할 수 있는 능력	
자기관리역량	자아정체성과 자신감을 가지고 자신의 삶과 진로에 필요한 기초 능력과 자질을 갖추어 자기주도적으로 살아갈 수 있는 능력	
공동체역량	지역, 국가, 세계 공동체의 구성원으로서 요구되는 가치와 태도를 가지고 공동체의 발전에 적극적으로 참여하는 능력	출처=교육부

수업혁신사례연구대회의 목적에 맞게 연구의 필요성으로는 AI·에듀테크 등 미래형 교육환경에 관한 적응, 미래 핵심역량을 키워줄 필요성 등이 주로 언급된다. 필자는 연구의 필요성과 배경을 시대적 배경, 사회적 의미, 학생의 요구 셋으로 나눠 제시하였다. 그리고 이를 종합하여 연구의 시작을 알렸다.

시대적 배경으로는 인공지능 시대가 이미 시작되었음을 짚는 한편 아이들이 살아갈 미래의 환경이 어떻게 변화할지에 대한 전망, 특히 아이들의 진로와 관련한 일자리에 대한 데이터를 제시하였다. 사회적 의미로는 코로나19 이후 쏟아진 미래 교육에 대한 질문들, 여전한 인성 및 학교폭력 문제, 커지는 교육격차, 문화예술격차 등을 열거하였다. 학생의 요구로는 앞에서 제시한 시대적 배경과 사회적 의미를 비추어볼 때 어떤 교육이 학생들에게 필요한지를 설명하였다. 그리고 이 세 문제의식을 바탕으로 연구를 시작하게 되었음을 밝혔다.

TMI

전국대회 입상작 분석을 통한 내용 추천!

수업혁신사례연구대회 보고서들의 서론(연구의 필요성 및 배경) 구성에 많이 나오는 내용을 소개한다. 이 중 나의 연구에 도움이 될 만한 요소를 조합하여 나만의 서론을 구성하여 보자.

- 연구를 시작하게 한 고민, 학생들의 평소 모습을 관찰하여 찾은 문제 분석
- 시대적 배경이나 사회적 요구 분석을 통해 필요한 수업 방향 제시
- 교사, 학생, 학부모가 원하는 수업의 방향 제시
- 교육 패러다임의 변화, 교육과정의 변화 분석
- 학생들이 마주한 현실과 학생들에게 필요한 수업에 대한 고민 분석
- 교육과정 속 목표와 내용, 개정 방향 등의 분석을 통한 수업 방향 제시

#자주 등장하는 Keyword! | AI시대, 인공지능, 빅데이터, 미래 사회 인재, 4차 산업혁명, 포스트 코로나 시대, 미래 교육, 블렌디드 수업, 코로나19, 메타버스, MZ세대의 문화, 융합, 시각 중심의 학습 선호, 미래 역량

　이어서 교육 현장에 있는 교사로서 연구를 시작하게 된 현실적인 현재의 문제점을 진단하고, 이를 2015개정 교육과정에서 제시하는 핵심역량을 바탕으로 분석하였다. 평소 아이들 가까이에서 필자가 느꼈던 문제점들과 특징들을 정리하고, 이것을 해결하기 위해서는 어떠한 수업이 필요한지, 이를 통해 어떤 역량을 키워주어야 하는지에 대한 고민을 담았다.

　미술교육에 특히 관심이 많은 필자의 경우 아이들에게서 가장 많이 보고 느꼈던 문제는 "이거 왜 해요"라는 반응이었다. 미술은 시험에 안 나오는 중요하지 않은 과목이고, 왜 배우는지 모르겠고, 손만 아프고 힘들다 토로하거나, 반대로 공부 안 해서 좋다고만 치부하며 미술의 의미를 느끼지 못하는 아이들, 미술 시간에만 자신 없는 아이들의 모습을 보면서, 아이들이 미술의 가치를 이해할 수 있도록 자신과 주변 세계에 대한 미적 감수성을 키워주고 싶었다. 그래서 인간에 대한 공감적 이해와 문화적 감수성을 바탕으로 삶의 의미와 가치를 발견하고 향유하는 심미적 감성역량을 키워줄 수 있는 미술 수업을 연구하게 되었다. 2015 개정 교육과정이 핵심역량 기반으로 구성되어 있고, 이에 따라 수업혁신사례연구대회 평가 기준에도 '연구 내용이 2015 개정 교육과정의 관련 핵심역량과 연계되어 있는지'가 포함되어 있기에 연구 주제를 교육과정에서 제시하고 있는 핵심역량과 연결하는 것은 매우 중요하다.

　여기서 필자의 노하우를 덧붙인다면 대회에 출품되는 많은 보고서가 핵심역량을 연구 주제와 연결할 때 연구 제목과 내용을 "내 연구 주제로 6가지 핵심역량을 모두 키울 수 있습니다!"의 느낌으로 구성하는 일이 많은데, 이것보다는 내 연구를 통해 키워줄 하나의 중심 핵심역량을 선정하여 강조하는 것이 훨씬 설득력 있고 신뢰를 얻을 수 있다고 본다. 그래서 필자는 심미적 감성역량을 중심 핵심역량으로 잡았고 이와 더불어 미술 교과 역량을 함께 다루었다. 그리고 이외 5가지 핵심역량은 보조적인 위치에서 다루었는데, 이런 필자의 생각을 확실히 전달하고자 연구 제목을 '심미적 감성역량 기르기'로 정하였다.

서론의 두 번째 파트로, 연구 배경과 고민을 해결하기 위해 관련 이론과 선행 연구를 분석하여 문제 해결의 실마리를 찾았고, 이에 맞게 구체적인 내 연구 주제를 잡게 되었으며, 이를 실행에 옮겼다는 흐름으로 이어진다. 구체적으로 연구의 방향을 설정하고 용어를 정의하며, 해결을 위한 실천과제까지 소개하게 된다.

3. 우리 아이들이 심미적 감성역량을 키우려면?

심미적 감성역량의 정의 **H** 심미적 감성역량

📖 심미적감성역량의 개념탐색 김란주 교육과정연구 제37권 제3호

심미적 감성역량이란 다양한 가치에 대한 개방적 태도와 **반성적 성찰**을 통해서 자신과 타인과 사회현상들을 **공감적**으로 **이해**하고, 문화적 소양과 감수성을 통해 삶의 의미와 사물들의 **아름다움과 가치를 발견**하고 **향유**하며, 이를 바탕으로 질 높은 삶과 행복을 누릴 수 있는 능력을 의미한다. 여기에는 문화적 소양과 감수성, 문화적 상상력, 타인의 경험 및 인간에 대한 공감능력, 다양한 가치에 대한 존중, 정서적 안정감, 의미 있고 행복한 삶의 추구와 향유 등이 하위요소로 포함될 수 있다.

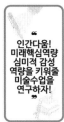

창의융합적 미술수업 요구 **U** 창의적 사고역량 지식정보처리역량

✏️ 2015개정 교육과정에서는 기초능력의 바탕 위에 다양한 발상과 도전으로 새로운 것을 창출하는 창의적인 인간상 '**바른 인성을 갖춘 창의융합형 인재**'를 추구함.

📖 열정적인 교사의 수업의 기술 김준기

학생들과 직접 수업을 하고 그들의 마음에 변화를 만들며 지식과 정보에 대한 자극을 불러일으키는 것은 교사 아니면 누구도 할 수 없다. '내가 아니면 안된다.' 이것이 교사의 슬로건이어야 한다.

미술문화향유능력은 필수 **M** 심미적 감성역량

✏️ 2015개정 미술과 교육과정에서는 다양한 미술활동을 통하여 대상을 감각적으로 인식하고, 느낌과 생각을 창의적으로 표현하며, **미술작품의 가치를 판단함으로써 삶 속에서 미술 문화를 향유할 수 있는 능력**을 기르는 것을 목표로 함.

📖 명화활용미술수업에 대한 사례연구, 김연경,김동성, 2019

명화활용 미술수업은 작품 완성에 대한 막연한 부담감을 줄여줄 수 있고, 명화의 맥락적 이해를 통해 다양한 역량을 미술활동에 적극적으로 융합할 수 있으며, 시각 자료의 흥미로운 전달방식을 통하여 **학생들의 삶과 연계된** 교육과정을 구성할 수 있다.

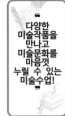

미술의 인성교육 효과 **A** 공동체역량

📖 미술교과에서 인성교육 실천전략, 김정희, 미술교육논총, 2013

미술은 비언어적인 수단이므로 비교적 이성의 통제를 적게 받기 때문에 주제에 따라 예상하지 못했던 표현을 하는 경우가 생기는데 이때 예상 밖의 표현을 통해 **자신의 내면세계를 보면서 학습과 성장**이 이루어질 수 있다. 이러한 미술의 특성 때문에 미술 활동이 공격성 완화, 불안과 우울감의 감소, 대인관계 욕구와 애정 욕구의 증대 등에 효과가 있다는 사실이 여러 미술 치료사례를 통해 입증되고 있다.

학생을 변화시키는 수업 **N** 의사소통역량 자기관리역량

✏️ 2015개정교육과정에서는 전인적 성장을 바탕으로 **자아정체성**을 확립하고 자신의 진로와 삶을 개척하는 **자주적인 사람**을 추구하고 있다.

📖 다섯가지 미래교육코드 김지영

아이의 미래력을 키워주는데 있어 제일 먼저 집중해야 할 부분이 '자기력'이다. 자기력이 든든한 아이는 '자기'라는 나침반의 도움을 받아 미지의 세상에서 하고 싶은 일을 찾아 나설 수 있다.

📖 이재영(2014). 인문학적 가치 탐구를 위한 미술교육. 미술과 교육, 15(2), 99-120

　　미술작품을 통해 모색하는 삶의 모습이나 이야기들이 삶의 양면성을 모두 포함하고 있는지 돌아볼 필요가 있다.

　　작품에서 다양한 삶의 이야기를 읽어내고 자신의 삶과 경험을 연결시키는 작업은 어쩌면 삶에서 부딪히는 여러 가지 문제, 난관, 시련 등을 되돌아보며 현재와 미래의 자신을 그려보는 자기 이해와 노력의 일환이 될 것이다. 작품은 이런 삶의 지혜와 의지의 재현이 되며 미술이해와 표현은 이런 **인문학적 성찰**로 나아갈 것이다. 미술작품에 대한 이해는 **감정적 공감**을 수반해야 한다. 논리적이고 인지적인 작품 분석 활동은 이런 공감 활동을 활성화 시키는 과정을 거쳐야 한다. 그리고 **공감을 통해 성찰된 자신의 이야기는 또 다른 형태의 미술창작 에너지로 전환**되어야 한다.

4. 학생들의 처음 모습 살펴보기

연구대상 및 기간

- 대상: ○○○○초등학교 5학년 1반 학생 21명 (남: 11명, 여: 10명)
- 기간: 2021. 3. 1.~ 2022. 2. 28.

출발점 진단

- 검사시기: 2021. 3. 22.(월) ~ 4. 2.(금), 2주간(질적평가와 양적평가 모두 실시)
- 검사도구 및 종류: 2015개정교육과정 핵심역량 검사 실시
'초등학생 핵심역량 척도의 구성 및 타당화' 초등교육연구 제 34집 1호 **핵심역량검사문항** 총 35문항을 활용함.

진단 결과 및 분석

문항	설문내용	매우 그렇다	그렇다	보통	아니다	전혀 아니다
①	▪나는 읽기 활동을 자주 하는 편이다.	6	4	1	6	5
②	▪나는 영상이나 공연을 보고 나면 마음에 감동이 오래 남아 있는 편이다.	7	9	3	2	1
③	▪나는 나의 생각을 동시나 노랫말로 바꾸어 표현할 수 있다.	3	5	5	5	4
④	▪나는 나의 방이나 교실을 예쁘게 꾸밀 수 있다.	5	7	7	3	0
⑤	▪나는 마음이 편안함과 행복을 느낄 수 있도록 노력한다.	7	6	3	5	1
⑥	▪나는 친구들의 감정(기쁨이나 슬픔)을 함께 나눈다.	5	4	3	7	3

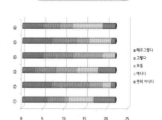

심미적감성역량

👇 아름다움을 체험하고 누리는 일상생활 미적경험이 매우 부족함.

👇 감정을 느끼고 다른사람과 나누는 경험도 거의 없으며 일상 속에서 아름다움을 추구하는 미적감각과 감수성이 부족함.

➡️ **아름다움을 느끼고 체험하고 일상생활 속에서 미술문화를 향유 할 수 있는 능력과 키워주고 미적 경험을 제공하여 감각을 깨우고 미적감수성을 키워줄 수 있는 수업을 실천하자!**

🏫 우리반 진단↴
"학생별 미술문화격차 크다"

문항	설문내용	매우 그렇다	그렇다	보통	아니다	전혀 아니다
①	▪나는 친구들이 쉽게 생각하지 못하는 기발한 생각을 하는 편이다.	1	2	9	6	4
②	▪나는 서로 관련이 없어 보이는 내용을 잘 연결 지어 생각하는 편이다.	4	2	7	6	3
③	▪나는 모둠활동에 나름 쓸모있는 생각을 이야기하는 편이다.	6	5	5	4	2
④	▪나는 하나의 방법으로 여러 가지 문제를 해결할 수 있는 생각을 이야기하는 편이다.	3	4	8	5	1
⑤	▪나는 현재는 물론이고 미래에도 어울릴 수 있는 새로운 생각을 이야기하는 편이다.	3	3	8	4	4
⑥	▪나는 다른 친구의 생각에 대해 알맞은 이유가 있는지 찾아 볼 수 있다.	7	6	3	5	1
⑦	▪나는 나의 생각에 대한 알맞은 이유를 친구들에게 말할 수 있다.	4	4	7	5	2

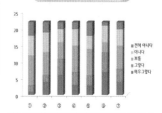

창의적사고역량

👇 기발한 생각과 상상을 즐기거나 새로운 생각을 어려워함.

👇 창의적인 생각과 이를 적용해보고 나눈 경험이 거의 없음.

➡️ **상상력, 창의력을 자극하고 키워줄 수 있는 수업과 아이디어가 넘치고 기발한 서로의 생각을 나눌 수 있는 수업을 실천하자!**

🏫 우리반 진단↴
"창의적사고 경험 부족하다"

5. 2015 개정 교육과정 분석

가. 미술과 교육의 목표

다양한 미술활동을 통하여 대상을 감각적으로 인식하고, 느낌과 생각을 창의적으로 표현하며, 미술 작품의 가치를 판단함으로써 삶 속에서 미술 문화를 향유할 수 있는 능력을 기른다.

가. 주변 세계를 미적으로 인식하고 시각적으로 소통하는 능력을 기른다.
나. 자기 주도적인 미술 활동을 통해 창의융합적으로 사고하고 표현할 수 있는 능력을 기른다.
다. 미술 작품이 지닌 특징을 이해하고 비평할 수 있는 능력을 기른다.
라. 미술을 생활화하며 문화의 다원적 가치를 존중하는 태도를 기른다.

☑ 미술수업 **HUMAN** 을 통해 미술작품의 특징을 이해하고 **작품의 가치를 판단하여 이를 생활화**할 수 있도록 **M미술문화**를 **향유**하는 능력을 길러주는 경험과 배움을 제공해야 한다.

☑ **U**특별한 방법을 통해 작품을 감각적으로 인식하고, **N**창의적으로 표현할 기회를 줄 수 있도록 한다.

나. 미술과 교수학습방향

· 미술교과역량인 미적감수성, 시각적소통능력, 창의융합능력, 미술문화이해능력, 자기주도적 미술학습능력을 반영하여 교수학습을 계획한다.
· 학습자 체험 중심의 활동이 이루어질 수 있도록 생활 또는 타 교과나 타 분야 등과 연계융합하여 교수학습을 계획하고 실행한다.
· 학습내용은 체험, 표현, 감상의 영역별 특성을 살려 학습목표에 적합하게 선정하되 영역 간의 유기적인 관련성 및 연계성을 고려한다.
· 미술교과역량을 구현하기 위한 다양한 교수학습방법과 전략을 활용한다.
· 학습자의 호기심과 동기를 유발하고 유지할 수 있는 발문과 개방적 질문을 적극 활용한다.
· 정보통신기술과 사진, 영상, 멀티미디어 등 다양한 매체를 활용하여 학습의 효과를 높인다.
· 박물관, 미술관, 전시장 등을 한 학기에 1회 이상 관람하도록 한다.

☑ **체험-표현-감상** 영역이 유기적으로 연결된 미술수업 **HUMAN** 을 계획한다.

☑ **AN**학습자의 **삶과 연결**될 수 있도록 생활 또는 **타교과나 타분야와 연계**하고 **H생생한 자료**를 활용하여 호기심과 동기를 유발하고 효과적인 배움이 일어나도록 계획한다.

다. 미술교과역량

미적감수성 다양한 대상 및 현상에 관한 지각을 통해 자신의 느낌과 생각을 이해하고 표현하며, 미적 경험에 반응하면서 미적 가치를 느끼고 내면화 할 수 있는 능력

시각적소통능력 변화하는 시각 문화 속에서 이미지와 정보, 시각 매체를 이해하고 비판적으로 해석하며, 이를 활용한 미술 활동을 통해 소통할 수 있는 능력

창의융합능력 자신의 느낌과 생각을 다양한 매체를 활용하여 창의적으로 표현하고 미술활동 과정에 타 분야의 지식, 기술, 경험 등을 연계, 융합하여 새로운 가능성을 발견할 수 있는 능력

미술문화이해능력 우리 미술 문화에 관한 이해를 바탕으로 정체성을 확립하고, 유연하고 개방적인 태도로 세계 미술 문화의 다원적 가치를 이해하고 존중하며 공동체의 발전에 참여할 수 있는 능력

자기주도적미술학습능력 미술활동에 자발적이고 주도적으로 참여하면서 자기를 계발 성찰하며, 그 과정에서 타인의 생각과 느낌을 이해하고 존중 배려하며 협력할 수 있는 능력

☑ 심미적감성역량을 키워줄 수 있도록 미술교과역량을 **미술수업전략** **HUMAN** 을 개발, 적용한다.

☑ **과정중심 평가**를 실시하고 **학생 개별 맞춤 피드백**을 실시하여 학생의 성장과 발달을 도모한다.

6. 뉴노멀 Omni 미술수업 디자인하기

가. 연구의 방향 및 용어의 정의

Omni 미술수업

* 라틴어 **Omni** 란 '모든 것(의)', '모든 방식으로', '모든 곳에'의 뜻을 나타냄.

배움의 개별화

▸ 익숙하지 않은 방식으로 즐기는 방법을 경험해 보고, 작품을 통해 품은 나의 느낌과 경험이 미적표현으로 연결되며, 미술작품을 통해 '나'를 이해하고 '나'를 바라볼 수 있는 수업

체험-표현-감상 연계

▸ 미술작품을 연결고리로 감각을 통해 자신과 환경의 관계를 깨닫고 이미지로 상호작용하며 작품을 감상하고, 자신의 감상을 발상과 작품 제작으로 표현할 수 있는 수업

미술교과와 타교과의 융합

▸ 미술은 타 학습 영역, 다양한 분야와 연계되어 있고 삶의 문제 해결에 활용되는 것을 깨닫고 타교과와 융합하여 사고하고 체험하고 작품 활동할 수 있는 방식의 수업

온라인과 오프라인의 연결

▸ O4O(Online for Offline) 온라인과 오프라인이 연계된 수업방식, 온라인과 오프라인의 다양한 경로를 넘나들며, 온라인의 다양한 자료와 기기를 활용하여 경험을 극대화하는 미술수업

수업전략 HUMAN 이란?

수업전략 HUMAN은 2015개정교육과정 핵심역량 특히 심미적 감성역량과 미술 교과역량을 기를 수 있는 본 연구자가 개발한 수업모형으로, 미적 대상과 현상에 관한 자신의 반응을 명료화하고 자신의 반응에 따른 행동에 의미와 가치를 부여하도록 하는 방법으로 체험, 표현, 감상영역이 연계되는 수업모형이다.

Heart 마음열고	**U**nique 특별하게	**M**eet 그림만나기	**A**sk 질문하고	**N**ew 새로워지기
▸배움 동기부여 ▸감상 바탕다지기 ▸언어표현 수집하기	▸감각 깨우기 ▸오감으로 표현하기 ▸타 영역 가져오기	▸작품 바라보기 ▸작품 형식성 탐구 ▸작품 내용성 탐구	▸작품에 대한 공감 ▸작품 속 감정 찾기 ▸경험에서 찾아보기	▸자신에 대한 성찰 ▸삶 돌아보기 ▸재구성해 표현하기
시각적 대상이나 현상을 탐색하면서 학습자 개인의 경험과 지식을 자극하여 반응형성을 적극적으로 유도하는 과정	감각을 통해 인식하도록 감각을 깨우고 타 학습 영역, 다양한 분야와 미술이 연계되어 있음을 활동을 통해 느끼는 과정	형성된 반응을 교사와 학생, 학생과 학생 간의 질문, 토의, 반성 등의 상호작용으로 명료화하는 과정	관련 작품을 탐색하거나 새로운 시각으로 대상이나 현상을 재파악하는 과정으로 표현활동과 연계하여 반응을 심화한다.	반응을 내면화하고 학습자의 미술적 반응에 관한 의미와 가치를 부여하는 과정으로 체험의 확대와 심화에 대한 긍정적인 태도를 형성

나. 주제 해결을 위한 실천 과제

실천과제 '**희노애락**'이란?

미술작품 속에서 다양한 삶의 이야기를 읽어내고 자신의 삶과 경험을 연결시키는 인문학적 성찰이 이루어 지고 나아가 성찰된 자신의 이야기가 또 다른 형태의 미술창작 에너지로 전환되기 위해서는 미술작품에 대한 이해가 감정적 공감을 수반해야 하기 때문에 인간의 모든 감정을 뜻하는 희노애락으로 구성하였다.

교육과정 재구성	교수학습설계	수업모형 개발	평가방법 개선 ▼

단원	성취기준	교육과정	연구과제로 재구성	미래핵심역량 심 창 의 지 자 공						중점교과역량	융합교과	실천과제	과정중심평가
1. 나를 소개 해요	6미01-01 6미02-01 6미03-03	·자화상으로 소개하기	·'감사예찬' 시 언어수집 ·보티첼리<프리마베라> ·공감 후 내경험과 연결 ·에바알버슨처럼 표현하기 ·작품공유하고 감상나누기	★ ☆ ☆ ☆ ★ ☆						자기 주도적 미술 학습 능력	미술 도덕	**희 喜**	자기 동료 교사

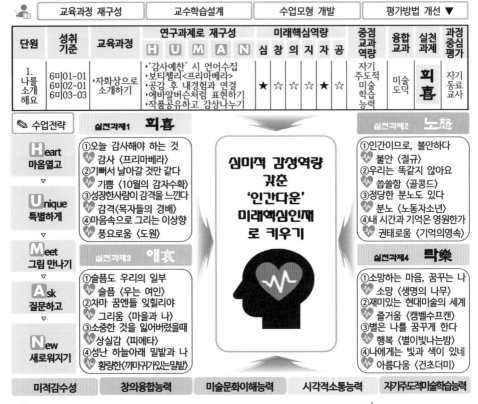

수업전략

Heart 마음열고
▽
Unique 특별하게
▽
Meet 그림 만나기
Ask 질문하고
▽
New 새로워지기

실천과제1 희喜
①오늘 감사해야 하는 것
♥ 감사 <프리마베라>
②기뻐서 날아갈 것만 같다
♥ 기쁨 <10월의 감자수확>
③성장한사람이 감격을 느낀다
♥ 감격 <목자들의 경배>
④마음속으로 그리는 이상향
♥ 풍요로움 <도원>

실천과제3 애哀
①슬픔도 우리의 일부
♥ 슬픔 <우는 여인>
②차마 꿈엔들 잊힐리야
♥ 그리움 <마을과 나>
③소중한 것을 잃어버렸을때
♥ 상실감 <피에타>
④성난 하늘아래 밀밭과 나
♥ 황량한 <까마귀가있는밀밭>

심미적 감성역량 갖춘 '인간다운' 미래핵심인재 로 키우기

실천과제2 노怒
①인간이므로, 불안하다
♥ 불안 <절규>
②우리는 똑같지 않아요
♥ 쓸쓸함 <골콩드>
③정당한 분노도 있다
♥ 분노 <노동자소년>
④내 시간과 기억은 영원한가
♥ 권태로움 <기억의영속>

실천과제4 락樂
①소망하는 마음, 꿈꾸는 나
♥ 소망 <생명의 나무>
②재미있는 현대미술의 세계
♥ 즐거움 <캠벨수프캔>
③별은 나를 꿈꾸게 한다
♥ 행복 <별이빛나는밤>
④나에게는 빛과 색이 있네
♥ 아름다움 <건초더미>

미적감수성	창의융합능력	미술문화이해능력	시각적소통능력	자기주도적미술학습능력

기존의 미술감상수업과 Omni 미술수업 HUMAN이 다른점은? ⚡

	기존의 미술감상수업	Omni 미술수업 HUMAN
① 중심	미술작품의 형식적 분석 작가 이야기	미술작품은 매개체 / 감상자(학습자) 이야기
② 수업단계	감상수업모형	**HUMAN** 전략
③ 영역	감상	체험-표현-감상 연계
④ 방법	분석 후 감상 발표하기	공감 감정 찾기 / 자기 경험에서 찾아보기 / 내 이야기로 표현하기
⑤ 작품활동	작품 따라그리기	자기 이야기 작품으로 표현
⑥ 작품만남	수업시작과 동시에	작품과 연결고리 만드는 **HU** 2단계 후
⑦ 감각의 활용	시각 중심	오감 중심
⑧ 타교과	미술교과 중심	미술 중심 타 교과와 통합가능
⑨ 자료활용	미술작품 중심	온라인, 오프라인을 통해 다양한 시각문화 자료 활용

가. 선행 연구 분석: 우리 아이들이 심미적 감성역량을 키우려면?

내 연구 주제의 이론적 배경이 되어 신뢰도를 확보하게 해줄뿐더러, 또 분석 과정에서 연구에 대한 아이디어나 영감을 많이 얻을 수 있기 때문에 선행 연구 분석을 가능한 한 많이 하는 것을 추천한다. 보고서에 담을 때는 분석한 연구 중 내 연구와 연결되는 대목만 뽑아 잘 정리해 소개하고, 그로부터 시사점을 도출하여 내 연구에 이렇게 반영하겠다는 논지로 구성하는 것이 중요하다.

인문학적 가치 탐구를 위한 미술수업이 필요하다!

📖 이재영(2014). 인문학적 가치 탐구를 위한 미술교육. 미술과 교육. 15(2), 99-120

미술작품을 통해 모색하는 삶의 모습이나 이야기들이 삶의 양면성을 모두 포함하고 있는지 돌아볼 필요가 있다.

작품에서 다양한 삶의 이야기를 읽어내고 자신의 삶과 경험을 연결시키는 작업은 어쩌면 삶에서 부딪히는 여러 가지 문제, 난관, 시련 등을 되돌아보며 현재와 미래의 자신을 그려보는 자기 이해와 노력의 일환이 될 것이다. 작품은 이런 삶의 지혜와 의지의 재현이 되며 미술이해와 표현은 이런 **인문학적 성찰**로 나아갈 것이다. 미술작품에 대한 이해는 **감정적 공감**을 수반해야 한다. 논리적이고 인지적인 작품 분석 활동은 이런 공감 활동을 활성화 시키는 과정을 거쳐야 한다. 그리고 **공감을 통해 성찰된 자신의 이야기는 또 다른 형태의 미술창작 에너지로 전환**되어야 한다.

그림 3-2 **선행 연구 분석을 통해 도출한 연구 실마리**

필자의 보고서를 보면 앞서 제시한 연구의 필요성과 현장의 문제를 해결하기 위해 선행 연구를 분석하였음을 알 수 있다. 필자는 「인문학적 가치 탐구를 위한 미술교육」 논문 속 "감정적 공감을 통한 미술 작품의 이해를 통해 성찰된 자신의 이야기는 미술창작의 에너지로 전환된다."란 구절에서 문제 해결의 실마리를 찾았고, 이를 발전시켜 연구로 구상하게 되었다. 선행 연구 분석은 많이 할수록 깊이 있는 연구를 하게끔 도움을 주기 때문에, 연구 시작 전 이 부분에 많은 시간을 보내려고 노력했었다.

심미적 감성역량을 키우기 위해서 연구를 어떤 내용으로 구상해야 할지 고민하면서 찾아보고 분석했던 내용을 152쪽과 같이 제시하였고, 이것을 다시 2015 개정 교육과정 관련 핵심역량으로 분류하였다. 그리고 나의 연구 방향에 영감을 준 키워드 부분을 잘 보이게 강조하여 편집하고, 여기에서 내가 얻은 시사점도 뽑아 함께 설명하였다. 키워드를 강조하여 제시한 이유는 내 연구 보고서를 읽는 사람이 내가 어떤 연구를 추구하고자 하는지 직관적으로 알 수 있도록 하기 위함이다.

• 나. 연구 대상: 학생들의 처음 모습 살펴보기

보고서 5쪽(책 153쪽)에는 연구 실행에 앞서 연구 대상의 출발점을 진단한 내용을 정리하였다. 연구 대상 및 기간과 검사 시기, 검사도구 및 종류를 설명하는 부분이다. 필자의 경우 논문 「초등학생 핵심역량 척도의 구성 및 타당화」에 수록된 '2015 개정 교육과정 핵심역량 검사'를 활용하여 심미적 감성역량을 중심으로 학생들의 출발점을 진단하였다. 이어 그 결과를 분석하여 연구에 어떤 방식으로 반영할 것인지 설명하였다. 특히 사전 검사 결과를 분석할 때 연구 대상자의 부족한 점뿐만 아니라 강점도 함께 분석하여 균형 잡힌 수업 연구가 되도록 하였다.

• 다. 2015 개정 교육과정 분석

보고서 6쪽(책 154쪽)에서는 2015 개정 미술과 교육과정을 분석하였는데, 교육과정에 제시된 미술과 교육의 목표, 미술과 교수학습 방향, 미술 교과 역량을 소개하고, 이를 필자의 연구에 어떻게 반영할 계획인지, 연구와 2015 개정 교육과정이 얼마나 잘 연결되는지를 강조하였다.

4 수업 설계 뉴노멀 Omni 미술수업 디자인하기

• 가. 연구의 방향 및 용어의 정의

용어의 정의는 연구 처음부터 끝까지 전체에서 사용할 이름을 설정하는 부분으로 연구의 방향, 연구의 특징, 연구의 인상 등을 결정하는 데 중요한 역할을 하게 된다. 내 연구에서 사용할 용어의 뜻이 무엇이며 왜 이런 이름을 붙이게 되었는지를 설명하는 대목이라고 할 수 있다. 연구의 가장 특징적인 내용을 담아 연구에 사용할 용어를 만드는 자세한 방법은 앞의 1-1장을 참고하자.

필자의 경우 'Omni'라는 용어의 뜻이 무엇인지 실제 사전적 의미를 제시하고 내 연구에서 어떤 의미로 'Omni'를 사용하는지에 대해 설명하였다. 또 다른 용어 'HUMAN'은 수업 단계이자 전략을 의미하며, 한편으로는 인간다움을 추구하는 미술 수업 연구라는 연구의 방향성과 목적을 보여줄 수 있도록 설정한 것이다. 각 단계별로 어떤 수업 활동들이 이루어지는지에 대한 개괄도 여기에서 하였다. 수업 단계뿐만 아니라 가능하면 연구 제목에 쓰인 주요 용어들을 모두 설명하여 제시하는 것이 읽는 사람이 연구를 이해하는 데 도움이 될 것이다.

이렇듯 이 부분에서는 연구 수업에 꼭 포함할 전략들을 구체적으로 생각해서 수업 단계별로 넣고 흐름을 정하여 나만의 수업모형으로 만든다. 이때 수업모형의 이름은 연구의 핵심어가 되기 때문에 연구의 목적과 테마를 같이 하면 좋다. 연구하고자 하는 과목들의 수업모형들을 참고하면 더 쉽게 접근할 수 있고 이론적 정당성도 확보할 수 있다.

TMI

전국대회 입상작 분석을 통한 내용 추천!

수업혁신사례연구대회에서 많이 사용되는 용어의 정의 방식을 모두 분석하였다. 이 중 선호하는 방식을 정해 내 연구의 특징을 제대로 살려줄 똑똑한 내 연구 용어를 만들고 정의해보자.

- 연구의 목적과 연구 문제, 자신의 연구 수업 특징을 키워드로 뽑아 글자를 조합하여 제시
- 자신의 연구 목적 및 방향을 나타낼 수 있는 기존의 단어(혹은 유행어)를 가져와서 사전적 정의로 용어 제시
- 연구 수업의 특징을 나타내면서 동시에 연구 수업 단계를 의미하는 용어 제시
- 실행과제의 단계를 나타내는 용어와 단위 수업 흐름의 단계를 의미하는 용어 2가지를 제시
- 연구 용어를 유명 콘텐츠(영화, 예능 등)의 제목과 같이 하여 콘셉트로 삼아 제시

나. 주제 해결을 위한 실천과제

연구 실천과제 설정 부분은 앞의 서론을 모두 아우르며 진행할 연구 내용을 하나의 도식으로 일목요연하게 담아내는 파트라고 이해하면 된다. 연구과제 1-2-3(-4)에 어떤 내용을 담을지 생각하며 수업의 주요 활동들을 한눈에 들어오게 만들자.

필자의 경우 실천과제 4가지에 '희로애락'이란 이름을 붙이고 이에 관한 설명으로 쪽을 시작하여, 가장 가운데에 연구의 최종 목표인 '심미적 감성역량을 갖춘 인간다운 미래 핵심 인재로 키우기'를 배치하였다. 그리고 이를 교육과정 재구성과 교수학습설계, 수업모형(전략), 평가 방법, 미술 교과 역량, 실천과제 속 수업 제목 등 목표를 달성하기 위한 과정과 연구를 구성하는 주요 활동으로 둘러싸고 화살표로 연결해 한눈에 연구의 구성을 볼 수 있도록 하였다.

또 하단에는 내 연구가 기존의 미술 감상수업과 어떤 면에서 다른지 읽는 사람이 분명하게 확인할 수 있도록 기존의 미술 감상수업과 내 미술 연구수업의 차이점을 여러 관점에서 분석하여 표로 제시하였다. 이 부분은 다른 연구 보고서의 구성과 차별점을 두려고 노력한 부분이다. 요점을 분명하게 설명해 줌으로써 읽는 사람이 보고서를 읽어나갈 때 내 연구를 더 잘 이해하면서 읽을 수 있도록 의도하였다.

TMI

아이콘 사용하기

연구 보고서에는 디자인을 위해 다양한 아이콘을 사용하곤 한다. 이때 계획 없이 화려하기만 한 구성보다는 자신의 연구와 잘 어울리는 몇 가지 아이콘을 일관성 있게 활용하는 것이 좋다. 필자는 처음 연구를 구상하면서부터 내 연구의 방향을 분명하게 보여줄 수 있는 아이콘이 무엇일지 고민하였고, 이를 활용하여 연구 보고서를 통일성 있게 유지하고자 하였다.

필자의 연구는 AI시대를 대비하여 정반대로 '인간다움'을 강조하는 미술교육을 연구 방향과 목적으로 잡았기 때문에, AI시대를 나타내는 아이콘과, 정반대로 인간다움을 나타내는 아이콘 두 가지를 대표 아이콘으로 선정하였다. 그리고 연구 결과에 등장하는 '심미적 감성역량을 갖춘 미래 인재'를 앞의 두 아이콘을 조합한 형태의 아이콘으로 표현하였다. 또 수업 전략 역시 AI와 대비되는 인간다움을 강조하기 위해 'HUMAN'이라 이름 붙였고 이것을 그대로 아이콘으로 사용하였으며, 각 단계를 제시할 때는 따로 떼어낸 알파벳 아이콘으로 제시하였다. 이런 필자 나름의 이유와 의도가 분명히 있었기에 시에서 연구 보고서 컨설팅을 받을 때 좋은 평가를 받았었다.

다음 표를 참고하면 연구 보고서를 작성할 때 기획해야 할 필요한 아이콘들이 무엇이 있는지 알 수 있을 것이다.

필요한 아이콘 목록(예시)	아이콘 예시
• 연구목적과 방향을 보여주는 아이콘 • 제목에 넣을 아이콘 • 실천과제를 나타내는 아이콘 • 수업단계 및 전략 아이콘 • 수업실천, 부록 수업일지 등에 넣을 아이콘 (발문, 답변, 감상작품 제시 등)	

표 3-5 **필자의 연구 보고서에서 사용한 아이콘**

본론 연구 내용

연구를 실행하기 위한 운영 계획, 환경 조성, 교육과정 분석 및 재구성한 방법을 제시하는 부분이다.

1. 코로나19상황에 따른 연구 운영계획 및 전략

❶ 초등학생에게 온라인 수업과 함께 오프라인 수업은 '더 중요해'
❷ 온라인수업과 오프라인수업 연계 전략 세우기
본 연구의 효과적인 운영을 위해 **이학습터**와 Zoom을 활용한 **온라인수업**과
오프라인수업을 연계하는 Omni미술수업을 운영한다. 원격플랫폼을 적용할때에는
미적체험과 감상의 **마중물의 경험**을 제공할 수 있도록 계획하고 다양한 양질
의 온라인콘텐츠 자료를 활용하는 방법을 최대한 활용한다. 오프라인수업에서
미적체험과 표현 및 자기주도적 활동 중심의 미술수업을 강화하여 실시한다.
❸ 효과적인 교육과정 운영을 위한 시간 활용 고민하기
주제융합, 수업 속 융합, 수업 외 시간을 모두 활용하여 연구를 진행한다.

2. 코로나19상황에 따른 Omni 미술수업을 위한 환경조성

3. 교육과정 연계 및 분석(전체 분석 및 재구성 내용은 부록에 제시)

단원	성취기준	교육과정	연구과제로 재구성 H U M A N					미래핵심역량 심 창 의 지 자 공						중점교과역량	융합교과	실천과제	과정중심평가
1. 나를 소개해요	[6미01-01] 자신의 특징을 다양한 방법으로 탐색할 수 있다.	·나의 특징 탐색하기 ·자화상으로 소개하기 ·나의 특징으로 표현하기 ·작품 감상하기	<u>오늘 감사해야 하는 것</u> ·감사말하기VLOG ·'감사예찬' 시 언어수집 ·보티첼리<프리마베라> ·공감 후 내경험과 연결 ·에바알머슨처럼 표현하기 ·작품공유하고 감상나누기					★	☆	☆	☆	★	☆	자기 주도적 미술 학습 능력	미술 도덕	**희喜** 수업 일지 14쪽	자기 동료 / 관찰 리플렛 평가

필자는 2021학년도에 연구를 진행하였기 때문에 코로나19 상황에 따라 어떤 방식으로 연구를 실행할지에 초점을 두고 구성하였다. 원격 수업과 대면 수업이 병행되던 때에 어떻게 연구 수업 시간을 확보할 것인지, 연구 수업에 어울리는 수업, 소통, 평가 환경 조성과 교육과정 재구성을 어떻게 하였는지 소개하고, 교육과정 전체 분석 및 재구성 내용은 부록에 따로 제시하였다.

TMI

전국대회 입상작 분석을 통한 내용 추천!

수업혁신사례연구대회 연구 실행 준비 구성에 많이 나오는 내용을 소개하고자 한다. 이 중 나의 연구에 도움이 될 만한 요소를 조합하여 나만의 연구를 준비하여 보자.

- 학습 환경 조성
- 디지털(에듀테크) 환경, 정서적(심리적) 환경, 물리적 환경(교실 및 학교 시설 포함), 수업 환경, 평가 환경, 소통 환경
- 교사의 전문성 강화 노력
- 교육과정 분석 및 재구성
- 연구 수업 실현을 위한 프로젝트 개발
- 과정중심평가 및 학생 맞춤형 피드백 등의 평가 계획
- 연구 수업 실현을 위한 구체적인 수업방안 연구
- 에듀테크 활용 전략 제시
- 연구 수업 실현을 위해 연계할 학교 교육활동
- 학급 운영 방식, 학급 특색활동 등 바탕을 다지는 학생의 역량 강화 전략 제시
- 지역기관 연계 계획
- 학습자료 활용 계획
- 수업 일반화를 위한 노력
- 예산 확보 노력

보고서의 가장 많은 부분을 차지하는 실천과제 실행 부분의 경우 수업 의도와 교육과정 재구성, 수업 전략에 따른 수업 설계, 과정이 보이도록 교수학습 내용과 사진을 제시하고 수업 후 성찰 및 일반화 가능성의 흐름으로 작성한다.

 두번째 이야기

우리는 똑같지 않아요

💟 쏠쏠함　🏛 르네 마그리트 〈골콩드〉 1953

수업 의도	네모의 꿈 가사처럼 네모난 교실, 네모난 책상, 네모난 교과서, 네모난 모니터를 보면서 늘 반복되는 일상을 살고있는 아이들에게 르네 마그리트 작품 감상을 통해 머릿속에 변화와 생기를 불어넣고 다양한 발상방법을 함께 공부하며, 자신의 개성에 대해 생각해보고 그 고유함을 잃지 않고 가꾸면서 살아가도록 하는 마음을 갖게 하고 싶어서 본 수업을 구상하였다.

교육 과정 분석	단원명	미술 3. 재미있는 발상, 신나는 상상
	출발점 진단	"미술작품과 내가 연결되어 있다고 생각해본 적 한번도 없어요."

⬇

교육 과정 분석	성취기준	체험	6미01-03 이미지가 나타내는 의미를 찾을 수 있다.
		표현	6미02-02 다양한 발상 방법으로 아이디어를 발전시킬 수 있다.
		감상	6미03-03 미술 작품의 내용과 형식을 미술용어를 활용하여 설명할 수 있다.
	학습목표		다양한 발상 방법을 알아보고, 상상하여 재미있는 작품을 표현할 수 있다.
	HUMAN 전략		다양한 발상의 아름다움을 작품을 통해 체험하고 르네 마그리트 작품을 통해 초현실주의 작품의 매력을 느끼고 영감을 얻어 표현해보도록 한다.
	과정중심평가		(동료) Ⓤ친구들의 독특한 발상결과물과 Ⓝ구글오토드로우를 활용하여 골콩드처럼 표현한 친구들의 작품을 감상하고 감상평을 남겨 평가한다.

수업 설계	Ⓗ 마음열고	Ⓤ 특별하게	Ⓜ 그림 만나기	Ⓐ 질문하고	Ⓝ 새로워지기
	▶ 매혹된 영역 V와 플로린으로 발상의 아름다움 경험하기	▶ 여러가지 방법을 적용하여 발상해보고 특별함 느끼기	▶ 함께 작품 만나고 이야기 나누며 작품 감상하기	▶ 작품을 공감하며 내 경험과 연결 시키기	▶ 작품감상을 통해 받은 나의 영감을 미술로 표현하기
	미적감수성	창의융합능력	미술문화이해능력	시각적소통능력	자기주도적미술학습능력

노 ❷ **HUMAN** 전략과 🏛 르네 마그리트 〈골콩드〉의 만남

수업 속으로

Ⓗeart

◎ 사람에 따라 다르게 보임 체험하기

지식채널e **관점에 따라 달라지는** 그림 동영상을 함께 보며 이야기 나눈다.

🧑 어떤 그림인지 말해봅시다.

🗨 두 손이요, 나무로 보여요, 폭발하는 연기요!

◎ 다양한 발상 표현 탐색하고 알아보기

발상이란 어떤 생각을 해내는 것을 말해요.

🧑 재미있는 발상으로 표현된 부분을 찾아봅시다.

🗨 **어떻게 기린과 꽃을 압칠 생각을 했을까?**

🗨 나무와 얼굴도 의자도 엉뚱한 장소에 있어요.

■ 지식채널e 동영상
출처=EBS

■ 사람마다 다른그림
인사이트

■ 매혹된 영역 V-마그리트
지학사

지학사

"
전여 다른
느낌이
조합되었는데
잘 어울력
"

Unique
1. 용도 바꾸기
2. 절단하기
3. 다르게 생각하기
4. 크기 바꾸기
5. 결합하기

■ 여러가지 발상방법

◎ 다양한 발상 감각 깨우기

여러분이 대상을 하나 정하고 5가지 발상방법을 적용하여 생각을 떠올려 봅시다.

파프리카를 예로 다양한 발상방법을 알아보니 재미있는 생각이 쉽게 떠올라요.

☞ **과정중심평가**

(동료) "친구들에게 많은 스티커를 받았어요!"

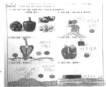

■ 김○○학생 발상모습

Meet

◎ 그림 만나기
르네 마그리트 <골콩드> 작품을 함께 만나본다.

첫 느낌 어떤가요?
작품에 무엇이 그려져 있는지 자세히 들여다보고 말해볼까요?
비처럼 내리고 있는 사람들의 모습이 모두 어떤가요?
작가는 무슨 말을 하고 싶었을까요?

이상한 느낌이 나요.
건물이 있고 하늘에서 정장에 중절모를 쓴 사람들이 비처럼 내려요.
크기와 바라보고 있는 방향만 다르고 모두 똑같아요.
다 똑같을 때의 느낌을 알려주고 있어요.

❝ 선생님이 작품 속 이야기를 들려줄게 ❞

Ask

씁쓸함, 오싹함
징그러움, 독특함

① 공감 감정 찾기   ② 작가 되어보기

③ 경험과 연결짓기   ④ 수업 장면

◎ 그림에서 만난 감정 나의 경험과 연결시키기
공감할 수 있는 작품 속 감정을 찾고 그림과 연결지어 동일한 감정을 자신의 경험에서 찾아보도록 한다.

'내가 작품 속으로 들어가서' 이 모습을 직접 목격했다고 생각해봅시다. 어떤 감정이 들까요?

너무 기묘해서 당장 찍어서 인터넷에 올릴거예요.

지금 떠올린 그 감정을 나는 언제 느꼈었는지 자신의 경험을 가능하면 최대한 생생하게 떠올려봅시다.

New

◎ 그림에서 만난 나의 이야기 작품으로 표현하기
작품을 공감하며 떠오른 나의 느낌과 경험을 통해 무엇을 표현하고 싶은지 생각해보도록 한다.

마그리트처럼 표현하고 싶어요. 그래서 도시를 배경으로 하늘에서 개성을 내리게 할거예요.

내 이야기로 표현해보고 마음 속에서 어떤 변화가 일어났는지 정리하여 나눠볼까요?

☞ (동료) **과정중심평가**

① 구글 오토드로우로 ➡ ② 마음껏 표현하기

H 미적감수성	**U** 창의융합능력	**M** 미술문화이해능력	**A** 시각적소통능력	**N** 자기주도적미술학습능력	
▶ 사람에 따라 다르게 볼 수 있다는 것과 꽃과 기란을 합친 작품이 인상적이에요.	▶ 여러가지 발상방법을 적용해서 색다른 생각을 해본 것이 재미있었어요.	▶ 르네 마그리트 골콩드 작품을 알게 되었고 초현실주의 미술에 대해 경험했어요.	▶ 독특한 발상을 작품으로 표현해서 하고 싶은 이야기를 전달할 수 있어요!	▶ 구글오토드로우 프로그램으로 내가 원하는 대로 마그리트처럼 작품 표현 할 수 있어요!	아이들 성장
르네 마그리트 작품은 독특하고 신선해서 학생들의 **흥미와 몰입도**가 높았고 구글 오토드로우를 활용하여 골콩드 작품 표현양식을 구현, 작가처럼 감상을 작품으로 표현해보며 **"작가가 작품을 통해 말하고자 하는 것을 이해하고"** 자신의 개성에 대해서도 생각해볼 수 있었다.					일반화 가치

필자는 희, 노, 애, 락 4가지 연구 실천과제를 설정했고, 실천과제마다 연구 수업을 4가지로 계획하였다. 따라서 실천과제 소개가 각 1쪽씩 4쪽, 연구 수업은 1가지마다 2쪽씩 총 32쪽이 필요했기 때문에 분량상 이를 모두 본문에 제시할 수가 없었다. 이에 4가지 실천과제는 본문에 모두 제시하되 실천과제에 딸린 연구 수업은 본문에는 2개씩만 제시하였고, 나머지 8개 수업은 부록에 싣게 되었다.

수업혁신사례연구대회 연구 보고서를 살펴보면 본문 수업을 부록에 수업일지 양식으로 다시 제시한 경우를 많이 확인할 수 있다. 그러다 보니 본문과 부록에 같은 내용과 사진이 반복되는 보고서가 적지 않다. 상술했듯 필자는 본문과 부록에 모두 다른 수업을 실어야 했기에, 부록용 수업일지 양식을 따로 만들지 않고 본문 양식을 차용하였다. 수업혁신사례연구대회가 요구하는 분량도 많고, 제한된 기간 연구 수업을 실행해야 하는 만큼 아무래도 연구 수업의 수가 적을 수 있다. 이럴 때 본문과 부록에서 동일 수업을 다루는 것이 방법이 될 수 있겠지만, 개인적으로는 충분한 연구 실행이 전제되어야 그 연구의 효과를 타당하게 검증할 수 있지 않을까 생각한다.

연구 실천과제는 보고서의 핵심 대목이다. 필자의 경우 구성은 앞 그림과 같으며, 단계별로 설명하겠다.

• 수업 의도

내가 이 연구 수업을 어떤 마음으로 설계하였는지 수업자의 의도를 설명하였다.

• 교육 과정 분석

단원명을 제시하고 학생들의 출발점에서 시작하여 영역별 성취기준을 분석하여 학습목표를 제시한다. 필자의 경우 체험-표현-감상의 영역이 연결되는 미술 수업을 연구하였기에 이 수업에 해당하는 영역별 성취기준을 모두 제시하였다. 여기에 더 보완한다면 세 가지 성취기준 중에서 중심이 되는 성취기준에 따로 표시를 해주었다면 좋았겠다는 생각이 든다. 아울러 내 연구 수업 전략을 이 수업에서 어떻게 활용할 것인지 밝히고, 과정중심평가 방법과 평가내용, 평가 주체를 제시하였다.

- **수업 설계**

  수업 전략이 수업 단계에 따라 어떻게 적용되는지 수업의 흐름을 보여주는 부분으로, 이를 미술 교과 역량과 연결하여 제시하였다.

- **수업 속으로**

  수업의 과정을 보여주는 이 부분을 구성하기 위해 고민을 많이 했었는데, 결론적으로 첫째, 교수학습과정안처럼 선생님과 학생들의 상호작용이 보일 것, 둘째, 내 연구 수업만의 수업 전략에 따라 수업의 흐름을 제시할 수 있을 것, 셋째, 단계별로 수업자료와 수업 결과물들도 함께 보여줄 수 있을 것. 이렇게 초점을 두기로 하였다.

  이에 따라 맨 왼쪽 열에 수업 전략을 단계별로 제시하고, 가운데에 각 단계에 해당하는 수업 활동 내용과 선생님과 학생들의 상호작용을 정리하였다. 이때 주로 사진 및 수업 자료는 왼쪽에, 수업 결과물은 오른쪽에 제시하였다. 그렇다고 형식에 지나치게 얽매일 필요는 없다. 필자 역시 모든 단계를 같은 구성으로 제시하기보다 미술 감상 수업이라는 특징을 살리기 위해 [M] 단계 중앙에 감상할 미술작품을 크게 위치시킨 뒤, 작품 왼편에는 선생님의 발문을, 오른편에는 학생들의 반응을 제시하여 읽는 사람도 작품 감상 수업에 함께 하는 느낌이 들도록 의도하였다.

- **아이들 성장**

  연구 수업 후 학생들의 반응, 수업의 결과 등을 기술하는 부분이다. 앞에서 미술 교과 역량과 연결하여 수업 설계를 한 만큼, 이 부분 역시 수업 전략 및 미술 교과 역량을 기준으로 기술하였는데 사실 지금으로서는 많이 아쉽게 생각한다. 연구 수업 설계와 통일성 있게 가고자 이런 구성을 택하였는데, 이것이 오히려 깊이 있고 솔직하게 수업 결과를 서술하는 데 제약이 되었다. 다시 작성하라고 한다면 수업 전략, 미술 교과 역량 같은 구분 없이 학생들의 수업 전, 중, 후 반응을 생동감 있고 솔직하게 기술하고 싶다.

• 일반화 가치

연구 수업에 대한 일반화 가능성을 제시하는 부분은 매우 중요하다. 수업혁신사례연구대회의 목적은 우수수업 사례를 발굴하여 공유하고 확신시키는 데 있기에 평가 기준에도 '교수학습 개선안이 체계적이고 구체적으로 제시되어 있어 교육 현장에 적용하기 용이한가'라는 확산 가능성이 포함되어 있다. 여기서는 연구 수업을 실행해본 결과, 이 수업을 어떤 방식으로 교육 현장에 적용할 수 있으며, 어떤 결과를 거둘 수 있을지를 중점적으로 제시하면 좋다. 또한 수업 후 성찰 및 반성을 통해 이 연구 수업의 좋은 점뿐만 아니라 아쉬운 점, 보완할 점도 함께 제시한다면 더 좋겠다.

TMI

에듀테크 팁 나누기

수업혁신사례연구대회에서 강조하고 있는 에듀테크를 수업에 어떻게 활용, 적용하였는지를 자세히 보여주고, 이에 대한 팁을 알려주는 부분을 따로 구성하는 것도 의미가 있을 것이다. 대회 심사 시 평가 기준에 따라 에듀테크의 활용 등 수업 혁신에 대한 노력을 중점적으로 확인할 테니, 연구 수업에 활용한 에듀테크의 종류와 결과물, 방법 등을 정리하고 수업의 전, 중, 후에 활용할 수 있는 다양한 에듀테크도 따로 소개한다면 수업 혁신에 대한 노력뿐 아니라 현장 교육 기여도 측면에서도 매우 좋은 점수를 받을 수 있을 것이라고 생각한다. 현재 에듀테크에 대한 양질의 자료가 많이 개발되어 있다. 한국교육학술정보원에서 발행한 《에듀테크 수업 활용 가이드북》을 추천한다. 이를 참고하여 내 연구 수업에 활용하기에 적합한 에듀테크를 골라 기능을 익혀보고 연구 수업에 활용하여 디지털 역량을 확장해보는 것도 좋겠다.

이상으로 보고서의 본론 파트를 샅샅이 살펴보았다. 이 내용을 숙지하고 다시 입상한 보고서를 보면 눈에 보이지 않던 것들이 들어올 것이다. 그중 나의 보고서에 반영할 부분을 선별해보자.

IV. Omni 미술수업 HUMAN 되돌아보기

연구를 마무리하는 부분으로 정량적, 정성적 연구 결과를 분석하고 이에 따라 어떤 연구 성과를 얻었는지 연구 서론에서 제시한 연구 목적을 가져와 연구 결론과 함께 제시한다.

1. 인간다움과 미래핵심역량을 갖춘 인재로 성장하고 있어요!

• Omni 미술수업 HUMAN을 통해 아이들이 미술작품과의 만남 전, 중, 후 활동을 통해 미술작품을 촉매제 삼아 삶의 주인공이 되고, 자유롭고 창의적으로 사고하고, 자기주도적으로 배우며, 질문과 협력으로 성장하고, 예술적 감성이 가득한 학급분위기 안에서 미래핵심역량을 키울 수 있기를 기대하며 본 프로젝트를 시작했다. 연구는 계속 진행하되 중간 점검을 통해 아이들 목소리를 듣고 연구의 효과성을 검증해보았다.

연구 결과 검증

• 검사시기: 2021. 11. 8.(월) ~ 11. 10.(수), 3일간(질적평가와 양적평가 모두 실시, 역량 항목별 점수 합산)
• 검사도구 및 종류: 2015개정교육과정 핵심역량 검사 실시(5 매우그렇다 → 1 전혀그렇지않다)

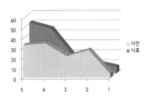

실태분석

👍 **심미적 감성역량의 신장**

▶ 아름다움을 체험하고 누리는 일상생활 속 미적 경험이 매우 부족하고, 감정을 느끼고 다른 사람과 나누는 경험도 거의 없으며, 일상 속에서 아름다움을 추구하는 미적 감각과 감수성도 부족했으나 아름다움을 느끼고 체험하고 일상에서 추구하려는 심미적 감성역량 비율이 향상됨.

시사점

"본 연구가 학생들의 미적경험과 감수성을 깨우고 미술문화향유 능력과 심미적감성역량을 키우는데 도움이 되었음"

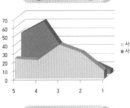

👍 **창의적사고역량의 신장**

▶ 기발한 생각과 상상을 즐기거나 새로운 생각을 어려워하였고, 창의적인 생각과 이를 적용해보고 나눈 경험이 거의 없었으나, 서로 관련이 없어 보이는 것들을 연결지어 생각하거나 친구들에게 새로운 생각과 상상을 말해보는 경험을 통해 창의적 활동을 좋아하는 경향이 매우 향상됨.

"**HUMAN** 전략 중 **U** 특별하게' 과정을 통해 감각을 깨우고 발상하거나 타 분야와 융합하여 배우는 과정이 창의적사고역량 신장에 도움이 되었음"

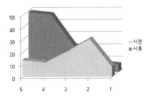

👍 **의사소통역량의 신장**

▶ 자신의 생각과 감정에 대해 민감하지 못하고 이를 말과 글로 전달하는 능력이 부족하여 효과적으로 전달할 수 있는 방법을 잘 알지 못하였으나, 이제는 표현하고 소통하는 방법에는 여러 가지가 있음을 이해하고 자신의 생각과 감정을 민감하게 인지하며 자신의 경험과 생각을 표현하는 경향과 능력이 눈에 띄게 향상됨.

"**HUMAN** 전략 중 **M** 그림만나기, **A** 질문하고' 과정이 질문하며 소통하고 자신의 내면적인 성찰을 하도록 하여 의사소통능력 신장에 도움이 됨"

2. Omni 미술수업 HUMAN 연구, 이런 결론을 얻었어요! (학생들의 속마음 듣기)

미술수업을 통해 '나'를 보게 되었어요!

"특히 나랑 다른 생각의 친구들과 느낌을 나누면서 흥미가 생겼다"
"친구들이 말했던 경험이 마음에 와닿아서 나도 생각해보게 되었다"
"전학 간 친구를 그리워하는 나를 알게 되었다"
"슬픈 감정도 있어야 행복할 수 있다는 것을 알게 되었다"
"감정을 더 잘 표현하는 방법을 배웠다"

이런 미술수업이 더 자유롭게 재미있어요!

"미술에 대한 생각이 완전히 바뀐 것 같다" "미술이 원래 좋았는데 아직도 재미있고 아름다워서 좋았다"
"친구들과 뜻깊은 시간이 되어 맘에 든다" "그리움, 권태로움, 아름다움, 풍요로움의 그 기억이 남아있다"
"예전엔 똑같은 주제로 비슷한 그림을 그렸지만 지금은 모두 다른 그림을 그려 나누고 새로운 생각을 할 수 있게 되었다"

미술이 무엇인지 이제 알 것 같아요!

"미술은 즐거움이다. 왜냐하면 작품할 때 그 감정이어서" "감상했던 작품이 떠오르고 행복해요"
"내 경험을 떠올려 작품과 연결지을 때 작가의 마음이 느껴졌고 작품을 오감으로 표현하면서 창의력이 생긴 것 같다"
"선생님이 미술은 틀린게 없다 못해도 되는 것이라고 해서 또 내 작품으로 칭찬도 받아서 미술이 좋아졌다"
"나만의 작품으로 표현하니 내가 화가가 된 것 같다"

그래도 직접 만나고 같이 애볼 때가 더 좋아요!

"재미있고 행복해다. 나만의 표현방법으로 작품을 만든다는게 즐거웠고, 다 만들고 나면 뿌듯한 감정이 울려왔다.
어려워하던 문제를 푼 경험처럼 뿌듯하고 재미있고 앞으로도 발전하면 좋겠다"
"그림을 그리는 미술이 아닌 만드는 미술이라서 더욱 재미있었고 기억에도 많이 남았다"
"살흙, 그리기, 색칠 등 손이 가는 미술이 재미있고 좋다"

3. 연구를 맺으며

새로운 미래를 위한 뉴노멀 미술수업의 방향과 현장적용을 위한 고민

미술수업이 단지 한 교과, 한 시간의 활동으로 끝나는 것이 아닌 학생의 자기이해, 자기탐구, 자기성찰의 경험을 제공하여 학생의 성장과 삶에 영향력을 미칠 수 있도록 미술수업을 구상, 이를 실현시켜줄 희노애락이라는 4가지 실천과제와 HUMAN 수업모형 및 전략을 계발하여 연구를 전개하였다. 체험-표현-감상이 연계된 이 미술수업의 특성 상 수업을 준비하고 진행하기까지 **많은 시간이 필요**하였다. 따라서 **시간을 잘 활용할 수 있도록 계획**을 잘 세워 운영해야한다.

미술작품과 내가 연결되어 있다고 느껴본적 한번도 없다는 아이들에게 미술작품감상에 대한 새로운 이해와 기존의 미술작품감상과 다른 분명한 자기만의 동기부여가 될 수 있도록 하기 위해 미술작품에서 공감할 수 있는 감정을 찾고 작품과 연결고리를 만들어주어 자기 경험을 끌어내어 아이들의 이야기가 의미있는 미술작품의 생산으로까지 연결되도록 연구를 전개하였다. **익숙하지 않은 방식으로 미술작품을 즐길 수 있는 경험을 제공하다보니 처음에는 학생들이 매우 낯설게 느꼈으나** 금세 잘 적응하였다.

미술작품을 감상하는데 있어서 중심이 미술작품 또는 작품의 작가에 있지 않고 감상자에 두어 미술이 어렵다고 하는 학생들이 나중에는 자유롭고 재미있다고 하였다. 다만 중심을 감상자에 두다보니 **아이들간의 개인차, 역량차이에 대한 문제와 개인적인 이야기를 다뤄야 하기 때문에 학습자들의 개인환경, 내면상태 등을 사전에 점검하고 민감하게 교사가 알고 있어야 할 필요**가 있다.

이제 실행한 연구의 결과를 검증하고 분석하게 된다. 서론에서 분석한 진단 결과를 기반으로, 연구 실행을 통해 학생들에게 어떤 변화가 생겼는지를 측정하고 이를 분석하는 데 중점이 있다. 따라서 보고서들을 살펴보면 사전 검사 결과와 사후 검사 결과를 함께 제시하여 얼마나 변화하였는지 비교하여 보여주는 구성이 자주 보인다. 필자 역시 앞의 그림처럼 사전 검사와 사후 검사 결과를 한데 그래프화해 검사 결과가 한눈에 보이도록 제시하였다. 이어서 그 옆 '실태분석'에서 그중 어떤 점이 특히 변화를 보였는지를 분석하였고, 이것을 통해 필자가 진행한 연구의 성과를 검증-분석-성과 순으로 논하였다.

당시에는 앞서 사전 검사에서 핵심역량 측정 문항마다 학생들이 어떤 응답을 하였는지 문항의 내용과 응답 결과를 표로 자세히 제시하였기 때문에, 여기에서는 문항의 내용과 응답 결과를 따로 제시하지 않고 그래프로만 표현하기로 결정했었다. 만약 보완한다면 반복되는 느낌이 있다 하더라도 문항 내용과 그에 대한 사전 응답 결과/사후 응답 결과를 나란히 제시하고 이를 다시 그래프와 아이콘으로 시각화하여 좀 더 친절하고 자세한 검증의 과정을 보여주면 좋겠다는 생각이 있다.

연구의 성과를 보여줄 때는 주로 앞의 연구 결과 검증을 바탕으로 정량적인 결과와 정성적 데이터를 모두 제시하면서 내 연구 실행을 통해 어떠한 의미 있는 변화를 얻었는지를 제시하면 된다. 예시처럼 연구 수업에 참여한 학생들의 인터뷰나 소감(또는 학부모, 동료 교사도 좋다.)을 그대로 싣는 내용 구성도 많이 볼 수 있으며, 연구 실행을 통해 얻은 성과를 한눈에 볼 수 있도록 그래프 등 시각적 효과를 강조하여 제시할 수도 있다.

연구 결과와 연구 결론의 차이

보고서를 작성할 때 가장 헷갈리는 부분이 연구 결과와 연구 결론이다. 사전 사후 검사 결과를 수집하여 분석한 것이 연구 결론이 아닌가 생각할 수 있지만, 사실 이 둘은 다르다. 연구 결과는 사전과 사후 검증을 통해 표본에 어떤 차이가 발생했는지를 분석하는 것이고, 이것을 토대로 내 연구가 어떤 열매를 맺었는지, 수행한 연구와 그 결과 간 관계성을 보여주어 내 연구의 가치, 효과, 성과, 영향력 등을 기술하는 부분이 결론이라고 할 수 있겠다. 따라서 연구 결론은 처음에 작성한 연구 목적과 연결 지어 작성하는 것이 좋다.

3 제언 및 일반화 연구를 맺으며

연구 결론 및 제언, 일반화 등이 포함되는 연구의 마무리에 해당한다. 이 부분은 연구 과정 전반을 아우르는 내용으로 작성한다. 필자의 경우 연구를 시작하게 된 연구자의 의지와 목적으로 시작하여 연구 과정에서 있었던 에피소드, 시행착오를 통해 느꼈던 점들, 연구를 통해 얻은 의미 있는 학생들의 변화와 결과 순으로 서술하였다. 더불어 연구자의 감상 및 소감, 연구 과정에서 얻은 성찰, 앞으로의 연구 방향 등을 적은 다음, 이 연구를 보완하기 위해 필요한 후속 연구로는 어떤 것이 있는지, 이 연구를 실행하기 위해서는 어떤 점이 중요하고 유의 사항은 무엇인지와 같은 일반화에 대한 내용으로 마무리하였다.

제언의 경우 이 연구를 실행할 다른 선생님에게 필요한 도움말을 준다고 생각하면 된다. 필자는 단순히 줄글로 작성하며 마무리하였지만, 표나 이미지를 활용하여 한눈에 보이게 작성하는 것이 더 좋다고도 한다. 하지만 필자는 연구 보고서 내용 대부분이 일정한 양식 속에 들어 있기 때문에 이 쪽만큼은 자유롭고 편안하게 글로 작성하고 싶었기에 따로 수정하지 않았다.

보완한다면 연구 목적과 연결 지어 연구 실행을 통해 어떤 의미 있는 결론을 얻었으며 이 연구가 연구자의 교실에서만 실행될 수 있는 것이 아니라 타 학년, 타 학교에서 실행되어도 충분히 의미 있을 것 그리고 지역사회, 미래 수업, 실생활 등과 확장 연계할 만한 가치가 있음을 한 번 더 펼쳐 보이면서 마무리하면 좋겠다.

부록

수업혁신사례연구대회 부록은 반드시 제출해야 한다. 2024년부터는 별도 제한 없이 본문 및 부록 24쪽 이내로 구성하면 되며, 교수학습과정안 2차시분, 수업일지, 교육과정 분석 및 재구성, 연구 과정 중 얻은 결과물, 사진 등을 포함한다.

수업혁신사례 부록 구성요소 예시

수업혁신사례연구대회의 부록에 많이 등장하는 내용을 정리해보았다. 이를 참고하여 나만의 부록을 구성해보자.

- 교수학습과정안 2차시
- 수업일지
- 교육과정 분석 및 재구성 목록
- 학생들의 수업 결과물 (사진 또는 QR로 제시)
- 수업자료 및 활동 장면 사진 (본문에 넣지 못한 사진 또는 본문에 수록한 사진을 전부 모아 한꺼번에 다시 제시)
- 검증할 때 사용한 설문지 양식과 자세한 학생 인터뷰 내용 소개
- 수업 활동지 및 평가지
- 참고문헌

❚❚ 심미적감성역량을 키우는 Omni HUMAN 미술수업 2학기 교수학습과정안

관련 성취 기준	6미01-01 자신의 특징을 다양한 방법으로 탐색할 수 있다. 6미02-04 조형원리의 특징을 탐색하고 표현의도에 적합하게 활용할 수 있다. **6미03-04 다양한 감상방법을 알고 활용할 수 있다.**
단원 목표	미술작품을 만나는 다양한 방법을 이야기할 수 있다. 미술작품을 다양한 방법으로 감상할 수 있다. 작품을 감상하고 느낀 점을 표현할 수 있다.
수업 자의 의도	본 수업은 기존미술감상수업과는 다르게 중심을 작품이나 작가가 아닌 감상자(아이들)에게 두어 미술을 통해 학생의 자기이해, 자기탐구, 자기성찰의 경험을 제공하여 학생의 성장과 삶에 영향력을 미치는 것을 목적으로 한다. 미술작품과 내가 연결되어 있다고 느껴본 적 한번도 없다는 아이들에게 작품감상에 대한 새로운 이해와 기존 작품감상과는 다른 분명한 자기만의 동기부여가 될 수 있도록 연결고리를 만들어주는데 중심역할을 공감할 수 있는 감정이 한다. 매화초옥도 작품 속 전기와 오경석처럼 헤어져 있어도, 멀리 있어도, 생각만으로도 따뜻해지는 친구 하나쯤 가지고 있다면 우리는 충분히 아름답고 이미 성공한 것이라고 생각한다. 매화초옥도 작품을 통해 옛 그림의 아름다움을 느끼고, 작품을 감상하는 다양한 방법을 경험하고 그 감상을 미술작품으로 표현하는 과정 가운데 나와 타인의 관계를 돌아보고, 친구를 사랑하는 마음을 북돋을 수 있도록 본 수업을 구상하였다.

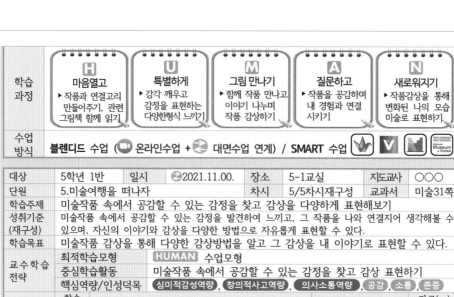

학습 과정	**H** 마음열고 ▶작품과 연결고리 만들어주기, 관련 그림책 함께 읽기	**U** 특별하게 ▶감각 깨우고 감정을 표현하는 다양한형식 느끼기	**M** 그림 만나기 ▶함께 작품 만나고 이야기 나누며 작품 감상하기	**A** 질문하고 ▶작품을 공감하며 내 경험과 연결 시키기	**N** 새로워지기 ▶작품감상을 통해 변화된 나의 모습 미술로 표현하기
수업 방식	블렌디드 수업 (📹온라인수업 + 💬대면수업 연계) / SMART 수업				

대상	5학년 1반	일시	🕐2021.11.00.	장소	5-1교실		지도교사	○○○
단원	5.미술여행을 떠나자			차시	5/5차시재구성		교과서	미술31쪽
학습주제	미술작품 속에서 공감할 수 있는 감정을 찾고 감상을 다양하게 표현해보기							
성취기준 (재구성)	미술작품 속에서 공감할 수 있는 감정을 발견하여 느끼고, 그 작품을 나와 연결지어 생각해볼 수 있으며, 자신의 이야기와 감상을 다양한 방법으로 자유롭게 표현할 수 있다.							
학습목표	미술작품 감상을 통해 다양한 감상방법을 알고 그 감상을 내 이야기로 표현할 수 있다.							
교수학습 전략	최적학습모형	**HUMAN** 수업모형						
	중심학습활동	미술작품 속에서 공감할 수 있는 감정을 찾고 감상 표현하기						
	핵심역량/인성덕목	심미적감성역량 · 창의적사고역량 · 의사소통역량 · 공감 · 소통 · 존중						

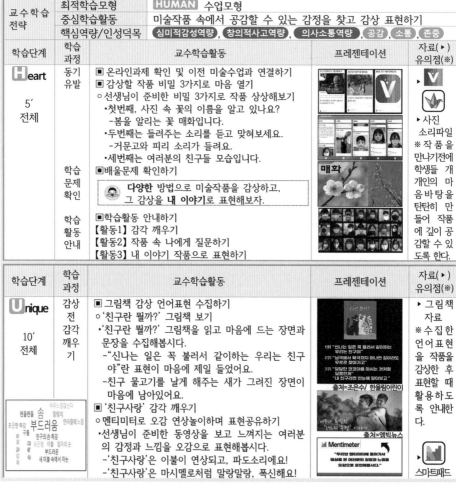

학습단계	학습 과정	교수학습활동	프레젠테이션	자료(▶) 유의점(※)
Heart 5′ 전체	동기 유발	■ 온라인과제 확인 및 이전 미술수업과 연결하기 ■ 감상할 작품 비밀 3가지로 마음 열기 ㅇ선생님이 준비한 비밀 3가지로 작품 상상해보기 •첫번째, 사진 속 꽃의 이름을 알고 있나요? -봄을 알리는 꽃 매화입니다. •두번째는 들려주는 소리를 듣고 맞혀보세요. -거문고와 피리 소리가 들려요. •세번째는 여러분의 친구들 모습입니다.		▶ **V** ▶ 사진 소리파일 ※ 작품을 만나기전에 학생들 개 개인의 마 음 바탕을 탄탄히 만 들어 작품 에 깊이 공 감할 수 있 도록 한다.
	학습 문제 확인	■배울문제 확인하기 😊 **다양한** 방법으로 미술작품을 감상하고, 그 감상을 **내 이야기**로 표현해보자.	매화	
	학습 활동 안내	■학습활동 안내하기 【활동1】감각 깨우기 【활동2】작품 속 나에게 질문하기 【활동3】내 이야기 작품으로 표현하기		

학습단계	학습 과정	교수학습활동	프레젠테이션	자료(▶) 유의점(※)
Unique 10′ 전체	감상 전 감각 깨우 기	■ 그림책 감상 언어표현 수집하기 ㅇ'친구란 뭘까?' 그림책 보기 •'친구란 뭘까?' 그림책을 읽고 마음에 드는 장면과 문장을 수집해봅시다. -"신나는 일은 꼭 불러서 같이하는 우리는 친구야"란 표현이 마음에 제일 들었어요. -친구 물고기를 날게 해주는 새가 그려진 장면이 마음에 남아있어요. ■ '친구사랑' 감각 깨우기 ㅇ멘티미터로 오감 연상놀이하며 표현공유하기 •선생님이 준비한 동영상을 보고 느껴지는 여러분의 감정과 느낌을 오감으로 표현해봅시다. -'친구사랑'은 이불이 연상되고, 파도소리에요! -'친구사랑'은 마시멜로처럼 말랑말랑, 폭신해요!	1위 "신나는 일은 꼭 불러서 같이하는 우리는 친구야" 2위 "남극에서 북극까지 머나먼 길이라도 무로른 찾아갈거고" 3위 "달님인 코코아에 마시는 것처럼 달콤하고" "내 친구라면 한눈에 알아보고" 출처=조은수/ 한울림어린이 Mentimeter "우리같이 멘티미터에 들어가서 영상을 본 여러분의 감정과 느낌을 오감으로 표현합시다." 출처=엔빅뉴스	▶ 그림책 자료 ※ 수집한 언어 표현 을 작품을 감상한 후 표현할 때 활용하도 록 안내한 다. ▶ **M** 스마트패드

Meet 5′ 전체	작품 감상 만나 기 작품 과 질문 하고 대화 하기	■전기의 <매화초옥도> 작품 만나기 ○국립중앙박물관으로 <매화초옥도> 만나러가기 •작품을 처음 만난 첫 느낌이 어떤지 말해봅시다. 　-따뜻한 느낌, 포근한 느낌이 들어요. •작품에 무엇이 그려져있는지 자세히 볼까요? 　-산과 매화나무, 집, 홍의를 입은 사람과 집 속에 　있는 사람이 그려져 있어요. •어떤 순간을 표현한 걸까요? 　-산속에 살고있는 친구를 만나러 가는 길이요. •작품을 보니 계절은 언제인 것 같습니까? 　-매화가 봄을 알리는 꽃이라고 했으니 아직 봄이 　오기 전인 늦겨울인 것 같아요. •어떤 소리가 들리고 어떤 향기가 날 것 같나요? 　-새소리가 들리는 듯하고 꽃 향기가 가득 나요. •작품에서 찾을 수 있는 표현특징은 무엇인가요? 　-눈이 내린 듯 매화를 아름답게 표현했어요. •홍의를 입은 사람과 집에 앉아 있는 사람은 어떤 　관계일까요? 　-두 사람은 친구입니다.	(박물관 작품 만나러가기 이미지) 국립중앙박물관 조선후기 전기(田琦) 1849년	▶ 감상 활동지 ※작품의 표현특징 에 작가의 의도가 담 겨있음을 알게한다.
Ask 5′ 전체	나와 연결 하기	■그림에서 만난 친구사랑 나의 경험과 연결시키기 ○작가가 말하고자 하는 의미 생각하기 •작가는 이 장면을 왜 작품으로 그렸을까요? 　-친구를 사랑하는 마음을 전하고 싶어서입니다. ○작품 속에서 공감할 수 있는 감정 찾기 •내가 작품 속 친구 집을 찾아가는 전기 또는 친구 　를 기다리는 오경석이라면 어떤 감정일까? 　-빨리 친구를 만나고 싶은 마음일거에요. ○작품과 나의 경험 연결시키기 •지금 떠올린 그 감정을 나는 언제 느꼈었는지 자신 　의 경험을 가능하면 최대한 생생하게 떠올려봅시다. 　-친구와 같이 놀이동산 가기로 약속하고 그 날만 　을 손꼽아 기다리던 기억이 나요. •두 친구의 마음을 친구편지로 생생하게 느껴보기	(이미지)	※AI앱으 로 만든 친구 캐릭 터 작품과 함께 편지 를 전달하 도록 하여 전기와 오 경석의 마 음을 친구 를 통해 느껴보도 록 한다. ▶ 편지
New 5′ 개별	새롭 게 하기	■내 감상과 이야기 작품으로 표현해보기 ○물감에 내 감상으로 의미 부여하기 •선생님의 감상을 이 검정색 물감에 '매화보다 아름 　답고 향기로운 우정'이라고 이름 붙일거에요. 　-저는 사랑스러운 너로 이름붙이고 싶어요. •우리의 감상을 모아 마블링작품으로 표현해봅시다.	(물감 이미지)	▶ 마블링 재료 (종이학 아이콘)
(**N**ew) 10′ 전체	확장된 미술 체험 으로 이끌기	○완성한 작품 감상하기 •함께 완성한 이 작품의 제목을 우리반 패들렛에 　올려주세요. 좋아요를 가장 많이 받은 제목을 우리 　작품의 제목으로 정하겠습니다. ■학습내용 정리하기 ○공부한 내용 정리하기 •오늘 수업을 통해 새롭게 알게 된 점 또는 느낀 　점을 발표해봅시다. 　-오늘 감상한 작품을 통해 친구사랑이라는 감정에 　서부터 친구들과 작품활동까지 내게 친구가 있다 　는 것이 얼마나 소중한지 깨닫게 되었습니다. ■평가하기 ○평가기준을 살펴보고 감상활동에 대한 자기평가를 　해봅시다. 친구들의 감상활동에 좋아요와 댓글을 　남겨주세요. 선생님의 피드백도 받아보세요. ■차시예고하기 ○다음 시간 공부할 내용 알아보기 •새로운 미술작품으로 다시 만나요.	(패들렛 이미지) (이미지)	▶ (종이학 아이콘) ※의미를 부여하여 작품활동 과 감상 이 이루 어지도록 한다. ※과정중심 평가 ▶ 매화 초옥도 영상

5. 미술여행을 떠나자

🎨 다양한 방법으로 미술작품을 감상하고,
   그 감상을 내 이야기로 표현해보자.

【활동1】 감각 깨우기
【활동2】 작품 속 나에게 질문하기
【활동3】 내 이야기 작품으로 표현하기

<매화초옥도>. 전기

▸작품으로 표현하기

과정중심평가계획

평가내용	[활동 2,3] 다양한 미술작품 감상을 통해 그 감상을 내 이야기로 표현할 수 있는가?		
평가방법	☑ 구술·발표 ☐ 토의·토론 ☐ 프로젝트 ☐ 역할놀이 ☑ 글쓰기		
	☑ 자기평가 ☑ 동료평가 ☐ 관찰 및 기록 ☑ 패들렛포트폴리오 ☑ 기타(활동지)		
성취기준	[6미03-04] 다양한 감상 방법을 알고 활용할 수 있다.		
성취도	상	• 미술작품 감상을 통해 다양한 감상방법을 알고 그 감상을 내 이야기로 잘 표현할 수 있다.	성장을 돕는 피드백
	중	• 미술작품 감상활동에 참여하고 그 감상을 내 이야기로 표현할 수 있다.	
	하	• 미술작품 감상활동에 참여하고 그 감상을 표현할 수 있다.	

성장을 돕는 피드백

☞작품 감상을 통해 자기 자신을 깊이있게 들여다보고 내 이야기를 꺼내어 의미를 담아 작품으로 표현하는 것이 미술임을 이해하도록 한다.

☞작품 감상에도 다양한 방법이 있으며 이를 적극적으로 즐겁게 참여하도록 격려하고 작품 속에서 내 이야기를 찾아보고 이를 정리해보도록 한다.

☞작품 감상에도 다양한 방법이 있으며 이를 적극적으로 즐겁게 참여하도록 격려한다.

| 2차 심사 준비 및 전국대회 참가

이렇게 열과 성을 다해 작성한 보고서가 기쁘게도 1차 심사를 통과하면, 수업동영상과 현장 심사(각 시도대회마다 다름)로 평가받는 2차 심사를 준비해야 한다. 어떻게 준비해야 하는지 필자의 경험을 공유하도록 하겠다.

현장 심사 준비

필자가 속한 시에서는 시도대회 1차 심사에서 보고서가 입상 예정작으로 통과하게 되면 1등급 예정자들을 대상으로 수업 참관 심사를 포함한 현장 심사라는 것을 따로 한다. 없는 지역도 있지만 필자에게 개인적으로 도움을 요청하는 비율 중 이 현장 심사의 비중도 꽤 되기 때문에 여기에 다루겠다. 현장 심사 대상자가 되면 연구 보고서와 교수학습과정안, 수업 심사 불가 일정을 제출해야 한다. 교수학습과정안의 경우 연구 보고서 부록에 있는 2학기 교수학습과정안을 세안 형식으로 다시 작성하여 준비한다. 소속된 학교에서 사용하고 있는 교수학습과정안 세안 양식을 활용해도 되고, 자신의 연구와 어울리는 세안 양식을 직접 만들거나 따로 구해서 작성하기도 한다.

수업 참관 심사를 위한 준비로는 첫째, 참관 자리를 마련한다. 교실 뒤쪽 전체 학생들의 모습이 잘 보이는 곳에 참관자를 위한 자리를 세팅하고, 교수학습과정안과 필기도구, (필요할 경우) 교과서 및 지도서, 학습지 등을 함께 올려놓으면 된다. 둘째, 카메라를 세팅한다. 수업 참관 심사를 받을 때 수업동영상 촬영도 함께 해야 하기 때문에 촬영 각도 등을 고려해서 준비해두자. (수업동영상 촬영을 따로 하기란 실질적으로 어려운 일이니 수업 참관 심사를 받을 때 한번에 하는 것을 추천한다.) 수업 참관 심사 시 심사위원들은 수업에 방해가 되지 않도록 조용히 참관한 후 면접을 위한 별도 장소로 바로 이동하기 때문에, 준비한 수업을 잘 보여주기만 하면 된다. 이렇게 수업 참관 심사가 있는 지역의 경우 현장 심사가 시도대회 결과에 큰 영향을 주게 된다. 이때 촬영한 수업동영상은 전국대회 제출을 위한 것이니 수업 준비부터 현장 심사 준비, 수업동영상 촬영까지 삼박자가 잘 맞도록 기획하는 게 좋다.

또 현장 심사 시 연구 보고서와 주제 해결을 위한 연구물 포트폴리오를 전시해야 하는데, 필자의 경우 연구를 시작할 때부터 연구 결과물들을 학생별로 포트폴리오화해 두었기 때문에 어렵지는 않았다. 두꺼운 O링(D링) 파일들을 준비하여 연구 계획, 연구 실천, 실천 과제별 활동자료, 연구 성과, 현장 확산 가능성, 홍보 실적, 교원 연수, 수업 공개, 가정 연계 등의 순서로 정리하여 전시하였다. 학생들 결과물 중에서 잘된 것 1~2개 정도만 뽑아 정리했는데도 불구하고, 교과가 미술이고 실행한 수업이 많다 보니 3권 정도가 되었다. 하지만 각 교과의 특성도 있고, 요즘은 학생들 결과물도 대부분 디지털 자료인 경우가 많기 때문에 이에 맞는 포트폴리오 전시 방법을 고려할 필요가 있다. 포트폴리오 구성은 사전에 공지된 면접 심사기준에 맞춰 준비하는 것이 좋다. 주제 관련 교내 교원 대상 연수 및 수업 공개 3회 이상, 연구 주제 일반화를 위한 홍보 5회 이상 이렇게 구체적으로 제시되어 있으니 이 부분을 확인하자.

면접은 수업 참관이 끝나고 교내 회의실 등 별도의 장소에서 이루어진다. 장소를 마련해두고 이곳에 연구 보고서와 연구물 포트폴리오를 전시해두면 된다. 면접에서는 주로 자신의 연구에 관해 설명하라, 자신의 연구에서 특별한 점은 무엇인가, 실행한 수업 중에서 가장 인상 깊은 수업은 무엇이고 학생의 반응은 어떠했는가, 연구를 실행하면서 어려운 점은 없었는가 등 연구에 대한 일반적인 질문이 주를 이루고, 심사위원이 연구 보고서와 수업을 보고 궁금했던 점 등을 질문하니 면접 전 연구 보고서의 요약서와 수업일지 1, 2개 정도를 뽑아 읽어보면 도움이 될 것이다. 또 필자의 경험을 떠올려서 팁을 주자면 연구 보고서의 연구 결론 및 제언 부분에 연구 전체를 아우르는 내용과 시행착오에 관한 이야기, 과정에서 느낀 연구자의 성찰, 후속 연구 방향, 일반화의 가능성 등이 언급되기 때문에 주로 여기에서 많은 질문이 나오니 대비하기를 바란다.

수업동영상 촬영 및 편집

필자의 경우 시 교육청의 도움을 받아 수업 촬영 일자를 정하여 해당 날짜에 교육정보원에서 수업을 촬영해주었다. 아마 각 시도별로 교육정보원 등의 기관에서 수업 촬영을 지원해줄 터이니 확인해보자. 한 장소에서 고정하여 촬영해야 하는 만큼, 사전에 담당자와 어디에 카메라를 설치할지, 어떤 활동에서 클로즈업을 하여 촬영할 것인지 등, 연구대회에서 제시한 촬영 방법에 관해 소통하는 것이 좋다. 누군가 와서 촬영해주는 것이 부담스러울 경우에는 수업에 영향을 줄 수 있기 때문에 스스로 촬영하는 것도 괜찮다.

필자가 대회에 참가했을 때 신경 쓸 부분이 너무 많은 데다 노련하지 못해서 놓친 아찔한 부분이 있었다. 이를 팁으로 특별히 나누자면 클로즈업을 고려한 자리 배치다. 촬영을 고정된 위치에서 하고, 그 각도에서 학생들의 활동 모습을 클로즈업해서 담게 되는데, 우리는 알다시피 교실의 학생들은 모두 다른 성향과 장점과 능력을 가지고 있지 않은가? 이 것까지 사전에 고려하여 다양한 모습들을 담아낼 수 있도록 자리 배치를 계획하는 것을 고려해보자. 물론 필자는 이를 놓쳐서 랜덤으로 클로즈업이 되어 영상에 담긴 것을 확인하고 왜 이 중요한 것을 챙기지 못했을까 하고 매우 자책했던 기억이 있다.

수업동영상 촬영을 도움받았다 하더라도 편집은 수업자의 몫이다. 편집 없이 수업 전체를 촬영한 영상 파일이 완성되었다면, 그것을 다시 15분 분량의 요약본으로 편집해야 한다. (공문에 15분으로만 제시되어 있고 별도의 감점 기준을 제시하고 있지 않으므로 15분 +, - 몇 초 정도는 용인되는 것 같다.) 수업동영상 전체 파일도 함께 제출해야 하므로 원본을 훼손치 않도록 유의하자. 영상 편집 자체는 장면 자르고 붙이기와 자막 작업 정도로 아주 어렵지는 않다. 뱁믹스, VLLO 등을 사용해 제작한다. 편집 시에는 전체 영상 중 수업의 특징을 효과적으로 보여줄 수 있는 부분을 선정하여 담고, 수업단계, 핵심 활동, 참관 관점 등 참관자의 입장에서 수업을 잘 이해하는 데 도움을 줄 만한 정보를 영상 화면 하단에 자막 처리한다. 되도록 〈표 3-6〉과 같이 해당 연도 수업동영상 심사기준 및 평가 내용을 확인하여 편집을 진행하도록 한다.

여기서 또 하나의 팁을 말하자면, 내가 심사위원의 입장에서 수업동영상을 심사한다고 상상하고, 영상을 보면서 어떻게 심사하고 무엇이 머릿속에 남을지 생각해보라. 물론 수업 내용이 가장 중요하겠지만 동영상을 볼 때 머릿속에 이미지로서 깊이 각인되는 것은 당연히 자막일 것이다(큰 영상효과가 없는 만큼 더욱 그렇다). 따라서 이 자막 처리 작업을 절대 가볍게 생각해서는 안 된다. 연구대회 출품용 수업동영상에서 15분이란 상당히 긴 시간 동안 막 움직이고 지나가는 화면 속에서 확실하게 시선을 끌고 어필할 요소는 이 자막뿐이므로, 내 수업의 강점을 자막에 뚜렷하게 표현하도록 하자. 자막은 심사위원들이 내 수업을 이해하도록 하는 보조자료 그 이상이다.

심사기준(배점)	평가영역(배점)	평가내용
연구과제와 수업설계(30)	수업 설계(10)	**연구과제 해결을 위한 실천 내용**이 드러나도록 수업을 설계하였는가?
	수업 내용(20)	학생의 능력, 적성, 소질 등을 고려하여 **학생의 특성에 적합한** 수업 내용을 설계하였는가?
수업 실천 능력 (40)	수업 운영(30)	학습목표 및 **학생의 특성과 요구**에 부합하는 수업 방법을 적용하고 있는가? 학생의 적극적 참여 및 토의·토론 활동이 드러나는 학습이 이루어지고 있는가?
	과정 중심 평가 (10)	교수학습과 평가 활동이 일관성 있게 이루어지고 있는가? **과정중심평가** 및 수업의 질 개선을 위한 평가가 이루어지고 있는가?
연구과제와 수업 실천의 일치성(30)	수업 방법 및 자료 일치성(20)	연구과제 해결을 위한 **수업혁신의 방법**과 내용을 수업 안에서 충실하게 실천하고 있는가? 연구과제 목표와 실행 방법이 수업과 전반적으로 일치하는가?
	일반화 가능성(10)	연구과제가 다른 학년, 다른 교과 수업에도 **일반화**하기 용이한가?

표 3-6 **수업동영상 심사기준 및 평가 내용**(2024년 기준)

연구 보고서 컨설팅 진행

연구 보고서 컨설팅을 받는 경우는 두 가지가 있다. 첫째는 시도대회에 출품하기 전 누군가에게 연구 보고서를 보여주고 조언 등의 도움을 받는 경우다. 이 경우 당부하고 싶은 것은 반드시 연구 보고서의 50%만 완성하고 컨설팅을 받으라는 것이다. 그런데 대부분 연구 보고서가 80% 이상 완성된 이후, 심지어는 제출 직전에 컨설팅을 받곤 한다. 이때는 사실 별 의미가 없다. 다음 도전을 위한 의미는 될 수 있겠다.

두 번째는 시도대회 입상자를 대상으로, 전국대회 출품을 위해 각 시도교육청에서 진행하는 컨설팅을 말한다. 이때에는 보고서가 100% 완성된 상태로 받게 된다. 필자가 속한 시의 경우 시도대회 1등급이 정해지면 교육청에서 출품작의 교과영역을 고려해 1인당 2~3명의 컨설턴트를 배정해준다. 컨설턴트는 시도대회 심사위원이라 이미 내 연구 보고서와 수업을 잘 파악하고 있으며, 전국대회 입상 가능성을 보고 뽑아준 분들이기도 하다. 그러니 애정을 가지고 컨설팅을 해줄 수밖에 없다. 필자의 경우 이때가 굉장히 힘들었다. 2~3명의 컨설턴트가 각기 다른 조언을 쏟아놓는데 물론 다 좋은 말씀이지만 이를 모두 반영하기는 어려운 일이었기 때문이다.

솔직하게 말하자면 필자는 2017년과 2021년 전국대회 컨설팅을 대하는 마음가짐과 태도 자체가 완전히 달랐다. 2017년에는 처음이라 유독 정신이 없었고 한편으로는 '내 연구는 내가 제일 잘 알아'라는 마음도 있었다. 그래서 컨설팅을 받았지만 90%는 반영하지 못하였다. 2021년도에는 두 번째다 보니 여유가 있었는지 100%까지 수용하겠다는 열린 마음으로, 70%는 컨설팅 받은 내용을 수용하고 또 거기에 내 생각을 덧붙여 반영하고자 했던 것 같다. 보는 눈은 다 똑같다는 말도 있지 않은가. 물론 내 연구이고 내가 가장 잘 알기 때문에 내 연구에 더하기가 되는지 자신만의 기준을 가지고 날카롭게 판단해야 한다. 다 반영해야 한다는 심리적 부담감은 버리고 과감히 아닌 것은 넘기되 끝까지 집중력을 잃지 말고 컨설팅의 효과를 최대치로 누려라. 아무나 못 받는 전국대회 컨설팅을 받는다는 것 자체만으로 특별한 경험이니까.

수업혁신사례연구대회 노하우

연구 주제가 가장 중요하다!

뻔하지 않은 특별한 노하우를 나누고 싶지만, 아무리 생각해도 첫 번째 노하우는 연구 주제와 제목을 신중히, 아주 잘 결정하자는 것이다. 주제와 제목이 얼마나 중요한지는 이미 1부에서 읽었을 것이다. 전국에 나와 같은 선생님들이 같은 교과, 같은 내용을 가지고 연구한 것을 발표하는 이 대회에서 어떻게 경쟁력을 확보할 수 있을까? 내가 좋아하고 관심 있는 것. 필자는 이 지점에서 차별성과 경쟁력이 나온다고 생각한다. 연구자의 연구 주제에 대한 열정과 마음, 의지 등은 분명히 연구 보고서와 수업에 담긴다.

어떤 방향성을 가진 수업을 구상할지 막막할 경우 선택한 교과의 교육과정 목표와 성취기준에서 힌트를 얻으면 좋다. 수업혁신사례연구대회는 말 그대로 실천사례연구이기 때문에, 어떤 문제나 특성을 심층적으로 조사, 분석하는 연구로서 교육 실천 과정과 학생의 변화가 매우 중요하다. 따라서 현장에서 느낀 문제에서 시작하는 것이 좋고, 내가 수업 중에 꾸준히 실천하여 학생의 변화를 끌어낼 만한 주제로 잡으면 되겠다.

두 번째는 읽는 사람도 관심을 가질 만한 주제여야 한다는 것이다. 앞에서 내가 좋아하는 것을 주제로 하라고 해놓고 이게 무슨 말인가 하겠지만, 연구대회에서 심사받아야 하는 연구라는 것을 생각하자. 수업혁신사례연구대회는 우수 수업 사례 공유와 확산을 목적으로 하는 만큼, 나만 좋아하고 나만 아는 연구 주제는 읽히지 않을 가능성이 높다. 읽는 사람이 관심을 가지고 내 연구에 주목할 만한 대회 목적에 어울리는 연구 주제여야 한다.

그렇다면 이 두 가지를 모두 충족하는 연구 주제는 어떻게 잡으면 좋을까? 수업혁신사례연구대회의 목적과 방향, 심사기준을 분석하여 이 대회에서 추구하고 요구하는 것이 무엇인지를 키워드로 뽑은 것과 내가 좋아하여 잡은 연구 주제와의 교집합을 찾아내는 것이 방법이자 비결이다. 필자는 2024년 기준 연구에 반드시 포함해야 할 내용으로 AI·에듀테크, 학습자 참여형 수업, 학생 개별 맞춤형 피드백 중심의 과정중심평가를 추천한다.

기획이 8할이다!

연구대회에 참가하기로 마음먹었다면 꼭 내가 할 연구에 대한 구상을 1, 2월에 시작하여 분명한 그림을 그린 후 3월에 아이들을 만나기를 추천한다. 대회 일정은 매년 거의 비슷하기 때문에 가능하면 1, 2월에 명확한 연구 주제 제목까지 정해 놓고 연구 실행 일정을 어느 정도 짜 놓은 뒤, 3월 새 학년 시작과 동시에 연구를 시작하는 것이 바람직하다.

여기서 필자의 기획 범위와 과정을 더 자세히 말하자면 교과(참가할 영역)와 연구 주제를 큰 범위로 정한 뒤에 키워드 작업을 먼저 진행하였다. 내 연구에 넣고 싶은 요소들과 연구에 꼭 넣어야 하는 요소들을 키워드로 최대한 많이 적었다. 이 키워드 중에서 다른 키워드들과 방향성이 다른 것은 삭제하고 키워드 간의 관계성을 고려하여 포함되는 키워드들은 하위요소로 정리하면서 내 연구의 가장 중요한 키워드 3~4개를 선정하였다. 그런 뒤

이 키워드를 넣은 연구 제목을 여러 가지 적어보면서 고민하는 동시에, 이 키워드들과 관련된 자료들을 수집하여 읽었다. 내가 평소 꿈꾸던 미술 수업을 머릿속으로 그리면서 이 수업을 위해서는 어떤 것들이 필요한지 떠올려 내 연구에 넣을 용어, 수업단계 및 전략, 실천과제 등을 구상하였다.

이것을 필자의 보고서로 말하자면 '뉴노멀 Omni 미술수업 디자인하기'의 '연구의 방향 및 용어의 정의'와 '주제 해결을 위한 실천과제' 부분이라고 말할 수 있다. 요컨대 기획의 범위는 연구 제목, 연구의 용어, 연구 수업 단계(전략), 실천과제이다. 이 4가지를 1, 2월에 공들여 명확히 기획하고 3월을 맞이한다면 그 연구는 성공적일 것이라 확신한다.

하나의 주제가 처음부터 끝까지 꿰뚫어져 있는가!

누구나 다 들어본 말일 것이다. 중요한 건 그럼 '하나의 주제가 처음부터 끝까지 꿰뚫어진 보고서를 어떻게 쓰냐'는 것이다. 선생님의 연구 보고서가 하나의 주제로 꿰뚫어져 있는지 아닌지 판단하는 방법을 필자가 알려주겠다. 연구 보고서에서 중요하게 사용된 키워드를 쭉 뽑아보라. 연구대회 심사기준에서 제시된 필수적인 과정중심평가, 프로젝트 같은 일반적인 것 말고, 내 연구 보고서에만 쓴 키워드여야 한다. 그 키워드들을 하나하나씩 따로 보았을 때, 키워드 하나만 가지고도 온전한 연구 보고서를 쓸 수 있다면 현재의 연구 보고서는 백화점 나열식 보고서이거나 아니면 초점이 없는 흐리멍텅한 보고서일 가능성이 높다. 그래서 앞에서 기획이 8할이라고 강조한 것이다.

심사기준표부터 분석하자!

기획과 병행하면 좋은 팁이다. 다음 연구 보고서 심사기준 및 평가 내용을 살펴보고, 연구 내용으로 꼭 포함해야 할 내용들을 뽑아보자. 그리고 평가 내용을 내 연구에 어떻게 녹여 어떻게 실행하고 어떻게 보고서와 수업에 펼쳐낼지 함께 고민해보자.

심사기준 (배점)	평가 영역(배점)	평가 내용
2015 개정 교육과정의 방향 및 미래형 수업 혁신에 대한 노력 반영 (50)	2015 개정 교육 과정 방향 반영 (20)	연구의 내용이 2015 또는 2022* 개정 교육과정의 관련 **핵심역량**과 연계되어 있는가? (*2024학년도 2022 개정 교육과정 적용: 초등 1~2학년) 학생의 융합적 사고를 촉진하고 학습의 **과정을 중시하는 평가**가 이루어질 수 있도록 구성하였는가? **학생의 능동적 수업 참여**를 활성화할 수 있는 수업활동(프로젝트, 토의토론형 활동 등)으로 구성하였는가?
	수업혁신에 대한 노력 반영 (30)	**AI·에듀테크** 활용 등 미래형 교육환경의 변화 반영, **교-수-평-기 일체화** 노력 등 수업 혁신 노력이 드러나는가? 동료 교원과의 수업 나눔, 전문적 학습공동체 등 수업 개선 노력을 지속적으로 하였는가? 연구과제의 수행 과정 등을 감안할 때, 수업방식 등의 변화를 통한 수업 혁신 노력이 드러나는가?
현장 적합성 및 연구 방법 적절성(15)	현장 적합성(10)	학생 참여 및 실질적인 자기주도적 학습이 이루어질 수 있도록 설계되었는가? **학생 중심** 교수학습 방법 및 과정중심평가의 방법이 현장에 적용 가능한가?
	연구 방법 적절성 (5)	연구과제 해결에 적합한 연구 방법을 활용하여 수업 개선 연구를 추진하였는가? 연구과제를 해결하기 위하여 다양한 사례 및 연구 방법을 검토하였는가?
내용과 실천의 일치성 (15)	지속 가능성(5)	해당 교과, 학년의 수업방법 개선이 일정 기간 지속적으로 실천할 수 있는 것인가?
	내용 적합성(5)	실천 내용이 연구 대상의 수준에 적합한 것인가?
	피드백(5)	실천 상의 **문제점 발견 및 환류**를 통해 연구과제 해결을 위한 방법을 지속적으로 보완해가며 수행하였는가?
현장 교육 기여도(20)	확산 가능성(10)	교수학습 개선 방법 및 방향이 학교교육과정과 밀접하게 연계되어 학교교육활동 활성화에 기여하는가? 교수학습 개선안이 체계적이고 구체적으로 제시되어 있어 **교육 현장에 적용**하기 용이한가?
	기여도(10)	수업 혁신 및 학생 개개인의 교육적 성장에 기여하였는가?

표 3-7 **2023년도 수업혁신사례연구대회 심사기준표**(2024년 기준)

심사기준표의 핵심 키워드를 나열해보면 결국 AI·에듀테크, 학습자 참여형 수업, 과정중심평가 3가지라고 할 수 있겠다. 여기에 개정 교육과정 핵심역량, 학생들의 융합적 사고를 촉진하는 활동, 미래형 수업을 위한 차별화된 수업 방법, 일반화가 가능한 방법을 내 연구에서 어떻게 다룰지 고민해야 하겠다.

2022 개정 교육과정을 반영하자!

필자가 글을 쓰고 있는 2023년 기준으로 수업혁신사례연구대회 심사기준표에는 2015

개정 교육과정 방향 반영이라는 항목이 있지만, 이 대회의 궁극적인 목적은 미래형 교육 환경에 적합한 수업모델을 발굴하고 학생의 미래 핵심역량을 키워줄 수 있는 혁신적인 교실 수업 추구에 있다. 변화하는 사회와 시대의 요구를 반영하여 개정된 2022 개정 교육과정은 2024년부터 초등 1~2학년을 시작으로 순차 적용될 예정이다. 따라서 반드시 2015 개정 교육과정과 2022 개정 교육과정이 무엇이 달라졌는지 비교해보고 이에 맞게 연구의 방향과 주제를 잡는 것이 좋겠다. 2022 개정 교육과정의 구성은 깊이 있는 학습, 삶과 연계한 학습, 교과 간 연계와 통합, 학습 과정에 대한 성찰에 무게를 두고 있다.

2022 개정 교육과정이 완전히 적용된 이후에도 수시로 결정되는 교육과정의 개정 방향을 눈여겨 살펴보고 이를 연구에 담아내는 것이 유리할 것이다.

구분		주요내용	
		2015 개정	2022 개정
교육과정 개정방향		창의융합형 인재 양성 인문사회과학기술에 대한 기초소양 함양	**포용성과 창의성을 갖춘 주도적인 사람** 언어, 수리, 디지털 소양에 대한 기초소양 함양
총론	핵심역량 반영	6개 핵심역량 제시 교과별 교과역량 제시하고 역량 함양을 위한 성취기준 개발 (일반화된 지식, 핵심개념, 내용요소, 기능)	6개 핵심역량 개선(의사소통 역량→**협력적 소통 역량**) 교과역량을 목표로 구체화하고 역량 함양을 위한 내용체계 개선, **핵심 아이디어** 중심으로 적정화 (지식이해, 과정기능, 가치태도)
	역량함양 강화	연극교육 활성화 독서교육 활성화	디지털 기초소양, 자기주도성, 지속가능성, 포용성과 시민성, 창의와 혁신 등 미래사회 요구 역량 지향
	소프트웨어 교육 강화	(초)교과(실과)내용을 SW기초 소양교육으로 개편	모든 교과교육을 통한 **디지털 기초소양 함양** (초)실과+학교 자율시간 등을 활용하여 34시간 이상 편성
	안전교육 강화	안전 교과 또는 단원 신설 -(초1~2) 안전한 생활 신설(64시간) -(초3~고3) 관련 교과에 단원 신설	체험실습형 안전교육으로 개선 -(초1~2) 통합교과 주제와 연계(64시간) -(초3~고3) 다중밀집도 안전을 포함하여 체험실습형 교육요소 강화
	창의적 체험활동	창의적 체험활동 내실화 -자율활동, 동아리활동, 봉사활동, 진로활동(4개)	창의적 체험활동 **영역 개선(3개)** 자율자치활동, 동아리활동, 진로활동(봉사활동은 동아리활동 영역에 편성되고, 모든 활동과 연계 가능)
	초등학교	주당1시간 증배, '안전한 생활' 신설 -창의적 체험활동에서 체험중심 교육으로 실시 초등학교 교육과정과 누리과정의 연계 강화(한글교육 강화)	입학초기적응활동 개선 -창의적 체험활동 중심으로 실시 기초 문해력 강화, 한글해득 강화를 위한 국어 34시간 증배 누리과정의 연계 강화(즐거운 생활 내 신체활동강화)

		교과교육과정 개정 기본방향 제시 -핵심개념 중심의 학습량 적정화 -핵심역량 반영 -학생참여중심 교수학습방법 개선 -과정중심평가 확대	교과교육과정 개정 기본방향 제시 -**핵심 아이디어 중심**의 학습량 적정화 -교과역량 교과 목표로 구체화 -학생참여중심 **학생주도형** 교수학습방법 개선(비판적 질문, 글쓰기 등) -학습의 과정을 중시하는 평가, **개별맞춤형 피드백** 강화
	교과교육과정 개정 방향		
지원 체제	교과서	흥미롭고 재미있는 질 높은 교과서 개발	실생활 맥락에서 학습자의 자기주도성과 소통협력을 이끄는 교과서 개발

표 3-8 **2015 개정 교육과정과 2022 개정 교육과정 비교**

바로 기록하자!

하기 어려운 것 안다. 하지만 수업을 실행하면서 어렵지만 그날 바로 기록해야 한다. 필자도 차이가 없으리라 생각하고 둘 다 해보았는데, 자료만 모아 놓고 나중에 한꺼번에 작성하는 것과 그날 그날 작성하는 것은 보고서를 보았을 때 생동감이 정말 다르게 느껴졌다. 핵심 흐름만이라도 수업 실행한 당일에 작성하는 것이 가장 좋다.

예산을 확보하면 좋다!

연구를 실행하기 위한 예산을 확보한다면 매우 자유롭고 풍요롭게, 효과적인 연구를 수행할 수 있다. 매년 내려오는 공문을 통해 내가 연구하는 과목과 관련하여 교육청이나 교육지원청 등에서 공모하는 사업이 있는지를 찾아보고, 계획서를 제출하여 예산을 확보하는 방법을 추천한다. 다음 표는 필자가 속한 시에서 미술교과와 관련된 사업을 모아 정리한 것인데, 이 중 몇 개는 필자가 직접 계획서를 제출하여 사업에 참가하였다.

공모 사업	예산(천원)
예술드림거점학교	미술 9,000천원
예술교과연구회/예술동아리	팀당 2,000천원/1,500천원
학생 예술심화동아리 운영 학교	미술 3,000천원
1교 1예술동아리 운영 지원	1,000천원
학생중심 온라인 예술공감터	1,000천원
학교예술교육박람회	미술 400천원

표 3-9 **미술교과 교육 관련 사업 예산 예시**

공동 연구를 한다면!

2023년도부터 처음으로 공동 연구를 인정한다. 공동 연구로 대회에 참가하는 경우 필자가 생각하기에 정한 연구 주제 안에서 학생 중심 수업을 위한 협력적 수업 설계에 중점을 두고 어필하는 것이 좋을 것 같다. 전문적 학습공동체와 같이 서로 지식과 경험을 나누고 실천을 반성, 연구하며 협력적으로 전문성을 개발하는 과정의 노력을 담는 것이다. 연구 주제로 공동 연구의 목적을 설정했다면 서로의 장점을 파악하여 역할을 분담하고, 아이디어를 공유하고, 서로의 생각을 통합 보완하여 공동으로 수업을 설계하고 성찰하는 전략 또는 모형을 아예 자체적으로 만들어서 제시하는 것도 좋겠다. 이를 수업과 평가에서도 어떻게 실현하였는지 구체적으로 보여준다면 더할 나위 없다. 그동안 개별적 전문성에서 협력적 전문성으로 학교 문화를 개선하려는 지속적인 노력이 있어왔고 이를 계속 추진하고 있기에, 일반화 및 확산 가치 측면에서 봤을 때도 매우 좋은 평가를 받을 수 있을 것이다.

1등급 Key point

필자의 보고서는 앞에서 살펴보았으니, 필자의 보고서를 제외한 2021년도와 2022년도의 전국 1등급 보고서를 하나씩 자세히 살펴보며 Key point를 찾아보자. 앞에서 필자가 제시한 보고서 작성과 관련한 내용들이 다른 보고서에서는 어떻게 적용되어 있는지 찾아본다면 선생님들의 연구 수행에 도움이 될 것이라고 생각한다.

| HTHT핫태핫태! 맞춤On·미래+로 New T.U.R.N.하는 탐구키움터

먼저 2021년 전국 1등급 보고서에서 필자가 주목한 특장점을 소개한다. 이 보고서는 실험 및 탐구 활동 중심의 과학 교과에서 에듀테크의 활용을 강조하면서, 학생 참여형 수업으로 연구를 이끌어가고 있다. 부분별로 더 자세히 들여다보자.

1 대회에서 원하는 방향을 확실하게 보여줘라!

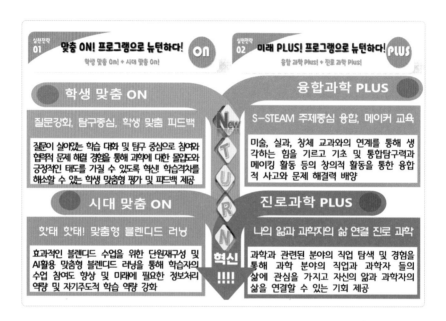

그림 3-3 대회 취지와 어울리는 연구 목표와 방향을 강조한 요약서 부분[1]

이 보고서에서는 요약서가 특히 돋보인다. 〈그림 3-3〉을 살펴보면 '시대 맞춤 ON 블렌디드 수업', 'S-STEAM 주제 중심 융합', '학생 맞춤 피드백' 등으로 연구 목표와 방향을 알차게 설정하고 있다. 필자가 앞에서 제시한 학습자 중심 수업, 과정중심평가, AI·에듀테크 3가지를 중점으로 연구를 실행하였음을 보여주는 부분이라고 할 수 있겠다. 이처럼 미래형 교육환경에 대비하고자 수업혁신사례연구대회에서 강조하고 있는 방향을 연구 주제와 수업에 잘 녹여내는 작업이 필요하다.

그림 3-4 학생 참여형 수업으로 설계한 수업일지 부분[2]

앞에서 분석한 수업혁신사례연구대회 연구 보고서 심사기준 중, '학생 참여 및 실질적인 자기 주도적 학습이 이루어질 수 있도록 설계되었는가?'라는 평가 내용이 있었음을 기억할 것이다. 이 보고서의 수업 일지들을 보면 이 평가 내용이 잘 반영되었음을 알 수 있다. 일례로 〈그림 3-4〉의 [방구석 사이언스타 자유 탐구 이야기 수업일지]를 보면 특히 '자유 탐구 발표회'라는 활동을 통해 학생들의 능동적 수업 참여를 활성화할 수 있는 프로젝트 수업으로 구성된 것이 눈에 띈다.

3 부록도 전략적으로 작성하라!

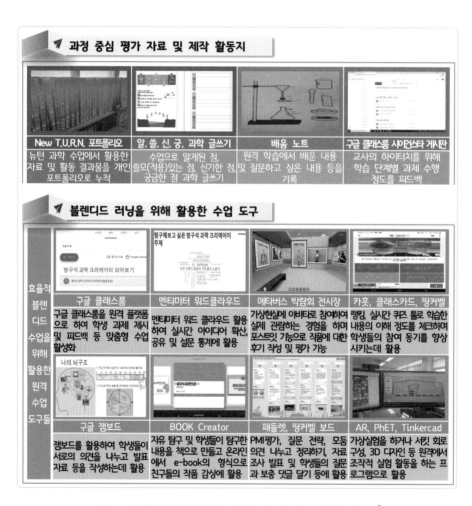

그림 3-5 과정중심평가와 에듀테크 적용을 강조한 부록 수업자료집 부분[3]

수업혁신사례연구대회인 만큼, 수업혁신을 위해 얼마나 노력했는지는 아무리 강조해도 지나치지 않다. 이 보고서 역시 AI·에듀테크 활용, 교-수-평-기 일체화 노력을 본론에는 물론이고 〈그림 3-5〉처럼 부록에 한데 모아 정리해 배치하였다. 그럼으로써 수업에서 과정중심평가와 블렌디드 러닝을 실천하였음을 성공적으로 강조하였다.

4 수업 나눔의 노력을 보여줘라!

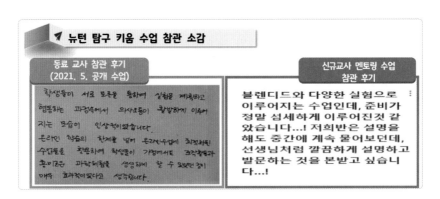

그림 3-6 **수업 나눔 실천을 보여주는 부록 수업자료집 부분**[4]

일반화도 주요 기준이다. 역시 이 점을 놓치지 않고 동료 교사, 신규 교사(교생, 학부모) 수업 참관·후기를 통해 수업 나눔 노력을 충실히 하였음을 어필하고 있다(〈그림 3-6〉).

| 여섯 싱어송라이터들과 떠나는 연결고리 창작여행, 비긴 어게인!

다음으로는 2022년 전국 1등급 수상 보고서를 분석해보고자 한다. 이 보고서의 장점은 우선 연구 보고서의 처음부터 끝까지 '여행'이라는 통일성 있는 콘셉트로 작성되었다는 것이다. 각 부분을 예시로 더 세밀한 이야기를 해보고자 한다.

1 나의 연구가 현장에서 얼마나 필요한지부터 시작하자!

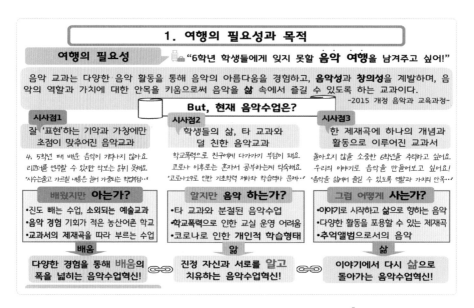

그림 3-7 **연구의 필요성을 설명하는 intro 여행의 개요 부분**[5]

앞서 연구 보고서의 처음은 주로 연구의 필요성이나 연구 배경 등, 연구자가 이 연구 주제를 선정하게 된 이유를 설명하며 열린다고 하였다. 〈그림 3-7〉은 이 문장의 좋은 예시다. [여행의 필요성과 목적]에서 "6학년 학생들에게 잊지 못할 음악 여행을 남겨주고 싶어!" 라는 동기로 출발해, 현재 음악 수업의 문제점을 분석하고 연구의 목적을 '창작 여행'으로 설정하고 있다. 그리고 교과서의 창작 수업이 너무 짧아 음악을 배우고 알아가고 함께하는 여행으로 연구를 실행하겠다면서 연구를 시작하게 된 연구자 생각의 자연스러운 흐름을 한 쪽에 잘 담아냈다.

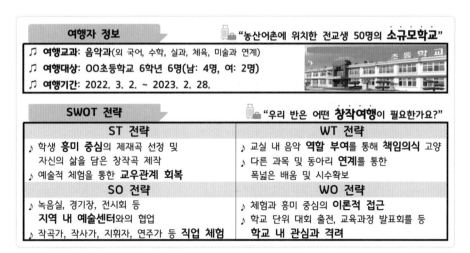

여행자 정보	🛄"농산어촌에 위치한 전교생 50명의 **소규모학교**"
♫ **여행교과: 음악과**(외 국어, 수학, 실과, 체육, 미술과 연계) ♫ **여행대상:** OO초등학교 6학년 6명(남: 4명, 여: 2명) ♫ **여행기간:** 2022. 3. 2. ~ 2023. 2. 28.	

SWOT 전략	🛄"우리 반은 어떤 **창작여행**이 필요한가요?"

ST 전략	WT 전략
♪ 학생 **흥미 중심**의 제재곡 선정 및 　자신의 삶을 담은 창작곡 제작 ♪ 예술적 체험을 통한 **교우관계 회복**	♪ 교실 내 음악 **역할 부여**를 통해 **책임의식** 고양 ♪ 다른 과목 및 동아리 **연계**를 통한 　폭넓은 배움 및 시수확보
SO 전략	**WO 전략**
♪ 녹음실, 경기장, 전시회 등 　**지역 내 예술센터와의 협업** ♪ 작곡가, 작사가, 지휘자, 연주가 등 **직업 체험**	♪ 체험과 흥미 중심의 **이론적 접근** ♪ 학교 단위 대회 출전, 교육과정 발표회를 등 　**학교 내 관심과 격려**

그림 3-8 **실태분석을 통해 맞춤형 연구를 강조한 verse 여행의 설계 부분**[6]

이 연구에는 또 다른 큰 장점이 있는데, 〈그림 3-8〉에서 뚜렷이 드러난다. 연구 대상이 농산어촌에 위치한 전교생 50명의 소규모학교, 그중에서도 6학년 6명이다. 창작 여행을 시작하기 위해서 소통과 공동체 의식이 갖춰진 6명으로 구성된 소규모학급의 이점을 활용한다고 하였고, [SWOT 전략]에서 녹음실, 경기장, 전시회 등 지역 내 예술센터와의 협업과 작곡가, 작사가, 지휘자, 연주가 등 직업 체험 전략을 제시하고 있다.

앞에서 분석한 연구 보고서 심사기준에 '교수학습 개선 방법 및 방향이 학교 교육과정과 밀접하게 연계되어 학교 교육활동 활성화에 기여하는가?'라는 평가 내용이 있는데, 학교 단위 대회 출전, 교육과정 발표회 등 학교 교육과정과 연계하여 연구하겠다고 제시하고 있다. 또한 '학생 참여 및 실질적인 자기 주도적 학습이 이루어질 수 있도록 설계되었는가?' 평가 기준에도 동시에 부합하게끔 음악과 삶을 연결하는 연구 실천과제로 설정한 점도 확인할 수 있다.

그림 3-9 **학교 특색을 살려 지역 연계 수업을 실행한 outro 여행일지 부분**[7]

　〈그림 3-9〉의 [녹음실에서 가족과 함께] 수업 과정을 보면, 음악과 실과를 융합하고 지역과 연계하여 OO 음악창작소에서 아이들이 녹음실을 체험하는 활동이 제시되어 있다. 앞서 언급하였듯 소규모학급이 아니고서는 어려운 수업 계획이지만, 이렇게 학교 특색을 살린, 교실에서 한 발 더 나아가 지역 공동체와 어우러지는 공동 수업 설계야말로 이 연구를 다른 연구들과 차별화하고 경쟁력을 갖게 한 강점이라고 생각한다.

5장

마무리하며

수업혁신사례연구대회로 연구의 세계 입문

2017년 학년에서 막내였던 필자는 올해는 다 같이 연구대회 하나씩 모두 나가보자는 부장님의 제안에 교실수업개선 실천사례 연구발표대회로 처음 연구대회에 참가하게 되었다. 정말 아무것도 모르던 상태로 입상작들을 넘겨보면서, 같은 학년 선배 선생님들께 하나하나 물어가면서 연구 보고서를 완성하고 제출하게 되었다. 지금 와서 생각해보니 그때 서툴렀던지라 보고서 한 쪽 쓰는 데 며칠이나 걸린 적도 있었고, 무턱대고 쓰다 보니 뭔가가 마음에 안 들어서 중간에 버리고 처음부터 다시 작업하기도 했었다. '완성만 하자.' 주문을 걸면서 보고서를 결국 완성했을 때 정말 뿌듯했었다. 이때 처음으로 연구 수업을 위해 예산도 사용해보고, 여러 가지 새로운 미술 수업을 구상하여 적용해보고 기록하며 보냈다. 그러다 보니 아이들과 더 많은 추억을 쌓고 더 많은 소통을 하게 되었고, 그게 좋아서 학급 운영과 수업에 더 흥미를 갖게 되었다.

필자는 초등 미술교육에 관심이 많고 미술을 사랑한다. 1등급의 경우 같은 교과 3년 출품 제한이 있다. 그래도 필자는 2017년, 2021년 모두 미술 교과로 연구하였다. 이 또한 장점이 있다. 연구가 발전하고, 깊어진다. 2017년의 경험이 바탕이 되어 2021년 수업혁신사례연구대회에 참가하여 좋은 결과를 얻을 수 있었다고 생각한다. 평소 미술 수업을 하면서 생각했던 것, 관심이 있었던 것, 내가 꿈꾸는 미술 수업을 그리면서 연구 주제를 정했고 연구를 실행하였다. 내가 좋아하는 미술 수업을 마음껏 연구하고, 아이들의 생생한 반응과 톡톡 튀는 미술 작품들을 기록해 나가는 일은 힘들었지만 신이 나는 나날이었다. 특히 연구 사후 검증을 위해 아이들의 연구 수업에 대한 속마음을 들었을 때, 처음 모습과는 전혀 다르게 변화된 아이들의 모습을 마주하고는 정말 놀랐었다. "선생님과 함께하는 미술 시간이 가장 즐겁다", "미술이 좋아졌다", "선생님을 만나고 미술이 무엇인지 이제 알 것 같다" 등의 말을 들었을 때 받은 감동은 말로 표현할 수 없다.

수업혁신사례연구대회 참가의 가치

수업혁신사례연구대회는 타 연구대회에 비해 난도가 높은 편이다. 그러나 어려운 만큼 큰 보람과 가치를 얻을 수 있다. 필자는 수업혁신사례연구대회 참가를 이런 사람에게 추천한다.

수업 커리어에 대한 증명이 필요한 사람에게 가장 적합한 대회다. 우리가 매일 하는 것이 수업이지만 수업 분야에서 쌓아 온 경험과 역량을 제대로 증명받을 수 있다. 시도마다 다르기는 하지만 전문직, 수석교사 선발 등의 시험에서 연구 관련 자격을 요구할 때, 수업 연구 능력은 다른 연구대회 점수와는 별개로 취급한다. 그만큼 수업 관련 대회는 타 연구대회와는 차별화된 레벨을 가진다. 같은 맥락에서 미래형 수업과 자기 수업 브랜드 갖기에 관심이 있는 사람에게 추천한다. 미래 교육환경에 적합한 수업에 대한 고민과 자기만의 수업 실행 연구에 특화된 연구대회는 이 대회뿐이다.

마지막으로, 넓은 범위를 아우르는 능력보다 하나의 교과 전문성을 깊이 있게 보여주는 것이 더 쉽고 적성에 맞는 사람에게 추천한다. 이와 반대되는 것이 인성교육실천사례연구발표대회라 할 수 있는데, 학교에서 이루어지는 모든 활동이 다 소재가 되고 이를 하나의 내용으로 엮어야 하기에 연계와 확장성이 매우 강하다는 특징이 있다. 수업혁신사례연구대회는 보고서 분량이 많아 어렵다고 하는 사람들이 많지만, 짧은 분량의 보고서로 말하는 것보다 오히려 길게 말하기가 어쩌면 더 쉬울 수도 있다.

기록하면 무한 성장할 수 있고 삶의 주도권을 가질 수 있으며, 기록은 우리를 지속적으로 성장시키는 힘이 있다는 말이 있다. 연구대회에 참가하게 되면 연구 보고서를 작성해야 하고, 어찌되었든 연구 수업을 계획하고 실행하고 이를 기록하게 된다. '기록하기 위해'라는 말을 개인적으로 좋아하지는 않지만, 분명 엄청난 힘을 가지고 있음은 부인할 수 없겠다. 또 이렇게 기록된 연구 보고서는 당연히 좋은 결과를 받을 수밖에 없다. 사실 '연구대회 안 나가도 수업 연구 충분히 잘할 수 있는데 뭐하러?'라고 생각했던 적이 있었는데, 두 시절을 다 경험해보니 적어도 필자는 연구대회에 참가하지 않았다면 긴 호흡으로 연구를 진행하는 경험은 하지 못했을 것 같다. 그러니 연구자 및 실천가로서의 교사, 교사의 또 다른 성장의 수단으로 연구대회를 바라봐 주길 바란다.

이렇게 마음먹고도 입상한 연구 보고서를 보고 나는 못 하겠다고 말씀하시는 분들 많다. 눈으로 쭉 보는 것보다 한 장 써보는 것이 더 확실하다. 또 디자인부터 화려하고 멋진 전문가 손길의 느낌이 나는 연구 보고서도 물론 있지만, 입상한 연구 보고서들을 살펴보면 선생님이 직접 하나하나 고심하여 작업한 정갈한 느낌의 연구 보고서가 훨씬 많다는 것을 알게 될 것이다. 그러니 걱정 말고 자신감을 가지고 도전해보면 좋겠다. 수업혁신사례연구대회를 완주하였다는 그 경험은 선생님을 새로운 연구자의 길로 데려가게 될 것임을 확신한다.

4부

인성교육실천사례 연구발표대회

1. 인성교육실천사례연구발표대회란?
대회요강 및 추진 일정·출품서류·보고서 구성
전략·연구 주제 선정

2. 인성교육실천사례연구발표대회 뜯어보기

3. 인성교육실천사례연구발표대회 노하우

4. 1등급 Key point

5. 마무리하며

By. **조수진** 선생님

수상 내역　2020 인성교육실천사례연구발표대회 충청북도 1등급 - 전국 3등급

전자신문 2020 정보과학 인재양성 우수교사 공모전 수상

경력 및 학위　충청북도교육청 교사

2023 충청북도교육청 에듀테크 지원단 소속

한국교원대학교 인공지능융합교육 석사 과정 재학

인성교육실천사례연구발표대회란?

1장

| 대회요강 및 추진 일정

인성교육실천사례연구발표대회는 현장 중심의 인성교육 교수·학습 방법 및 교육자료 개발과 적용 사례를 발굴하는 데 목적을 둔다. 대회명에 '실천'이 들어가는 만큼, 개학 이후부터 대회 출품 전까지 대회 취지와 연구 주제 기본 방향을 고려한 인성교육을 지속적으로 실천한 활동 실적이 중요한 대회이다. 본 대회는 교육부가 주최하는 대회지만 해마다 주관하는 기관은 달라질 수 있다. 교원, 기관 두 가지 분과로 참여할 수 있으며 시도 예선대회에서 1등급(교원) 또는 최우수, 우수상(기관)을 받으면 전국 단위의 본선대회에 진출하게 되고, 주관 기관의 심사를 거쳐 전체의 40% 이내로 선정되면 1~3등급으로 차등 적용된 상장을 받는다.

참가 대상	자격	연구 주제	출품서류
교원	· 유·초·중·고(특수학교 포함) 교사 및 교(원)감 · 1인 교원의 개인 연구에 한함 (공동 연구 불허)	대회 취지 및 연구 주제 기본 방향을 고려하여 연구주제를 선정하고, 연구윤리 등을 참조하여 독창성, 확장성이 드러나는 인성교육 사례	· 보고서 20쪽 이내 (부록 최대 5쪽 포함) · 겉표지 다음 장에 요약서 2쪽 이내 첨부
기관	· 유치원, 초등학교, 중·고등학교(통합/분리 가능), 교육지원청, 연수원 등 소속기관 · 동일 기관에서 교원, 기관 중복 출품 불가		· 보고서 40쪽 이내 (부록 최대 5쪽 포함) · 겉표지 다음 장에 요약서 2쪽 이내 첨부

표 4-1 **인성교육실천사례연구발표대회 대회요강**(2024년 기준)

최근 본 대회의 운영 방식에는 큰 변화가 있었다. 먼저 통합 예선대회의 유무다. 2022년에는 5개 시도교육청은 예선대회를 유지했지만 나머지는 통합예선대회를 운영하여 각 교원이 바로 전국단위 예선대회에 출품할 수 있었다. 하지만 참여율 저조로 2023년에는 기존처럼 모든 지역에서 시도 예선대회를 거치도록 규정 변경을 번복하였다. 다음은 심사 요소다. 2022년에는 본선 진출자에 한하여 심사 요소로 '동영상'을 추가했지만 2023년에는 이 규정을 철회하였다. 이렇듯 교육 환경 변화에 따라 대회요강이 수시로 변동하므로 대회 운영 계획을 꼼꼼히 살펴보는 것은 입상을 향한 필수적인 첫 걸음이다.

　인성교육실천사례연구발표대회는 여타 대회보다 예선대회 출품작 제출까지의 호흡이 긴 편이다. 자칫하면 연구 의지를 잃기 쉬운 장기 프로젝트이기에 전체적인 추진 일정을 미리 파악한 뒤 본인의 스타일에 맞게 개별 연구 타임라인을 세워두는 게 도움될 것이다. 보고서 출품을 위해 꼭 준수해야 하는 추진 일정을 바탕으로 필자가 거친 연구 과정은 다음 표와 같다.

월	추진 일정	개별 연구과제 (예시)
1~2월		· 교사수준 교육과정 재구성하기 · 활용 가능한 교육 자원 및 예산 확보하기 · 인성교육 도서, 인성교육 종합계획 및 관련 보고서 분석하기
3월	· 시도 예선대회 시행 공고 · OT(진행 여부는 시도별로 상이)	· 시도별 대회요강 철저히 분석하기 · 연구 주제 윤곽 잡기 · 학생 및 학부모 대상 실태 조사 실시하기 · 연구 준비의 얼개 짜기
4~6월	· 6월 초: 시도 예선대회 계획서 접수	· 인성교육 연구 방향과 연관 있는 수업 아카이빙하기 · 세부활동에 가장 적합한 **연구 실천**의 틀 완성하기 · **연구 준비, 연구 설계**의 도식화 부분 1차 완성하기
7~8월		· 가장 이상적인 구성의 **프로그램 추진 과제** 확정하기 · **연구 실천** 파트 완성하기 · 연구 준비, 연구 설계 파트 완성하기
9월	· 시도 예선대회 출품서류 접수	· 연구 결과 파트 완성하기 · 편집 마무리 및 표절 검사하기 · 보고서 표지, 요약본, 목차 제작하기
9월 말~10월	· 시도 예선대회 출품서류 심사 · 현장 실사 진행	· 실사 피드백 바탕으로 보고서 보완하기
10월 말	· 시도 예선대회 결과 발표	
11월	· 전국 본선대회 출품서류 접수 · 전국 본선대회 심사	
12월	· 전국 본선대회 입상자 통보 및 시상, 웹 탑재	

표 4-2 **인성교육실천사례연구발표대회 추진 일정 및 개별 연구과제 예시**

│ 출품서류

앞서 〈표 4-1〉에서 보았겠지만, 인성교육실천사례연구발표대회의 경우 출품서류가 여타 대회 대비 단순하다. 분량에 포함되지 않는 2쪽 이내 연구 요약서를 제외하고 20쪽 이내로 구성해야 하는 교원 분과 보고서는 크게 연구 준비→연구 방법→연구 내용→연구 결과의 흐름으로 구성된다. 보통 20쪽을 제출하는 보고서 대부분이 4-2-12-2의 형태로 작성된다. 또 일반적으로 실천하고자 하는 프로그램을 크게 4개의 대주제에 속한 3개의 하위 주제 또는 3개의 대주제에 속한 4개의 하위 주제로 잡아 총 12개의 소주제로 구성한다.

구성	내용	분량
연구 준비	연구 목적, 이론적 배경, 학생 실태 분석, 용어의 정의 등	3~4쪽
연구 방법	연구 대상 및 기간, 프로그램 개요, 교육과정 분석 및 재구성 등	2쪽
연구 내용	소주제 3 x 4 또는 4 x 3 구조의 프로그램 세부활동 안내	12쪽
연구 결과	프로그램 검증, 실천 결과 및 제언 등	2~3쪽
부록	참고문헌 및 활용한 교육부 개발 인증 프로그램 수록	
연구 요약서	연구 준비, 연구 설계, 연구 결과 중 핵심 내용	2쪽 이내

표 4-3 **20쪽 이내 보고서의 구성**

TMI

부록 구성에 대해

부록에 많은 내용을 포함하여 꽤 중요한 요소로 취급되는 여타 연구대회와는 다르게 본 대회에서는 부록이 그다지 중대한 역할을 하지 않는다. 추진계획의 제출물 분량 안내를 보면 5쪽 이내로 작성하라고 안내는 되어 있다. 하지만 내용적으로는 참고문헌과 연구에 활용된 교육부 개발·인증 프로그램만 언급하는 것으로 끝나고, 분량 또한 연구 결과 마지막 페이지의 끄트머리 일부를 차지하는 게 전부다. 그러니 애초에 부록의 분량은 고려하지 말고 연구 결과 부분이 모두 작성된 후 효율적인 편집을 통해 약간의 공간을 할애한다는 식으로 계획을 세우자.

| 보고서 구성 전략

앞서 출품서류 절에서 보았듯 전체적인 포맷은 어느 정도 정해져 있으므로, 여기서는 내 인성교육실천사례연구발표대회 보고서를 돋보이게 하려면 어떤 것을 고려해야 하는지, 보고서 구성 전략을 짚어보겠다.

전략 1 보고서 구성에 의도 담기

보고서에서 일차적으로 차별점을 드러내야 하는 부분은 **연구 준비**, **연구 결과**다. '실천'을 강조하는 연구대회임에도 보고서의 2쪽 요약서에는 '연구 실천'은 완전히 생략되고, 피땀 어린 활동들은 고작 프로그램 개요 정도로 대변된다. 이런 연구 요약서의 존재는 많은 것을 알려준다. 수많은 보고서를 검토하게 되는 심사위원들이 좋은 보고서와 그렇지 않은 것을 구별할 때 가장 먼저 보는 것은 요약서다. 따라서 개별 활동의 독창성은 우선적으로 고려하지 않는다고 해석할 수 있다. 그보다는 연구자의 연구 의도와 주로 응용한 이론들이 전체적인 교육과정과 확실한 연관성을 갖고 있으며 프로그램의 효과가 제대로 검증되었는지와 같은 전반적인 흐름과 논리성에 집중할 것이다.

사실 개별 활동 그 자체로 연구를 차별화하기란 여건이 비슷한 공교육 현장의 교사들에게 쉽지 않은 미션이다. 아마 다른 보고서들을 직접 분석해보면 여러분도 이런 생각이 들 것이다. '어? 이거 내가 교실에서 했던 수업이랑 비슷하네? 나도 충분히 할 만하겠는데?' 즉, 인성교육 프로젝트를 구성하게 될 수많은 활동들은 다른 선생님들의 것들과 크게 다르지 않다는 것이다! (물론 이 책을 읽는 선생님은 창의적이고 선진화된 교육 활동에 대해 지속적으로 연구, 적용하고 있다는 걸 안다. 문제는 선생님처럼 날고 기는 교사들이 연구대회에 뛰어든다는 사실……)

그렇다고 비슷비슷한 활동의 그저 그런 보고서를 완성하고 싶진 않을 터. 보고서 구성에서부터 주도권을 갖고 나만의 의도를 담아내는 방법은 무엇일까? 두 가지의 선택지가 있다.

레시피 1 **연구 준비, 처음부터 사로잡기**

첫 번째 방법은 보고서의 처음, **연구 준비**에 힘을 쏟는 구성이다. 본인이 해당 주제로 연구를 하게 된 계기가 극적으로 잘 드러나도록 연구 준비 부분을 색다르게 구성하거나 관련 이론에 대해 내가 얼마나 잘 이해하고 프로그램과 잘 엮고 있는지 상세히 설명한다.

이 방법은 사연 있는 교실에서 고군분투하며 본인도 모르게 훌륭한 스토리텔러가 되어버린 선생님에게 유리하다. 특별한 인성교육 적용이 불가피한 환경에서 학생들을 위한 고민으로 시작된 연구는 처음부터 그 진심이 드러날 수밖에 없다. 필자는 우수한 보고서를 여럿 분석해보았는데, 그중에서도 변화가 시급한 위기 학급을 대상으로 한 연구 보고서들은 유독 기억에 남고 감동까지 받았다. 요즘 세상에서 인성교육은 학생 행복과 직결되는 특별한 것으로 여겨진다. 학생들이 조금이라도 더 행복할 수 있도록 사명감을 다하는 모습을 연구의 필요성에 담아보자. 인성교육의 매력을 100% 살리는 방법이 될 것이다.

또 평상시 특정 학문에 깊이 파고드는 것을 즐기는 학자 스타일의 선생님에게도 추천한다. 논문 읽기도 재밌고 교육 관련 서적을 탐독하는 것이 취미가 될 수 있는 분들 말이다. 그런 선생님이라면 연구 주제의 배경 이론에 대한 지식이 풍부할 것이며 배경지식을 녹여낸 과정 자체가 보고서를 차별화하는 비결이 될 수 있다. 대회 추진 회차가 어느 정도 누적된 만큼 환경교육, 민주시민 교육 등 이미 웬만한 분야와의 콜라보가 이루어졌으니 각 분야의 특수성과 전문성의 깊이를 확장할 때가 된 것이다.

다음은 2021년 전국 1등급을 받은 보고서[1]인데, 연구 준비에만 무려 4쪽을 투자했음을 알 수 있다. 연구자는 연구의 필요성과 용어 정의를 매우 상세히 설명함으로서 해당 연구 주제의 당위성을 강조하려는 것으로 보인다. 이 경우 연구 결과의 분량은 2쪽이 된다.

그림 4-1 〈글로벌 W.I.T.H.+ 프로젝트로 더불어 사는 소우주 세계시민으로 거듭나기〉 중 연구 준비(1~4쪽)

레시피2 **연구 결과, 마무리를 특별하게**

두 번째는 보고서의 마지막을 담당하는 **연구 결과**에 투자하는 방법이다. 내 인성교육 프로그램이 얼마나 효과가 있었는지 잘 증명할 수 있는 선생님에게 유리하다. 따라서 학생 수가 적어 학생 개별 변화와 세부활동에 대한 반응을 구체적으로 수집하기 좋은 선생님에게 추천한다. 아무래도 연구 대상이 적으면 가정과의 연계도 용이할 테니 다각적인 연구 결과 정리가 가능할 것이다. 예시로 든 2021년의 1등급 보고서[2]는 연구의 효과를 검증하고자 학생 개별 변화 관찰 내용과 학생, 학부모의 소감을 매우 구체적으로 제시하였다.

그림 4-2 〈인성 T.O.P 스타(STAR)프로젝트를 통해 평화로운 민주시민으로 성장하기〉 중 연구 결과(18~19쪽)

혹은 검증 도구를 활용하여 연구의 효과를 증명하는 파트가 아니어도 연구를 마치며 정리하는 최종 결론에 힘을 줄 수도 있다. 결론 구성 방식으로는 연구 준비 단계의 연구 목적에 대응하는 도식으로 깔끔하게 정리하는 방식과 연구의 가치를 감성적으로 풀어내는 서술형 방식이 있다. 어느 쪽이든 하나의 방식을 취하되 결론에 오롯이 한 페이지를 투자하고 싶은 선생님은 이 방법을 택하자.

그림 4-3 〈**인성 T.O.P 스타**(STAR)**프로젝트를 통해 평화로운 민주시민으로 성장하기**〉 중 결론

이렇게 연구 결과+결론이 3쪽으로 구성되는 경우, 연구 준비 분량 역시 3쪽으로 확정된다.

전략 2 세부활동 최적의 조합 찾기

구성의 변형이 용이한 연구 준비, 연구 결과 두 파트와는 다르게 **연구 설계**는 대부분의 보고서가 약속이라도 한 듯 비슷한 형식을 취하고 있다. 2쪽을 꽉 채워 활용하지만 구성에 있어서 크게 많은 변화를 줄 수 있는 부분은 아니다. 하지만 어떻게 보면 이 2쪽이 보고서가 완성되기까지 이런저런 수정을 계속하고 가장 많은 시간을 투자해야 하는 부분이 될수 있다. 12쪽짜리 연구 실천은 보고서의 중추. 그리고 연구 설계는 연구 실천의 핵심만을 뽑아 담은 것이기 때문이다. 즉, 알짜 중의 알짜라는 말!

보고서 전체를 코스 요리로 봤을 때 메인 디시에 해당하는 연구 설계는 어떻게 돋보이게 해야 할까? 필자는 개별 재료, 즉 세부활동 선별과 활동 간 최적의 조합을 찾는 것이 답이라고 생각한다. 신선하고 질 좋은 재료가 잘 어우러진 요리는 맛있을 수밖에 없으니 말이다. 연구 설계의 주요 구성 요소는 단연 프로그램 추진 과제다. **프로그램 추진 과제**란 인성교육에 대한 가치관, 길러주고자 하는 **핵심역량과 인성 덕목**이 세부활동과 맞아떨어지는 모양을 보여주는 핵심 도식이다.

아무리 연구 준비 단계를 독창적이고 멋들어지게 준비해도 연구 의도를 구체적인 활동 사례와 연결하여 체계화하지 못하면 헛일이다. 연구 주제와 밀접한 관련이 있는 최정예 세부활동만을 찾아내야 한다. 특별함까지 더하려면 누구나 할 수 있는 듯한 수업도 연구 주제의 테마를 입혀 체화하는 게 필수다. 그리고 쉐프가 어울리는 재료끼리 배합하듯 세부활동을 이리저리 묶어보자. 풍미가 살아나는 최적의 조합은 분명 있다. 이렇게 보고서 구성 중 핵심이 되는 프로그램 추진 과제를 살리면 보고서 자체가 차별화된다는 것을 염두에 두자. 4-3장에서 연구 설계의 도식을 전략적으로 완성하는 방법을 설명했으니 기대해도 좋다.

| 연구 주제 선정

'인성'은 상당히 범교과적인 데다가 추상적인 대상이라 연구 주제를 잡는 것이 막막할 수 있다. 하지만 2021년부터 대회 추진계획 내 [연구 주제 선정의 기본 방향]에 교육부가 원하는 인성교육의 성격이 명확히 제시되어 있으므로 이를 참고하면 나만의 인성교육 방향의 가닥을 잡을 수 있다. 이렇듯 교육부 차원에서 주제의 방향을 일차적으로 잡아주는 이유는 빠르게 변화하는 시대 분위기와 그로 인해 여러 문제가 발생하는 교육 현실을 반영하여 미래지향적인 인성교육으로의 발전을 지향하기 때문이다. 요구하는 바를 분명히 제시함으로써 교사들이 전통적인 인성교육보다 이 시대에 적합한 인성교육 사례를 발굴해내길 바라는 것이다.

그림 4-4 에듀넷 티클리어 교육부 개발·인증 프로그램 자료 탑재 현황[3]

또 해당 대회는 교육부에서 개발·인증한 인성교육 프로그램을 적극적으로 안내한다. 교육부가 주최하는 대회인만큼 기 개발된 교육부 개발·인증 프로그램을 확장하여 연구 주제를 잡거나 여러 활동 중 일부로 활용하면 여러 모로 교육과정 개발에 용이할 수 있다. 해당 프로그램들은 에듀넷 티클리어(교육과정→교수·학습→범교과 학습 주제→인성 교육)에 학교급별로 탑재되어 있으므로 참고하자. 추가로 2023년에는 이전과는 다르게 '제2차 인성교육 종합계획'에 포함된 정부 부서별 인성교육 주제를 구체적으로 안내하였다. 이 또한 인성교육의 혁신적이고 창의적인 변화를 바라는 새시대의 요구가 구체적으로 반영된 것이라고 본다. (이 내용에 대해서는 4-4장 1등급 Key point에서 더 자세히 다루겠다.)

이렇게 기본 방향은 주최·주관 측에서 제시하는 만큼, 입상을 목표한다면 개인적으로 대회를 위한 주제 선정과 아이디어를 구상하기 앞서 대회 추진계획을 꼼꼼히 분석하여 상위 교육 기관 및 다른 교육 주체들이 원하는 인성교육에 대해 깊이 고민하는 것이 매우 중요하다. 이어서 같은 맥락에서 인성교육에서 보편적으로 중요하게 다루어지는 주제에 대해 소개하고자 한다.

인성교육의 근간을 이루는 두 기둥은 바로 **핵심역량**과 **인성 덕목**이다. 본 대회의 연구자라면 필수적으로 이 두 가지를 구성하는 하위 성분 중 어떤 것에 집중할 것인지 정해야만

한다. 이 결정이 세부활동 구성보다 선행된다면 하향식 접근을 취하는 것이고 그 반대라면 상향식 접근이다. 필자는 개인적으로 평소 관심 있던 세부활동을 먼저 구성한 뒤 관련된 역량과 덕목을 좁혀가는 상향식 접근을 추천한다.

핵심역량

먼저 구체적으로 살펴볼 것은 보다 보편적인 핵심역량이다. 인성교육 연구에서 목표로 두는 역량은 교육과정 총론에서 제시하는 그 핵심역량이 맞다. 결국 여러분이 설계하는 인성교육도 국가 교육과정의 테두리 안에서 재구성되므로 교육과정에서 제시하는 핵심역량 함양 또는 강화를 궁극적인 목표로 삼아야 하는 것이다. 따라서 우리 연구가 뿌리를 두고 있는 국가 수준 교육과정을 다시금 분석해보며 특히 눈여겨봐야 할 것들이 있는지 살펴보는 것이 좋겠다.

현 시점의 주요 포인트를 꼽아보자면 2022 개정 교육과정에서 미래의 불확실성에 대응하고자 공동체 의식을 중시하는 것, 기존의 의사소통 역량을 '협력적 의사소통'으로 개정한 것을 들 수 있다. 이를 연구 주제에 잘 녹여내면 교육적 변화 속에 담긴 의미를 예민하게 파악했음을 드러내면서 시의성이 뚜렷한 보고서를 완성할 수 있을 거다.

그림 4-5 2022 개정 교육과정 주요 내용

다음은 인성 덕목이다. 인성 덕목은 인성교육실천사례연구발표대회만이 다루는 요소이므로 핵심역량보다 특수한 개념이다. 인성교육을 연구하는 대회답게 프로그램에서 다루는 모든 활동은 특정 인성 덕목과 연관이 있어야 하고, 그 연관성을 분명히 드러내야만 한다. 또한 인성 덕목은 '연구 준비' 단계에서 학생들의 인성 실태를 파악하는 척도로서 활용되기도 한다.

인성 덕목이란 정확히 표현하면 **인성교육 핵심 가치·덕목**으로, 인성교육진흥법에 명시된 것을 일컫는다. 특히 8대 덕목으로 '예(禮), 효(孝), 정직, 책임, 존중, 배려, 소통, 배려'가 손꼽히며 보고서에서도 이 8가지를 활용하거나 보고서 방향에 맞는 다른 덕목들을 추가하기도 한다(보통 12가지로 맞추는 이유는 활동마다 관련 인성 덕목을 대응시켜야 하기 때문이다). 가치·덕목이라는 것은 시기별로 특정 사회의 문제 상황, 중핵적 가치, 시대적 요구에 따라 강조되는 인성의 개념에 따라 유동적이기 때문에[4] 그 범위가 분명하지 않다. 따라서 어떤 덕목을 추가할지 고민이라면 학생 실태 조사에서 주로 쓰는 KEDI 인성검사의 검사 항목을 참고하자.

순	인성 덕목 (하위요인)	구성 내용
1	자기존중	자기존중, 자기효능
2	성실	인내(끈기), 근면성
3	배려·소통	타인이해 및 공감, 친절성, 대인관계 및 의사소통능력
4	책임	책임성, 협동심, 규칙이행
5	예의	효도, 공경
6	자기조절	자기통제(감정, 충동, 행동), 신중성
7	정직·용기	정직성, 솔직성, 용감성
8	지혜	개방성, 판단 및 의사결정능력, 안목
9	정의	공정, 공평, 인권존중
10	시민성	애국심, 타문화이해, 세계시민의식

표 4-4 **KEDI 인성검사지 기본 구성**

인성교육실천사례연구발표대회 뜯어보기

필자는 교직 5년차에 접어들던 즈음 내 수업에 패턴이 생기면서 수업에 대한 초인지를 하게 됐다. 그러면서 '나는 우리반 학생들에게 꼭 필요한 교육을 하고 있는가?'란 고민에 빠졌고 그에 대한 평가 도구로 인성교육실천사례연구발표대회를 잡았다. 분명 처음에는 5년차 경력에 부응하는 전문성을 인정받고자 발을 들였던 것인데, 실제 보고서를 작성하는 내내 큰 목표를 향해 수렴하는 '나만의' 수업들을 탄생시키며 진심으로 수업에 몰입하는 스스로를 발견할 수 있었다.

인성교육실천사례연구발표대회 보고서

필자의 연구대회 도전 결과는 '초심자의 행운'이 따랐다고 할 수 있겠다. 첫 도전에 예선대회에서 1등급, 3등급이긴 해도 전국대회 등급까지 받을 줄은 몰랐으니까. 이렇게 정석이 아닐지는 몰라도 맨땅에 헤딩하듯 시작된 연구로 어느 정도 성과를 낸 이력을 지닌 필자의 보고서, 〈SUDA꽃 프로젝트로 신통방통한 화수분 교실 가꾸기〉를 함께 분석해보자. 보완할 점들을 함께 찾다 보면 완벽한 보고서로 공부할 때보다 오히려 많은 것을 얻어갈 거다.

구성 및 목차

앞서 보고서의 내용적 구성은 **연구 준비→연구 방법→연구 내용→연구 결과**, 크게 네 부분으로 나뉜다고 설명하였다. 하지만 본 대회의 목차는 대부분 다섯 파트로 구성된다. 연구 준비를 크게 Ⅰ, Ⅱ 두 부분으로 나누기 때문이다. Ⅰ에서는 연구 배경 및 필요성에 대해 다루고, Ⅱ에서는 연구 수업을 준비하는 과정을 설명한다. 필자는 로마자로 구분되는 소제목들을 꽃을 피우는 과정으로 비유하여 연구의 주제와 콘셉트를 살렸다. 소제목은 직관적으로 준비, 계획, 설계, 실천, 정리하기 등으로 명명해도 되고 필자처럼 취향껏 지어도 된다.

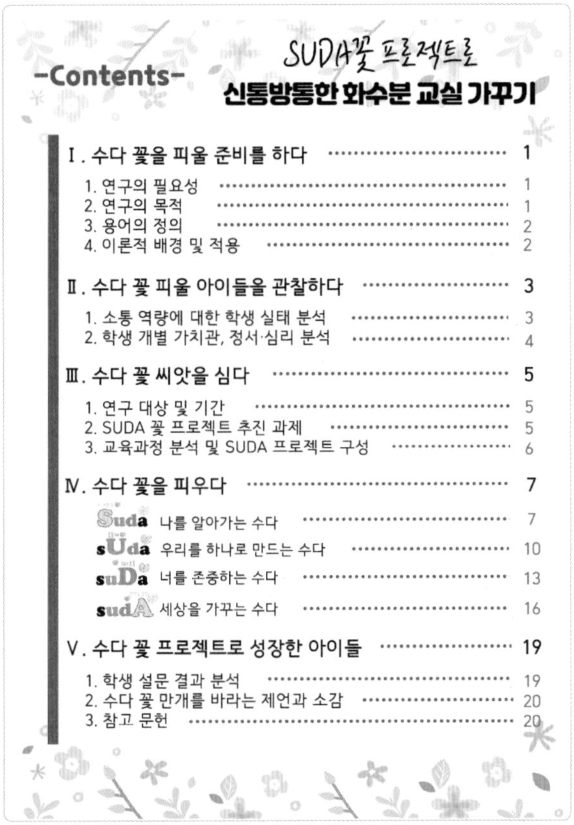

-Contents-

SUDA꽃 프로젝트로 신통방통한 화수분 교실 가꾸기

Ⅰ. 수다 꽃을 피울 준비를 하다 ···················· 1
  1. 연구의 필요성 ··········· 1
  2. 연구의 목적 ··········· 1
  3. 용어의 정의 ··········· 2
  4. 이론적 배경 및 적용 ··········· 2

Ⅱ. 수다 꽃 피울 아이들을 관찰하다 ··········· 3
  1. 소통 역량에 대한 학생 실태 분석 ··········· 3
  2. 학생 개별 가치관, 정서·심리 분석 ··········· 4

Ⅲ. 수다 꽃 씨앗을 심다 ··········· 5
  1. 연구 대상 및 기간 ··········· 5
  2. SUDA 꽃 프로젝트 추진 과제 ··········· 5
  3. 교육과정 분석 및 SUDA 프로젝트 구성 ··········· 6

Ⅳ. 수다 꽃을 피우다 ··········· 7
  Suda 나를 알아가는 수다 ··········· 7
  sUda 우리를 하나로 만드는 수다 ··········· 10
  suDa 너를 존중하는 수다 ··········· 13
  sudA 세상을 가꾸는 수다 ··········· 16

Ⅴ. 수다 꽃 프로젝트로 성장한 아이들 ··········· 19
  1. 학생 설문 결과 분석 ··········· 19
  2. 수다 꽃 만개를 바라는 제언과 소감 ··········· 20
  3. 참고 문헌 ··········· 20

그림 4-6 〈SUDA꽃 프로젝트로 신통방통한 화수분 교실 가꾸기〉 보고서 목차

서론 연구 준비

Ⅰ. 연구 준비1: 수다 꽃을 피울 준비를 하다

연구 준비 중에서도 연구 배경 및 필요성에 대해 서술하는 첫 번째 파트에서는, 특정 주제의 인성교육 연구가 요청되는 이유를 학급 또는 사회에서 찾아 내 연구가 꼭 필요하다는 메시지를 전달해야 한다. 연구의 계기를 마땅히 마련했다면 연구 주제의 의미와 이론적 배경에 대해 상세히 풀어서 교육적 효과에 대한 신뢰를 주자.

1 연구의 필요성

✳ Untact 시대, 마음의 문을 걸어 잠그다

1. 자신에 대해 알리고 싶지 않아 하는 아이들

학년 초 우리 반 학생들은 자신의 생각과 감정을 인식하고 표현하는 능력이 부족하고 자신감이 결여되어 가림막 쳐진 책상 안에서만 머물고자 했다. 즉, 서로에게 다가갈 마음이 전혀 없었다.

2. 차별과 갈등으로 인해 모래알처럼 흩어지는 우리 반

모둠 활동 중 불현 듯 들려온 소리. *"너희 엄마 북한 사람이잖아!"* 탈북민 어머니를 둔 친구에게 쏘아붙인 이 한마디가 보여주듯 우리 반 학생들은 늘 서로를 공격할 준비가 되어 있는 시한폭탄 같았다. 작은 사회인 교실 안에서 협력은커녕 차별하는 분위기와 해결되지 않는 갈등으로 작년부터 학폭이 일어났다.

3. 코로나 사태로 인해 서로를 경계하는 분위기 지속

위 문제를 악화시켰던 가장 심각한 문제는 사회의 언택트 문화 확산으로 서로에게 다가갈 기회를 놓친 채 모두가 함께 어우러져 행복할 수 있다는 사실을 차츰 잊어 갔다.

➡ **마음의 문이 닫혀 서로 통(通)하지 않는 분위기 ▶ 와해 되는 작은 사회, 교실**

💬 우리가 '소통'을 해야 하는 이유

홀로 살아갈 수 없는 세상이므로 우리는 작게는 교실에서부터 크게는 국가, 세계까지 사회에 속해 살아가야 하지만 그 속에서는 견해차로 늘 문제가 발생한다. 우리 반에서도 **탈북민과 지적장애 학생을 차별하고 친구를 따돌리며 폭언, 폭행하는 문제**가 발생했고 '빨리 집에 가고 싶어요. 학교에 있기 싫어요.' 라며 교실 내 구성원이길 포기하고자 하는 학생이 많았다. 이 모든 문제는 '소통'과 관련 있다.

'오해가 없도록 뜻을 서로 통한다'는 소통의 의미처럼 이 세상에 발생하는 모든 문제를 해결할 열쇠는 대화로써 '소통'하는 것이다. 소통을 통해 '나-타인-공동체'의 관계를 이해하여 그 속에서 **나의 본질을 탐색**하고 타인과 함께 문제를 해결하며 **공동체에 소속감을 가진 시민**으로 성장하는 인성교육이 절실하다.

코로나로 아이들이 얼굴을 맞대고 마음껏 대화하게 할 수 없지만 그럼에도 온라인 등 다양한 방식으로 아이들이 소통하는 법을 배우고 직접 해보며 교실이라는 작은 사회 내 구성원으로서 행복하도록 **시민성**을 길러주고자 한다.

2 연구의 목적

학생들은 소통이 이뤄지는 **공간**과 **대상**에 맞는 의사소통을 행하여 관련 역량을 기른다. 더불어 자신과 타인, 공동체에 **공감하며 갈등을 해결할 수 있는** 소통에 능한 시민이 되어 사회 전체의 행복과 발전을 추구할 수 있게 한다.

대상	핵심역량	공간	소통 목적
Self 자신	자기관리 역량	내면	함께 소통하려면 먼저 '나'를 이해해야 한다. 스스로와 소통하는 성찰 활동을 꾸준히 실천하여 나의 생각과 감정을 정확히 읽어내 조절하며 자존감을 단단히 세운다.
Unity 공동체	의사소통 역량	교실 안팎	공동체에 소속감을 갖고 구성원과 함께 의사소통하여 공동의 문제를 함께 해결하고 모두가 함께 발전할 수 있도록 지향하는 가치를 실현할 방법을 찾는다.
Debate 타인	공동체 역량		소통을 통해 서로 다른 생각과 가치관을 가진 타인을 이해·공감하고 타인과의 사이에서 발생하는 갈등을 해결하여 관계를 회복한다.
Art 통합	심미적 감성 역량	온라인 공간	세상의 자연적, 초월적 존재를 주제로 관련된 여러 여러 주체와 소통 하며 생명의 소중함과 아름다운 삶의 의미를 탐구함으로서 예술적 감수성을 향유한다.

3 용어의 정의

SUDA꽃 프로젝트로 신통방통한 화수분 교실 가꾸기

01 SUDA꽃 프로젝트

자신, 타인, 사회·공동체, 자연·초월로 구분되는 <u>소통의 대상</u>과 관계된 갈등을 **해결**하고 서로 **공감**하기 위해 각각의 대상과 소통한다.

이를 통해 <u>소통 역량</u>인 자기관리, 공동체, 심미적 감성, 의사소통 역량을 기르고 <u>소통 가치·덕목</u>을 발견한다.

나를 알아가는 수다	자신과의 관계
우리를 하나로 만드는 수다	사회·공동체와의 관계
너를 존중하는 수다	타인과의 관계
세상을 가꾸는 수다	자연·초월과의 관계

02 신통(神通)

#언제_어디서_상대가_누구든_통합

신통은 믿을 수 없을 정도로 놀랍다는 뜻으로 **온 마음, 온 세상, 온라인** 이 세 **공간** 속에서 언제나 건강한 소통이 이루어지며 소통의 **대상**이 누구든 놀라운 결과를 가져오는 소통이 가능하다는 의미이다.

03 방통(旁通)

방통은 자세하고 분명하게 안다는 뜻이다.
수다 소통 단계와 수다 기법을 분명히 알고 실천한다.

#수다_기법
소통에 참여하는 모두가 적극적으로 참여할 수 있도록 돕는 각종 토의·토론 기법

04 화수분 교실

#행복한_사회_구성원이_되기_위한_가치·덕목이_가득

어떠한 갈등과 문제도 수다(대화)가 있는 우리 교실을 통하면 모두의 **행복**과 세상의 **발전**을 가져올 보물 같은 가치가 끊임없이 **재생산**되고 꽃(화:花) 같은 **민주시민**이 자라난다는 의미이다.

4 이론적 배경 및 적용

가. 인성교육진흥법과 2015개정 교육과정

#자신의 내면을 바르고 건전하게 가꾸고 타인·공동체·자연과 더불어 살아가는 데 필요한 역량으로 **공감·소통**하는 **의사소통능력**과 **갈등해결능력**이 통합된 능력을 중시한다.

나. 인성 교육과 소통 교육의 관계1)

#미래 사회를 이끌어 갈 학생들을 위한 실천적 인성교육으로 사회에서의 **소속감**과 **시민성**을 길러주는 소통 교육을 핵심으로 꼽았다.

다. 인성 교육의 삼율 - 자기 조율, 관계 조율, 공익 조율2)

#인성도 교육을 통해 길러줄 수 있는 능력으로 여겨 **맞춤식의 체계적인 교육**이 필요함을 강조한다.
#인성의 핵심은 소통을 통해 **자신**의 감정과 욕구를 스스로 조율하고 **타인**과의 갈등을 조율하며 **공동체** 내에서 **공공의 이익**을 지향하는 단계적 조율 능력이 필요하다고 한다.

라. 적용

01) SUDA꽃_프로젝트_소통_교육의_목적
타인에게 공감할 수 있고 학생이 마주하는 갈등을 해결하는 능력을 길러주기

02) SUDA꽃_프로젝트_소통_교육_지향점
학생들은 사회에 소속감을 가져서 모두에게 행복을 가져다 줄 세상을 가꾸어 나갈 성숙한 시민으로 길러냄

03) SUDA꽃_프로젝트_운영_방법
-학생들의 상황과 성향, 소통 능력을 고려하여 소통 역량을 길러주기 위한 소통 가치 덕목을 채택
-자신, 타인, 공동체에 자연·초월을 더한 소통 주체별로 체계적인 소통 교육을 실시하여 단계적 소통 역량을 체득

　　연구의 필요성에서는 문제와 해결책을 동시에 보여주며 해결책의 당위성을 보여주는 것이 목표다. 이 부분은 요약서에서도 가장 먼저 등장할뿐더러 교사로서 얼마나 진정성 있게 학급과 현시대의 문제를 분석했는지 드러낼 수 있으므로 중요하다. 여기서는 당시의 상황과 교육 수요 즉, 교육 트렌드를 인지하고 있다는 인상을 풍기면 좋다. 필자는 처음에 '시민성'이라는 단어를 포함시키지 않았으나 실사 중 받은 피드백으로 요즘 '민주시민교육'이 강조되고 있으니 이 내용을 드러내면 좋겠다는 조언을 받아들여 수정하였다. 민주시민교육과 인성교육의 밀접한 연관성은 제2차 인성교육 종합계획(2021~2026)에 분명히 제시되어 있었는데, 5년마다 개정되는 본 계획을 꼭 참고하길 바란다. 당시는 코로나의 영향에 대해 언급하지 않을 수 없는 상황이었고 여기서 연구의 계기를 마련한 것은 잘된 점이라 본다.

　　필자 보고서의 연구의 필요성에서 아쉬운 점을 찾자면, 교육 전문가로서의 접근이 부족했다는 점이다. 필자는 문제를 드러내기 위해 교실 내 실제 사례 중심으로 서술을 하다 보니 민주시민교육의 중요성을 학문적으로 설명하거나 연구를 시작하게 만든 객관적 지표를 인용하는 등의 전략에 소홀하였다. 또 '소통'을 해결책으로 내놓았는데, 이는 다소 광범위하고 추상적인 개념이다. 그러므로 '토론교육'이라는 교육 방법을 매개로 하여 구체적으로 소개했다면 교육적으로 신뢰 가는 방안이 됐을 것이다. 연구의 필요성에서는 감성에 호소하는 스토리텔링 전략이 어느 정도 유효하긴 하지만 교육 전문가로서 현 세태를 분석하는 이성적인 서술과의 적절한 조화가 필요하다.

2 연구 목적

　　연구 목적에는 내 연구가 지향하는 최종 목표를 3~4가지로 정리한다. 연구 목적의 목표들과 연구의 필요성에서 제시했던 해결책과의 관련성은 당연한 고려요소다. 목표가 3개라면 세부활동의 구조가 3×4가 되는 것이고 4개면 4×3이 된다. 그리고 연구 목적에서 암묵적으로 적용되는 규칙이 있는데, 목표는 나-타인-공동체-세계 또는 자연 등 영역의 확장 순으로 작성한다는 것이다.

그리고 연구 목적에서는 보고서의 제목이 되는 부분을 노출하여 내 연구의 핵심 키워드를 중요하게 다뤄주는 것이 좋다. 필자 또한 보고서의 제목이었던 'SUDA꽃 프로젝트로 신통방통한 화수분 교실 가꾸기' 중 S,U,D,A를 4가지 목표와 1대1 대응시켰다. 혹시 U^{Unity}와 D^{Debate} 각각이 공동체와 타인과의 관계를 상징하는데 순서가 바뀐 것을 눈치챘는가? SUDA가 토론, 소통과 꼭 맞는 단어라 사용하고 싶어서 금기를 깨고 작성하였지만 별 무리는 없었다. 하지만 굳이 나-타인-공동체 확장 법칙을 깰 필요는 없음을 기억해두자. 지금까지 뜯어본 연구의 필요성 및 목적은 1쪽 안에 다 담기도록 구성하는 게 일반적이다.

▌3▐ 용어의 정의

용어의 정의에서는 내 보고서 제목을 구성하는 단어 하나하나의 의미를 풀어 설명해야 한다. 이미 이런저런 보고서를 찾아본 독자라면 분명 '제목들이 왜 이렇게 다 복잡해?' 싶었을 거다. 그럴 법도 한 것이 이 제목은 20쪽짜리 보고서를 한 마디로 압축해서 보여주는, 내 연구의 얼굴과도 같은 것이기 때문이다. 당연히 온갖 좋은 단어는 다 모아서 표현하고 싶을 터. 대부분의 보고서 제목에 하나쯤 꼭 등장하는 영단어는 영어 단어나 한글을 영어화한 단어의 머리글자만 따서 의미가 좋은 영단어로 재구성한 것이다. 뭐 하나 허투루 집어넣은 단어가 없기에 용어의 정의에서는 어떤 의도로 특정 단어로 제목을 구성하게 됐는지 조목조목 설명해야만 한다.

필자는 당시 나만의 연구에 테마를 입히는 아기자기한 이 작업에 심취해서 분량이 많이 늘어났는데 요약서에는 용어의 정의 부분에 보통 A4용지 1/4 정도밖에 할애하지 못해서 시각화한 이미지만 남겨두고 대부분 잘라내야만 했다. 그런 만큼 지금 이 보고서를 다시 작성한다면, 어차피 요약이 가능하니 이미지만 내용적으로 보충해서 남겨두고 나머지는 과감히 삭제한 뒤, 확보한 분량을 이론적 배경에 양보하여 학문적인 깊이를 좀 더 살릴 것이다.

▌4▐ 이론적 배경 및 적용

연구의 근거가 되는 이론을 소개하며 연구 주제와 연결 짓는 부분이다. 연구의 주제, 주요 학습 방법을 연구에 적용하는 근거를 마련하기 위해 전문 도서나 논문에서 내 연구에 적용한 점들을 찾아 인용하면 되는데, 문장 위주로 구성되는 부분이므로 주요 키워드는 굵은 글씨체로 강조해주자.

필자가 어떤 연구에 도전해볼까 고민할 때 인성의 중요성을 알려주어 본 대회 참가를 확정 짓게 만든 도서가 있다. 바로 조벽이 저술한 『인성이 실력이다』. 실제로 그 도서에서 연구의 키워드인 '소통'을 잡아냈기에 이에 대해 서술하였다. 독자들도 인성교육의 필요성을 일깨워준 도서가 떠오른다면 그 안에서 연구 주제를 찾고 이를 연구의 배경으로 삼아보자. 보통 보고서 주제를 잡고 관련 논문을 검색하는 목적이 분명한 공부를 하기 마련인데, 독서 시간에 우연히 얻은 지식으로 나만의 교육과정을 구성한다면 교육자로서 더 자연스럽고 주체적으로 다가가지 않겠는가? 그리고 그 과정과 깨달음을 이론적 배경에 잘 담는다면 분명 다른 보고서와는 다른 신선함을 가질 수 있을 거다.

필자의 보고서에서 아쉬운 점을 꼽자면 집중적으로 연구했던 분야에 대해 충분히 강조하지 않은 것이다. 이론적 배경과 적용은 내 연구가 전문성 측면에서 다른 연구와 얼마나 차별화되는지 표현할 수 있는 효과적인 장치다. 당시 필자가 근무하던 학교가 연구학교여서 특히 토의·토론 기법에 대해 열심히 배우고 적용할 기회가 있었음에도, 주요 학습 방법인 토의·토론의 효과와 적절함에 대해 서술하지 못한 게 아쉽다. 하지만 꼭 이론적 배경에서만 전문성을 드러낼 수 있는 건 아니다. 연구 실천 등에서 전문성을 드러낼 장치를 충분히 심는다면 이론적 배경을 과감히 생략하고 참고문헌으로 대체하는 경우도 있다.

TMI

연구 준비1 작성 팁

다른 보고서들을 분석해보면 알겠지만 연구 준비의 첫 번째 파트에 꼭 들어가는 항목은 연구의 필요성 / 연구의 목적 / 용어의 정의 정도이다. 그리고 경우에 따라 선행 연구 분석이나 인성교육 프로그램의 흐름도, 효과적인 연구를 위해 물리적 교육 환경을 조성하는 과정을 나타낸 경우도 있었다. 항목을 구성할 때 가장 중요한 건 암묵적인 규칙이 아니라 '내 연구 주제의 깊이를 살리고 신뢰도를 높이려면 어떤 요소가 들어가면 좋을까?'라는 창의적인 생각임을 잊지 말자.

연구 준비의 두 번째 파트인 학생 실태 분석에서는 연구 준비 1에서 제시했던 문제를 학생 개별적으로 좀 더 구체화한다. 보통 검사도구를 통한 학생 실태 조사 - 결과 해석 - 해결책 제시의 구조로 구성하면 된다.

 소통 역량에 대한 학생 실태 분석

01) **연구·분석 대상 및 분석 시기_** 4학년 학생 26명 / 2020년 6월, 9월
02) **분석 목적_** 소통 역량을 측정하여 프로그램의 효과를 확인
03) **분석 검사지 내용_** 소통 역량과 소통 가치·덕목에 대한 실태 조사를 위해 학생정서행동검사와 KEDI 인성 검사 항목을 **소통 역량**과 **수다 가치·덕목** 내용에 맞게 재구성한 5점 척도 검사지

소통 역량	가치 덕목	역량 평균	문항내용	문항 평균값
자기관리 역량	성실	2.7	한 번 하겠다고 마음먹은 일은 끝까지 노력하여 달성한다.	3.5
	용기		나는 어떤 일이든 도전하면 해낼 수 있다.	2.1
	자주		나의 목표를 위해 내가 할 일이 무엇인지 분명히 알고 스스로 할 수 있다.	2.4
공동체 역량	정의	3.9	나는 다른 사람을 있는 그대로 받아들이고 차별하지 않는다.	4.1
	협력		혼자 해내기 힘든 일은 친구들과 함께 한다.	3
	나눔		다른 사람을 위해 내가 잘 하는 것이나 갖고 있는 것을 나눌 수 있다.	4.8
의사소통 역량	존중	3.6	다른 사람도 모두 소중한 존재라고 생각한다.	4.6
	경청		다른 사람의 이야기를 귀 기울여 듣는다.	2.8
	배려		어떤 일을 할 때 상대방의 감정을 고려하여 행동한다.	3.4
심미적 감성 역량	공감	3.3	사람이 아닌 생명체가 처한 문제나 어려움을 알게 되면 도와야 한다는 생각이 든다.	3.9
	책임		우리 마을과 나라가 더 발전하려면 어떤 일을 해야 하는지 안다.	3.2
	끈기		쉽게 해결되지 않는 일도 포기하지 않고 해결한다.	2.7

결과 해석	수다 솔루션
#용기_자주_가치덕목_문항_값_최하점 학생들이 스스로와의 소통을 해본 경험이 부족하여 자존감이 많이 떨어져 있음을 보여준다. 이와 관련하여 학생들은 아래와 같은 구체적 사례를 보였다. •학교 생활과 과제에 대한 자기 결정 의지가 부족 •자신의 생각을 말하는 활동 회피 경향이 심각하여 <u>타인과의 관계 형성 단계까지 순차적으로 진행하는 것이 어려웠음</u>	• **자신과의 관계는 인성의 뿌리가 되는 단계**이므로 중요하게 다룬다. 학생들이 다양한 주제에 대해 스스로에게 묻고 답하는 기회로, 자신의 생각과 감정을 충분히 이해하는 활동이 필요하다. • 매일 자신의 생각과 감정을 읽고 자신에게 힘을 주는 말을 건넬 수 있는 아침 활동과 자신이 살고 싶은 삶의 방향을 결정하는데 도움이 되는 **자기 성찰 활동**을 행해야 한다.
#나눔_존중_가치덕목_문항_값_최상점_그러나 해당 가치덕목의 문항내용은 **인간에 대한 기본적인 인식**에 대해 묻는 것들로, 학생들이 마음 깊숙한 곳에는 다른 사람들에게 관심과 애정을 갖고 있으며 <u>소통의 가능성이 있음</u>을 보인다. 다만 이러한 생각이 **실천적으로 발휘되는** 나머지 문항에 대해서는 평균값이 대체로 낮았다.	• 학생들이 기존에 갖고 있던 인간관계에 대한 긍정적인 인식을 행동으로 옮기고 그로 인해 발견되는 가치가 **습관화**될 수 있게 특색 활동, 창체 시간 등을 적극적으로 활용하여 학급 규칙, 놀이 형식의 **실천적 활동**을 행한다. • 가치 덕목에 대한 실천 방법을 대화를 통해 찾고 **실천 경험을 나눌** 기회를 제공한다.

학생 개별 가치관, 정서·심리 분석

#개별 학생의 특성을 질적으로 연구하고자 학생의 현재 **가치관**과 **심리 상태**에 대해 분석하였다.
1) 코로나 19 영향으로 학생 관찰 기회가 줄었으므로 **다양한 분석 활동**(나의 뇌구조, 나를 맞춰봐 퀴즈 활동)과 등교 수업 때마다 수시로 **대면 상담**을 진행했으며 정서행동특성검사도 실시하였다.
2) 분석 결과를 바탕으로 **소통 강점**과 <u>소통에 어려움을 겪은 원인인 소통 약점</u>을 밝혀내 개별 약점 보완에 집중하고 학생들로부터 의미 있는 대화를 이끌어 낼 적합한 수준과 내용의 소통 키워드를 정했다.

※음영 셀_ 집중 지도가 필요한 정서행동특성검사 관심군 학생

이름 성별: 여	☀소통 강점 ☙소통 약점	소통 키워드	이름 성별: 남	☀소통 강점 ☙소통 약점	소통 키워드
고OO	☀밝은 성격으로 타인에게 잘 다가감 ☙경청 태도 부족	나의 꿈 환경(동물)	고OO	☙다혈질 성격과 거친 태도로 학생들에게 위협이 됨	축구 게임
김OO	☙소극적인 성격으로 실수를 두려워 함	그림 그리기 가족	김OO	☀몸이 아픈 동생을 돌보며 '정의' ↑ ☙늘 우울한 태도	독서 축구,가족
김OO	☀친구가 많고 온라인 소통 경험이 풍부	그림 그리기 가족	김OO	☀자신감 넘치는 성격 ☙자신의 감정을 이해하는 능력이 서툼	나의 꿈 축구
박OO	☙평소에 혼자 있기를 좋아하며 나의 특징이 무엇인지 모름	운동 가족	김OO	☀지적장애 아동으로 늘 밝게 웃음 ☙소란스러움을 못 견딤	다마고치 수영
서OO	☀친구에게 편지 쓰기를 좋아함 ☙화를 잘 내는 성격	편지쓰기 감정	김OO	☙-학업 스트레스로 틱 장애가 있고 늘 무심하며 동식물을 좋아하지 않음, 습관적으로 폭언, 폭행을 함	축구
신OO	☙어머니의 부재로 집에서 이야기 나눌 가족이 없어 외로움	아이돌 가수 사진 편집	박OO	☙탈북민 가정 자녀로 주위의 잘못된 인식으로 인해 피해의식	독서 축구
신OO	☙소심해서 잘 우는 성격이며 3명 이상의 친구가 모이면 말을 못함	영어 가족	서OO	☀유쾌한 성격, 개그감 ☙맡은 일을 잘 안 해서 공동체에 피해를 줌	영상 편집 컴퓨터
이OO	☀리더십이 뛰어남 ☙짜증을 잘 내는 성격	운동 반려동물	이OO	☀평화로움을 좋아함 ☙소극적인 성격으로 혼자 있기를 좋아함	유튜브 가족
전OO	☀지적장애 동생을 돌봐주면서 '정의' ↑	봉사활동 영상 편집	이OO	☀자신이 잘 하는 것을 앞에서 자신감 있게 보여줌	컴퓨터 영상 편집
정OO	☙외동으로 지내면서 외로움, 소심한 성격	그림 그리기 아이돌 가수	장OO	☀자발적으로 교실청소를 하고 도전 정신이 강함	합기도 독서
정OO	☙학폭 피해자로 대인 관계에 두려움을 갖고 있고 탈북자에 대한 편견이 있음	친구 관계 동식물	홍OO	☀지적장애 아동으로 무엇이든 용기를 갖고 도전함 ☙정리정돈을 안해서 친구들의 면박을 받음	영화 가족
천OO	☙친구에게 직설적으로 말해서 상처를 줌	그림 그리기 친구 관계	이OO	☀3월 전학생으로 적응력이 빠르고 친절한 성격, 온라인 소통 활발히 참여	그림 그리기 친구 관계
황보OO	☙왕따를 당한 경험으로 대인관계에 두려움을 갖고 있음	아이돌 가수 친구 관계	이OO	☙2학기 전학생으로 새로운 환경에 적응을 어려워 함	그림 그리기 친구 관계

↓관심군 학생 뇌구조 분석 사례↓

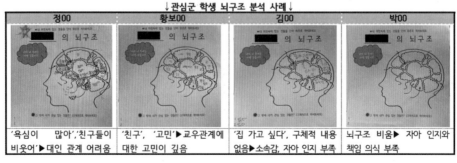

정OO	황보OO	김OO	박OO
'욕심이 많아','친구들이 비웃어'▶대인 관계 어려움	'친구', '고민'▶교우관계에 대한 고민이 깊음	'집 가고 싶다', 구체적 내용 없음▶소속감, 자아 인지 부족	뇌구조 비움▶자아 인지와 책임 의식 부족

1 양적 검사 소통 역량에 대한 학생 실태 분석

필자는 4가지 핵심역량을 아우르는 소통 역량을 의도적으로 정의하였고 해당 역량의 실태를 조사하기 위해 양적 검사도구를 활용하였다. 본 대회 연구 특성상 거의 대부분 양적 조사 설문지인 KEDI 인성검사를 꼭 활용한다. 하지만 검사지를 그냥 활용하지 않고 연구 대상 학생 수준에 맞도록, 핵심역량에 대응하는 가치·덕목에 특화되도록 재구성하는 경우가 대부분이다. 필자의 경우엔 학생정서행동검사에서도 특정 내용이 연구와 맞닿은 지점이 있음을 발견하고 몇 개의 문항을 참고하여 인성검사지를 재구성하였다. 이처럼 KEDI 인성검사의 재구성 자유도는 꽤 높은 편이므로 본인의 연구 취지를 살릴 수 있는 문항을 적절히 선택하고 보충해보자.

그렇게 준비한 맞춤형 설문지의 결과와 분석한 시사점, 연구 주제와 관련된 해결책을 분명하게 제시하여 연구의 필요성을 납득시키는 것이 매우 중요하다. 필자 또한 '결과 해석'에 따른 해결책인 '수다 솔루션'을 대응시켜 작성했음을 알 수 있다.

조사·검증 대상	조사·검증 유형	조사 내용	조사·검증 방법
학생 학부모(가정 협력이 필수적인 연구에 한함)	양적 조사·검증	핵심역량 및 가치·덕목 함양 정도	**KEDI 인성검사** (재구성 가능), 각종 논문 내 설문 자료 등
	질적 조사·검증	학생 생활 특성, 정서·심리 상태 및 특정 역량에 관한 학생 관심과 능숙도	관찰 자료, 대면·비대면 상담 자료, 각종 논문 내 설문 자료, 소감문 등

표 4-5 **학급 실태 조사 및 검증 방법**

2 질적 검사 학생 개별 가치관, 정서·심리 분석

더불어 등장하는 질적 조사는 보다 관심을 기울여야 한다. 지나치게 일반적이고 전체적인 평균 점수에 의미를 두는 KEDI 인성검사와 달리, 본인 연구에 특화된 심층 조사를 진행할 수 있을 뿐만 아니라 특히 관심이 필요한 학생 3~4명 정도를 가려낼 수 있기 때문이다. 인성교육 연구에서는 유독 관심군 학생에게 집중하는 경향이 있다. 관심군 학생마저 온전히 아우르고 그들에게 특히 교육 효과가 있었음을 검증해야 하므로 질적 조사 결과에서 눈에 띄게 편집하고 개별 처방을 내려준다. 필자는 관심이 필요한 학생들의 문제만을 부각해서 설명하였지만 그들이 겪는 어려움 해결을 위한 인성교육 해법을 따로 제시해 주면 보다 철저한 연구가 될 것이다. 또한 필자는 질적 조사 결과에서 연구에 도움을 받을 수 있는 학생들의 강점을 따로 언급하여 SWOT 분석을 생략하였지만 한층 세밀한 분석을 요한다면 질적 조사 결과 이후에 SWOT 분석을 덧붙이기도 한다. SWOT 분석에 대해서는 이후 4장에서 다시 언급하겠다.

TMI

조사 도구의 통일

보통 3월 초, 실태 분석 단계에서 쓰인 양적·질적 조사 도구들은 연구가 마무리될 즈음인 9월, 연구 결과 작성 단계에서 검증 도구로 동일하게 활용되므로 보고서의 수미상관을 담당하는 셈이다. 연구 효과 증명을 위해 조사와 검증에서 쓰이는 도구를 통일하여 확실한 변화가 있었음을 짚고 연구의 신뢰도를 높이도록 하자.

여기까지가 연구의 방향을 결정하는 연구 준비 단계다. 탄탄한 이론 연구와 철저한 문제 분석을 통해 연구의 방향을 잘 이끌어냈다면 연구의 실제 프로그램의 큰 그림을 그려보는 연구 설계 단계로 넘어가자.

본론 연구 방법 및 연구 내용

Ⅲ. 연구 설계: 수다 꽃 씨앗을 심다

비로소 구체적인 연구 대상 및 일정 그리고 연구를 완성하는 세부활동의 실체가 드러난다. 보고서의 꽃인 프로그램 추진 과제가 등장하는 파트인 만큼 연구의 본론에 접어든 것이다. 여러 보고서를 살펴보면 형식상 일관된 형태를 유지하나 내용적으론 연구의 정체성과 같으므로, 30여 가지가 넘는 활동들을 모아내는 과정은 꽤 혹독할 것이다.

1 연구 대상 및 기간

OO초등학교 4학년 O반, 남11 여15 총 26명 2020년 2월 ~ 2020년 11월
(2020년 11월~이듬해 1월까지 같은 주제로 교육과정 편성 및 운영 예정) ※음영 셀: 코로나19로 개학이 연기되어 온라인 학습 준비를 집중적으로 한 시기와 내용

단계	절차		연구 시기(월)									
			2	3	4	5	6	7	8	9	10	11
계획	주제선정	주제선정	♥	♥								
	방향설정	이론적 배경 조사, 실태조사	♥	♥	♥							
	계획수립	관련자료 수집 및 교육과정 재구성	♥	♥	♥	♥						
	원격수업 준비	원격수업 설비 구비 및 활용 방법 연구		♥	♥	♥	♥	♥	♥			
실행	온라인 학습 교육	온라인 학습 방법·태도 교육 및 줌으로 학습 수준 파악			♥	♥	♥					
	활동구안	프로젝트 활동 구안			♥	♥	♥					
		온오프라인 블렌디드 학습 활동 구안			♥	♥	♥	♥	♥			
	활동실행	프로젝트 활동 적용			♥	♥	♥			♥	♥	♥
정리	보고서작성	적용 내용 정리 및 보고서 작성								♥	♥	♥
	결과반성	활동 반성 및 발전 방향 도출								♥	♥	♥

2 SUDA꽃 프로젝트 추진 과제

S elf — 나를 알아가는 수다 — 자기관리 역량

1. 매일 나에게 말 걸기
- 1일 1기적 외치기
- 오늘의 주인공
- 운명의 단어 찾기

온 마음 — 성실

2. 친구에게 보여주기
- 감정을 이해해요
- 능력을 보여줘요
- 노력을 보여줘요

온 세상 — 용기

3. '자주' 말 걸기
- 북적북적 독서왕
- 행복한 스친 되기
- 환경 지키미 되기

온라인 — 자주

U nity — 우리를 하나로 만드는 수다 — 공동체 역량

1. '함께'라는 마음 갖기
- 아세만 프로젝트
- 코로나를 이겨내자!
- 남북, 우리는 하나

온 마음 — 진의

2. '함께' 힘 모으기
- 비타비 코인을 모아라
- 우리 마을을 깨끗이
- 농촌과 힘 모으기

온 세상 — 협력

3. 언제나, '함께'
- 우리 지역 안내 자료
- 세상에 능력 나누기
- 함께, 씨빗 해킹!

온라인 — 나눔

D elf — 너를 존중하는 수다 — 의사소통 역량

1. 존중 수다 준비
- 말잘쌤 어린이 되기
- 마니또에게 편지 쓰기
- 가치 덕목 사전에 담기

온 마음 — 존중

2. 눈 맞춰 들어주기
- 비타비 소통실
- 킹슬로븐 토론
- 수학도 문제없어

온 세상 — 경청

3. 배려의 수다 나누기
- 마니또와 비밀 대화
- 전학 온 친구 돕기
- 차근 코딩, 배려대화

온라인 — 배려

A rt — 세상을 가꾸는 수다 — 심미적 감성 역량

1. 취향을 공감해요
- 시 낭독회
- 지구야 아프지마
- 초록이들과 함께

온 마음 — 공감

2. 예술로 표현해요
- 우리가 책임질 생명
- 작품 속 아름다움
- 모둠 광고 찍기

온 세상 — 책임

3. 온라인도 능숙하게
- 영화 감상실
- 아름다움을 찾아서
- 북트레일러 만들기

온라인 — 끼기

성찰하기 글쓰기 발표하기 / 토의토론 회의하기 / App 활용 화상 대화

수다 통통 ▶ **행복 통통**
수다 소통 단계 & 소통 기법으로 대화 나누기 / 갈등해결 & 공감 소통으로 행복한 사회 구성원 되기

3 교육과정 분석 및 SUDA 프로젝트 구성

SUDA 프로젝트				교육과정 연계		시기
역량	주제	기법	활동 내용	관련교과 및 단원	활동 내용	
나를 알아가는 수다 ▼ 자기관리역량	매일 나에게 말걸기 〈성실〉 온 마음	명상하기 기적노트 감정카드 만다라트	1일 1기적 외치기	특색-아침활동	-매일 아침 나에게 힘을 주는 말하기 -다짐한 것 성실히 실천하기	연중
			오늘의 주인공	특색-학급규칙	-돌아가며 오늘의 미덕의 보석 정하고 실천하기 -성실하게 수행한 일에 대해 칭찬하기	연중
			운명의 단어 찾기	창체-진로활동 미술-느낌과 생각대로	-만다라트로 내 꿈 찾기 후 떠오르는 느낌과 생각을 타이포그래피 기법으로 나타내기	9월
	친구에게 보여주기 〈용기〉 온 세상	멀티플로우맵 수직선 토론	감정을 이해해요	국어-독서 단원	-부정적 감정 원인을 파악하고 현명하게 표현 하기	6월
			능력을 보여줘요	창체-진로활동 미술-꿈과 끼를 펼쳐요	-사실의 콘서트(사소해도 실수해도 괜찮은 우리의 콘서트)	8·10월
			노력을 보여줘요	체육-체력 운동으로 건강한 생활	-운동 계획 세우고 실천 후 노력 발표회 열기	8·9월
	'자주' 말걸기 〈자주〉 온라인	온라인 회의 패들렛맵 잼보드	북적북적 독서왕	국어-내용을 간추려요	-독서 습관 기르고 요약하기	연중
			행복한 스친 되기	국어-바르고 공손하게 창체-정보교육	-온라인 학급 회의를 통해 행복한 '스마트 친구'되는 방법 토의하기	9월
			환경 지키미 되기	사회-지역의 공공기관과 주민참여 창체-정보교육	-우리 지역의 쓰레기 문제를 해결하기 위해 '잼보드'로 마인드맵 하기 -실천 브이로그 제작하기	7월
우리를 하나로 만드는 수다 ▼ 공동체역량	'함께'라는 마음 갖기 온 마음	편지 쓰기 영상 찍기 신호등 토론	아세만 프로젝트	사회-지역의 공공기관과 주민참여 국어-편지를 써요	-공공기관에서 종사하는 사람들의 역할 배우기 -아름다운 세상을 만들기 위해 노력하는 사람들에게 편지 쓰고 전달하기	7월
			코로나를 이겨내자	국어-느낌을 살려 말해요 창체-정보교육	-의료진에게 덕분에 챌린지 영상 보내기 -코로나를 이겨내기 위해 희망을 전하는 교실 꾸미기	6월
			남북, 우리는 하나	도덕-하나 되는 우리	-탈북민을 대하는 우리의 자세에 대해 토론하기	7월
	'함께' 힘 모으기 온 세상	봉사 활동 모서리토론 육색사고모	비타비 코인을 모아라	특색-강화 제도 사회-지역의 공공기관과 주민참여	-우리반을 위해 기여하고 쿠폰 받기 -비타비 코인으로 공동의 목표 정하기	연중
			우리 마을을 깨끗이	창체-환경보호활동 사회-촌락과 도시의 생활모습	-지역 문제 해결을 위해 주민으로서의 역할 실천하기 -학교 옆 00천 환경 가꾸기	8월
			농촌과 힘 모으기		-도시와 농촌의 교류 프로그램 계획하기	9월
	언제나, "함께" 온라인	PMI 토의 비주얼 콘텐츠 만들기	우리 지역 안내 자료	사회-우리가 알아보는 지역의 역사 사회-사회 변화와 문화의 다양성	-우리 지역 안내용 자료 만들기를 위한 계획서 작성하고 온라인 대화방에서 토의하기 -온라인 시각 자료 만들기	7월
			세상에 능력 나누기	도덕-함께 꿈꾸는 무지개 세상	-내가 꿈꾸는 세상을 만들기 위한 포스터 만들기	7월
			함께, 씨빅 해킹!	창체-정보 교육	-코로나19를 만든 중학생의 나눔 정신 배우기 -우리 지역 문제 해결을 위한 어플 계획하기	6월
너를 존중하는 수다 ▼ 의사소통역량	존중하는 수다 준비 온 마음	역할극	말잘씀 어린이	국어-자랑스러운 한글 도덕-공손하고 다정한옷	-자랑스러운 한글의 소중함과 바르게 쓰는 방법 알기 -말잘씀 암행어사 활동하기	8월
			마니또에게 편지쓰기	국어-마음을 전하는 글을 써요	-다양한 상황에서 상대방에게 진심을 전하는 방법 알기 -마니또가 되어 편지쓰기	9월
			가치덕목사전에 담기	국어-사전은 내 친구 도덕-도덕 과목 행복한 우리	-내가 중요하게 여기는 가치덕목의 뜻을 설명하는 사전 만들기	6월
	눈 맞춰 들어주기 온 세상	킹솔로몬 CDI 토론	비타비 소통실	특색-교우관계	-오해가 생겼던 친구와 대화한 후 갈등 해결 방명록 남기기	연중
			킹솔로몬 토론	창체-교실놀이 사회-촌락과 도시의 생활 모습	-의사소통 역량을 길러주는 킹솔로몬 게임 즐기기 -도시와 촌락의 특징을 근거로 토론하기	연중
			수학도 문제없어	수학-분수의 덧셈과 뺄셈	-분수의 덧셈과 뺄셈의 계산 방법 CDI 토의하기 -또래 교사가 되어 친구 도와주기	10월
	배려의 수다 나누기 온라인	패들렛 워드 클라우드	마니또와 비밀 대화	수학-삼각형	-친구 문제 풀어주며 배려하는 말하기 실천하기	10월
			전학 온 친구 돕기	창체-적응활동 도덕-힘과 마음을 모아서	-전학 온 친구를 돕는 배려 방법 토의하기	8월
			차근코딩 배려대화	창체-정보통신교육	-code.org로 코딩 도전하고 컴퓨팅 사고력 인증하기	9월
세상을 가꾸는 수다 ▼ 심미적감성역량	공감으로 마음 채우기 온 마음	픽셔너리 토의	시 낭독회	국어-생각과 느낌을 나누어요	-시를 읽고 시인의 마음 공감하기 -좋아하는 시 낭독 후 픽셔너리 토의하기	6월
			지구야 아프지마	과학-식물의 한 살이 미술-움직이는 장난감	-'지구의 날'을 맞아 일회용품 쓰레기로 새활용 작품 만들기	6월
			초록이들과 함께	과학-식물의 생활 과학-식물의 생활	-강낭콩을 관찰하고 기르기 -식물의 특징을 활용한 예를 조사하기	4·9월
	예술로 표현해요 온 세상	스피드 발표	우리가 책임질 생명	국어-일에 대한 의견 미술-느낌과 생각대로	-거제씨0드 사건과 관련하여 의견 말하기 -'돌고래' 타이포 그래피 작품 그리기	7월
			작품 속 아름다움	사회-우리 지역 문제 미술-작품 속으로 퐁덩	-미술작품에 대한 느낌과 생각을 표현하기 -미술 작품을 보존할 책임에 대해 생각해보기	10월
			동생에게 알려주기	도덕-힘과 마음을 모아서	-'협동'의 가치를 담은 광고 찍기 -3학년에게 광고 보여주고 협동 관련 그림책 읽어주기	10월
	온라인도 능숙하게 온라인	써클맵 토의 영화 뮤직랩	영화 감상실	국어-이어질 장면을 생각해요	-영화 〈우리들〉속 인물의 생각과 행동 분석하기 -〈우리들〉속 인상 깊은 장면, 대사 이야기 나누기	9월
			아름다움을 찾아서	도덕-아름다운 사람이 되는 길 음악-즐겁게 신나게	-진정한 아름다움 탐색하기 -6/8박자 살려 음악을 만들고 함께 감상하고 즐기기	7월
			북트레일러 만들기	국어-독서 단원 창체-정보통신	-온책읽기 도서 〈이게 정말 나일까?〉 북트레일러 제작하기	9월

1 연구 대상 및 기간

실제적인 연구 프로그램 제시에 앞서 연구의 대상과 연구 기간을 요약하여 보여주는 부분이다. 예선대회에 보고서를 제출하는 시기는 보통 9월 중순이다. 그러면 연구 기간을 9월까지로 해야 할 것 같지만 우리 연구의 기간은 1년, 즉 해당 학급을 담당하는 한 학년도 전체로 잡아야 한다. 요즘은 3월부터 다음해 2월까지로 연구 기간을 잡는 것이 추세이다. 물론 실제적인 주요 연구는 1학기에 대부분 이뤄지고 보고서 작성 또한 9월 초순에 마무리되겠지만 연구의 신뢰도를 높이기 위해 장기적인 연구를 계획 및 실행 예정임을 보여주자.

일반적으로 제시되는 연구 진행 타임라인의 구성은 계획→실행→정리이며 하위의 세부적인 절차는 연구 성격에 맞게 조금씩 변형해서 적는다. 그러나 타임라인 표는 너무 정형화된 부분이라 이를 생략하는 보고서도 하나 둘 생겨나고 있는 걸로 봐서 연구 기간 내 특별한 절차를 언급할 필요성을 못 느끼고 다른 내용으로 채울 수 있는 아이디어가 있다면 과감히 생략하는 것도 좋을 것 같다.

2 연구 프로그램 인포그래픽 SUDA꽃 프로젝트 추진 과제

연구에서 실천하고자 하는 프로그램의 활동들이 한눈에 들어오도록 인포그래픽을 제시하는 단계. 앞에서 여러 번 언급했던 **3×4 또는 4×3의 활동 구조**가 비로소 시각화되는 것이다. 인포그래픽은 대주제-소주제-활동명의 형태를 취하며 필자는 나-너-우리-세상으로의 계열로 확장되는 4개의 대주제를 선정, 그 아래로 가치·덕목으로 세분화한 소주제를 3개씩 배치하는 4×3 구조의 프로그램을 구성하였다. 보통 소주제별로 3~4개의 구체적인 활동을 포함시키는데, 필자는 '1일 1기적 외치기', '오늘의 주인공' 등과 같은 활동을 3개씩 넣어서 4×3×3, 총 36개의 활동을 준비하였다.

요즘은 본 대회에서도 프로젝트 수업을 적용하여 3×4 구조 내에 여러 개의 활동을 구분해서 넣지 않고 단일한 프로젝트 내 활동들을 4~5가지로 분절해서 제시하기도 한다. 이 경우 최종 결과물이 36~48개의 활동으로 가짓수가 늘어나는 게 아니라 12개의 통합된 프로젝트가 제시되는 형태로 보고서가 완성된다. 어떤 방식을 취하든 해당 단계에서는 적용한 활동들이 체계적이고 간결하게 정리되어야 한다.

3 교육과정 분석 및 재구성

교육과정 분석 및 재구성에서는 프로그램 추진 과제와 교육과정 간의 연계성을 보여주는 것이 목표다. 구상한 활동이 구체적으로 어떤 과목 및 단원에 대한 것인지를 밝히고, 월 단위, 구체적으로는 주 단위의 활동 시기도 제시해야 한다. 또한 세부실천 내용을 제시하여 개별 활동의 대략적인 흐름을 암시함은 물론, 관련 역량과 가치·덕목 역시 꼭 언급해야 한다. 역량과 가치·덕목 함양은 인성교육의 절대적인 목표이므로 지겨울 정도로 강조하고 중히 여겨야 함을 잊지 말자.

필자는 프로그램 추진 과제에 이어 교육과정 재구성 표에서도 '온'으로 두운을 살린 온 마음-온 세상-온라인의 소통 공간 확장을 강조하였다. 용어의 정의에서도 등장했듯이 어떤 공간에서도 소통 역량을 기를 수 있음을 강조하기 위한 전략이었는데, 보고서의 정체성을 잘 살린 장치였다고 생각한다.

TMI

연구 방법 작성 팁

인성교육실천사례연구발표대회 전국 1등급 수상작 중 블렌디드 러닝이나 배움 중심 프로젝트 수업 등을 적용했음을 명시한 보고서가 늘어나는 걸 보면 최근 들어 효과적인 수업 방법을 자유자재로 적용할 수 있는 교사 전문성을 중시하는 분위기가 반영된 듯하다. 이에 따라 다양한 형태의 수업을 적용하고자 하는 독자라면 활동별 학습 형태를 아이콘 등으로 프로그램 추진 과제 및 교육과정 재구성 표에 분명히 명시하는 방법을 참고하길 바란다.

지금부터 살펴볼 부분에는 교실 등지에서 직접 실천한 인성교육 연구 내용이 담긴다. 1쪽당 1소주제를 설명하여 총 12쪽으로 구성하며, 형식은 통일된다.

S-1. 매일 나에게 말 걸기

소통공간	소통대상	소통역량
온 마음(내면) 온 세상(교실과 마음) 온라인(비대면 수업공간)	자신 · 타인 · 공동체 통합 (자연조월 관련 주체)	자기 관리 역량

성실 목표

매일 자신의 감정을 돌보고 일과를 조절하여 성실한 태도를 기를 수 있다.

교사 의도	학년 초 학생들은 과제를 잘 미루거나 지각을 많이 했으며 아침 활동 시간을 무의미하게 보내고 생기 없는 표정으로 1교시를 시작하는 경우가 다반사였다. 이러한 학생들이 **나를 돌아보는 시간**을 가짐으로써 성실하게 하루를 시작할 힘을 길러 줄 수 있을 것이라고 생각하였다. 성실성을 기반으로 삶의 원동력이 되는 목표를 운명의 단어 찾기 활동으로 정해보고자 한다.	특색 창체 미술

세부 활동	가. 1일 1기적 외치기	나. 오늘의 주인공	다. 운명의 단어 찾기
질문 & 생각 하기	"오늘 나의 기분과 할 일은 무엇이며 나에게 힘을 주려면 어떻게 해야 할까?" (특색) 매일을 성실하고 행복하게 보낸다는 목표 아래 등교를 하면 학생들은 차분하게 명상하며 스스로에게 질문하는 나와의 소통 활동을 진행한다.	"우리 반을 위해 해야 할 일들은 어떤 것이 있으며, 어떻게 행해야 할까?" (특색) 매일 1명의 학생이 돌아가면서 '주인공' 역할을 부여받아 우리 반을 위해 할 수 있는 일들을 3가지씩 찾아 수행하여야 한다.	"매일을 성실하게 살도록 나를 이끌어 줄 운명의 단어는 무엇일까?" (창체, 미술) 성실의 원동력이 될 내 인생의 **꿈**에 대해 고민해보고 그 꿈과 관련된 단어 하나를 운명의 단어로 정해보기로 한다.
답하기 & 연습 하기	**◆기적 노트에 답해보기** '기적노트'에 매일 아침 하루를 행복하게 시작할 수 있도록 '○, ♡, 한,다'를 작성하여 스스로에게 기적을 선물한다. ○ : 나의 기분을 원 안에 그리기 ♡ : 오늘 하루 감사한 일 한 : 나에게 힘을 주는 한마디 다 : 오늘 해야 할 일 다짐 (취미·특기 생활도 함께)	**◆오늘은 내가 주인공** • 주인공 학생은 미덕의 보석 중 하나와 관련된 해야 할 일들을 기적노트에 답해본다. • 스스로 정한 역할이 우리 교실에 얼마나 기여했는지 확인하며 자신의 선택에 확신을 가진다.	**◆'만다라트'로 내 꿈 찾기** • 내 꿈, 중요하다고 생각하는 가치에 대해 충분히 고민한 후 만다라트 기법으로 **꿈을 구체화**한다. • 꿈을 이루기 위해 수행해야 할 작은 목표도 정한다.
실천경험 나누기	**◆하루 끝, 기적 노트 체크!** • 자기 전에 기적노트에 다짐한 것의 실천 여부를 체크한다. • 성실하게 작성한 학생은 기적노트를 친구들에게 공개한다.	**◆오늘 멋진 주인공이었어!** • 하교 전 '칭찬샤워' 활동으로 주인공 활동을 한 친구에게 칭찬한다. • 주인공 학생은 성실히 보낸 자신을 칭찬하는 경험을 갖는다.	**◆타이포그래피로 한 눈에** • 만다라트 단어 중 내가 매일 되뇌며 실천할 운명의 단어 하나를 정한다. • '타이포그래피' 작품을 만들어 사물함에 붙인다.
활동 모습	 기적노트를 적어요　　나의 기적노트!	 오늘의 주인공은?　　칭찬 샤워 시간	 나의 만다라트	 타이포 그래피

소통 키워드 & 수다 기법
비법
꿈·취미·특기 (관심 비율: 65%) 키워드를 활용하여 '**나**' 자신과 소통하게 한다. 매일 아침을 기적처럼 보내기 위해 **스스로에게 질문**하고, **스스로를 응원**하는 소통은 성실하게 하루를 관리하는 것을 넘어 취미와 특기를 관리하는 시간을 마련해 앞으로의 꿈을 찾는 자기개발 능력으로 이어지게 했다.
만다라트 - 목표 관리 방법으로 추상적이고 막연한 꿈을 구체화하여 표현하는데 굉장히 도움 된다.

갈등 해결 & 공감 분위기로 변화
화수분
양말이 서랍 속에 발견되곤 했던 지적장애 아동 홍00은 정리정돈 왕이 됐고 주위 자리까지 정돈한다. 욕구와 의무가 한데 뒤섞여 혼돈 상태였던 내면이 스스로에게 #명상과 스스로에게 #묻고 답하기, #반성하기 습관으로 점차 안정을 되찾았기 때문이다. 성실한 태도로 변하는 학생들이 늘어나는 것은 당연지사!

Tip 다른 교실에서도 이렇게
♡아무리 사소한 것이라도 매일!
성실 가치를 신장하기 위해 무언가를 매일 매일 하는 것만큼 효과적인 것은 없다. 학생이 매일 성찰할 수 있는 항목을 정해 매일 표현하게 해보자!

U-1. '함께'라는 마음 갖기

소통공간
온 마음(내면)
온 세상(교과 및 과목)
온라인(비대면 관련 활동)

소통대상
자신 타인 공동체
통합 (자연초 월 관련 주제)

소통역량
공동체 역량

정의 목표
모두가 행복한 아름다운 세상을 위해 정의롭게 살아가는 사람들을 알아보고 다짐할 수 있다.

교사 의도	정의는 아름다운 사회를 만드는 만능열쇠 같지만 가르치기에는 참 어려운 가치이다. 하지만 우리 반의 탈북민 자녀 학생이 차별행위를 당하는 사건 이후, 정의에 대해 꼭 가르쳐야 했다. 또 코로나로 정의가 요구되고 또 정의를 실천하는 사례가 많은 요즘, **나와의 소통**을 통해 정의를 배울 적기라 생각했다.	도덕 국어 사회 창체

세부 활동	가. 아세만 프로젝트	나. 코로나를 이겨내자!	다. 남북, 우리는 하나
질문 & 생각 하기	**"아름다운 세상을 만들기 위해 노력하는 사람들에게 어떻게 힘을 보탤 수 있을까?"** (도덕, 사회, 국어) 도덕 '힘과 마음을 모아서'에서 아세만(아름다운 세상을 만들기)을 위해 정의롭게 노력하는 사람들에는 누가 있으며 그들을 위해 우리가 어떤 마음을 가져야 할지 생각해보았다.	**"코로나 위기를 극복하기 위해 내가 할 수 있는 것은 무엇일까?"** (국어, 창체) '덕분에 챌린지'로 적절한 표정, 몸짓, 말투로 하는 '느낌을 살려 말해요' 단원을 학습했다. 건강을 희생하면서까지 애쓰는 의료진에게 진심을 담아 도움이 될 방법을 함께 고민해 보았다.	**"나는 탈북민을 어떻게 대해야 할까?"** (도덕) 우리반에는 탈북민 가정 자녀와 관련한 학폭 문제가 있었기에 꼭 생각해 볼 질문이었다. 통일에 대해 다루는 도덕 '하나 되는 우리'에서 스스로에게 질문할 기회를 가졌다.
답하기 & 연습 하기	**◆공공기관의 역할** • 우리 사회가 안전하고 누구나 행복할 수 있도록 애쓰는 공공기관 종사자들이 많다는 것을 다양한 시사 자료를 통해 배운다. • 학생들은 보건소, 소방관, 경찰관 등 다양한 공공기관에서 정의롭게 일하는 사람들에게 감사의 마음을 가져야 한다고 발표했다.	**◆덕분에 챌린지 참여하기** • 유명인의 '덕분에 챌린지' 영상을 보며 감사를 위한 적절한 표정, 몸짓, 말투가 무엇인지 분석해본다. • 의료진에게 힘을 주기 위해 나의 진심을 담은 '덕분에 챌린지' 영상을 촬영 및 **편집**하고 자기평가 한 후 **유튜브**나 학급 게시판에 업로드 했다.	**◆신호등 토론** • 수업 전 탈북민에 대한 인식을 **빨간색(나쁘다), 노란색(그저 그렇다), 초록색(좋다)**로 표현했다. (빨-40%,노-50%,초-10%) • 탈북민의 실제 이야기를 담은 영상을 함께 보고 그들을 어떻게 대하는 것이 정의로운가에 대해 이야기 나눈 후 바뀐 생각을 세 가지 색으로 표현했다. (빨-0%,노-20%,초-80%)
실천경험 나누기	**◆아세만 편지 쓰기** • 공공기관에서 **봉사정신**을 갖고 노력하는 종사자 분께 **편지**를 썼다. • 교실에서는 자신이 쓴 편지를 돌아가며 낭독하고 학생들은 개인적으로 주위 공공기관에 쓴 편지를 가져다주기도 했다.	**◆코로나 희망 존 꾸미기** • '덕분에 챌린지' 프로젝트 후에도 우리가 평소에 실천할 수 있는 노력을 생각한다. • 자신의 생각을 담은 글이나 그림, 응원의 메시지를 자유롭게 붙일 수 있는 '코로나 희망 존'을 교실에 마련했다.	**◆알궁나 다짐** • 학습 후 알(알게 된 점), 궁(궁금한 점), 나(나의 생각과 느낌), 앞으로의 다짐을 정리했다. • 정의로움이 잘 드러난 다짐을 한 학생에게 칭찬해주며 함께 정의 가치를 마음에 새겼다.
활동 모습	아세만 수업 자료 / 아세만 편지쓰기	코로나 희망 존 / 덕분에 챌린지(천○○)	신호등 토론 / 배움노트에 정리

소통 키워드 & 수다 기법 비법
편지·봉사·유튜브·영상 편집(관심 비율: 8%)중 '봉사'는 '정의'와 밀접한 관련이 있는 관심사지만 높은 도덕성 단계가 요구되는 만큼 많은 학생들이 관심을 갖던 키워드는 아니었다. 하지만 아픈 동생을 도움으로써 성숙한 학생이 2명이나 있고 그 학생들이 앞장서서 정의 가치덕목을 이끌어내 주었다. **소수 학생의 정의로운 태도** 덕에 공감대가 잘 형성되지 않은 주제에서도 성공적으로 소통할 수 있었다.
신호등 토론 - 세 가지 단계의 입장을 나타내는 종이를 듦으로써 의견을 표현하여 소극적인 학생들도 잘 참여했다. 탈북민의 삶과 더불어 사는 사회 모습에 대한 **학습 전, 후 변화**를 극적으로 확인하기에도 좋았다.

갈등 해결 & 공감 분위기로 변화 화수분

> 편견을 버리고 환영해주고 오느라 수고하셨다고 말할게요

탈북민에 대해 '그저 그렇다'고 답했던 학생이 배움노트에 정리한 내용이다. 탈북민의 어려운 삶에 공감하고 출신에 상관 없이 **#모두가 잘 사는 세상**을 위한 학생의 소중한 변화였다.

Tip 다른 교실에서도 이렇게
♡공간 꾸미기로 소통 Up!
학생들의 생각을 담은 자료로 교실을 꾸미면 학생들은 자연스레 타인의 생각과 자신의 생각을 비교하고 공감할 수 있다.

연구 실천의 틀 구성요소

연구 실천 파트는 일단 틀 구상만 끝내면 속도를 낼 수 있다. 예전만 해도 정형화된 틀을 그대로 사용하는 게 일반적이었으나 요즘에는 연구 주제가 잘 드러나는 요소를 창의적으로 구안해서 포함시키고 전체적인 형태도 본인의 스타일대로 디자인하여 틀 자체로 다른 보고서와 차별화를 꾀하는 경우도 많아졌다. 필자의 구성을 살펴보고 일반적으로 제시하는 것과 추가적으로 넣은 것을 비교해보며 내 보고서는 어떻게 구성하면 좋을지 고민해보자.

• **소주제 성격과 목표**

예시는 4가지 대주제인 나를 알아가는 수다^{Self}, 우리를 하나로 만드는 수다^{Unity}, 너를 존중하는 수다^{Debate}, 세상을 가꾸는 수다^{Art} 중, 나를 알아가는 수다의 첫 번째 소주제에 해당하는 '매일 나에게 말 걸기'가 되겠다. 체계가 잘 드러나게 대주제를 명시하고 S-1로 번호 매긴 소주제명도 눈에 띄게 꾸며두었다. 그리고 관련 역량인 '자기 관리 역량'과 목표로 한 가치·덕목인 '성실'을 적고 관련 목표를 구체적으로 작성하였다. 대주제, 소주제명, 관련 역량과 가치·덕목 그리고 소주제의 목표는 소주제의 핵심적인 정보이므로 필수적으로 포함해야 한다.

여기에 필자는 소통 공간과 소통 대상이라는 요소를 추가 포함시켰는데, 이는 용어의 정의에서도 설명했듯 "언제 어디서 상대가 누구든 놀라운 결과를 가져오는 소통을 하겠다"란 가치가 담긴 연구 주제를 살리기 위한 장치였다. 덕분에 온·오프라인 혼합 수업이 필수적이었던 당시 상황을 잘 활용한 면모가 잘 드러났다는 평을 들었고, 활동에서 다루는 영역을 체계적으로 보여주는 효과를 냈다.

틀 구상에 대한 조언

연구 실천의 틀을 완성시킬 때는 내 보고서를 가장 빛내줄 수 있는 요소를 소신 있게 추가하는 전략이 필요하다. 그렇다고 이것저것 많이 넣고 싶은 마음을 충족시키긴 어려울 것이다. A4용지가 이렇게 좁았나 싶을 정도로 여유가 없기 때문. 필자 또한 최선으로 선정한 요소들의 최상의 배치를 찾기 위해 얼마나 여러 번의 편집을 거쳤는지 모른다! 고작 1쪽을 채우는 틀이지만 전체로 보면 12쪽, 보고서의 반 이상을 담당하게 되는 부분이므로 '이게 최선인가?' 끊임없이 자문하고 끈기 있게 보완하자. 그러니 틀을 구상할 때는 애초에 충분한 시간적 여유를 갖는다고 생각해야 한다.

• 교사 의도

프로그램의 전반적인 의도는 연구 준비 부분에서 이미 충분히 풀어냈는데 소주제별로 또 설명해야 하나 고민스러울 수 있겠다. 최근에는 삭제하고 대신 활동 설명 자체에 투자하는 보고서가 늘어나고 있음을 참고하자. 하지만 활동을 하게 만든 특별한 시나리오가 우리반에 많이 존재한다면 교사 의도를 따로 작성하는 것을 추천한다. 본 대회는 결국 어떤 문제를 어떤 인성교육으로 해결했는가 하는 과정이 중요하기 때문에 우리반의 특수한 문제를 깊이 분석하고 풀어내는 것은 득이라고 본다.

• 세부활동 설명

소주제별로 3~4개씩 할당된 활동에 대해 상세히 설명한다. 필자가 처음 여러 인성교육 보고서를 분석할 때 이 부분 또한 비슷한 듯하지만 잘 뜯어보면 시간의 순서대로, 주제 중심으로 또는 원인-결과 순으로 활동을 풀어내는 등 자유도가 꽤 높은 부분이라고 판단하였다. 필자는 용어 정의 단계에서도 수다 소통 단계, 즉 수업에서의 일정한 흐름 적용을 강조하였기 때문에 '질문 & 생각하기→답하기 & 연습하기→실천경험 나누기'의 순서를 틀로써 고정하였다. 이렇게 한 세부활동마다 활동 순서로 3칸씩을 할당하니 세분화해서 설명하기 좋았고 수업 흐름도 눈에 잘 들어왔다고 생각한다.

또 달리 필자가 초록색 음영으로 강조한 것이 있는데, 혹시 찾았는가? 이 수다 키워드는 사실 연구 주제를 관통하면서도 연구의 특별함이 묻어나는 중요한 요소다. 필자가 맡은 학생들이 수다를 나누며 소통 역량을 함양토록 하겠다는 목표의 핵심 도구로, 학생 실태 분석 때 학생들을 관찰하며 개개인이 관심을 두는 키워드를 세부활동에 맞춤식으로 활용하고 있음을 강조하였다. 이렇듯 치밀한 의도를 내비치는 장치를 곳곳에 배치하여 활동의 남다른 깊이를 선보이는 감각이 필요하다.

• 활동 사진

활동 모습을 보여주는 사진은 학생들의 모습, 학습 도구, 학습 결과물 다 가능하다. 활동당 2~3장의 사진을 첨부하며 어떤 사진을 쓰게 될지 모르므로 최대한 많은 사진을 확보해두는 것이 중요한데, 이는 뒤에서 재차 설명하도록 하겠다. 또 활동 사진에는 학생들의 인적사항이나 연구자의 신원을 유추할 만한 정보가 절대 들어가면 안 된다. 아무리 작더라도 말이다! 사진을 넣을 때마다 꼼꼼히 민감한 정보 포함 여부를 확인하도록 하자.

• 활동 결과 / 변화 사례

활동 결과에서는 연구자가 선정한 활동들이 타당하고 효과적이었음을 증명하기 위해 활동 후 실제로 목표로 했던 변화가 있었음을 설명해야 한다. 필자의 경우, 연구 목표는 용어의 정의에서 설명했다시피 "대화를 통해 갈등과 문제가 해결되어 행복이 가득해진 학급을 만드는 것"이었다. 그래서 '갈등 해결 & 공감 분위기로 변화'라고 명명한 칸을 매 페이지 하단에 고정하여 활동 결과를 작성하는 틀로 썼다.

활동 결과를 학급 전반적인 변화에서 찾아야 할지, 아니면 학생 개개인의 구체적 사례로서 말해야 할지 고민인가? 신뢰도를 높이고 현장감을 살리기 위해 실제 학생의 말이나 행동을 구체적으로 작성하자. 특히 학생들이 했던 말을 옮길 때는 학생들의 말투를 살려 사실적으로 기술하는 특징이 보고서에서 공통적으로 드러난다. 그러면 여기서 한 가지 연구 실전 팁을 얻어가자. 학생들의 구체적인 행동 변화와 활동 관련 소감은 예민하게 포착하여 수시로 수집해야 한다는 것을!

• 적용을 위한 팁

팁은 어떤 형태로든 모든 보고서의 연구 실천 파트에 실려 있을 것이라고 장담한다. 팁을 넣는 이유는 무엇인가? 이에 답하려면 인성교육실천사례연구발표대회의 취지를 확실히 이해해야 한다. 본 대회는 운영 계획을 통해 현장 중심의 우수사례 확산과 실천 위주의 인성교육 방안 일반화를 목적으로 함을 명시하였다. 그렇다면 자연히 확산과 일반화 가능성이 높은 보고서가 우수한 연구 결과물로서 인정받을 것이다. 팁은 바로 이 점을 염두에 둔 장치이다. 본인의 연구를 다른 교사가 다른 학급에서 적용할 때를 가정하여 마치 설명서를 읽는 듯 시행착오나 팁을 최대한 친절하게 알려주면 좋은 점수를 받을 수밖에 없다. 필자 또한 매쪽의 '다른 교실에서도 이렇게'에 팁을 상세히 작성해 두었다.

• 그 외 장치

'소통 키워드 & 수다 기법'은 일관성 유지와 일반화를 목적으로 고안해낸 항목이다. 활동 설명 난에서 초록색 음영으로 강조했던 꿈·취미·특기 키워드에 관심을 둔 학생이 몇 퍼센트를 차지하는지 명시하여 학생들의 공통 관심사를 발굴해낸 학급 실태 조사가 유의미한 절차였음을 보여줄 수 있었다. 또 그와 동시에 키워드를 바탕으로 한 대화 유발 과정의 중요성을 지속적으로 환기하여 보고서의 전체적인 통일감을 높였다고 생각한다. 더욱이 같은 또래라면 비슷한 키워드에 관심을 가질 것이므로 일반화에도 도움될 것이다.

소통 키워드 아래로는 수다 기법으로 '만다라트'와 '신호등 토론'을 소개했는데, 이 부분이 왜 일반화를 목적으로 한 것인지는 감이 올 것이다. 수다 기법은 소주제별로 낯설 만한 토의·토론 및 활동 기법을 안내하고 소통을 활성화하는 도구로 활용하길 제안하는 장치였다.

지금까지 필자가 인성교육실천사례연구발표대회에서 가장 핵심이라 할 수 있는 연구 실천의 틀을 어떻게 구성하였는지 하나하나 꼼꼼히 살펴보았다. 여러분의 연구 실천 단계를 빛낼 장치를 만들어내는 데 본 내용이 도움이 되길 바란다.

결론 연구 실천 효과 검증

V. 연구 결과: 수다 꽃 프로젝트로 성장한 아이들

필자는 보고서 서론에 힘을 싣는 4-2 구조(연구 준비 4쪽/연구 결과 2쪽)를 취했으므로 마지막 파트가 2쪽밖에 없지만 마무리된 연구의 가치를 증명하기 위해 노력한 흔적이 분명 있으므로 함께 살펴보자.

1 학생 설문 결과 분석

가. 연구 검증 내용 · 방법

검증 내용	검증 도구		검증 방법	검증 시기
	양적 검사	질적 검사		
소통 역량 및 가치 덕목	KEDI 인성검사	관찰 기록지	사전·사후 검사 비교 분석	사전 2020.06
	재구성 검사지	대면상담일지		사후 2020.10
만족도 및 자기평가	·	서술식 설문지	해석에 의한 분석	2020.10

나. 검사 결과 및 학생 변화 모습

※음영 셀_ 집중 지도가 필요했던 관심군 학생

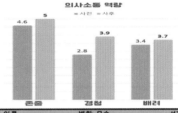

자기관리 역량 (사전/사후): 성실 3.5 → 3.7, 용기 2.1 → 3, 자주 2.4 → 4.1

의사소통 역량 (사전/사후): 존중 4.6 → 5, 경청 2.8 → 3.9, 배려 3.4 → 3.7

이름	변화 모습	성장
김〇〇	실수를 두려워하는 마음을 극복하고 발표량 증가	용기
박〇〇	만다라트로 교사가 되겠다는 꿈과 관심사를 찾고 매일 독서를 열심히 하게 됨	성실
신〇〇	모둠활동을 할 때 더 이상 울지 않고 자신의 의견을 내놓고 '영어 소통 카페'가 같은 친구들과 절친한 친구가 됨	용기
정〇〇	소심한 성격을 극복하고 피아노 연주를 선보임	용기
김〇〇	아픈 동생을 돌볼 체력을 기르기 위해 매일 줄넘기 연습을 함	성실
서〇〇	매일 책을 읽고 북적북적에 메모를 함	자주

이름	변화 모습	성장
고〇〇	경청을 잘 하기 위해 상대방의 눈을 보고 고개 끄덕임	경청
서〇〇	화를 잘 내는 성격을 극복하고 말잘씀, 어린이로 뽑혀 부드러운 말투를 칭찬 받음	존중
신〇〇	가정에서 대화 기회가 부족했지만 비타비 소통실에서 친구들과 배려하는 말하기를 즐김	배려
천〇〇	코딩을 할 때 배려하는 말하기로 친구를 도움	배려
향〇〇	왕따의 두려운 경험을 극복하고 킹솔로몬 토론 게임 및 모둠 토의에서 경청하며 즐김	경청
고〇〇	'행감바인사약' 대화로 거친 태도를 고침	존중

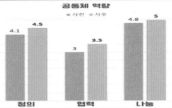

공동체 역량 (사전/사후): 정의 4.1 → 4.5, 협력 3 → 3.5, 나눔 4.8 → 5

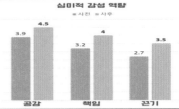

심미적 감성 역량 (사전/사후): 공감 3.9 → 4.5, 책임 3.2 → 4, 끈기 2.7 → 3.5

이름	변화 모습	성장
이〇〇	반의 협력 분위기를 조성하기 위해 짜증을 줄이고 협력함	협력
정〇〇	탈북자에 대한 편견을 고쳐 박〇〇 학생과 하교 후 달팽이 놀이를 함께 하는 사이가 됨	정의
박〇〇	탈북자 어머니에 대한 피해의식을 극복하고 힘이 센 장점을 살려 나라를 지키는 꿈이 생김	나눔
이〇〇	소극적인 성격이었으나 〇〇천 가꾸기 활동 때 가장 열심히 쓰레기를 주움	협력
장〇〇	1학기 부회장으로서 지역 안내 자료 발표회 때 자신 있는 성격으로 홍보함	나눔
이〇〇	전학 온지 얼마 안됐지만 영상 편집 능력으로 각종 활동에서 친구들을 도와줌	협력

이름	변화 모습	성장
김〇〇	부레옥잠 잘라보기 실험 후 버려질 뻔 한 부레옥잠도 소중한 생명이라며 키움	공감
전〇〇	지적장애 동생이 살아갈 세상에 아름다운 사람이 필요하다며 3학년 교실에서 협동 광고를 보여줌	책임
김〇〇	늘 자연에 무심하고 동물을 싫어했으나 가을 단풍잎을 주워 가자고 먼저 제안하는 감성이 생김	공감
김〇〇	아픈 동생 영향으로 늘 우울했으나 친구들의 반려 동물에 관심을 갖고 동물 관련 도서에 흥미가 생김	책임
이〇〇	자신감 넘치는 장점을 살려 어려운 부트레일러 영상도 잘 끝마칠 수 있게 노력함	끈기
이〇〇	온라인에서 소통을 잘 이끌어내어 영화 감상실 활동에서 공감을 이끌어 내는 진행자 역할을 함	공감

🌻 다. 검사 결과 해석

첫째. SUDA 주제별 소통 가치덕목이 모두 양적으로 크게 향상되어 실제 생활에서 큰 변화가 일어났다.
둘째. 학생들을 관찰하고 면담한 결과 초반 갖고 있던 소통 약점을 극복하고 소통 가치덕목을 함양하여
소통이 이루어지는 장소와 소통 대상을 막론하고 **갈등 해결과 공감**의 태도가 길러졌음을 확인했다.

🌻 라. 결론

🌱 **'나를 알아가는 수다'**를 통해 자신의 마음을 들여다보는 성찰이 가능한 스스로와의 소통이 활발히 이루어졌다. 자신이 즐겁게 할 수 있는 것과 꿈을 위해 노력해야 할 것을 스스로 찾아 천하고 자부심을 갖는 용기가 길러졌다.	🌱 **'너를 존중하는 수다'**를 통해 타인에게 귀 기울이고 존중하는 의사소통을 실천하고 타인의 소중함을 이해하고 진심으로 배려할 수 있게 되었다.
🌱 **'우리를 하나로 만드는 수다'**를 통해 공동체 내 일원으로서 소속감을 갖고 소통을 통해 함께 협력하여 지켜나가야 할 정의로운 공동체의 모습을 목표로 정하고 목표 달성을 위해 각자 가진 것을 나눌 수 있게 되었다.	🌱 **'세상을 가꾸는 수다'**를 통해 자연·초월의 존재에 공감하고 책임을 다하기 위해 소통해야 할 주체들과 소통하고 끈기 있게 노력하는 자세가 길러졌다.

🌱 소통 키워드를 바탕으로 진행한 SUDA꽃 프로젝트를 통해 학생들은 교실과 자신의 삶에서 행복을 느꼈을 뿐 아니라 이 세상에 **애정**과 **소속감**을 갖고 다른 존재들의 **행복**과 **발전**을 기원하는 사회 구성원이 되었다.

② 수다 꽃 만개를 바라는 제언과 소감

#블렌디드_학습에서_효율적_소통_방법_연구 온라인 소통 경험이 전무한 학생들도 효과적으로 소통하고 그 결과가 오프라인 환경에서 잘 연결되도록 블렌디드 교수·학습 방법을 개발하여 연습해야 한다. **#시민성_교육의_극대화를_위한_교육_환경_조성** 교실이 작은 사회라지만 교실 내로 한정된 인성교육을 통한 시민성 교육에는 한계가 있다. 실제 사회에서 실제적이고 직접적인 참여를 해야 한다. 이를 위해 지역 사회가 초등학생 수준에 맞는 활동 프로그램을 개발해야 하고 교사도 교육과정 재구성 시 이러한 정보를 사전에 확인하고 반영할 수 있어야 한다.	**'이 학생들이 수다꽃 피우며 웃을 수 있을까?'** 서로에게 냉랭하고 무관심했던 초반의 아이들을 바라보며 학생들에게 없는 것을 끌어내고자 했을 때. 그 막막하고 자신 없던 6월이 아직 생생하다. 하지만 희망을 잃지 않고 학생들이 서로에게 **공감**하고 자발적으로 **갈등을 해결**하기 위해 소통할 수 있게 되길 바랐고, 노력했다. 전면 등교가 시작된 지금, 우리 반은 끊임없이 발전하고 행복을 위해 수다 떠는 반이 되었다. 코로나든 말다툼이든, 문제 자체를 없앨 수는 없다. 하지만, '소통'이 있는 곳에는 항상 **해결책**과 더 나은 **내일**, 그리고 **행복**이 있음을, 아이들은 배웠다.

검증 역시 양적·질적 방식을 병행한다. 우선 학생 실태 분석에서 활용했던 양적 검사도구인 KEDI 인성검사 재구성지로는 가치·덕목 점수가 향상했는지 비교한다. 또한 연구 중후반에 작성된 관찰일지, 상담 자료 등의 질적 검증 도구를 통해서는 학생들의 긍정적인 변화가 있었는지 증명이 되어야 한다. 양적·질적 검사의 결과를 해석하여 정리한 내용은 결론에 도달하기 위한 전 단계인만큼 결론 도출에 지대한 영향을 미치므로, 연구 목적과 상관없는 해석을 덧붙이는 오류를 범해서는 안 될 것이다.

추가로 프로그램 검증을 할 때 꼭 지켜야 할 것으로 두 가지가 있다. 첫째, 양적 검증 자료는 한눈에 들어오는 그래프로 제시할 것. 필자는 공간이 부족하여 '자주 덕목에서 약 2배 정도 긍정적 답변의 비율이 높아졌다.'는 식의 설명을 덧붙이진 않았지만 대부분의 보고서에서 그래프를 글로 풀어 설명한 후 해석하는 구조를 취했다는 점을 참고해두자. 필자처럼 그래프를 너무 크게 배치한 탓에 역량별 해석을 생략해 미시적인 해석이 빈약해진 건 치명적인 실수다. 하지만 그래프의 모든 결과를 상세히 설명할 필요는 없다고 생각한다. 어느 보고서에서나 양적 검사의 점수 향상은 필연적 결과일 테니 가장 상승폭이 높은 요소가 있다면 그 이유가 무엇일지 같은, 객관적인 사실 안에 담긴 의미 해석에 집중하는 게 어떨까.

둘째, 질적 검증 결과에 대해 서술할 때 사전에 설정한 관심군 학생의 변화에는 특히 강조를 할 것. 필자는 전체 학생의 성장 모습을 기술했지만 전략적으로 관심군 학생의 변화에만 집중하여 기술한 보고서도 더러 있었다. 전체 학생을 대상으로 한 양적 검사가 있기에 관심군 학생의 변화에 특히 중점을 둬야 할 이유가 분명하다면 선택과 집중을 하는 것도 좋겠다.

2 결론 / 제언 / 소감

결론에서는 앞서 검증 결과를 해석한 내용에 살을 붙여 대주제별 최종 결과와 가치를 정리해야 한다. 필자는 대주제별 결과를 작성하기 전에 본 연구의 전체적인 흐름을 그림으로 표현하여 행복 화수분 의미대로 학생들의 아름다운 소감들이 잔뜩 뿜어져 나오는 것처럼 연출하였는데, 사진 크기가 제각각이라 편집이 아쉬운 것 같다. 직관적 이해를 돕기 위해 도식을 활용해도 되고, 물론 글로만 마무리해도 되지만 어느 쪽이든 간에 요점이 잘 드러나도록 깔끔하게 편집하는 것을 추천한다.

그 아래에는 대주제별 결론을 서술했는데, 이때 연구 목적과 일맥상통하는 내용을 작성하는 것이 중요하다. 장시간에 걸쳐 20쪽의 보고서를 완성하다 보면 초반의 연구 목적과 동떨어진 결론을 내서 감점 당하는 사례가 꽤 많다고 하니, 수시로 일관성에 대해 점검하는 것이 필요하겠다.

제언에서는 연구의 효과 제고를 위한 최종 의견을 정리한다. "내가 A에 대한 연구를 했더니 ~의 필요성을 느꼈다." 식의 방법론적 보완점을 작성하자. 당연히 너무 일반적인 내용보다 연구 주제와 관련한 새롭고 구체적인 제언이 연구자의 깊이 있는 통찰을 드러낼 것이다.

마지막으로 소감이다. 소감은 제언보다 주관적인 감상의 면모가 드러나게 작성한다. 보통 기승전결의 구조를 취하며 변화된 교실을 통해 얻은 보람에 대한 내용이 많다. 필자는 제언과 더불어 소감을 하나의 항목으로 묶어서 작성했는데, 제언과 소감을 통합하여 맺는 말로 마무리하는 연구자도 있고, 제언과 소감을 아예 다른 항목으로 나누어서 적는 경우도 있다. 이처럼 연구 결과 파트의 형식은 요소별 분량에 따라 자유자재로 편성하되 내용적으로는 검증 결과 – 최종 결론 – 제언 – 소감이 모두 포함되도록 하면 된다.

인성교육실천사례연구발표대회 노하우

필자가 인성교육실천사례연구발표대회 도전을 마음먹었던 연초의 어느 겨울날을 떠올려보면, 어디 경험담을 물어볼 곳도 없고 온라인상에 관련 정보도 많이 부족해서 굉장히 막막했던 것 같다. 그리고 보통 대회 도전을 결심하는 1월부터 예선대회 보고서 제출일인 9월의 어느 날까지는 상당히 긴 기간이다. 그러다 보니 보고서를 작성하다가 종종 시간 감각을 잃어버려 다가오는 마감일에 공포심을 느꼈던 2학기 초의 감정도 생생하다. 인성교육의 발전을 위해 큰마음 먹은 선생님들이 첫 도전으로 인한 시행착오로 아까운 시간을 낭비하지 않도록, 경험자로서 몇 가지 노하우를 제공하고자 한다. 필자가 겪었던 시행착오는 보완하고 효과적이었던 선택은 선생님 방식으로 흡수하면 좋겠다. 부디 독자들의 온 마음에 걱정과 스트레스는 한 톨도 쌓이지 않고 연구에 대한 진심만이 가득하길.

연구 주제는 소신과 전략의 황금비율로!

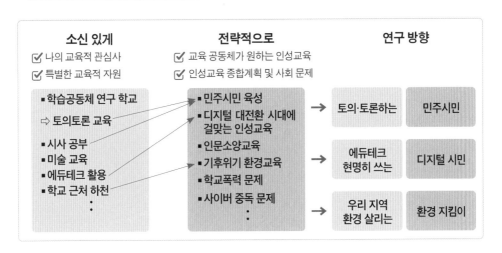

그림 4-7 **연구 주제 선정 방법**

먼저 1, 2월은 내가 어떤 인성교육을 할 수 있을지 생각해보고 큰 그림을 그리는 기간으로 삼자. **연구의 방향과 주제**는 어떤 방식으로 정하면 좋을까. 필자는 소신과 전략의 황금 비율을 찾아야 한다고 생각한다. 내가 평소 관심 있고 집중적으로 가르치고 싶었던 분야가 반영되면 연구에 대한 의지와 애정이 강해지고 연구 자체가 즐겁다. 반면 현실적으로 여러 교육 주체가 기대하고 있는 주제를 선택하면 등급을 받을 가능성이 높아진다.

소신 지향형 주제를 선택할 때는 우리 학교와 우리 지역에서 특색 있게 활용할 수 있는 교육 자원에는 어떤 것이 있는지 탐색하는 것도 도움된다. SWOT 분석 중 S에 해당되는 목록이라고 생각해도 되겠다. 우리 학교에서 새로이 시작되는 연구학교 사업은 무엇인지, 해당 주제를 인성교육 연구와 엮을 여지가 있는지, 또는 지역 사회에서 특색 있게 활용할 만한 인적·물적 자원이 있는지 알아보자. 필자 역시 연구대회 참가 연도 당시 학교에서 전문적 학습 공동체와 관련된 연구학교 사업에 참여 중이었고, 우리 학년의 학습 주제가 토의·토론이어서 이것이 연구 주제로 발전한 경우다. 연구학교 구성원으로서 어차피 해야 할 공개수업과 각종 교수자료 제작을 개인적인 연구대회와 연결 지어 수행하니 결과물의 완성도도 높고 보다 적극적으로 임할 수 있었다.

전략을 중시할 때는 인성교육 종합계획과 지난 연구대회 추진계획을 분석하여 대세의 흐름을 읽은 후 키워드를 찾아내는 과정이 필요하다. 필자 역시 방법적 주제로는 소신 있게 토의·토론을 잡았고 인성교육 종합계획에서 강조했던 민주시민 육성을 전략적 주제로 삼았다.

이렇게 소신과 전략 모두를 고려하여 다양한 갈래의 연구 방향을 생각해보라. 그중 나머지를 포괄할 수 있는 것을 연구 주제로 삼고 나머지는 세부활동으로 활용해도 된다. 그리고 연구 준비 극초기에는 연구 주제를 단번에 확정하려고 하지 않아도 된다. 아직 여유가 있으니 열린 마음으로 인성교육 도서도 탐독하고 모두가 관심 갖고 있는 사회 문제 등에 집중하며 관련 교양을 쌓아 나가는 자세가 필요하다. 그리고 개학 후 학생들을 만난 후 가장 적합한 연구 주제를 구체화해보자.

교사수준 교육과정을 미리 설계하자!

연구 주제가 어느 정도 그려졌다면 이제는 **교사수준 교육과정**을 계획해볼 차례다. 담당 학년이 정해진 경우 가능한 빨리 해당 학년의 성취기준을 훑어 교육과정을 분석하자. 교과서와 지도서가 없어도 성취기준만으로 인성교육의 성격을 띠는 수업을 구상할 수 있다. 필자는 성취기준 맵핑 자료를 통해 처음 가르치게 된 4학년의 전반적인 교육과정 내용을 감 잡은 후, 엑셀을 활용하여 나만의 인성교육에 활용할 만한 수업을 프로젝트화하여 관련 성취기준들을 모았다. 이렇게 관련 성취기준을 모은 이유는 아무래도 깊이 있는 프로젝트 단위의 수업을 하게 되면 단일 성취기준 관련 수업을 할 때보다 소요되는 차시가 늘어날 수 있으므로 효율적으로 시간을 관리하기 위함도 있었다.

또 성취기준을 이리저리 정리하다 보면 참신한 수업이 떠오르기도 한다. 확장성이 좋은 인성교육 특성상 웬만하면 전 수업과 인성 요소의 연계가 가능하므로 해당 수업의 수행 시기와 인성교육과 완전히 맞닿은 키워드, 구체적인 활동을 따로 작성하였다. 필자는 당시 토의·토론을 방법적인 요소로 설정하고 내용적으로는 시사 문제를 다루었기에 '인성교육/시사 주제' 란을 마련하여 생각나는 아이디어나 자료가 있으면 수시로 메모하였다. 필자는 이 과정이 나만의 인성교육을, 아니 나만의 수업을 브랜딩하는 가장 필수적인 첫 단추라고 생각한다. 교육과정 분석을 하면 수업 구상 창의력이 마구마구 발산되고 수업에 대한 주인의식도 길러져 우리 교실에 꼭 필요한 수업을 자발적으로 준비하게 된다.

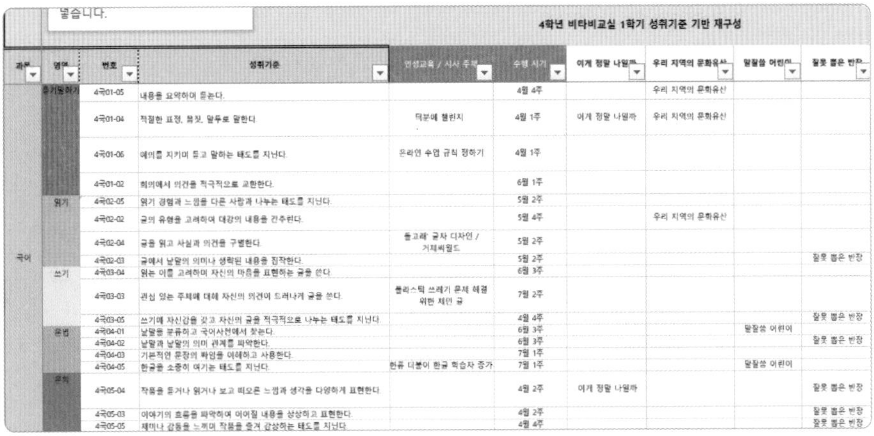
냈습니다.

4학년 비타비교실 1학기 성취기준 기반 재구성

과목	영역	번호	성취기준	인성교육 / 시사 주제	수행 시기	이게 정말 나일까	우리 지역의 문화유산	말잘쓸 어린이	잘못 뽑은 반장
국어	듣기·말하기	4국01-05	내용을 요약하며 듣는다.		4월 4주		우리 지역의 문화유산		
		4국01-04	적절한 표정, 몸짓, 말투로 말한다.	덕분에 챌린지	4월 1주	이게 정말 나일까	우리 지역의 문화유산		
		4국01-06	예의를 지키며 듣고 말하는 태도를 지닌다.	온라인 수업 규칙 정하기	4월 1주				
		4국01-02	회의에서 의견을 적극적으로 교환한다.		6월 1주				
	읽기	4국02-05	읽기 경험과 느낌을 다른 사람과 나누는 태도를 지닌다.		5월 2주				
		4국02-02	글의 유형을 고려하여 대강의 내용을 간추린다.		5월 4주		우리 지역의 문화유산		
		4국02-04	글을 읽고 사실과 의견을 구별한다.	'돌고래' 글자 디자인 / 거제씨월드	5월 2주				
		4국02-03	글에서 낱말의 의미나 생략된 내용을 짐작한다.		5월 2주				잘못 뽑은 반장
	쓰기	4국03-04	읽는 이를 고려하며 자신의 마음을 표현하는 글을 쓴다.		6월 3주				
		4국03-03	관심 있는 주제에 대해 자신의 의견이 드러나게 글을 쓴다.	플라스틱 쓰레기 문제 해결 위한 제안 글	7월 2주				
		4국03-05	쓰기에 자신감을 갖고 자신의 글을 적극적으로 나누는 태도를 지닌다.		4월 4주				잘못 뽑은 반장
	문법	4국04-01	낱말을 분류하고 국어사전에서 찾는다.		6월 3주			말잘쓸 어린이	
		4국04-02	낱말과 낱말의 의미 관계를 파악한다.		6월 3주				잘못 뽑은 반장
		4국04-03	기본적인 문장의 짜임을 이해하고 사용한다.		7월 1주				
		4국04-05	한글을 소중히 여기는 태도를 지닌다.	한류 더불어 한글 학습자 증가	7월 1주			말잘쓸 어린이	
	문학	4국05-04	작품을 듣거나 읽거나 보고 떠오른 느낌과 생각을 다양하게 표현한다.		4월 2주	이게 정말 나일까			잘못 뽑은 반장
		4국05-03	이야기의 흐름을 파악하여 이어질 내용을 상상하고 표현한다.		4월 2주				잘못 뽑은 반장
		4국05-05	재미나 감동을 느끼며 작품을 즐겨 감상하는 태도를 지닌다.		4월 4주				잘못 뽑은 반장

그림 4-8 **성취기준 기반 교사수준 교육과정 재구성 엑셀 파일**

TMI

새 학년이 시작되는 3월에 접어들 때 고려할 것들

정신없이 바쁘겠지만 계속해서 주시해야 할 것이 있다. 교육청별 연구대회 추진계획이 담긴 공문이다. 교육부에서 제공하는 당해 연도 추진계획은 공정한 대회 운영을 위해 대회가 끝나기 전까지 열람이 불가능하므로 우리는 지역 교육청에서 재구성하여 전하는 추진계획을 유일한 요강으로 삼아 열심히 분석해야 한다. 1~2월에 인성교육 종합계획을 한 번쯤 살펴보았다면 추진계획 내의 내용이 낯설지 않을 것이다. 작년과 달라진 요강, 올해 특히 강조하는 방향이 있다면 이를 연구에 반영하여 연구 주제의 윤곽을 잡자.

또 새로운 학생들과 설레는 만남을 충분히 즐겼다면 새 학기 적응 주간 중 거친 여러 조사와 활동을 토대로 아직은 수면 위로 드러나지 않은 그들의 특성을 추측하고 연구 주제와 관련하여 어떤 조사를 해야 할지 고민한다. 사실 3월 초부터 완벽한 연구 주제와 목표를 확정 짓는 것이 불가능하기에 필요하다고 생각되는 문항을 모두 담아 설문지를 작성하는 것이 유리할 수 있다. 그리고 이때부터 서서히 연구 필요성, 목적에서 출발해 수필 형식으로 우리 교실 이야기를 어떤 식으로 담아낼지 글짓기를 해보면 좋다. 자주 써야 할 키워드, 집중해야 할 관점이 구체화되면서 학생들을 좀 더 세세하게 관찰하게 되고 틈틈이 지속되어야 할 수업 구상 방향도 잘 잡힐 것이다.

만약 이때부터 보고서 양식에 내용을 작성하기 시작한다면 추진계획에서 명시한 보고서 작성 형식이 제대로 적용됐는지 꼭 확인하자. 그리고 표의 경우 글씨를 9포인트로 쓸 수 있으므로 대부분의 화면을 선이 없는 표로 구성해서 글씨 크기를 최소화하면 많은 공간을 확보할 수 있어 큰 도움이 될 것이다.

공동 연구만큼 값진 스터디를 만들자!

1인 연구가 필수 조건인 인성교육실천사례연구발표대회는 유독 외롭다. 고독한 9개월을 홀로 보낼 것이 걱정된다면 방법이 있다. 선생님 주위에 분명 한 명쯤 있을 연구대회 참가를 고민 중인 동료를 찾는 거다. 그들을 불러모아 연초부터 연구대회 스터디를 만들 것을 추천한다. 필자는 학부 시절 동고동락하던 동기 2명과 함께 스터디를 꾸렸다. 끈기가 고갈되어 원동력이 필요할 때, 막히는 부분이 발생할 때, 중간중간 피드백을 요청할 때 등 개인적으로 스터디의 존재는 많은 순간 큰 도움이 되었다. 그러니 대회 참가가 너무나 막막하고 두려운 독자가 있다면 백지장이 되어 맞들어줄 소중한 동료를 구해보자.

수업 곳간을 최대한 가득 채우자!

3월 중순까지 학생들을 파악하고 반 분위기에 익숙해졌다면 3월 말부터는 본격적인 인성교육 관련 수업을 실시하자. 많은 교사가 애초에 계획해 둔 수업들 위주로 보고서를 작성해야 한다고 생각하곤 하는데, 사실 36개, 많게는 48개나 되는 세부활동을 처음부터 미리 다 준비하는 것은 현실적으로 어렵다. 그래서 학기 중 당시 상황에 맞게 즉흥적으로 구상해서 진행한 수업들도 더러 있었고 최종적인 구성요소로 안착하는 경우도 꽤 많았다. 그러니 미리 구상해둔 수업에만 의존하지 말고 수시로 찾아드는 수업 아이디어와 학교 행사 등을 예민하게 받아들이고 본인의 인성교육과 연계하자. 특히 학교 단위로 진행되는 공식 행사는 운영의 질이 좋아 차별성을 가질 수 있으므로 학사일정도 미리 잘 파악해두면 좋다. 이러한 연계 수업은 많으면 많을수록 든든할 것이다. 의외로 계획 외 수업들을 추가로 진행하다가 모든 수업을 아우르는 주제를 만날 수도 있으니까 말이다.

모든 수업에 충실하고 언제 어떻게 쓰일지 모르니 수업 결과물을 차곡차곡 모으는 것도 잊지 말자. 필자는 수업 내용을 잘 기억하기 위해 우선 월별로 폴더를 생성하고 그 안에 수업 주제별로 분류한 폴더들에 거의 모든 수업 사진 및 활동 결과지 자료를 모아뒀었다. 이렇게 인성교육은 연계가 용이한 확장 가능성을 지니고 있으며, 이는 다시 말해 일상 자체가 기회임을 시사한다. 그렇다고 해서 즉흥적인 수업의 비율이 더 높아지면 큰 흐름을 유지하기 어려울 수 있으니 너무 우연에 기대서는 안 되겠다.

유연한 사고로 스케치하는 습관을 들이자!

4-1장 '보고서 구성 전략' 절에서 강조했듯 내용 간 조화와 형식의 체계가 중요한 프로그램 추진 과제 도식은 미리 틀을 만들어서 좋은 세부활동을 완료했을 때마다 이리저리 채워보는 걸 추천한다. 도식의 반 정도만 채워봐도 1년 단위 프로그램의 전체적인 타임라인도 계획해볼 수 있고 내가 현실적으로 우리 교실에서 풀어낼 수 있는 활동 자원을 그룹화하여 소주제를 미리 생각해볼 수 있기 때문이다. 연구 설계의 얼개를 잘 갖추면 연구 실천은 이 설계를 구체화하는 과정을 담는 것이라 진도가 술술 나간다.

6월 정도가 되면 꽤 많은 수업 사례가 쌓여서 프로그램 추진과제를 작성하기 좋을 때이다. 이미 교육한 활동과 앞으로 할 활동 중에서 연구 주제에 가장 적합한 것들을 선택하여 수시로 프로그램 추진과제 틀 속에 배치해보자. 그러면 소주제의 체계도 잡히고 더 적합한 소주제 명도 떠오를 것이다. 이때 거시적인 관점에서 소주제끼리의 어울림도 확인해야겠으나, 개별 활동들을 그룹화해서 소주제와 그 구조를 확정 짓는 상향식 접근은 보고서의 짜임새를 제대로 갖추게 할 수 있다. 또 이 방식으로 소주제별로 활동의 빈약하고 과잉된 정도도 스스로 판단할 수 있다

이렇게 어느 정도 스케치가 끝나면 그 수업들을 가장 잘 드러낼 수 있는 연구 실천 파트의 틀을 만들어봐야 한다. 안일하게 '다른 연구자의 틀을 조금 변형하면 되지 않을까?' 생각하다 보면 내 수업의 특장점을 드러낼 기회도 놓치고 독창성마저 잃는다. 연구 실천은 특히나 다양한 장치를 적용하여 창의적인 변형을 하기 좋은 부분이다. 한정된 공간 내에 어떤 장치를 어디에 배치하면 최적의 틀을 완성할 수 있을지, 역시나 자유롭게 스케치를 하면서 구상해보길 바란다.

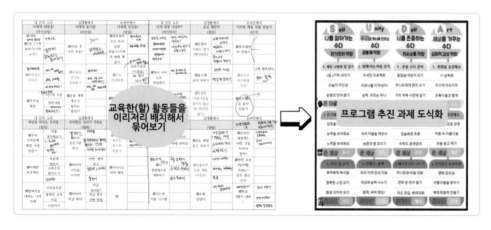

그림 4-9 **프로그램 추진 과제 도식화 과정**

보고서 작성 시 내용 그 자체의 중요성은 두말할 필요 없지만, 효과적인 내용 전달을 위한 보고서 편집도 매우 중요하다. 편집 디자인의 완성도 측면에서도 디지털 문서화 전에 쉽게 수정이 가능한 스케치로 생각을 구체화하는 습관은 매우 도움된다. 이러한 스케치는 보고서 작성 준비단계부터 아이디어가 떠오를 때마다 틈틈이 기록하여 시각화하는 게 좋

다. 편집은 한편으로 인성교육실천사례연구발표대회 심사 영역 중 연구 결과의 체계적 제시와 관련된 '연구 결과의 명료성' 항목에 해당되기도 한다. 따라서 보고서를 최종적으로 제출하기 전까지 심사위원과 내 보고서를 읽는 다른 선생님들의 이해를 돕는 데 포인트를 두고, 이미 구현된 요소들도 다시 되짚어보며 최선의 구성을 찾기 위해 노력해야 한다.

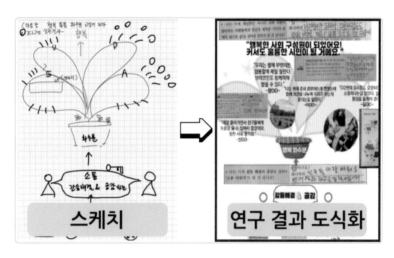

그림 4-10 **연구 결과 도식화 과정**

1등급 Key point

좋은 성적을 목표로 하고 있다면 역대 수상작을 타산지석으로 삼아 분석하는 과정은 필수다. 내용 면에서나 기능적으로나 분명 차별화된 장점이 있기에 다양한 관점에서 우수작들을 살펴보고 배울 점을 찾아보도록 하자. 최신일수록 좋겠으나, 참가 방식에 변화가 있었던 2022년에는 연구대회 참가율이 대폭 감소하였다. 하여 보다 치열한 경쟁을 뚫고 1

등급을 얻은 2021년 연구대회의 우수작인 〈인문철학 글놀이(N.O.R.I.)터에서 같이 자라는 꼬마 가치인[5]〉(이하 인문철학 글놀이터 보고서)과 〈구하자 프로젝트(탐(探)구하자! 친(親)구하자! 지(地)구하자!)를 통한 인성 역량 키우기[6]〉(이하 구하자 프로젝트 보고서)를 분석 대상으로 삼았다.

| [공통] '인성교육 종합계획' 반영 연구 주제로 관심 UP

우선 두 보고서에서 엿보이는 공통적인 장점을 짚어보도록 하자. 이전에 언급했듯 인성교육진흥법에 따라 교육부는 5년마다 인성교육 종합계획을 수립해야 한다. 본 대회가 매년 열리는 이유도 인성교육 종합계획의 추진 목적인 인성교육 우수사례 발굴에 있으므로, 해당 계획이 인성교육실천사례연구발표대회에 주는 영향력은 막강하다고 볼 수 있다. 따라서 연구 주제를 잡기 전에 인성교육 종합계획을 정독하면서 어떤 방향의 연구를 하면 좋을지를 통찰하면 분명 도움이 될 것이다. 물론 각 시도 예선대회 요강에도 인성교육 종합계획이 추구하는 방향이 반영되어 있으나 인성교육의 전반적인 흐름과 지향점을 제대로 이해하기 위해서는 인성교육 종합계획 정독을 피할 수 없다. 앞서 소개한 두 우수작의 연구자들이 해당 계획을 참고하였는지는 알 수 없지만 분명 인성교육 종합계획에서 강조하는 방향과 궤를 같이하는 연구 주제로 보고서를 작성하였다.

먼저 보고서를 살펴보기 전에 알아둘 것이 있다. 제2차 인성교육 종합계획에서는 관련 정책들과의 포함 관계 불분명으로 업무가 과중되는 현장의 피로도를 낮추기 위해 주제별 인성교육이 개별 교육정책의 일부를 포괄할 수 있음을 강조하였다. 즉, 인성교육을 하면서 주제에 따라 인문소양교육이나 환경교육, 인권교육 등을 동시에 할 것을 권장하는 것이다. 그러면서 '주제별 인성교육의 활성화·체계화'를 추진 과제 중 하나로 삼았고, 인성교육 관련 주제와 주제별로 지원 가능한 사업을 명시하였다.

순	주제	관련 기관
1	체육교육 활성화를 통한 건강한 인성 함양	교육부, 문체부
2	예술교육을 통한 감성 및 정서 함양	교육부, 문체부
3	삶의 질을 높이는 인문소양교육 및 전통문화교육 활성화	문체부
4	소통과 갈등해결을 위한 미디어 리터러시 교육	교육부, 방통위, 문체부
5	학교폭력 예방 교육을 통한 학생의 건전한 인성 함양	교육부
6	심성 순화 및 준법의식 향상을 위한 법 교육	법무부
7	자연과 더불어 살기 위한 환경교육 활성화	교육부, 환경부
8	정서적 안정과 감수성 함양을 위한 산림교육	산림청
9	생명의 소중함을 배우는 동물보호교육	농림축산식품부
10	청소년의 지역사회 참여를 통한 인성 함양	교육청, 여가부

표 4-6 **연구 방향 잡기에 도움되는 주제별 인성교육 활성화·체계화**

필자는 본 계획이 굵직한 교육 주제가 내포된 인성교육이 활성화되길 바라며 인성교육 관련 주제를 10가지로 추렸다는 것에 굉장히 큰 의의가 있다고 본다. 연구의 큰 흐름으로 적용을 안 할지라도 소주제를 완성하는 하나의 활동으로 활용하지 않는다면 오히려 손해일 것 같다.

인문철학 중심의 인성교육의 필요성

책보다는 스마트폰을 더 자주 보는 요즘의 학생들에게 글을 읽고 쓰는 능력은 스마트폰이 나오기 이전보다 더 부족해졌다. 원격수업으로 인해 늘어난 집콕생활은 이런 현상을 더욱 가속화시켰다. 이와 같은 학생들에게 필요한 것은 매일 적은 글이라도 꾸준히 읽어내는 것과 생각할 기회를 준 후 무슨 글이든 써내는 것이다. 이를 위해 철학자들의 글을 읽는 것을 토대로 온·오프라인 공간에서 다양한 텍스트를 읽고 충분히 생각한 후 자신의 생각을 쓰는 과정인 <u>인문철학 중심의 인성교육</u>이 중요하게 되었다.

인문철학 글놀이(NORI)터에서 답을 찾다

인문철학은 '나는 누구인가', '어떻게 살 것인가'에 대한 성찰이다. 수많은 위기와 불안에 쌓인 아포리아[1]와 같은 상황의 학생들에게 철학자들의 가르침은 하나로 통일된다. 그것은 '우리는 과연 어떤 삶을 살아야 하는가'이다. 이는 인성교육과 일맥상통한다. 즉 철학을 한다는 것(Doing philosophy)은 바른 인성을 함양한다는 의미이다. **인문철학 글놀이(NORI)터 프로그램**이란 가치덕목과 관련한 **철학자의** 생각과 말이 담긴 텍스트를 읽고, 자신의 생각을 온·오프라인에서 친구들과 나눠본 뒤, 가정·학교·사회라는 공간에서 실천해보거나 글로 표현해봄으로써, 자신을 이해하고 소중히 여기는 마음을 바탕으로 다른 사람을 존중하고 소통하며 공동체적 삶을 실천하는 프로그램이다.

그림 4-11 〈**인문철학 글놀이터 보고서〉 중 인성교육의 필요성 부분**[7]

그러면 먼저 〈인문철학 글놀이터 보고서〉의 주제를 살펴보자. 제목만 봐도 이미 보고서의 연구 주제 키워드가 인문철학임을 알 수 있지 않은가? 인성교육의 목표나 취지에 부합하는지로 연구 주제의 적절성을 판단하는 심사위원들은 수많은 보고서 더미에서 해당 보고서의 제목이 유독 눈에 띄었을 가능성이 높다. 이 보고서의 연구자는 탁월한 주제 설정을 했을 뿐만 아니라 제목 또한 아주 잘 지었다. 그리고 연구의 필요성을 살펴보면 이러한 인문철학 교육이 왜 필요하고 어떤 방향으로 적용할 것인지가 굉장히 설득력 있게 작성되어 있음을 알 수 있다. 또한 연구자가 생각하는 인성교육의 의미를 '나는 어떻게 살 것인가' 하는 철학자의 사고에서 찾은 대목은, 인문철학 관련 연구에 대한 확신과 뚜렷한 주관을 보여줬다고 생각한다.

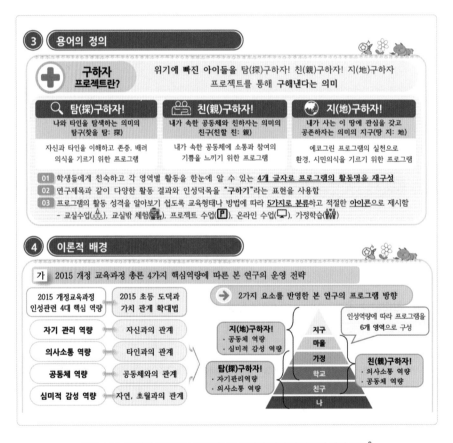

그림 4-12 〈구하자 프로젝트 보고서〉 중 용어의 정의 및 이론적 배경 부분[8]

3개의 대주제로 구성된 〈구하자 프로젝트 보고서〉에서도 이와 비슷하게 플러스 요인을 찾을 수 있었다. 용어의 정의와 이론적 배경을 살펴보자. 인성교육의 대세 흐름이 반영된 지점을 찾았는가? 본 보고서는 위기에 빠진 학생들을 구하는 방법들이 매우 시의적절하다. 3개의 대주제 중 마지막 '지(地)구하자'의 핵심은 환경, 시민의식을 기르는 것이다. 법령상 우리나라 인성교육의 최종 목표는 타인을 존중하고 협업 소통하는 민주시민 양성에 있다. 하지만 많은 연구자가 시민의식, 민주시민과 같은 용어를 최종 목표화하거나 보고서 내에 언급하진 않는다. 필자 또한 컨설팅을 받을 때 민주시민 키워드의 언급을 통해 시민의식을 중시하면 좋은 인상을 받을 것이라고 들은 바 있기에, 이 같은 대주제 설정은 매우 효과적이었다고 본다. 또한 환경의식 함양을 목표로 한 대주제 설정과 환경생태교육의 이론을 연구에 적용한 것 또한 주제별 인성교육 활성화에 이바지하는 처사였다.

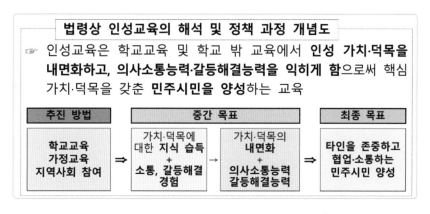

그림 4-13 **법령상 인성교육의 해석 및 정책 과정 개념도**[9]

이번에는 〈그림 4-13〉 개념도에서 추진 방법을 살펴보자. 인성교육은 본래 학교교육과 더불어 가정교육과 지역사회가 모두 어우러진 방법으로 추진되는 것이 정석이며 제2차 인성교육 종합계획에서는 가정·지역사회와 함께하는 인성교육을 과제로 내걸고 있다. 이 같은 관점을 〈구하자 프로젝트 보고서〉의 이론적 배경 부분에서 아주 잘 녹여냈다고 느꼈는가? 나로 시작해서 지구로 끝나는 인성교육 영역 위계도를 보면 본 연구는 '가정'과 '마을' 차원의 인성교육을 다룰 것임을 알 수 있다.

이렇게 이 두 보고서 모두 연구 방향과 주제에서부터 현실을 통찰한 깊이가 남다름을 알 수 있다. 물론 큰 흐름만 좋은 것이 아니라 세부적인 요소들도 매우 잘 설정되었으니 인성교육실천사례연구발표대회의 심사기준과 함께 차근차근 살펴보자.

심사 영역	심사 내용	점수
실제적 기여도 (현장교육 활용 등)	- 연구 결과의 활용 가능성(혹은 일반화 가능성)이 높은가? - 연구 결과가 학교에서의 인성교육 활성화에 기여하는가?	20
연구 주제의 적절성	- 연구 주제가 인성교육의 목표나 취지에 부합하는가? - 연구 주제가 교육적인 가치를 충분히 담고 있는가?	20
연구 내용의 참신성	- 연구 내용이 기존의 실천사례와 분명한 차별성을 갖는가? - 연구 내용이 학교 현장의 실제성과 특수성을 반영하여 독창적인 내용을 충분히 다루고 있는가?	20
연구 방법의 적절성	- 연구 내용에 맞는 연구 방법을 적절히 사용하였는가? - 자료 수집, 분석 방법, 결과 해석 등이 적절하게 이루어졌는가?	20
연구 결과의 명료성	- 연구 결과를 체계적으로 제시하여 가독성이 높은가? - 연구 결과의 주요 논지가 일관성이 있고 명료한가?	20

표 4-7 **인성교육실천사례연구발표대회 심사기준** (2023년 기준)

| 인문철학 글놀이(N.O.R.I.)터에서 같이 자라는 꼬마 가치인

이제 각 보고서의 독창성이 돋보이는 장점을 살펴보도록 하겠다. 〈인문철학 글놀이터 보고서〉는 전반적으로 인문철학이라는 막연한 주제를 굉장히 심도 있고 쉽게 잘 담아낸 보고서라는 감상을 준다. 물론 엄청난 시간과 노력을 투자해야겠지만 누구나 쉽게 시도하지 못하는 연구 주제를 친절하고 수준 높게 풀어내어 연구의 깊이를 살리면 우수한 평가를 받는다는 교훈을 얻을 수 있는 완성도 높은 연구다.

3 **용어의 정의**

인문철학	인문이란 인간의 가치와 세상의 이치에 대해서 고민하는 것으로 본 연구에서는 다양한 **철학자들의 생각과 말을 들어보고** 가치 선택을 할 수 있는 방향을 제시하는 것을 의미한다.
글놀이	**글놀이**는 철학적인 글, 온라인 독서 등 다양한 방법으로 텍스트를 읽고 자신의 생각을 즐겁게 쓰고 함께 나누는 활동을 말한다.
글놀이 (NOBI)터	글놀이(**NOBI**)터란 아이들이 놀이터에서 뛰어놀 듯 즐겁게 글놀이를 할 수 있다는 **정서적인 의미**와 자신이 속해 있는 **가정·학교·사회**의 오프라인과 디지털 세상과 같은 온라인 공간을 모두 포함하는 **공간적인 의미**가 있다. **N**otice my mind 자신을 이해하고 책임과 정직을 다하는 자기관리 역량 함양 **O**pen mind 서로를 존중하고 배려하며 소통하는 의사소통 역량 함양 **B**otation with 예와 효를 바탕으로 다른 사람의 마음에 공감하고 서로 협동하는 심미적감성역량 함양 **I**nto the world 나눔의 정신으로 내가 속한 세상을 이해하고 더불어 살아가는 공동체 역량 함양
함께 자라는	**핵심가치**를 함양하고 온·오프라인의 공간 속에서 함께 실천하며 성장하는 모습을 의미한다.
꼬마 가치인	핵심역량 및 가치덕목을 바탕으로 공동체적 협력을 통해 민주시민으로서 갖추어야 할 가치를 **내면화**하는 사람을 의미한다.

그림 4-14 **인성교육 공간의 확장 및 연계 가능성을 보여주는 용어의 정의**[10]

우선 용어의 정의를 보면 인성교육의 주체를 확장하고 학교 밖으로의 교육 연계를 기대하게 만드는 대목이 있다. 바로 '글놀이터'에 대한 정의다. 연구자는 글놀이터에 가정·학교·사회와 온라인 세상을 포함하는 공간적 의미가 있다고 설명하였다. 가정·학교·사회를 강조하며 용어의 정의에 포함시킨 것은 매우 좋은 전략이다. 가정·지역사회와 함께하는 인성교육은 제2차 인성교육 종합계획의 주요 과제이기 때문이다.

연구 내용의 내면화 및 실천 단계, '인문철학 글놀이터 프로그램 알고리즘'에서 학습한 가치를 가정·학교·사회에서 적용 및 실천함을 언급하는 것을 볼 때, 이 같은 연구자의 전략은 연구 전반에 반영되어 있는 듯하다. 연구자는 용어의 정의에서 설정한 교육 주체 간 연계를 알고리즘 내 필수 단계로 고정함으로써 다양한 교육 장면에서 이 같은 적용이 가능함을 성공적으로 암시하고 있다. 이처럼 가정·학교·사회와의 연계를 중심으로 하는 연구 주제 설정이 인성교육의 취지에 충분히 부합하고 교육적인 가치도 충분하므로, 이 보고서는 연구 주제의 적절성 측면에서 매우 뛰어나다고 할 수 있다.

그림 4-15 연구자의 전문성과 실제 기여도를 높이는 프로그램 알고리즘[11]

　다음은 인문철학 분야 연구의 깊이를 살리는 부분을 살펴보자. 먼저, 다른 보고서에서 쉽게 찾아보기 힘든 프로그램 알고리즘은 연구자의 전문성을 보여주는 요소로 볼 수 있다. 자신의 수업 흐름을 알고리즘화해서 제시할 정도로 연구자에게 수업에 대한 뚜렷한 주관과 확신이 있음이 돋보일 뿐 아니라 자칫하면 모호하고 추상적일 수 있는 인문철학 교육을 구체화하는 효과도 줬다고 본다. 또 흠잡을 데 없이 완전한 기승전결의 흐름을 갖추어서 어느 수업 환경에서나 쉽게 적용 가능하다는 장점도 있다. 마치 하나의 수업모형을 개발하듯 본인의 연구를 학문적으로 접근하는 것이 남달랐다.

　인성교육 프로그램 환경 조성도 인성교육실천사례연구발표대회에서는 잘 포함하지 않는 요소이지만 연구자가 과감히 추가하였고 결과적으로 본 연구의 장점을 매우 잘 살린 장치가 되었다고 본다. 블렌디드 러닝이라는 학습 방식과 가정과의 연계에 충실했음을 창의적으로 명시했기 때문이다. 이미 모든 학급에서 적용중인 것일지라도 그동안 보고서에 흔히 서술되는 내용이 아니었으므로 분명 확실한 강조 효과가 있었을뿐더러 연구 목적과의 일관성을 단단하게 잡아주어 일석이조의 효과가 있다. 이렇듯 연구자가 전략적으로 배치한 보고서의 구성요소들 덕분에 연구 주제의 가치가 더 살아난다. 더불어 방법적인 체계가 탄탄히 잡혀 있으면 이 자체가 다른 교실로의 적용을 용이하게 돕는 팁으로 작용하여 실제적 기여도를 높일 수 있다.

3 쉽게 풀어내어 연구 결과의 명료성 UP

그림 4-16 **철학 인물들의 가르침을 가치·덕목과 적절히 대응시킨 프로그램 설계도**[12]

이 보고서의 연구 설계와 실천에서는 깊이 있는 연구 결과를 쉽고 다채롭게 풀어낸 데서 배울 것이 많다. 인문철학이라는 주제는 초등학생을 대상으로 하기에는 어려울 것 같고 막연하기만 하다. 너무 철학적으로 접근하면 제대로 된 인성교육 효과를 얻지 못할까 의심스러울 수 있는데, 이 보고서는 뚝심 있게 철학 인물과 그들의 가르침을 깊이 있게 훑는다. 연구 설계의 프로그램 설계도를 보면 소주제 가치와 관련된 인문철학 위인과 그들이 주는 교훈을 제시했음을 확인할 수 있다. 이미 학생들에게 익숙할 법한 위인도 있지만 어른들에게도 생소한 인물도 여럿 수록되었고 특히 '영원 회귀의 삶'과 같이 신선한 주제도 포함하고 있어 이를 어떻게 인성교육으로 풀어낼 것인가 궁금증마저 자아낸다. 전반적으로 난도 높은 인문철학적 내용을 가치·덕목과 대응시켜 인성교육과 연계하고 학습 주제를 명확화한 설계도라 하겠다.

다음으로는 〈그림 4-17〉에 있는 연구 실천 파트 12개의 소주제 중 자기관리 역량과 정직과 관련된 [아힘사로 나 지키기]를 살펴보자. 3가지 세부활동별로 제시된 '철학 한 스푼'이 눈여겨볼 만하다. 이 항목의 목적은 세부활동에 적용된 인문철학적 가르침을 명언 식으로 명시하는 것이다. 누구나 할 수 있을 법한 활동에서 철학적 가르침을 발굴하고 별개의 활동처럼 보이는 것을 인문철학이라는 공통점으로 엮어냈다. 누구나 쉽게 수업 소재로 삼기는 어려운 내용을 수업에 효과적으로 적용하는 것과 흩어진 활동들을 일련의 맥락으로 재구성하는 것은 교사의 전문성을 대변하고, 이는 곧 연구의 가치를 높이는 일과 직결된다.

한편 글 읽고 쓰기 교육에 집중한 연구자의 노력 또한 돋보인다. 오른쪽에 세로로 배치된 활동사진을 보면 본 연구의 프로그램에서는 6학년의 수준으로 가공한 인문철학 텍스트를 제시한다는 것을 알 수 있다. 인문철학 텍스트는 비단 이 소주제에만 등장하는 것이 아니라 12쪽 전체에 걸쳐 등장한다. 놀이하듯 즐겁게 인문학 텍스트에 접근하는 것이 연구 주제이고 철학자의 글 읽기는 프로그램 알고리즘에서 두 번째 단계인 철학자와의 대화 단계에 속하기 때문이다. 그리고 'OREO 글쓰기'에 대한 설명을 보자. 단순하지만 효과적이어서 전파되기 쉬운 글쓰기 방법이다. 이러한 소개는 글쓰기 교육에 대한 연구자의 전문성을 보여준다.

이렇듯 참신한 교육 내용과 관련 교육 방법을 가독성 좋게 정리한 각종 장치들이 페이지마다 잘 어우러져 연구자가 전문적이라는 인상을 준다. 또한 체계적인 구성으로 연구 주제를 일관되게 이끌어가 연구의 전체적인 깊이를 살렸음을 알 수 있다.

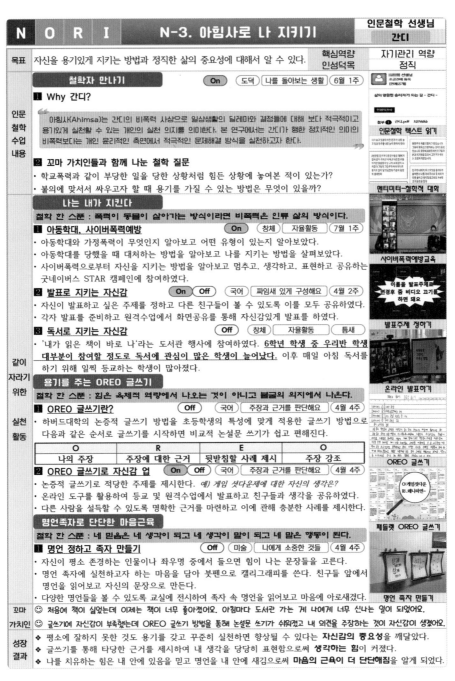

N O R I	N-3. 아힘사로 나 지키기	인문철학 선생님 간디

| 목표 | 자신을 용기있게 지키는 방법과 정직한 삶의 중요성에 대해서 알 수 있다. | 핵심역량 인성덕목 | 자기관리 역량 정직 |

인문철학수업내용

철학자 만나기 (On) [도덕] [나를 돌아보는 생활] [6월 1주]

❶ Why 간디?

아힘사(Ahimsa)는 간디의 비폭력 사상으로 일상생활의 딜레마와 결정들에 대해 보다 적극적이고 용기있게 실천할 수 있는 개인의 실천 의지를 의미한다. 본 연구에서는 간디가 행한 정치적인 의미의 비폭력보다는 개인 윤리적인 측면에서 적극적인 문제해결 방식을 실천하고자 한다.

❷ 꼬마 가치인들과 함께 나눈 철학 질문
· 학교폭력과 같이 부당한 일을 당한 상황처럼 힘든 상황에 놓여본 적이 있는가?
· 불의에 맞서서 싸우고자 할 때 용기를 가질 수 있는 방법은 무엇이 있을까?

같이 자라기 위한 실천 활동

나는 내가 지킨다

철학 한 스푼 : 폭력이 동물이 살아가는 방식이라면 비폭력은 인류 삶의 방식이다.

❶ 아동학대, 사이버폭력예방 (On) [창체] [자율활동] [7월 1주]
· 아동학대와 가정폭력이 무엇인지 알아보고 어떤 유형이 있는지 알아보았다.
· 아동학대를 당했을 때 대처하는 방법을 알아보고 나를 지키는 방법을 살펴보았다.
· 사이버폭력으로부터 자신을 지키는 방법을 알아보고 멈추고, 생각하고, 표현하고 공유하는 굿네이버스 STAR 캠페인에 참여하였다.

❷ 발표로 지키는 자신감 (On) (Off) [국어] [짜임새 있게 구성해요] [4월 2주]
· 자신이 발표하고 싶은 주제를 정하고 다른 친구들이 볼 수 있도록 이를 모두 공유하였다.
· 각자 발표를 준비하고 원격수업에서 화면공유를 통해 자신감있게 발표를 하였다.

❸ 독서로 지키는 자신감 (Off) [창체] [자율활동] [틈새]
· '내가 읽은 책이 바로 나'라는 도서관 행사에 참여하였다. 6학년 학생 중 우리반 학생 대부분이 참여할 정도로 독서에 관심이 많은 학생이 늘어났다. 이후 매일 아침 독서를 하기 위해 일찍 등교하는 학생이 많아졌다.

용기를 주는 OREO 글쓰기

철학 한 스푼 : 힘은 육제적 역량에서 나오는 것이 아니고 불굴의 의지에서 나온다.

❶ OREO 글쓰기란? (Off) [국어] [주장과 근거를 판단해요] [4월 4주]
· 하버드대학의 논증적 글쓰기 방법을 초등학생의 특성에 맞게 적용한 글쓰기 방법으로 다음과 같은 순서로 글쓰기를 시작하면 비교적 논설문 쓰기가 쉽고 편해진다.

O	R	E	O
나의 주장	주장에 대한 근거	뒷받침할 사례 제시	주장 강조

❷ OREO 글쓰기로 자신감 업 (On) (Off) [국어] [주장과 근거를 판단해요] [4월 4주]
· 논증적 글쓰기로 적당한 주제를 제시한다. 예) 게임 셧다운제에 대한 자신의 생각은?
· 온라인 도구를 활용하여 등교 및 원격수업에서 발표하고 친구들과 생각을 공유하였다.
· 다른 사람을 설득할 수 있도록 명확한 근거를 마련하고 이에 관해 충분한 사례를 제시했다.

명언족자로 단단한 마음근육

철학 한 스푼 : 네 믿음은 네 생각이 되고 네 생각이 말이 되고 네 말은 행동이 된다.

❶ 명언 정하고 족자 만들기 (Off) [미술] [나에게 소중한 것들] [4월 4주]
· 자신이 평소 존경하는 인물이나 좌우명 중에서 들으면 힘이 나는 문장들을 고른다.
· 명언 족자에 실천하고자 하는 마음을 담아 붓펜으로 캘리그래피를 쓴다. 친구들 앞에서 명언을 읽어보고 자신의 문장으로 만든다.
· 다양한 명언들을 볼 수 있도록 교실에 전시하여 족자 속 명언을 읽어보고 마음에 아로새겼다.

꼬마 가치인
☺ 처음에 책이 싫었는데 이제는 책이 너무 좋아졌어요. 아침마다 도서관 가는 게 나에게 너무 신나는 일이 되었어요.
☺ 글쓰기에 자신감이 부족했는데 OREO 글쓰기 방법을 통해 논설문 쓰기가 쉬워졌고 내 의견을 주장하는 것이 자신감이 생겼어요.

성장 결과
❖ 평소에 잘하지 못한 것도 용기를 갖고 꾸준히 실천하면 향상될 수 있다는 **자신감의 중요성**을 깨달았다.
❖ 글쓰기를 통해 타당한 근거를 제시하여 내 생각을 당당히 표현함으로써 **생각하는 힘**이 커졌다.
❖ 나를 치유하는 힘은 내 안에 있음을 믿고 명언을 내 안에 새김으로써 **마음의 근육**이 더 단단해짐을 알게 되었다.

그림 4-17 **체계와 깊이가 돋보이는 연구 실천**[13]

(우측 이미지 설명)
인문철학 텍스트 읽기
멘토미터-철학적 대화
사이버폭력예방교육
이름을 발표주제로 변경후 줌 비디오 끄기 하면 돼요
발표주제 정하기
온라인 발표하기
OREO 글쓰기
패들렛 OREO 글쓰기
명언 족자 만들기

구하자 프로젝트[탐(探)구하자! 친(親)구하자! 지(地)구하자!]를 통한 인성 역량 키우기

　〈구하자 프로젝트 보고서〉는 전반적으로 새로운 길을 개척하는 것에 두려워하지 않는 자신감이 돋보이는 연구다. 전에 없던 연구 방식과 보고서 구성을 취했지만, 단지 신선함이 목적이 아니라 연구 주제를 일관성 있게 강조하기 위한 가장 효과적인 전략이었다는 것을 놓치지 말아야 한다. 철저한 고민 끝에 최상의 아이디어가 탄생하고, 그로 인한 근거 있는 자신감은 결국 보고서를 빛내준다. 보고서를 펼쳐 보면서 세세히 짚어보겠다.

1 유의미한 분석으로 연구 방법의 적절성 UP

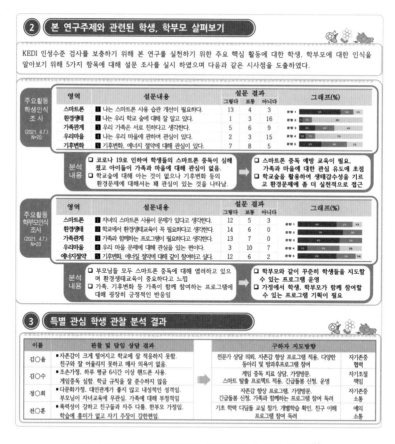

그림 4-18 **연구 방법의 적절성을 잘 드러내는 학생 실태 분석**[14]

〈구하자 프로젝트 보고서〉에서 연구 방법의 적절성이 특히 잘 드러나는 곳은 연구 준비 파트에 해당되는 학생 실태 분석이다. KEDI 검사를 재구성한 양적 검사와 더불어 질적 검사도구가 사용되는 게 일반적이지만 연구자는 질적 검사를 과감하게 관심군 학생의 관찰 내용으로 대체하였다. 게다가 다른 주제의 양적 도구를 활용했는데 검사 영역이 독특하다. 스마트폰, 환경생태, 가족관계…… 왜 이런 영역으로 검사를 구성한 것일까? 답은 본 연구의 목적에 있다.

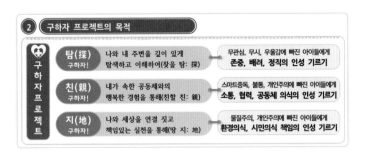

그림 4-19 **구하자 프로젝트(탐(探)구하자! 친(親)구하자! 지(地)구하자!)의 목적**[15]

연구의 목적에서 제시된 바와 같이 검사 영역은 세 대주제의 목표 키워드와 연관 있다. 또 학생에 대한 연구에 그치지 않고 학부모를 대상으로 동일한 검사를 적용했음을 알 수 있다. 실태 조사 대상을 학부모로 확대한 사례가 많지 않지만 해당 보고서는 가정과의 밀접한 연계를 지향하는 연구 주제를 잡았으므로 연구 방법의 적절성 측면에선 학부모 실태 조사를 하는 것이 지당하겠다. 이를 참고하여 검사 영역의 다양화보다는 연구 목적과의 관련성을 고려하여 주제에 부합하는 검사도구를 자체적으로 작성할 수 있어야 하며 필요하다면 실태 조사 대상을 넓히는 유연함이 요구됨을 기억하자.

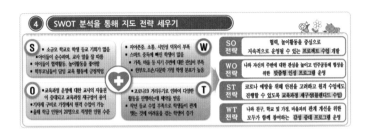

그림 4-20 **연구 방법의 적절성을 보다 강화하는 SWOT 분석**[16]

더불어 등장하는 SWOT 분석 또한 적절한 수업 방식과 프로그램 방향을 설정하는 과정을 제시하여 연구 방법의 적절성 점수를 높이는 요인으로 작용했을 것이다. 구체적으로 분석된 소규모 학교, 다양한 가족 형태의 학생들, 코로나 상황 등의 특수한 조건들이 적절히 활용 및 보완되어 SWOT 분석 활용이 매우 적절하고 유의미하다.

2 프로젝트 수업으로 연구 내용의 참신성 UP

관련 영역	프로젝트 주제	총 운영차시	세부 수업 활동	관련 교과 적용
		<연구 목적을 달성하기 위해 기획된 7가지 프로젝트 수업 운영>		
탐(探) 구하자	나의 꿈 찾기	10차시	직업 탐방하기, 버킷리스트, 나의 롤모델 꿈 재능 발표회	국어 4차시, 진로2차시, 자율 3차시
	내 이름을 불러줘	12차시	학교숲나무 이름 조사, 숲 모형도 만들기, 나무 팻말, 나무 동시	국어4차시, 과학4차시, 자율4차시
친(親) 구하자	톡(Talk)톡(Talk) 교육연극	18차시	친구 갈등 상황 탐색, 시나리오 작성, 콘티짜기, 역할연습, 발표	국어10차시, 자율8차시
	타악기 연주 동아리	20차시	칼림바 악기 이해 및 연주 활동, 장구소고 악기 이해 및 연주활동	동아리 14차시, 음악 6차시
	우리 마을 이야기	14차시	마을프로젝트 이해, 마을 지명 및 역사 탐구, 야야기자료 제작, 책 발간	사회 8차시, 국어 4차시, 미술2차시
지(地) 구하자	나는야 꼬마 농부	10차시	텃밭 일구기, 감자심기, 식물관찰하기, 화분모종키우기, 감자수확하기	자율 6차시, 과학4차시
	우리 마을 하천 살리기	10차시	마을 하천 탐사, 하천 수질 오염 실험, 하천 환경정화, 캠페인 활동	사회2차시, 과학2차시, 자율2차시, 봉사2차시

그림 4-21 **구하자 프로젝트(탐(探)구하자! 친(親)구하자! 지(地)구하자!)를 위해 기획된 7가지 프로젝트 수업 표**[17]

본 연구는 소규모 학교에서 이뤄졌다. 필자는 현장에 흔치 않은 소규모 학교라는 환경이 연구의 독창성을 살릴 수 있는 매우 좋은 기회라고 생각한다. 필자도 소규모 학교에서 근무해본 경험이 있는데 보통 소규모 학교는 교외에 위치해서 환경이 열악할 것이라고 생각하지만 사실 아닌 경우가 더 많다. 비교적 교육적 지원이 풍부하고 학생 수가 적어 복잡다단한 프로젝트 수업 적용이 용이할 수도 있다. (그렇다고 소규모 학교에서 근무하는 모든 연구자가 참신한 연구를 할 수 있는 것은 절대 아니다.) 역시나 연구자 선생님도 이러한 조건을 십분 활용하여 프로젝트 수업이 포함된 교육과정으로 잘 녹여냈으므로 비슷한 조건과 연구 운영 방향을 고려 중이라면 해당 보고서를 꼭 참고하길 바란다. 〈그림 4-21〉과 같이 적용된 프로젝트 수업들이 잘 정리되어 있다.

연구 실천 부분을 함께 보자. 파출소 경찰관 초청하기, 마을 문화재나 유적지 방문하여 취재 영상 촬영하기, 마을 하천 수질 복원하기 등 인성교육의 무대를 마을로 확장하겠다는 연구자의 취지에 부합하면서도 학교 현장의 특수성을 살린 귀한 활동들이 가득하다.

다른 의미의 독창성이긴 하지만 이 보고서는 연구 실천 파트의 편집 방식도 매우 특별하다. 물론 긴 호흡의 프로젝트 수업을 연구에 주로 적용해서 이를 효과적으로 정리할 획

기적인 틀이 필요했을 것이다. 그 점을 기회로 4개 프로젝트의 핵심이 하나하나 눈에 잘 들어오는 블록 형식으로 구성하였는데, 각 프로젝트의 앞 글자를 딴 소주제명도 정말 멋지지 않은가? 선생님이 독창적인 교육 장면들을 독창적으로 배치하기 위해 얼마나 많이 고민하셨을지 직접 보고서를 써본 사람이라면 가늠이 갈 것이다.

그림 4-22 **적절한 활동을 담아낸 독창적인 연구 실천의 틀**[18]

5장

마무리하며

인성교육실천사례연구발표대회로 연구의 세계 입문

특정한 연구대회를 겨냥하지 않은 채 이 책을 보고 있는 당신. 어느 정도 수업에 자신이 생겼지만 교사로서 비약적인 발전을 하고 싶어 스스로 도전하는 길을 택했을 것이다. 아마 처음에는 생각보다 다양한 연구대회가 있어서 놀랐을 테고, 연구대회의 세계가 어느 정도 익숙해지면 어떤 대회를 선택하는 게 좋을지 고민했을 것이다. 필자는 첫 연구대회로 인성교육실천사례연구발표대회를 선택한 경험을 바탕으로 초심자 선생님들에게 인성교육실천사례연구발표대회로 연구대회 참여를 시작해볼 것을 권하고 싶다. 그 이유는 다음과 같다.

첫째, 부담이 적다. 우선 채워야 하는 보고서 쪽수를 비교해보자. 디지털교육연구대회는 30쪽(부록 포함), 수업혁신사례발표대회는 25쪽이다. 반면 인성교육실천사례연구발표대회는? 알다시피 20쪽이다. 여기서부터 안도감이 생기지 않는가? 게다가 영상을 제작해서 제출해야 하는 교육방송연구대회처럼 특정한 기술이 추가로 요구되는 대회들보다 진입 장벽이 높지 않다. 본인의 전문 분야를 아직 정하지 못한 저경력이거나 보고서 작성이 처음인 선생님이시라면 이렇게 양적 부담이 적은 인성교육실천사례연구발표대회로 연구를 시작해보는 것이 한결 수월할 것이다.

그리고 본 연구대회에서는 새로운 활동 구상에 대한 부담도 그렇게 크지 않은 편이다. 타 연구대회처럼 혁신을 추구하기보다는, 다양한 수업환경에서 적용하기 쉽도록 일반화 가능성을 갖췄으며 체계화된 인성교육 활성화에 추진 목적이 있기 때문이다. 또 인성교육실천사례연구발표대회 보고서는 여러 수업들로 하나의 연구 목표를 얼마나 일관성 있게 달성해갔는가를 보여주는 결과물이기에 개별 수업들의 특별함보다는 활동과 연구 목표의 어울림, 활동 간 관련성과 같이 전체적인 흐름이 우선시된다. (물론 거시적인 관점에서 우수한 데다 개별 활동들까지 기발하면 금상첨화겠지만 말이다.)

둘째, 인성교육은 다른 활동들과의 연계가 쉽고 확장성이 좋다. 인성교육실천사례연구발표대회 보고서를 분석해보며 느꼈겠지만 한 번쯤 해본 것 같은 익숙한 수업 사례들이 많았을 것이다. 흔히 알려져 준비가 어렵지 않은 수업들도 그 안에서 인성과 관련된 가치·덕목과 잘 엮어서 인성교육으로의 발전이 용이하기 때문이다. 인성교육은 워낙 다양한 가치를 목표로 하고 있고 그 가치·덕목들은 모든 일상의 장면에 하나쯤은 맞닿아 있다. 따라서 인성교육적 사고를 통해 창의력을 발휘하면 일반적인 수업도 인성교육의 일환으로 다양하게 확장할 수 있다. 또 분야를 가리지도 않는다. 인성교육 종합계획에서 활용을 제안했던 다양한 정부 부처의 주제들이 떠오르는가? 게다가 최근에는 추진계획에 미래인재 양성을 위한 인성교육에 대해 언급하며 다양한 정보 기술과의 연계 가능성도 활짝 열어둔 상태다. 평소 최신 에듀테크 활용에 관심이 많던 선생님은 분명 연계할 수 있는 활동의 선택지가 늘어나 차별화된 인성교육 보고서를 작성할 수 있을 것이다.

셋째, 인성교육 노하우를 잘 다져 놓으면 향후 더 편해질 뿐 아니라 한층 의미 있는 수업을 하게 된다. 선생님들이 학교에서 학생들과 함께하는 매 순간, 가장 강조하는 것이 무엇인지 생각해보자. 공동체 붕괴로 다시금 그 중요성과 의미가 강조되고 있는 인성. 교사로서 학습적인 지도도 물론 중시하겠지만 교실이라는 공동체 속에서 학생들이 평화롭고 행복하게 어울려 지낼 수 있도록 수시로 인성 관련 지도를 하지 않는가? 학습 공동체나 연구회의 전통적인 단골 주제인 '놀이 교육', '토의·토론 교육', '그림책 교육', 그리고 최근 좀 더 깊이 있는 소프트웨어 교육을 위해 개발된 '노벨 엔지니어링 교육' 등. 모든 도구적 교육 방법의 최종 지향점에도 인성은 항상 포함되어 있다. 그만큼 인성교육은 기본이고 필수라는 이야기다.

그런 인성교육 연구에 수개월을 투자한다? 이 시간은 분명 굉장한 자산이 된다. 어차피 잘 알아야 하는 것을 연구대회 참가를 통해 진하게 독학한 것이나 다름없으니 말이다. 또 필자는 인성교육에 대해 제대로 연구하기 전에는 지식 중심의 수업만 해도 만족했지만 이후에는 인성교육의 요소를 더해 도덕적인 교훈을 내포해야만 직성이 풀리는 습관을 갖게 됐다. 예를 들어 소프트웨어의 개념에 대해 알아보는 실과 수업을 할 때도 동기유발 자료로 중학생들이 세상에 기여하기 위해 코로나 관련 웹사이트를 개발한 사례를 가져와 공동체 역량에 대해 언급하든지 해서 말이다. 자꾸만 마음이 굳어져 가는 학생들에게 틈틈이 인성적 심폐소생을 제공하는 역할. 정말 뜻깊지 않은가?

인성교육실천사례연구발표대회 참가의 가치

선생님은 자랑스레 말할 수 있는 본인만의 교육관이 있는지 궁금하다. 필자는 3년차 때쯤, 기왕 교사가 된 거 그 누구의 것도 따라하지 않은 나만의 교육관을 한번 만들어보자고 다짐했었다. 그때만 해도 경험이 부족해서 미술 교육을 잘하는 사람이 멋져 보였다가, 소프트웨어 교육을 잘하는 사람이 멋져 보였다가, 한 달에 한 번씩 롤 모델 선생님을 바꿔갔던 것 같다. (다양한 과목을 가르쳐야 하는 초등 교사의 단점이라면 모든 과목에 대해 다 잘 알아야 할 것 같다는 강박이 생기는 것?) 그렇게 여러 롤 모델로부터 얇고 넓게 노하우를 전수받아 가르치는 기술이 전 과목에서 고루 상향평준화 된 시점에서 다시금 한계를 느꼈다. 수업을 전보다 자신 있게 할 수 있게 됐지만 나만의 교육관으로 이어질 만한 '주요 분야'가 없었기 때문이다. 역시 롤 모델처럼 전문성 갖춘 교사가 되려면 내가 진정으로 잘할 수 있는 분야를 딱 하나 정해서 연마해야겠다고 다짐했다. 하지만 여전히 필자의 시각에서는 모든 분야가 다 중요한 것 같아서 도저히 하나를 고를 수가 없었다.

인성교육실천사례연구발표대회는 그때쯤 도전했었다. 연구대회 도전은 내가 제대로 수업하고 있는지 타인의 시선을 통해 객관적으로 확인받고 싶은 욕구와 1년간의 수업들을 서사가 담긴 포트폴리오로 정리하고자 한 시도에 의한 것이었다. 그중에서도 인성교육을 선택한 동기는 『인성이 실력이다』라는 도서였다. 그 책을 읽고 교육 방법을 기술적으로 잘 알고 적용하는 것도 좋지만 인성을 제대로 키워주는 교사가 되는 게 먼저라는 감상을 얻었기 때문에 자연스레 인성교육에 관심을 갖게 된 것이다.

그렇게 내적 동기가 강하게 작용한 연구대회 도전기가 시작됐다. 주위에 연구대회에 관심 있는 선배 교사가 없었기에 기댈 데라곤 상황이 비슷한 스터디 모임의 동기 2명이 다였던 시간이었다. '왜 시작했지?' 후회하기도 하고 '이 보고서 완성되긴 하는 건가?' 막막함에 포기하고 싶었던 순간도 많았던 9개월이었지만, 그때만큼 학생 한 명 한 명의 마음을 헤아려보고자 노력한 적이 없었다. 'A 학생은 왜 유독 자존감이 낮은 행동을 자주 하는 거지?', 'B 학생은 교우관계가 아직 좀 껄끄러운 거 같은데, 어떤 걸 개선해주면 좋을까?' 다른 대회로 연구자 역할을 시작했어도 이렇게 **'행복한 삶과 직결되는 힘 길러주기'**를 최우선 과제로 삼고 학생들을 세심히 관찰할 수 있었을까.

구슬이 서말이라도 꿰어야 보배라고 했던가. 흩어져 있던 수업들이 한데 어우러져 제대로 형식을 갖췄을 때 주는 쾌감이란. 단일한 활동으로서 한정된 가능성만을 보여줬던 것들을 모아보니 손수 만든 교육과정의 힘이 느껴졌다. 그렇게 얻은 자신감을 무기 삼아 이제 좋은 수업 자료를 그대로 적용하는 수용적인 태도에서 벗어나도 괜찮을 것 같았다. 게다가 전체적으로 수업을 살펴보니 유독 치우친 것, 더 배워 나가야 할 것이 눈에 보였다. 수업 성찰을 할 수 있게 된 것이다. 이렇게 내 수업에서 한 발짝 떨어져 교육과정 단위로 반성해보니 결정적으로 가장 좋았던 것이 있다. 필자가 어떤 교육을 하고 싶었던 것인지 **내면에 잠재되어 있던 교육관**이 보이기 시작했다는 것이다. 요즘 유독 강조되는 방법이라서, 닮고 싶은 선배 교사와 비슷한 교육관이어서가 아니라 필자의 가치관에서 비롯된 교육관이 말이다. 새로운 도전이 눈앞에 닥쳐도 두려워하지 않는 현명함을 갖춘 학생. 그러한 지성을 타인과 공동체를 염두에 둔 베풂을 위해 쓰는 사람. 내가 가진 그 어떤 것으로도 세상에 기여할 수 있다고 믿고 실천할 수 있는! 그런 학생을 길러내는 데 집중하고 있었음을 보고서를 완성하며 깨달았다.

필자만의 수업 브랜딩이 시작된 시기는 바로 2020년, 인성교육실천사례연구발표대회에 참가했던 때부터라고 자신 있게 말할 수 있다. 나만의 수업이 가진 힘을 느낀 후 교육관이 분명히 자리 잡았으니 말이다. 돌이켜보니 교육과정 재구성 능력을 비롯한 교사로서의 전문성이 스스로 느낄 정도로 발전한 때도 그 해다. 본인이 하고 싶은 교육을 하면 가르치는 일이 더 좋아지니까 직업 만족도가 높아진 것도 당연 그때부터. 너무 기억이 미화된 것 아니냐고? 그 당시 유독 더 관심을 쏟았던 남학생이 중학생이 된 지금까지도 그때 함께 나눈 편지를 들고 와 추억을 늘어놓고 여학생들이 수시로 데이트 신청을 하는 걸 보면 필자만 좋았던 것은 아닌 것 같다.

《연구대회 바이블》이라는 제목으로 이 책을 저술했기에, 입상 가능성을 높일 수 있는 방법 위주로 이 부의 내용을 구성하였다. 입상을 겨냥한 서술로 인해 많은 선생님이 결국 연구대회는 등급을 얻어야만 성공한 도전이라고 생각할지 모르겠다. 그래서 오히려 등급을 받지 못할까 봐 주저하며 쉽사리 참여하지 못하게 될지도 모른다는 걱정이 되기도 한다. 먼저 도전해본 경험자로서 마지막으로, 자신 있게 외친다!

인성교육실천사례연구발표대회로 선생님을 초대한다. 입상은 부수적으로 따르는 훈장일 뿐이다. 결과를 떠나 연구대회에 참가한다면, 출품을 위한 과정을 마무리 짓기만 하면 전보다 나은 내가 되는 건 확정이다. 인성교육이 새로운 방법으로 활성화되는 과정에서 여러 주체가 도움을 얻을뿐더러, 최대 수혜자는 분명히 선생님 본인이 되는 거다. 이제 당장 도전하지 않을 이유가 없지 않은가?

5부

교육방송 연구대회

1. 교육방송연구대회란?

2. 교육방송연구대회 뜯어보기
교육방송연구대회의 특장점·심사기준 분석
(작품 내용·제작 방법·현장 적용 가능성)

3. 1등급 Key point
누구를 위한 영상인가·무엇을 담은 영상인가·
어떤 형식의 영상인가·흥미롭고 편안한 영상인가

4. 교육방송연구대회 준비과정 및 노하우
영상학습자료 제작 3단계 (1단계 기획하기·2단계
촬영하기·3단계 편집하기)·교육방송연구대회
노하우 (저작권 문제 클리어·영상 초보를 위한 로드맵)

5. 마무리하며

By. **주민환** 선생님

수상 내역	2021 교육방송연구대회 인천시 2등급 – 전국 1등급

경력 및 학위	인천광역시교육청 교사
	디지털미디어콘텐츠 교사연구협회 소속
	교육 콘텐츠 크리에이터
	인천대학교 교육행정·리더십 석사

교육방송연구대회란?

| 대회요강 및 추진 일정

교육방송연구대회는 EBS(한국교육방송공사) 주관으로 교육환경 변화에 맞춘 혼합형 교육 모델 개발 및 교원의 콘텐츠 개발 및 활용능력 신장을 목적으로 하는 대회이다. 2024년부터 기존의 콘텐츠 활용 교수학습자료 부문은 폐지되었다. 또 클립형 영상학습자료 부문도 주제에 따라 가군과 나군으로 운영되고, 분량도 7분 이내가 아닌 7~8분 이내로 변경되었다. 이렇듯 변경점이 있을지 모르니, 매해 공문으로 요강 변화를 확인하도록 하자. 그러나 핵심은 같다. 교육방송연구대회는 보고서 형태의 결과물이 아닌 교수학습활동, 교육영화, 교육다큐 형식의 영상을 제작하여 콘텐츠를 제공하는 게 연구의 목적이다. 그렇기에 타 연구대회와 결을 달리 한다고 볼 수 있다. 교육방송연구대회 출품작은 EBS 교육방송연구대회 웹사이트 home.ebs.co.kr/study/main에서 확인 가능하다.

교육방송연구대회는 연구 보고서 작성에 어려움을 느끼는 선생님들이 도전해볼 만한 무대이며, 주제의 자유도가 상당히 높아 매년 많은 수의 결과물이 출품된다. 좋은 아이디어와 콘텐츠 제작 역량이 있다면 입상 가능성이 높은 연구대회이기도 하다. 하지만 실제로 선생님들이 체감하는 진입 장벽은 생각보다 높은데, 이유는 아마 촬영과 편집 과정에서 오는 어려움 때문일 것이다.

구분	연구물 내용	규격
클립형 영상 학습 자료	·교과를 포함한 모든 교육 활동에 활용할 수 있는 교육자료 ·교수-학습활동, 교육영화, 교육다큐 등 한 가지 주제에 대한 완결된 구조의 영상자료 ·동기유발, 개념설명 등으로 활용할 수 있는 단일 주제에 대한 클립형 콘텐츠	·분량: 7~8분 이내의 영상 1편 ·제출 파일 형식: MP4 ·해상도: 1280×720 이상 ·비트 전송률: 2M 이상

표 5-1 **교육방송연구대회 응모 부문**(2024년 기준)

그러다 보니 교육방송연구대회는 영상 제작 경험이 있는 선생님들 위주로 출품되는 경우가 많다. 물론 편집 기술보다는 아이디어 싸움이라고 하지만, 연구대회와 기술적인 공부를 병행하기엔 생각보다 교육방송연구대회 일정이 그리 여유롭지 않다. 따라서 연구에 본격 착수하기 전에 어느 정도 촬영 및 편집 공부를 해두는 걸 추천한다.

교육방송연구대회는 예선대회인 시도대회와 본선대회인 전국대회로 나뉜다. 예선대회에서 입상한 모든 작품은 전국대회에 자동 출품되며, 각 대회의 입상 비율은 출품작의 40%다. 등급은 예선, 본선 동일하게 당선작의 1:2:3 비율로 책정되는데, 예선대회 등급은 본선에 영향이 없다. 한마디로 예선 1등급 작품이 본선에서 떨어지거나, 예선 3등급 작품이 본선 1등급을 받는 경우도 있다는 것이다. 우선 연구대회 단기 목적을 예선대회 입상으로 설정하고 준비하면 좋지 않을까?

일정은 예선대회의 경우 시도별로 조금씩 차이가 있다. 자세한 대회 일정은 다음 표를 참고하자. 2024년 교육방송연구대회요강 기준으로, 매년 조금씩 일정이 달라지니 공문을 꼭 확인하길 바란다. (전국대회 일정은 매년 동일하다.)

월	추진 일정	개별 연구과제 (예시)
1~4월		· (필요시) 영상 기초 공부하기 · 교육과정 분석하기
4월		· 영상학습자료 기획하기(주제, 제목 정하기)
4월 중	· 시도대회 시행 공고	· 계획서 작성하기
4~5월 중	· 시도대회 계획서 접수	· 계획서 제출하기
4~6월		· 시나리오 작성하기
6~7월		· 콘티 작성하기 · 영상학습자료 촬영 및 편집하기 · 영상제작 동영상 제작하기
7~9월 중	· 시도대회 출품작 접수 · 시도대회 서면 및 대면심사	· 작품설명서와 지식재산권 보증서, 초상권 활용 동의서 준비하기 · 출품 자료 제출하기
9월 말	· 전국대회 출품작 접수 · 전국대회 예비심사	
10월 말 ~11월 초	· 전국대회 서면 및 대면심사	

11월 초 ~중순	· 이의제기 기간 · 입상작 확정, 결과 보고	
11월 말	· 입상작 상장 제작 및 발송	

표 5-2 **교육방송연구대회 추진 일정 및 개별 연구과제 예시**(2024년 기준)

매년 4월 중에 공고가 나오고, 예선대회 계획서를 제출해야 한다. 즉 전체 일정 중 4~5월에 신경 써야 할 일은 계획서 제출인데, 학기가 시작하고 한창 바쁠 때라 생각보다 아이디어를 짜기가 쉽지 않다. 따라서 교육방송연구대회에 참가한다면 사실상 전체적인 얼개는 늦어도 1~3월 중, 사전에 미리 준비해두어야 한다. 출품 자료가 적지 않기 때문에 긴 호흡을 가져가는 편이 좋다. 〈표 5-2〉의 개별 연구과제 예시를 참고하길 바란다(이에 관한 자세한 내용은 이후 설명한다.) 아무튼 공고 전에 최소한 주제와 제목만이라도 정해둘 것을 추천한다.

필자도 대회 공고가 나오기 전인 3월에 주제와 제목을 정해두었다. 대다수 시도에서 제목 변경은 불가능하니, (일부 가능했던 지역도 있긴 하다. 확실한 건 담당 장학사에게 문의해야 정확할 것이다.) 계획서 작성 시 신중하게 제목을 정하도록 하자. 계획서 내용은 추후 작품설명서를 작성할 때 언제든지 수정 가능하니 당장은 크게 신경 쓰지 않아도 된다.

그림 5-1 **제29회 교육방송연구대회 클립형 영상학습자료 1등급 입상작**[1]

제목 이야기를 잠깐 하자면, 클립형 영상학습자료의 네이밍 방법은 타 연구대회와 사뭇 다르다. 〈그림 5-1〉을 살펴보았을 때, 1-1장에서 언급한 네이밍 고민과정이 크게 적용되었다는 느낌을 받기 힘들다. 독립 변인, 종속 변인, 연구의 핵심 주제가 명확하지 않고 함축적인 제목으로 내용을 추측할 수 있는 단서들이 드러나지 않는 편이다. 즉 제목을 통해 내용이 드러나지 않아도 되며 비교적 네이밍 자유도가 높다. 자유도가 높다 하여 고민 과정이 얕은 것은 아니지만, 네이밍 난도는 타 연구대회에 비해 낮은 것이 사실이다. 그래도 필자는 작품의 핵심 주제인 민주주의 속성을 나타낼 수 있는 단어와 단편영화 형식임을 나타내는 단어를 조합하여 외우기 쉽게 네이밍에 신경을 써보았다. (입상에 큰 영향을 주지 않은 것 같지만 말이다……)

추가로 일정에서 참고해야 하는 부분은 대면심사의 경우 예선대회에서는 출품 비율의 40%, 즉 입상 대상자를 대상으로 진행된다는 점 그리고 전국대회의 대면심사는 1등급 후보 대상에만 해당되며(1.5배수) 심사 후에 최종 1등급이 결정된다는 점이다. 자신이 있다면 전국대회 대면심사를 위해 10~11월에는 일정을 비워두자.

| 출품 자료

영상학습자료

교육방송연구대회의 핵심 결과물은 영상학습자료이다. 7~8분 이내의 영상 1편을 제출해야 하며 제출되는 파일 형식은 MP4, 해상도는 1280×720 이상이 요구된다. 4k까지는 필요 없고 **FHD(1920×1080) 해상도**로 제출하는 것을 추천한다. 2024년 이전 대부분의 입상 작품들이 6분 30초~7분 이내로 제출되었으며, 간혹 전국 1등급 기준으로 6분을 넘지 않거나, 7분을 넘기는 작품도 한두 편 존재한다. 하지만 2024년부터는 명시적으로 7~8분 이내의 영상을 요구하였기에 분량 준수를 추천하는 바이다. 하지만 영상에 꼭 필요한 부분을 삭제하거나 전체적인 흐름을 해치면서 억지로 시간을 맞추지 마시길 바란다. 분량과 관련된 팁은 이후 5-3장에서 자세히 다루어보도록 하자.

이외에 많이 질문하는 내용 중 '출품자 본인 등장 가능 여부'가 있는데, 결론적으로 말하면 가능하긴 하다. 실제로 다수의 입상작에 출품자 스스로가 출연하였고, 필자 또한 그랬다. 하지만 담당자 문의 시에는 출품자 출연을 지양하며, 운영계획에서도 제출자 관련 정보가 나타날 경우 불이익을 받을 수 있다고 안내하고 있다. 보수적으로 접근하면 대역을 내세우는 게 맞으나, 현실적으로 어려움이 따른다면 출품자 본인이 출연하기도 한다고 언급해두겠다. 본인이 만약 유명하다면 대역을 세우는 방안이 좋지 않을까? 판단은 상황에 맞추어 하길 바란다.

영상제작 동영상

영상제작 동영상은 촬영 및 편집 화면 등을 담은 3분 이내의 영상이다. 연구자가 직접 영상을 제작하였는지 판별하기 위한 용도의 영상이며 영화에서 메이킹 필름과 같다고 보면 된다. 간혹 영상학습자료 제작에 몰두한 나머지 영상제작 동영상 촬영을 잊게 되는 경우도 발생하는데, 이럴 경우 NG 영상 등을 활용하면 자연스러운 메이킹 필름 제작이 가능하다. 두 가지 방법으로 제작할 수 있는데 화면 캡처 프로그램(OBS 등)을 통해 기록하는 방법과 편집 장면을 직접 카메라로 촬영하는 방법이 있다. 이때 촬영뿐만 아니라 편집 과정에서 출연자 본인이 꼭 등장해야 함을 잊지 말자. 필자는 실제로 촬영 및 편집하고 있는 모습을 영상제작 동영상에 담아 강조한 바 있다. 편집 중인 캡처 화면과, 편집하는 모습을 함께 촬영한 장면을 담으면 된다. 단, 영상학습자료와 마찬가지로 출품자 등장을 제외한 소속기관 및 신상정보가 나타날 수 있는 자료는 불이익을 받을 수 있다는 점, 꼭 유의하자.

작품설명서

타 연구대회의 보고서에 해당하는 자료이다. 작품설명서는 출품 작품마다 분량, 형식이 상이하기에 뚜렷한 가이드라인을 제공하기 어렵다. 전국대회에 출품된 작품 중 1~2쪽의 작품설명서를 제출하고도 전국대회 1등급을 받은 작품이 다수 존재하는 것으로 보아 심사 시 작품설명서에 큰 비중을 두지 않는 것으로 파악된다. 하지만 전국대회 이전에도 시도대회 예선이 있기에 각 시도대회의 작품설명서 기준에 맞추어 적정 분량을 채우는 것을 추천하는 바이다. 시도대회에서 당선된 작품의 작품설명서를 살펴보고 최대한 보수적으로 기준을 잡는 것이 좋겠다.

단, 작품설명서에 필수적으로 언급해야 하는 사항이 있는데, 2인 공동 연구의 경우 각 출품자의 담당 업무를 반드시 명기해야 한다. 운영계획서상 원칙적으로 공동 연구는 지양하기에(하지만 대부분의 작품이 공동 연구다), 역할 분담이 뚜렷한 연구임을 작품설명서에 담아내야 한다. 또한 영상학습자료에서 말하고 싶은 바를 첫 쪽에 한눈에 들어올 수 있게 구조화하여 작성하는 것이 좋겠다. (심사 경험자로부터 받은 조언이다.) 이해를 돕기 위해 뒷장에 필자의 작품설명서 일부를 첨부한다.

필자는 부록 포함 11쪽 분량의 작품설명서를 제출하였는데, 타 작품과 비교해서 분량이 어느 정도 있는 편이다. 누군가는 1쪽 분량도 상관없다고 말하지만, 필자는 입상을 위해 혹시 모를 불이익을 대비하여 보수적으로 기준을 잡았고, 제작 과정에서 작성한 시나리오 및 콘티도 부록에 포함하였다. 과하다면 과하다고 볼 수 있지만, 여력이 된다면 변수가 생길 수 있는 위험요소를 통제하는 것이 좋지 않을까? 개인의 상황과 여력에 따라 선택은 자유이다. 〈표 5-3〉은 작품설명서 작성 시 참고할 수 있는 목차 예시다.

목차	내용
1. 영상제작 동기	사회적 이슈와 고민, 이를 영상을 통해 어떻게 해결할 수 있을지에 대한 구조화된 내용 탑재
2. 교육과정과의 연계성	교육과정과 연계성 분석 및 반영된 교육과정 언급
3. 영상 제작 내용	영상 속 연출 의도와 요약된 스토리보드 탑재
4. 영상 제작 과정	제작 일정과 역할 분담 및 촬영, 편집 방법, 저작권 안내
5. 기대 효과	사회적 이슈를 반영한 영상의 제작 목적 언급
6. 부록	시나리오 대본, 스토리보드, 영상에 사용된 이미지 자료

표 5-3 **작품설명서 목차 예시**

지식재산권 보증서, 초상권 활용 동의서

지식재산권 보증서는 해당 사항이 있을 시 반드시 제출해야 한다. 제출 기준이 모호하나 본인이 직접 제작한 소스 이외의 외부 글꼴, 그림, 음악 등을 사용하였을 시 작성한다고 생각하면 된다. 기타 항목에는 출품과 관련하여 지식재산권자와 맺은 특약 내용 등, 출품작을 학교 현장에 활용하기 위해 특기해야 할 부분에 대해 서술하며 해당 사항이 있을 시 작성하도록 한다. 저작권과 관련된 팁은 5-3장에서 정확히 언급하겠다.

추가로 2024년부터의 변경점인데, 초상권 활용 동의서도 필수로 제출해야 한다. 공문을 참고하여 누락하지 않길 바란다.

2021년도 제29회 교육방송연구대회 작품설명서

주제 : 풀뿌리 연대기

소속기관	인천송원초	직위	교사	성명	최찬혁
					주민환

1 영상 제작 동기

▶ **아시타비(我是他非): 나는 옳고, 다른 이는 틀리다**
　　ㄴ 2020년 교수신문이 선정한 **올해의 사자성어** (최근에 만들어진 신조어)

1) 사회적 배경
- 자신은 문제 삼지 않고 다른 사람만 비방하는 경우가 최근 들어 **우리 사회에 가장 눈에 띄는 특징** 중 하나로 대두되고 있음

2) 본질적 고민
- **초등학교 때부터** 민주시민적 태도와 삶의 방식을 **습득**하는 것이 중요

3) 해결책 진단
- 학생들이 학교(중앙정부)가 아닌 교실(지방)의 문제를 해결해 볼 수 있는 사례와 **민주주의의 기본 정신**(인간의 존엄, 자유, 평등), **민주주의를 실천하는 태도**(관용, 비판적 태도, 양보와 타협), **민주적 의사결정 원리**(대화와 타협, 다수결, 소수 의견 존중)를 아이들이 삶 속에서, 교실 속에서 경험할 기회 제공

2 교육과정과의 연계성

1) 2015 개정 사회과 교육과정 분석

사회과 성격	사회생활에 필요한 지식과 기능을 습득하고 가치 · 태도를 형성하여 민주 시민으로서의 자질을 기르는 교과		
사회과 교육의 유형	시민성 전달로서의 사회과 (올바른 가치의 주입)	사회 과학으로서의 사회과 (의사 결정 훈련)	반성적 탐구로서의 사회과 (탐구과정)
사회과 목표	시민성 육성; 합리적 의사 결정 능력과 결정을 행동으로 옮기는 실천 능력		
핵심역량	▶ 창의적 사고력　▶ 비판적 사고력　▶ 문제 해결력과 의사 결정력 ▶ 의사소통 및 협업 능력　▶ 정보 활용 능력		

2) 초등학교 6학년 1학기 1단원 사회과 민주시민교육의 교과서 분석

지식전달 위주 교육	시민성 전달자 역할	부족한 차시 구성
■ 지식전달로서의 사회과 교육 ■ 6차시 중 4차시가 이론교육	■ 가치 주입의 성격이 강함	■ 마지막 두 차시만 학생활동

3) 영상의 제작 목적 및 방향

역량 중심 교육	반성적 탐구 역할	학생활동 시간 마련
■ 사회과 역량 계발에 중점을 둔 수업 구성	■ 스스로 고민하고 결정하는 과정 중시	■ 민주시민으로서 학생들이 충분히 활동할 차시 구성

4) 민주시민교육이 가장 직접적으로 반영된 단원 및 주제

단원	주제	주요내용	차시	학습활동
1. 우리 나라의 정치 발전	단원 도입	단원 학습 내용 개관	1	단원 학습 내용 예상하기
	1 민주주의의 발전과 시민참여	민주주의 발전 과정을 알고 시민의 정치 참여 활동이 확대되는 과정 이해하기	2~3	4·19 혁명과 시민들의 노력 알아보기
			4	5·18 민주화 운동의 과정과 의미 알아보기
			5	6월 민주 항쟁에서 국민들의 민주화 노력 알아보기
			6	6월 민주 항쟁 이후 민주화 과정 알아보기
			7~8	오늘날 시민들의 사회 공동의 문제해결에 참여하는 모습 알아보기
	2 일상생활과 민주주의	우리 생활과 민주주의의 관련성 탐색하기	9~10	생활 속 사례에서 민주주의의 의미와 중요성 알아보기
			★11	생활 속에서 민주주의 실천하는 태도 갖기
			★12	민주적 의사 결정의 원리 알아보기
			13~14	민주적 의사 결정 원리에 따라 문제 해결하기
	3 민주 정치의 원리와 국가기관의 역할	민주 정치의 기본 원리를 바탕으로 국가기관의 역할 탐구하기	15	국민 주권의 의미 알아보기
			16	국회에서의 하는 일 알아보기
			17	정부에서 하는 일 알아보기
			18	법원에서 하는 일 알아보기
			19	국가의 일을 나누어 맡아야 하는 까닭 알아보기
			20	일상생활에서 민주 정치의 원리가 적용된 사례 찾아보기
	단원 정리	단원 학습 내용 정리	21~22	단원 학습 내용 정리 및 사고력 학습

5) 영상에 반영된 교육과정 - 【6학년 1학기 1-(2) 일상생활과 민주주의】

성취기준	[6사05-03]	일상생활에서 경험하는 민주주의 실천 사례를 탐구하여 민주주의의 의미와 중요성을 파악하고, 생활 속에서 민주주의를 실천하는 태도를 기른다.	지식 기능 ★태도★
	[6사05-04]	민주적 의사결정 원리(다수결, 대화와 타협, 소수 의견 존중 등)의 의미와 필요성을 이해하고, 이를 실제 생활 속에서 실천하는 자세를 지닌다.	
교육목표	[9~10차시]	생활 속 사례에서 **민주주의의 의미와 중요성을 알아보기**	
	[11차시]	★생활 속에서 **민주주의를 실천하는 태도 갖기**	
	[12차시]	★**민주적 의사결정 원리**에는 어떤 것이 있는지 알아보기	
	[13~14차시]	민주적 의사결정 원리에 따라 문제를 해결해 보기	
교육내용	민주주의의 기본정신 · 인간의 존엄 · 자유 · 평등	민주주의를 실천하는 태도 · 관용 · 비판적 태도 · 양보와 타협	민주적 의사결정 원리 · 대화와 타협 · 다수결 원칙 · 소수의 의견존 존중

교육방송연구대회 뜯어보기

| 교육방송연구대회의 특장점

교육방송연구대회는 여러 모로 연구대회에 처음 도전하시는 분들께 추천드릴 만하다. 첫째, 타 연구대회와 비교해 출품작이 많다. 2023년 전국대회 입상 작품 수는 120작품(클립형)으로, 타 연구대회 대비 압도적이다. 출품 건수가 많아야 많은 수의 작품이 입상할 수 있기에 교육방송연구대회는 타 연구대회보다 더 많은 기회를 제공한다. 아마 많은 장수의 보고서보다 7분 분량의 영상을 만드는 게 접근하기 쉬워 보여 그런 것이 아닐까?

둘째, 좋은 주제가 있고, 이를 잘 표현한다면 입상 확률이 높다. 영상의 품질도 심사기준에 포함되지만, 모션그래픽 및 타이포그래피 같은 화려한 편집 기술은 당락에 직접적인 영향을 주지 않는다. 심사에 높은 비중을 차지하는 것은 내용이기 때문이다. 내용 전달에 방해가 되지 않는 정도의 영상 품질로 좋은 주제를 전달력 있게 담아낸다면 입상할 수 있으리라 생각된다. (이와 관련된 팁은 5-3~5-4장에서 자세하게 전할 예정이다.)

셋째, (당락과 상관없이) 연구대회 과정에서 산출된 연구 결과물을 교육현장에서 활용할 수 있다. 필자는 실제 수업시간에 사용하려던 영상을 제작하였고, 해당 단원의 동기유발, 정리, 후속 학습에 활용하였다. 이것이 필자가 생각하는 클립형 영상학습자료 부문의 가장 큰 장점으로, 제작된 결과물을 수업에 활용하여 교사의 효능감을 지속시킬 수 있다.

한마디로 교육방송연구대회는 좋은 주제와 연구자의 의지만 있다면 충분히 입상 가능성이 높으며, 유용성도 뛰어난 연구대회라 할 수 있다. 그리고 이런 '유용성'은 결과물뿐 아니라 교사 개인의 역량 측면에서도 두드러진다. 영상 편집 및 콘텐츠 제작 능력은 현대 사회의 필수 역량이 아닐까? 시각자료와 청각자료로 간접 경험을 제공하는 콘텐츠를 개인이 제작하는 것은 불과 20년 전까지만 해도 어려운 일이었다. 하지만 기술의 발전과 정보의 보급으로 현재는 개인도 충분히 콘텐츠를 제작할 수 있게 되었다. 내가 모르는 분야를 공부하며 콘텐츠 제작 과정에 참여하는 것만으로도 충분히 좋은 경험이 될 것이다.

필자는 운이 좋아 첫 도전에 좋은 성취를 얻을 수 있었다. 첫술에 배부를 순 없다지만, 짐작컨대 입상을 위해 연구 과정 전반에서 치밀하게 계획을 세우고 탈락 변수를 줄였기 때문에 원하는 결과를 얻을 수 있었지 않았나 싶다. 또 필자는 이 과정에서 느낀 경험과 유의점을 개인적으로 다른 출품자에게 공유하여 좋은 결과를 내기도 하였다.

이 책의 제목이 《연구대회 바이블》이긴 하지만, 연구대회에 정답은 없다고 생각한다. 물론 연구 과정에서 얻은 깨달음과 방향성, 시행착오 경험은 다른 연구자가 참고할 수 있는 자료가 될 것이다. 이를 위해 필자는 처음, 혹은 수상을 위해 교육방송연구대회에 도전하는 선생님들이 조금 더 계획적이고, 치밀하고, 효율적으로 준비할 수 있게 로드맵을 제시하고, 전반적인 과정에서 고려해야 할 점을 정리하여 5부를 구성하였다. 모쪼록 이 내용이 선생님들의 시행착오를 줄여, 무사히 출품할 수 있도록 도움을 주었으면 하는 바람이다.

| 심사기준 분석

당연하게도 연구대회 입상을 위해 가장 먼저 해야 할 중요한 일은, 철저한 심사기준 분석이다. 필자 또한 이 과정을 거치며 기준을 맞추기 위해 최대한 노력하였고, 분석한 바를 영상과 작품설명서에 담아 성공적인 출품을 해낼 수 있었다. 그럼 교육방송연구대회의 흐름을 파악하기 위해 최근 4년간 심사기준의 변화를 보도록 하자.

25회 교육방송연구대회	26회 교육방송연구대회	27회 교육방송연구대회	28회~ 교육방송연구대회
작품 내용(40%) -참신성(주제 및 소재) -학생 수준을 배려한 구성 -교육 과정과의 연계성 -소재 및 분량의 적절성	작품 내용(35%) -참신성(주제 및 소재) -학생 수준을 배려한 구성 -교육 과정과의 연계성 -소재 및 분량의 적절성	작품 내용(40%) -참신성(주제 및 소재) -학생 수준을 배려한 구성 -교육 과정과의 연계성 -소재 및 분량의 적절성	작품 내용(35%) -참신성(주제 및 소재) -학생 수준을 배려한 구성 -교육 과정과의 연계성 -소재 및 분량의 적절성
제작 방법(30%) -영상과 음향의 적절한 품질 -제작 과정의 참신성 -영상제작 동영상과의 일치도	제작 방법(30%) -영상과 음향의 적절한 품질 -제작 과정의 참신성 -영상제작 동영상과의 일치도	제작 방법(20%) -영상과 음향의 적절한 품질 -제작 과정의 참신성 -영상제작 동영상과의 일치도	제작 방법(30%) -영상과 음향의 적절한 품질 -제작 과정의 참신성 -영상제작 동영상과의 일치도

현장 적용 가능성(30%)	현장 적용 가능성(35%)	현장 적용 가능성(40%)	현장 적용 가능성(35%)
-작품의 교육적 활용 가치 -일반화 가능성	-작품의 교육적 활용 가치 -일반화 가능성	-작품의 교육적 활용 가치 -일반화 가능성	-작품의 교육적 활용 가치 -교육 환경 활용 가능성
7분 이내의 영상 1편 (기존 5분 내외, 10분 제한)	7분 이내의 영상 1편	7분 이내의 영상 1편	7분 이내의 영상 1편

표 5-4 **클립형 영상학습자료 부문의 심사기준 변화 분석**

클립형 영상학습자료 부문은 최근 4년 동안 '작품 내용', '제작 방법', '현장 적용 가능성'의 3가지 심사기준이 크게 변하지 않았다. 재미있는 건 27회인데, 심사 항목 중 제작 방법의 비중을 줄였다가, 이듬해에 다시 늘린 것을 확인할 수 있다. 27회차에 제작 방법의 비중이 줄어들었으니, 영상의 품질이 떨어져도 내용으로 승부를 볼 수 있지 않았을까? 하는 희망을 가진 분들이 있을 텐데, 작품들을 분석했을 때 27회차 입상작의 영상 퀄리티가 떨어진다는 느낌은 받지 않았다. 즉, 영상을 시청하는 데 불편함이 없을 정도의 품질은 기본으로 가져간다고 생각해야 한다(영상 품질이 떨어지면, 즉 전달력이 떨어지면 같은 선상에서 출발하지 못한다). 그렇다면 반대로 편집 기술로 영상을 화려하게 보이게 제작한다면 더 좋은 점수를 얻을 수 있을까? 그것 또한 아니다. 오히려 편집 기술을 드러내기 위한 의미 없고 애매한 모션그래픽은 마이너스이다. 컷 편집과 기본 효과로도 충분히 전달력 있는 영상을 제작할 수 있으니 걱정하지 말자. 결국 당락을 결정하는 것은 내용이다.

방향성을 바르게 잡아야 입상 확률이 높아지므로 심사기준 분석은 입상을 위해 필수적인 과정이다. 예시로 필자가 출품한 〈풀뿌리 연대기〉에서 주어진 심사기준을 충족시키기 위해 어떤 장치를 마련하였는지 알아보자.

❶ 작품 내용

• 가. 참신성

〈풀뿌리 연대기〉는 모든 심사기준을 충족하기 위해 노력했지만, 참신성은 맞추기 가장 곤란한 항목이었다. 주제 및 소재의 참신성은 출품자의 의도보다 심사위원의 주관적인 판단, 즉 평가자의 판단이 더 중요하게 반영되기 때문이다. 필자가 선택한 민주적 의사 결정과 관련된 주제는 출품자 입장에서(미시적 관점) 이전에 다루지 않은 주제라 생각되어 참신성에 높은 점수를 받을 것이라 생각했는데, 시도대회 당시 심사위원의 입장에선(거시적 관점) '민주주의'와 관련된 주제로 보아 참신성 항목에서 지적을 받았었다. 물론 예견했던 부분이고, 다행히 면접 과정에서 충분히 해명할 기회가 있었지만 주제 및 소재의 참신성 항목은 어느 정도 운에 맡겨 둔 심사기준이었다고 말할 수밖에 없다. 그러면 어떻게 주제를 정해야 할까? 주제와 관련된 내용은 주관적인 부분이 많지만, 전략적으로 선택할 수 있는 선택지도 있다. 이와 관련된 내용도 5-3장에서 확인하자.

• 나. 학생 수준을 배려한 구성

제일 신경을 썼지만, 크게 신경 쓰지 않은 항목이다. 뜨거운 아이스 아메리카노와 같은 모순을 말하는 게 아니라, 너무 당연한 내용이라 인식하지 않았다는 의미이다. 교육방송연구대회는 결과적으로 학생들이 시청하기 위한 영상학습자료를 만들기 위한 연구대회이기 때문에 제작에서 당연히 학생 수준을 배려해야 한다. 학생 수준에 맞는 어휘 사용, 이해하기 쉬운 직관적인 설명 등 학습자를 항상 염두하자. 문제는 심사위원까지 고려해야 한다는 점? 학생 수준을 배려한 구성보다, 사실 심사위원이 더 신경 쓰이긴 하였다.

• 다. 교육과정과의 연계성

<풀뿌리 연대기>에서 특히나 신경 썼던 심사기준이다. 여러 심사 항목 중 주제 및 소재의 참신성을 제외했을 때, 참가자들은 이 항목을 놓칠 수도 있고 실제로 크게 신경 쓰지 않은 작품도 있다. 여기서 중요한 포인트가 있는데, 전국대회 심사위원과 예선대회 심사위원의 성향이 서로 다르다는 것이다. 일단 예선대회를 통과하기만 하면, 전국대회에선 영상 자체만으로 평가하는 경향이 있다. (작품설명서의 영향이 거의 없다.) 하지만 예선대회는 각 시도마다 상황이 다른데, 전국대회에 출품하기 위해선 시도대회를 통과해야 하기에 결국 이 심사 항목도 보수적으로 볼 필요가 있는 것이다.

그러니 안전하게 교육과정과 연계성을 강조하여 담는 것이 좋지 않을까? 영상에는 잘 드러나지 않는다 하더라도 작품설명서에 꼭 교육과정과 연결할 수 있는 장치를 담아내는 것을 추천한다. 일부 시도교육청의 경우 교육과정과의 연계성을 상당히 중요시 여

기기에 꼭 시도대회 입상작의 영상학습자료와 작품설명서를 살펴보고 경향성을 분석하길 바란다. 〈풀뿌리 연대기〉는 관련 단원, 차시를 타겟하여 정하고 성취기준을 바탕으로 영상 시나리오를 구성하였고, 이를 작품설명서에 담아내었다.

• 라. 소재 및 분량의 적절성

분량은 굳이 모험을 할 이유가 없다. 전국대회 관련 공식 질의응답에선 7분 정도 길이의 작품을 기준으로 완성도를 심사하는 것이 원칙이라 안내한다. 따라서 피치 못할 사정이 아니라면, 7~8분 사이의 분량을 지키길 바란다.

2 제작 방법

• 가. 영상과 음향의 적절한 품질

콘텐츠의 촬영 및 편집과 관련된 항목이다. 영상의 내용이 아닌 하드웨어적인 완성도를 요구한다고 이해하면 된다. 쉽게 말하자면, 영상의 화질과 사운드의 음질 퀄리티를 평가하는 항목이라고 할 수 있다. 이때 화질은 보통 문제가 없다. 따라서 여기서 일정 기준의 음질 퀄리티를 충족시킨다면(시청에 불편하지 않을 정도), 당연히 더 중요한 것은 영상의 주제와 스토리텔링이다. 이 글을 읽으며 '일정 기준의 음질 퀄리티'를 어떻게 확보할지 걱정이 되는 분들이 있을 것이다. 5-3장에서 최소한의 품으로 영상과 사운드의 품질을 끌어올리는 방법을 언급할 것이니 걱정 말자.

• 나. 제작 과정의 참신성

이 심사기준에서 고민이 많았다. 어떻게 제작해야 참신하게 제작했다고 평가받을까? 거꾸로 찍으면 '오, 참신한 제작 방법이군!' 하고 높은 점수를 받을까? 사실 가장 확답하기 힘든 심사기준이다. 필자 기준 글 그대로 제작 과정이 참신한 작품은 많이 떠오르지 않는다. 28회차 연구대회에서 김형학, 이홍종 선생님의 〈방구석 하늘 구경. 성층권 프로젝트〉 그리고 여환익, 정도행 선생님의 〈뇌의 오작동 뇌의 오! 작동, 신기한 착시 이야기〉 두 작품이 필자가 예시로 들 수 있는 제작 과정이 참신한 작품들이다.

그림 5-2 〈**방구석 하늘 구경. 성층권 프로젝트**〉(왼쪽), 〈**뇌의 오작동 뇌의 오! 작동, 신기한 착시 이야기**〉(오른쪽)

〈방구석 하늘 구경. 성층권 프로젝트〉의 경우 실제로 고프로를 성층권으로 올려 보냈고, 〈뇌의 오작동 뇌의 오! 작동, 신기한 착시 이야기〉는 착시 현상을 실제로 구현하여 촬영하였다. 두 작품 모두 직접 시청해보길 추천한다. 모션그래픽을 활용한 참신한 작품들도 있는데, 이는 편집 기술이 상당히 필요한 작품들이기에 논외긴 하다. 그래도 필자는 참신한 요소를 넣기 위해 나름 노력하였고, 다음과 같은 장치를 마련하였다.

- 오디션을 통한 배우 선정 (안내 포스터, 오디션, 합격 결과 안내 등의 과정을 거침)
- 선정된 배우들을 스태프로 활용 (영상제작 동영상에 탑재)
- 편집 과정에서 주제와 어울리는 색감을 넣어 작품의 완성도 향상 (작품설명서에 탑재)

하지만 당락에 결정적인 영향을 주는 심사기준은 아닌 듯하다. 주제와 스토리텔링이 설득력 있으면 제작과정이 진부하더라도 등급 입상에 가까워지겠지만, 그 반대의 경우 참신성은 의미가 없다. 제작 과정이 진부하더라도 내용과 스토리텔링에 집중하다 보면 입상에 가까워지지 않을까? 그래도 만일을 위해 나만의 차별성에 대해 고민은 해보자.

다. 영상제작 동영상과의 일치도

영상제작 동영상에 출품자가 등장하는 촬영 및 편집 장면을 넣었다면 크게 신경 쓰지 않아도 되는 항목이다. 영상 외주를 맡기는 부정을 예방하기 위한 장치로, 실제 작품 영상에 등장하는 장면을 메이킹 필름 느낌으로 촬영하고 영상제작 동영상에 편집하는 모습과 담으면 된다. 필자는 영상제작 동영상에 아이들이 스태프 역할을 하고, 연기 지도를 받는 장면 등을 넣어 '제작 과정의 참신성' 항목도 함께 가져가고자 하였다.

3 현장 적용 가능성

이 심사기준의 세부 항목은 '작품의 교육적 활용 가치' 그리고 '일반화 가능성' 2가지다. 공통적으로 다음 두 지점을 고려해야 한다. 첫째, 영상자료가 현장에서 활용될 때의 기대효과. 둘째, 이를 일반화하여 적용할 수 있는 장치 마련.

만약 영상학습자료가 특정 지역 또는 사례를 주제로 삼았다면 더욱 필요하다. 그리고 교육적 활용 가치 및 일반화 가능성을 영상학습자료와 작품설명서에 꼭 담아야 한다. 영상만으로 연구자의 의도가 전부 전달될 수 있으면 좋으나 수용되는 과정에서 변수가 많다. 연구자가 드러내지 않은 것을 심사위원이 알아줄 것이라 생각하지 말고, 작품설명서를 통해 강조하고 언급하자.

> ### 5 영상을 통한 기대 효과
> 1) 최근 홍콩, 미얀마에 일어난 사태를 통해 민주주의에 대한 사회적 관심이 높아진 가운데 학교생활(특히 교실에서)과 접목하여 민주주의의 소중함을 직간접적으로 경험해 볼 수 있다.
> 2) 사회 시간에 배웠던 민주주의의 기본정신과 실천하는 태도, 민주적 의사 결정 원리를 드라마 형식으로 제작하여 초등학생들의 눈높이에 맞춘 자료를 제공할 수 있다.
> 3) 학교에서의 생활 규칙과 학급 약속을 학생 스스로 마련하고 이를 서로 실천해 나가는 학교문화 형성에 긍정적인 역할을 할 수 있는 자료를 제공할 수 있다.
> 4) 서로 다른 의견이 공존하는 교실 속 민주주의가 적용되는 과정을 교육영화를 통해 일반화하여 모델로서 활용할 수 있다.
> 5) 마지막 장면에서 풀뿌리들(학생들)의 연대기(이야기)가 끝이 아님을 암시하며 후속 학습을 진행할 수 있게 염두에 두어 추가적인 학습이 가능하다.

그림 5-3 〈풀뿌리 연대기〉 작품설명서 중 '영상을 통한 기대 효과' 부분

지금까지 심사기준을 낱낱이 분석해보고 필자 나름대로의 해석을 덧붙여봤다. 첫 교육방송연구대회 출품이지만, 결과를 내고자 하여 입상할 수밖에 없는 조건을 만들고자 노력하였다. 누군가는 왜 그렇게까지 하냐는 의문을 던질 수도 있고, 실제 입상자들도 그렇게까지 하지 않아도 된다고 한다. 교육방송연구대회는 심사기준이 있으나 심사위원의 주관이 상당히 많이 반영되기 때문이다. 필자는 그 안에서 발견할 수 있는 객관적 요소를 파악하고 최대한 변수를 줄여나가고 싶었다. 5-2장에서 심사기준 분석을 소개한 이유는 이 과정 자체가 연구대회 출품 전반에서 이정표가 되어주고 흔들리지 않을 수 있도록 필자를 잡아주었기 때문이다. 선생님도 같은 효과를 보시면 좋겠다.

1등급 Key point

지금까지 필자가 직접 분석하고 겪은 교육방송연구대회 과정을 짚어보았다. 교육방송연구대회에 도전하는 누군가에게 도움이 되는 파트였기를 바라며, 이제부터는 제작 과정 전반에서 정리한 노하우를 공유하고자 한다.

| 누구를 위한 영상인가: 심사위원과 학생

교육방송연구대회를 참가하는 목적은 무엇일까? 교육자료로 활용할 수 있는 콘텐츠 제작? 연구대회 입상? 필자는 100% 확신으로 입상이 목적이라고 말할 수 있을 것 같다. 학생들이 보는 콘텐츠 제작이 목적이라면, 굳이 어른인 심사위원에게 평가받을 필요가 있을까? 콘텐츠를 기획할 때 염두해야 할 점은 학생들이 시청하는 영상을 어른인 심사위원에게 평가받는다는 사실이다. 이것을 연구대회 내내 머리속에 떠올리면 도움이 될 것이다. 뜬구름 같은 소리일 수 있으니, 구체적으로 알아보자.

■ 재미만을 위한 영상은 연구대회의 목적과 맞지 않다

개인 콘텐츠를 만들 때와 연구대회 콘텐츠를 구분해야 한다. 자유롭게 제작을 하는 상황에서는 내용과 형식에 제한이 없지만 연구대회는 '학습자료' 제작을 목표로 한다. 영상에서 전달하고 싶은 내용이 주가 되어야 하지, 이를 전달하는 수단이 주가 되어서는 안 된다. 전달 수단이 효과적이면서 의도한 내용이 학습자에게 도달하는 것. 이것이 이 대회의 핵심이라고 생각한다. 따라서 지나치게 흥미만을 강조한 영상이나 학습자료와는 동떨어진 영상을 제작한다면 입상과는 거리가 멀어질 확률이 높다. 교육방송연구대회는 출품자의 영상이 학생들에게 학습 효과가 있을 것이라는 설득을 심사위원에게 하는 과정이다. 출품자의 제작 의도와 다르게 받아들여질 수 있는 표현 방식은 줄여나가 심사위원에게 공감을 얻어야 한다.

❷ 학생이 등장하는 영상을 만들자

그렇지만 단순 내용만을 전달하는 영상은 집중하기 힘들다. 내용이 알차면 가치가 있는 영상이기는 하지만 이왕이면 흥미로운 전달 방식이면 더 좋지 않을까? 실제로 입상작을 살펴보면, 1, 2 등급을 수상한 작품 중 단순 내용 전달만을 담은 작품은 거의 없다. (다시 한 번 언급하지만, 있긴 있다……) 각 작품마다 나름의 서사 구조를 지니고 있고, 지루함을 깨기 위한 장치를 가지고 있다.

여기서 중요 포인트는, 1, 2등급 입상작 대부분에 공통적으로 '학생'이 출연했다는 점이다. 이는 제작하는 영상이 교육방송을 초점으로 하고 있기 때문에, 실제 학습자와 유사한 나이대의 학생이 등장함으로써 얻는 이점이 있기 때문이지 않을까? 학생이 등장하면 학습자로 하여금 흥미와 집중을 끌어낼 수 있다. 또한 심사 관계자의 입을 빌리자면 학생이 등장하는 영상에 조금 더 호의적인 태도를 갖게 된다고 한다.

학생의 등장이 작품의 완성도를 직접적으로 올려주지는 않는다. 하지만 공책 정리법, 탄소 중립이 중요한 이유, 역사의 중요성을 배우는 영상에 학습 주체가 없고 성인만 등장한다면, 개인적으로는 학습의 설득력이 느껴지지 않는 것이 사실이다. 따라서 학생을 자연스럽게 영상에 등장시킨다면 조금 더 교육영상의 취지에 다가갈 수 있다고 생각한다.

❸ 학습 내용을 이해할 수 있게 해주는 친절한 장치를 넣자

출품작을 살펴보면 다큐멘터리, 애니메이션, 단편영화 등 형식이 무척 다양하다. 그리고 대부분의 입상작이 학습 내용을 이해할 수 있게 돕는 장치를 따로 마련하고 있다. 이는 영상매체의 특성상 지식의 휘발성이 강하기에 마련하는 장치인데, 주로 사용되는 방법은 다음과 같다.

- 핵심 내용을 정리한 텍스트와 내레이션 탑재하기
- 인물을 등장시켜 핵심 내용 정리하기
- QnA를 통해 핵심 내용 정리하기
- 인터뷰를 통해 핵심 내용 언급하기

이외에도 다양한 방법이 있지만, 이 4가지가 대표적이다. 공통점은 무엇일까? 바로 학습 내용을 직접적으로 언급한다는 것이다. 앞서도 말했듯이 영상자료는 기억의 휘발성이 강하기에, 시청 중 무심코 넘길 수 있는 내용을 장치를 통해 환기하여 학습(또는 심사)에 도움을 주어야 한다. 그런데 단편영화 형식으로 제작된 작품인 경우, 전달하고자 하는 내용을 직접적으로 담기 어려운 면이 있다. 단편영화는 스토리의 연속성이 중요하기에 학습 내용을 이해하기 위한 인위적인 장치를 넣으면 흐름이 깨질 수 있기 때문이다.

그렇다고 전체적인 스토리라인을 이해해야 주제를 알 수 있는 메커니즘만으로 교육방송연구대회에 접근하면 리스크가 있다. 제작자 입장에서야 심사위원이 나의 작품을 온전히 시청한 후 판단을 해주면 좋겠지만, 수많은 작품을 심사하는 입장에서 그게 가능할까? (최선을 다해 심사를 해주시기 위해 노력하신다고 당연히 믿고는 있다.) 따라서 영상 중간 중간에 학습 내용을 자연스럽게 가시적으로 전달하고 강조하는 장치를 마련하여 보험을 드는 게 안전하다. 그럼 단편영화 형식에서 이야기 흐름에 지장 없이 사용된 방법 두 가지를 살펴보자.

 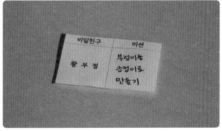

그림 5-4 단편영화 형식 작품에서 사용된 이해 보조 장치 예시
- 〈사실 잘 모르는 아는 선거〉(왼쪽), 〈비밀친구, 나 긍 정〉(오른쪽)

〈사실 잘 모르는 아는 선거〉의 경우 '제4의 벽'이란 장치를 이용, 현실과 재현의 경계를 넘나들며 핵심 내용을 전달한다. 그리고 전달 내용을 텍스트화하여 시청자로 하여금 이해를 돕는다. 〈비밀친구, 나 긍 정〉은 전달하고자 하는 내용 설명 없이 100% 스토리 진행으로 전달하는 작품인데, 소품을 활용하여 전달하고자 하는 주제를 언급한다.

이런 전달 방식을 사용해야 하는 이유는, 학습자로 하여금 영상의 내용을 따라올 수 있게 도움을 주어야 하기 때문이다. 인포그래픽을 활용한 내용 전달 위주의 영상 혹은 다큐멘터리 형식은 직접적으로 학습해야 할 내용을 언급해도 부자연스럽지 않다. 하지만 단편 영화 형식에서 직접적으로 배워야 할 내용을 언급하면 이야기의 흐름이 깨진다. 따라서 전달하고자 하는 내용이 서사에 담겨 있어 학습자가 직접적으로 알기 어려운 경우, 이 작품들에서처럼 자연스럽게 내용 습득에 도움을 줄 수 있는 장치가 필요하다. 이는 평가를 하는 심사위원의 입장뿐만 아니라 학습하게 될 학생의 입장에서도 마찬가지이다.

결국 재미와 내용을 함께 담아야 하는 어려운 과정이다. 출품자는 학생들이 시청하는 영상을 제작하나 결국 이를 심사하는 것은 심사위원이다. 따라서 공감을 얻기 힘든 선택지는 버리고, 설득에 도움이 되는 선택을 누적해서 쌓아가는 것이 좋겠다.

| 무엇을 담은 영상인가: 주제와 교육과정 간 연계 및 트렌드 파악

사실 주제를 정하는 게 제일 어렵다. 벌써 30회 분량의 교육방송연구대회 자료가 나와 있고, 최근 5년간의 작품만 분석해보아도 웬만한 작품들은 다 있다. 시도대회까지 고려하면…… 이미 나올 작품은 다 나왔다고 해도 과언이 아니다. 하지만 같은 주제이더라도 세부 내용에 따라, 표현 방식에 따라 다른 결과가 나오기에 조금만 고민한다면 차별화 요소를 찾을 수 있을 것이다. 필자는 크게 3가지 주제로 구분한다.

1 현재 이슈가 되고 있는 주제

달리 말해 적시교육 이슈들이다. 코로나 시국에는 SW, 2021년도에는 메타버스 그리고 2022년부터 현재의 AI까지. 이러한 적시교육 이슈들은 해마다 늘 수요가 있었고, 꾸준히 입상하고 있다. (아마 31회차에는 학생인권 그리고 교권과 관련된 작품이 등장하지 않을까 싶다. 영상화하기 어렵겠지만……) 하지만 입상 작품에 가려진 것을 볼 필요가 있다. 필자는 솔직히 연구대회 주제로 적시교육 이슈는 추천하지 않는다. 이유는 그 해의 핫 이슈인 만큼 시도대회 단계에서, 비슷한 주제로 많은 작품이 출품되기 때문이다. 필자가 도전했을 당시 (29회) 시도대회 기준 메타버스와 관련된 작품이 다섯 작품 이상 출품되었으며, 그중 한 작품만 입상하였다. 그리고 그 해 전국대회에서 해당 주제로 1등급을 수상한 작품은 존재하지 않는다.

이런 결과에는 다양한 이유가 있겠지만, 필자가 판단하기에 현 시점 이슈가 되고 있는 주제만을 다룬 작품은 높은 평가를 받기 어렵다는 느낌을 받았다. 이슈 그 자체보단 결국 이를 어떻게 풀어내는지가 관건이지 않나 싶다. 또는 심사기준을 충족시키기 힘든 주제였기 때문일 수도 있다. 직설적으로 말하자면, 교육과정과의 연계성 부문을 만족시키지 못하였기 때문에 높은 등급의 작품이 없지 않았을까? 해당 주제가 수요는 있지만, 교육과정과 엮어서 내길 바라지 않나 추측한다. (하지만 이를 '형식'으로 뒤집은 작품이 존재한다. 2022년도 전국 1등급 메타버스 관련 작품인 〈그것만이 내 세상〉. 이 작품은 단편영화 형식을 택하여 메타버스의 양면성을 알리는데, 근래 단편영화 형식의 작품을 선호하는 경향을 보여주는 사례라고 생각된다. 형식과 관련된 이야기는 뒤에서 더 다뤄보자.)

다시 주제로 돌아와서 작년부터 뜨거운 감자인 'AI'에 주목해보자. 2022년도 전국 1등급 입상 작품인 〈편견에 빠진 AI, 왜 그랬을까?〉는 작품설명서에 영상을 활용할 수 있는 학년, 교과 등을 명기해 제시하고 있다. 영상 자체도 흥미롭게 잘 만들었다. 그 해에도 AI와 관련된 작품이 여럿 출품되었을 텐데 그중 전국대회(클립형)에 입상한 작품은 이 작품이 유일하다.

학년-학기	과목	활용 방안 예시
6-1 (검정교과서 미래엔 기준)	실과	[3단원: 생활과 소프트웨어(1-2차시)] '소프트웨어가 생활에 미치는 영향을 알아볼까요?'에서 인공지능 소프트웨어가 세계적으로 실제 쓰인 사례와 문제점에 대하여 발표하는 수업과 연계
6-1 (검정교과서 미래엔 기준)	실과	[3단원: 생활과 소프트웨어(5-8차시)] '절차적 사고로 일상생활 속 문제를 해결해볼까요?'에서 절차적 사고를 통한 엔트리 및 인공지능을 코딩으로 교실의 분리수거 문제를 해결한 실제 예시로 활용
6-2 (검정교과서 미래엔 기준)	실과	[4단원: 발명과 로봇(10-12차시)] '센서를 장착한 로봇을 만들어 볼까요?'에서 이 영상을 미리 시청함으로써 인공지능 로봇 제작시 발생 할 수 있는 '데이터 편향성 문제'를 미리 예방할 수 있음
6-2 (검정교과서 비상 기준)	실과	[4단원: 소통하는 소프트웨어 (1-17차시)] 'SW 활동' 수업 중 인공지능 활용 코딩(엔트리 활용)과 연계
6-2 (검정교과서 비상 기준)	실과	[5단원: 생활과 혁신 (1-18차시)] '발명 및 로봇 관련 활동' 수업 중 발명 활동 및 로봇 코딩 활동과 연계
5-2 (검정교과서 비상 기준)	실과	[6단원: 나의 진로와 적용 (1-6차시)] '인공지능과 관련된 미래 직업 진로활동' 수업과 연계
5-2	도덕	[6단원: 인권을 존중하며 함께 사는 우리 (4차시)] '세계 사람들의 인권 생각하기' 활동과 연계 가능
6-2	도덕	[6단원: 함께 살아가는 지구촌 (3차시)] '여러가지 지구촌 문제 더 알아보기' 활동과 연계
6-2	사회	[2단원: 통일 한국의 미래와 지구촌의 평화 (20차시)] '문화적 편견과 차별의 사례 살펴보기' 활동과 연계
전학년	창체 (진로,직업)	인공지능 전문가, 프로그래머 등과 같은 진로 및 직업에 대한 교육을 할 때 활용 가능
전학년	창체 (인성교육)	데이터 편향성, 인공지능에서의 차별문제 등 인공지능윤리교육에 활용 가능

그림 5-5 제30회 교육방송연구대회 입상작 〈편견에 빠진 AI, 왜 그랬을까?〉 작품설명서 중

정리하자면 해당 연도의 핫 이슈는 교육과정 연계, 주제 선정, 영상 및 스토리텔링 퀄리티까지 보장되어야 입상 확률이 높은 양날의 검인 것이다. 제일 최선은 그 해에 이슈화되었지만 남들이 생각하지 않은 교육과정과 연계할 수 있는 주제다. 좋은 주제에 대한 고민은 항시 하자.

② 교과 내용(수학, 과학, 사회, 역사 등) 관련 주제

제일 만만한 주제이다. '만만하다'는 표현은 교사로서 교육과정에 녹이기 좋다는 의미이다. 생각보다 다루어지지 않은 주제들도 꽤 존재하며 출품자의 의도에 따라 같은 주제라도 다른 느낌의 콘텐츠를 뽑아낼 수 있다는 장점이 있다. 또 단순히 내가 관심 있는 주제를 선택해도, 교과 내용에 포함되어 있을 가능성이 높아 교육과정과의 연계성 측면에서 의미가 있겠다.

필자는 민주시민교육 및 인성교육에 관심이 있어 사회와 도덕 과목을 분석하여 주제를 정하였고, 실제 평소에 고민해오던 주제였기에 원하는 바를 잘 전달할 수 있었다. 즉, 수업을 하면서 평소 고민했던 주제를 떠올리고 연구대회에 적합한 주제인지 판단해보면 될 것이다. 본인에게 친숙한 주제인 만큼 깊이 있는 연구가 가능하며, 타 출품자와 비교하여 독창성도 확보할 수 있다.

③ 단골 손님 주제(환경, 학교 생활 등)

환경과 관련된 주제도 꾸준하게 출품되며 많은 작품이 입상한다. 환경은 범위가 넓기 때문에 아직까지 도전해도 괜찮은 소재라고 생각된다. 교육과정과 연계할 수 있다면 좋고, 인성교육과도 연계한다면 더욱 깊이 있는 내용 전개가 가능하다. 〈슬기로운 시리즈〉역시 꾸준히 등장한다. '슬기로운'이 들어간 네이밍으로 3~5작품 정도 매해 입상하는데, 주로 학교 생활을 다루는 작품들이 많다. 가이드 느낌의 영상이 꾸준히 수요가 있음을 알수 있다. 또한 최근 영어 교과 관련된 주제도 입상작에 등장하고 있는데, 꽤 범위가 넓고 문화적 다양성과 연계시킬 수 있어 개인적으로 눈여겨보고 있다.

다시 한번 강조하지만 주제 정하기가 가장 어려운 단계이다. 교육방송연구대회 접수 시작 전에(1~3월) 미리 주제를 정하길 추천하며 꼭 기존 작품들을 살펴보고 작년과 재작년 작품들과 겹치는 주제가 아닌지 검증해보길 바란다. 무엇보다 가장 중요한 것은 내가 생각한 주제를 영상으로 풀어낼 수 있어야 한다는 것이다. 즉 제작 가능성이 있는 영상을 기획해야 한다는 이야기다. 또한 지엽적이지 않게 일반화 가능성이 포함된 주제를 정하자. 특정 정보를 배우는 데 그치지 않고 일반화된 지식을 함께 포함하면 더 좋다. 마지막으로 교육과정과의 연계성을 항상 잊지 말자.

| 어떤 형식의 영상인가: 내용에 적합한 형식 선택

단편영화 형식, 다큐멘터리 형식, 교수학습활동 형식, 애니메이션 형식, 인터뷰 형식, 상황극 형식 등 매년 다양한 작품이 접수되고 있다. 이 중 애니메이션, 인터뷰, 상황극 형식은 단독으로 쓰이기보다 다른 형식과 결합된 형태로 사용된다. 따라서 교육방송연구대회에 출품되는 형식은 크게 3가지로 단편영화, 다큐멘터리, 교수학습활동 형식이 주를 이룬다. 그리고 이 중 현재 선호된다고 느끼는 트렌드는 단편영화 형식이다. 단편영화 형식은 좋은 주제와 스토리텔링으로 확률 높은 승부를 볼 수 있기 때문에 인기가 좋다. 필자 생각으로는 다큐멘터리, 교수학습활동 등의 장르보다 몰입할 수 있는 장르이기 때문이 아닌가 싶다. 촬영 난도는 일반적으로 단편영화 형식, 다큐멘터리 형식, 교수학습활동 형식 순으로 높다. 그럼 교육방송연구대회에 출품되는 3가지 대표 형식의 특징에 대해 알아보자.

1 단편영화 형식

단편영화 형식은 배우의 연기력과 시나리오, 이 둘이 잘 조합되어야 하며 생각보다 변수도 많다. 부자연스러운 연기와 컷은 영상 시청 시 몰입을 방해하기 때문에 설득력을 갖기 힘들다. 편집 기술 요구치는 낮지만, 기획과 촬영에 상당히 품이 들고 난도가 높은 형식이다. 영상 문법 등 기획과 관련된 지식이 필요하며, 촬영 지식도 있어야 빛을 볼 수 있다. 하지만 그만큼 완성도 있는 결과가 나왔을 때 결과를 기대해볼 수 있다.

참고할 만한 작품은 〈마음 팔찌_26회〉, 〈사실 잘 모르는 아는 선거_27회〉, 〈풀뿌리 연대기_29회〉, 〈완벽한 날들_29회〉, 〈비밀 친구, 나 긍 정_30회〉, 〈그것만이 내 세상_30회〉 등이
다. 이외에도 훌륭한 작품들이 많으니 찾아보자.

마음 팔찌	사실 잘 모르는 아는 선거
풀뿌리 연대기	완벽한 날들
비밀 친구, 나 긍 정	그것만이 내 세상

표 5-5 단편영화 형식 우수 작품 예시

2 다큐멘터리 형식

또 다른 장르인 다큐멘터리 형식을 알아보자. 편집도 크게 요구되지 않고 흐름만 잘 구성한다면 시청하기 편안한 영상을 제작할 수 있다. 주의해야 할 점은 이야기의 굴곡이 비교적 드러나지 않기 때문에 자칫 잘못하면 이도 저도 아닌 영상이 될 수 있다는 점이다. 때문에 다큐멘터리 형식을 선택한다면 내용 구성이 지루하지 않고 흐름이 드러나게 구성을 잘 짜야 한다. 다큐멘터리 중간에 애니메이션, 역할극, 인터뷰 등을 적재적소에 추가하여 영상을 다채롭게 만들어 집중할 수 있게 하기 위한 장치를 해주면 좋을 것이다.

참고할 수 있는 작품으로 〈우리가 몰랐던 로컬 푸드 이야기_28회〉, 〈화산섬 제주, 돌문화 유산을 찾아서_29회〉 등이 있다. 덧붙여 이 장에서 소개하는 입상작들은 촬영 및 편집 기술이 화려하기보다는 주제와 영상의 어울림이 적절한 작품으로 추린 것이다. 현란한 기술과 영상의 퀄리티는 항상 비례하지 않으며, 적재적소에 사용하지 않으면 집중에 방해가 된다. 잘 짜인 구성에 깔끔한 컷 편집으로도 훌륭한 콘텐츠를 제작할 수 있다.

그림 5-6 〈**우리가 몰랐던 로컬 푸드 이야기_28회**〉(왼쪽), 〈**화산섬 제주, 돌문화 유산을 찾아서_29회**〉(오른쪽)

3 교수학습활동 형식

교수학습활동 형식의 영상은 촬영 난도가 상대적으로 쉽고, 학습해야 하는 내용을 단계별로 제시하기에도 좋다. 애니메이션 등 다른 형식을 접목하여 제작한다는 점에서 다큐멘터리 형식과 공통점을 지닌다.

하지만 교수학습활동 형식은 편집 기술이 다른 형식에 비해 더 요구되는 경우가 많다. 영상의 안내만으로는 정보 전달이 부족하기에 자막, 타이포그래피, 모션그래픽 등 내용의 이해를 도울 수 있는 효과가 따라가야 하는 것이다. 그렇기에 교수학습활동 형식의 영상에서는 자막의 위치도 중요하다. 따라서 촬영 시 자막 위치를 고려하여 촬영하자. 또한 교수학습활동 시범 배우(학생)의 복장, 키 구성 등을 신경 써야 한다. 인물의 행동으로 정보가 전달되기 때문에, 추후 편집에 방해되는 요소를 최대한 통제하여 촬영에 임해야 하기 때문이다.

예시로 〈치고 달려라! 야구×럭비 킥런볼!_28회〉을 보면 촬영 공간의 상태(깔끔한 청소 상태), 배우의 키, 바지 색(형광 조끼를 강조하기 위해 무채색으로 통일)에 많이 신경 썼다는 것을 알 수 있다. 또한 적절한 자막 위치, 적절한 효과, 인터뷰 삽입 등으로 완성도 높은 영상을 위한 노력이 보인다.

 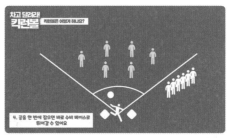

그림 5-7 〈치고 달려라! 야구×럭비 킥런볼!_28회〉

영상을 어떤 형식으로 만들지는 제작자에게 달려 있다. 사실 영상이라는 것은 본인이 선택한 형식과 제작 방식, 추구하는 퀄리티에 따라 난도가 천차만별이다. 교육방송연구대회에서는 큰 편집을 요구하지 않지만 초심자에겐 부담으로 다가올 수도 있다. 그렇기 때문에 첫 도전은 영상 제작 경험이 있는 선생님과 공동 연구로 출품하는 것을 가장 추천하는 바이다. 원하는 형식을 정했다면 레퍼런스 영상을 5개 정도 찾아보자. 기 제작된 영상을 통해 자막 배치, 구도, 효과 등을 참고할 수 있어 큰 도움을 받을 수 있을 것이다.

┃흥미롭고 편안한 영상인가: 1과 7의 법칙

교육방송연구대회 1등급 Key point의 가장 핵심이다. 흥미롭고 편안한 영상. 구체적으로 무얼 어떻게 해야 할까? 방법론으로 들어가기에 앞서 심사위원의 관점으로 다시 한번

돌아가보자. 다음 이야기는 필자의 개인적인 생각을 기반으로 한, 여러 심사자들의 귀띔이 가미된 가능성이 높은 추측 정도로 이해하면 된다.

오늘은 교육방송연구대회 심사일이다. 나는 바쁜 일정을 쪼개어 연구대회 심사를 맡게 되었다. 후배들의 열정을 담은 영상을 심사할 생각에 가슴이 뛴다. 올해는 어떤 훌륭한 작품이 출품되었을까 하는 기대감을 가지고 담당 장학사에게 찾아갔다.

"선생님, 올해 심사해야 할 클립형 영상학습자료 수는 50작품입니다."

작품당 최소 7분. 준비 시간 및 심사 시간까지 고려하면 8분. 7시간 정도 걸리겠군. 좋아. 오늘 하루 불태워보자!

2021년, 필자가 근무하는 시 기준 작품 수로 상황을 구성해보았다. 물론 좀 억지스럽게 짜보았지만, 핵심은 심사위원이 심사하는 작품 수도, 소요되는 시간도 상당히 많다는 점이다. 특히 시간은 제한되어 있기까지 하다. 자, 정리를 해보자.

1. 심사위원이 심사해야 하는 작품의 수가 많다
2. 기존 생업이 있으니 심사를 위해 온전히 몰두할 시간이 주어지지 않는다
3. 심사 기간이 무한하지 않다

지역마다 다르겠지만 작품 수가 많으니 하루에 몰아서 심사를 하지는 않을 것이다. 그래도 하루에 2시간 이상을 투자해 몇 십 편 이상의 작품을 심사해야 한다. 그럼 여기서 질문.

> **"모든 작품이 심사위원들에게 공평한 에너지와 집중도로
> 온전하게 평가받을 수 있는 조건인가?"**

가치론을 논하고자 던진 질문이 아니다. 짜장면을 한 입 먹었을 때와, 두 입, 세 입째 입에 넣었을 때 맛이 모두 다르다. 정확히 말하자면 맛은 같지만 먹는 입장에서 다르게 느껴진다. 심사하는 입장에서도 첫 영상을 심사할 때와, 마지막 영상을 심사할 때가 다르지 않

을까? 또는 후순위에 심사를 받을 시 아예 영향이 없다고 장담할 수 있을까? 당연히 심사위원들은 심사 순서와 관계없이 공평하게 심사를 할 것이다. 하지만 출품자의 입장에서는 내 결과물이 눈에 띄도록 만드는 것이 가장 중요한 미션이 된다. 즉, 온전히 평가받을 수 있는 조건을 획득하는 것이다. 필자는 이것이 교육방송연구대회에서 입상하기 위해 내용만큼이나 중요한 조건이라고 생각한다. 자, 그러면 심사위원을 사로잡는 영상을 어떻게 만들어야 할까?

■ 1분의 법칙

모든 영상의 시청률은 첫 1분이 가장 높다. 후속 내용의 시청 여부는 첫 1분이 결정한다고 해도 과언이 아니다. 즉 첫 1분에 흥미를 가질 수 있게 구성하는 것이 핵심이다. 심사위원으로 하여금 출품자가 제작한 영상을 더 공들여서 집중도 있게 시청하도록 하려면 첫 1분 내에 설득을 해야 한다. 첫 장면에서 임팩트가 없다면 뒤에 등장하는 내용이 제대로 평가받을 수 있는 가능성이 낮아진다. 대부분의 영상 콘텐츠가 도입부에 궁금증을 유발하여 후속 내용을 꾸준히 시청하게 하는 것을 목표로 제작되지만, 교육방송연구대회에서는 이점이 더더욱 중요하다.

따라서 사전에 주변인들로부터 피드백을 받아보자. 학생의 입장에서, 또 여러 작품을 심사하고 난 후의 심사위원의 입장에서 첫 1분을 보고 계속 시청하고 싶은 생각이 드는지 물어보길 바란다. 포인트는 첫 장면을 통해 '그래서?'라는 궁금증이 드는 것이다. 구성 방식은 입상작마다 너무 다르기에 정형화할 수 없지만, 다음과 같은 방법을 고려해볼 수 있다.

- 작품의 핵심 주제 미리 드러내기
- 핵심 주제를 관통하는 질문 던지기
- 사건 및 갈등 상황 바로 제시하기
- 예고편 만들기
- 밝은 음악 사용하기

이 중 필자가 사용한 방식은 '작품의 핵심 주제 미리 드러내기', '핵심 주제를 관통하는 질문 던지기', '사건 및 갈등 상황 바로 제시하기', '밝은 음악 사용하기' 등이다. 모든 방법을 사용할 필요는 없고 더욱 창의적인 방법도 존재하니 참고만 하길 바란다. 〈풀뿌리 연대기〉를 예시로 들어 살펴보자.

그림 5-8 〈**풀뿌리 연대기**〉 타이틀 화면(왼쪽)과 작중 포스터(오른쪽), 시청용 QR코드

　필자는 영상 도입부에서 심사 중 환기를 주기 위해 신나는 음악을 사용하였다. 또한 내용 전개상의 반전을 주기 위한 도구로도 밝은 음악을 활용하였는데, 이것은 기획 단계에서 사전에 계획된 사항이었다. 중요한 것은 영상과의 조화이기에, 음악의 종류보다는 영상을 살리는 요소로서 활용하는 데 집중하자. 이왕이면 단조보다 장조 느낌의 밝은 곡으로 고르는 것이 좋겠다. 실제 학생들도 밝은 느낌의 음악이 삽입된 영상을 볼 때 집중도가 높다.

　또한 〈풀뿌리 연대기〉는 단편영화 형식을 취하고 있기에 시청 중간에 내용을 놓치는 상황을 대비해 포스터 소품을 사용하여 작품의 주제를 미리 간접적으로 드러냈다. (배경 소품도 관련 교과 내용을 판서해 사용하였다.)

그림 5-9 〈**풀뿌리 연대기**〉 중 갈등 상황 제시 장면

작중 선생님(배우)이 실제 아이들에게 가르치는 내용과 반대되는 행동을 함으로써 갈등 상황을 제시하였다. 그리고 작품의 주제를 담은 질문으로 후속 내용에서 갈등을 어떻게 풀어 나갈지, 학습하고자 하는 내용이 무엇일지 유추하고 상상할 수 있는 여지를 두어 영상 초반에 집중할 수 있게 기획하였다.

여기서 필자는 '기획의 중요성'을 강조하고 싶다. 클립형 영상학습자료의 본질은 그 안에 들어있는 내용이다. 1분의 법칙이라는 전략적인 방법은 내용이 뒷받침해주어야 빛을 발할 수 있다. 가장 핵심인 내용을 우선순위에 두고 이를 어떻게 풀어갈지에 대한 고민 과정이 함께 공존해야 하는 것이다. 기획 단계에서 이 과정에 관한 고민을 잊지 말자.

2 7분의 법칙

7분은 짧을까 길까? 사실 영상의 길이는 중요하지 않다. 중요한 것은 집중도이다. 영상 내용에 집중을 하지 못한다면 짧은 영상도 길게 느껴질 것이다. 첫 1분이 시청자를 사로잡았다면, 나머지 영상을 통해 끝까지 콘텐츠를 시청하도록 잡아두는 것. 이것이 핵심이다. 그럼 무엇을 신경 써야 할까? 바로 화면과 사운드의 품질 확보다.

제작자는 영상 속에서 보여주고자 하는 바를 화면과 사운드를 통해 전달하고, 시청자인 우리는 영상 정보를 시각과 청각을 통해 받아들인다. 따라서 두 오감을 통한 정보전달에 방해가 되는 요소가 있으면 제작자의 의도가 전달되기 어렵다. 답은 단순하다. 잘 보여주고 잘 들려주면 된다. 화면의 핵심 정보에 집중할 수 있게, 그리고 깔끔하게 들리게. 화면과 사운드의 품질을 어떻게 유지·관리할 수 있는지, 다음 체크리스트를 통해 확인하자.

화면	사운드
· 영상 품질 균일하게 만들기 · 화려한 효과 배제하기 · 다양한 색 사용하지 않기 · 깔끔한 폰트 사용하기 · 많은 양의 텍스트 지양하기	· 음향 품질 균일하게 만들기(데시벨, 주변 소음 잡기) · 영상 분위기에 어울리는 배경음악 사용하기 · SFX(효과음) 사용은 필요할 때만 사용하기
자막 사용 여부 결정하기	

표 5-6 **7분의 법칙 체크리스트**

28회차 연구대회부터 심사기준 중 제작 방법의 비중이 높아진 건 의미가 있다고 본다. 전달력 또한 핵심적인 채점 요소가 되었음을 알 수 있기 때문이다. '잘 전달한다'에는 내용뿐만 아니라 학습자가 불편함 없이 정보를 받아들일 수 있는 영상 품질을 갖추어야 함이 내포되어 있다. 주제와 내용이 아무리 좋아도 잘 전달되지 않는다면 실패한 영상이지 않을까? 그럼 표를 토대로 어떤 요소들이 영상을 통해 정보를 전달하는 데 방해가 되는지 알아보자.

화면

영상의 화면 구성은 촬영과 편집 단계에서 결정된다. 쉽게 설명하자면 촬영 단계에서 좋은 소스를 건지고 편집 단계에서 이를 논리적으로 조합해야 좋은 영상이 만들어진다는 이야기다. 영상을 방해 없이 편안하게 시청하도록 하려면 몇 가지 원칙을 지켜야 한다.

첫째, 균일한 영상을 찍자. 지나치게 흔들림이 많은 영상, 메인 피사체를 제외하고 많은 정보가 있는 영상(핵심 피사체 뒤에 시선을 강탈하는 물건이 있다거나), 초점과 색감(화이트밸런스)의 변화가 심한 영상 등을 피해야 할 것이다. 물론 완벽한 영상은 없으니 방향성만 가지고 가자.

둘째, 편집 시 화려한 효과는 배제하자. 만약 효과를 직접 제작할 수 있을 정도로 편집 능력이 있는 선생님이라면 이 파트를 쿨하게 패스해도 좋다. 대부분의 효과는 편집 프로그램이나 외부 프리셋에서 가져온 것일 텐데, 이런 효과들은 화려하면 화려할수록 오히려 촌스러운 느낌을 줄 때가 많다. 템플릿도 마찬가지이다. 독특한 템플릿과 프리셋은 본인의 영상과 어울리지 않을 가능성이 크다. 촌스러움은 조화롭지 않음에서 기인하고 이는 불편함으로 다가온다. 자연스럽지 않을 바에 기술적 변조는 최소한으로 잡자.

셋째, 사용되는 색과 폰트의 통일성을 고려하자. 특별한 상황이 아니라면 색은 가능하면 셋, 폰트는 둘 정도로 제한하도록 하자. 정보의 양이 많아질수록 전달 내용이 분산되기 때문이다. 기억하기 쉽게 한 화면에 사용되는 색은 셋, 영상 전체에 사용되는 색은 여섯으로. 하지만 절대 법칙은 아니니 상황에 맞게 받아들이자.

예를 들어 무지개와 관련된 주제라면, 7가지 색과 관련하여 만드는 것도 포인트가 될 수 있지 않을까? 색 조합에 어려움이 있다면 어도비 컬러(color.adobe.com/ko/create/color-wheel), 컬러 헌트(colorhunt.co) 등의 사이트를 참고하자. 색 배합이 어울리는 선택지를 제공하니 많은 도움을 받을 수 있을 것이다.

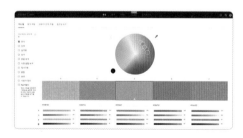 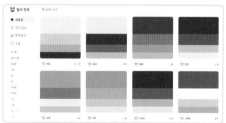

그림 5-10 **색 조합 사이트들 - 어도비 컬러**(왼쪽), **컬러 헌트**(오른쪽)

폰트는 가독성 있는 고딕 계열의 폰트를 추천한다. 굴림 계열의 폰트는 트렌드를 타기 때문에 선택에 어려움이 있다. 유튜브 JonKOBA Design 채널의 폰트 추천 영상 '현직 디자이너 추천! 2022년 상업적 무료 폰트(youtube.com/watch?v=vOIbOc4wagg)'를 참고하면 기본 이상은 할 것이다. (우측 QR코드로 바로 시청할 수 있다.)

마지막으로 꼭 필요한 상황이 아니라면 자막을 포함해서 **많은 양의 텍스트를 한 번에 집어넣지 말자.** 이는 시청각 자료의 장점을 포기하는 행위이다. 텍스트를 요약하여 제시하고 추가로 안내해야 하는 정보는 청각 자료를 통해 보충하자. 영상에선 청각 자료로도 정보 제공이 가능하기에 시각 자료에 편향될 필요가 없다. 꼭 장문의 텍스트를 넣어야 한다면 한 화면에 전부 탑재하기보다 어절이나 문단별로 분절하여 제시하도록 하자.

◀ 사운드

영상의 반은 사운드이기 때문에 음향 품질을 신경 쓰지 않을 수가 없다. 영상미가 아무리 좋아도 소리 전달이 원활하지 않으면 시청이 매우 불편하기 때문이다. 좋은 음향 품질을 얻기 위해 촬영과 편집 단계에서 해야 할 일을 알아보자.

우선 촬영 단계에서 최대한 좋은 사운드 소스를 확보해야 한다. 여기서 좋은 사운드 소스란 잡음이 덜 들어가고, 피크(소리가 커서 깨지는 현상)를 치지 않은 사운드를 말한다. 실패한 사운드 소스는 편집으로 살리기 어렵기에 꼭 주의하여 수음하자.

편집 단계에서는 음향의 크기를 균일하게 하고 노이즈를 잡아주면 좋다. 자세한 방법에 대해선 다음 파트에서 언급하겠다. 또한 배경음악 및 효과음을 적절하게 사용해야 한다. 배경음악은 단순한 선율이 반복되는 음악을 추천하는데, 복잡한 선율 혹은 강약이 뚜렷한 음악은 대사와 동시에 등장하기에 어울리는 상황이 많지 않다. 대사가 없는 상황이거나 단편영화 형식에서 극적인 상황을 나타낼 때를 제외하면 자주 사용하긴 어렵다. 효과음도 적절할 때(중요한 자막 혹은 집중해야 하는 상황) 사용하면 도움이 된다. 하지만 잦은 효과음의 사용은 집중을 분산시키고 산만한 느낌을 주기에 주의하도록 하자.

▶ 자막

마지막으로 자막에 대해 이야기해보자. 모든 대사에 자막을 써야 할까? 결론은, 영상마다 케이스가 다르다고 답해야 할 것 같다. 단편영화 형식의 경우 각 배우들의 대사 전달력이 중요한데, 전문배우를 쓰지 않는 이상 발음, 발성이 부족할 수밖에 없다. 필자는 부족한 전달력을 자막으로 보충하였다. 하지만 분명한 건, 자막은 영상에서 시선을 분산시키는 단점이 있다는 것이다. 실제 배우라면 표정, 몸짓, 말투로 비언어적 표현을 통해 많은 양의 정보 전달이 가능하나 일반 학생들은 어렵다. 그래서 전문 배우가 등장하지 않는 이상 자막을 다는 게 정보전달에 더욱 이점이 있다고 판단하였다.

그럼 다큐멘터리나 다른 형식의 영상에선 자막을 달아야 할까? 전달력이 충분하다면 굳이 달아야 할 필요가 있을까 싶다(여기서 필자가 말하는 자막은 모든 내레이션에 다는 자막을 의미한다). 자막을 달 때는 영상의 화면과 어울리는지, 정보전달에 득과 실을 따져 판단해야 할 것이다.

영상에는 정답이 없다. 아니, 사실 정답에 가까운 방향성이 존재하기는 하지만 이는 전문가의 영역이고 교육방송연구대회에서 중점적으로 다뤄야 할 파트는 아니다. 촌스러운 자막을 달고도 입상하기도 하며(필자 이야기다), 영상전문가의 입장에서 보기에 이해하기 어려운 선택을 한 영상도 언뜻 눈에 띈다. 또 필자가 정리한 체크리스트를 다수 따르지 않은 영상도 존재한다. 다시 한번 언급하지만 중요한 것은 **주제와 내용 그리고 스토리텔링**이다. 좋은 주제와 내용을 효율적이고 효과적으로 화면과 사운드를 통해 전달하는 것. 이는 출품자가 말하고 싶은 바를 온전히 전달할 수 있게 제작한다는 의미이다. 정도는 다르지만 모든 입상작은 이를 목표로 하고 달려왔다. 이것이 1과 7의 법칙에서 필자가 전달하고 싶은 핵심이다.

교육방송연구대회 준비과정 및 노하우

이번 장에서는 본격적으로 실제 영상학습자료를 제작하면서 기획/촬영/편집 각 단계에서 해야 하는 과업에 대해 안내하고자 한다. Pre-Production/Production/Post-Production 라고도 하는 영상 제작 단계에서 가장 중요한 것은 무엇일까? 모두 중요하긴 하지만 **교육방송연구대회에서 가장 신경을 써야 하는 것은 단연코 기획**이라고 확신한다. 건물을 지을 때 뼈대를 단단히 해야 하는 것처럼 기획은 가장 중요한 시작이기 때문이다. 자, 그럼 각 단계에서 언제, 구체적으로 무엇을 해야 하는지 알아보자.

영상학습자료 제작 3단계

1단계 기획하기

주제 정하기(1~4월)

어떤 주제를 정해야 하는지는 이전에 다루었다. 이 시기에는 **제작 가능성, 촬영 및 편집 가능 여부**를 잘 판단하는 것에 집중해야 한다. 두 조건을 잘 판단하여 구현이 가능한 주제를 미리 몇 가지 생각해두자. 이때, 주제를 하나만 정하기보다 여러 가지 주제 리스트를 만들고 결정하는 것이 좋다. 그리고 주제를 정하기 전에 이전 입상작품과 겹치지 않는지 꼭 체크해야 한다.

교육과정 분석 및 형식 결정하기(1~4월)

주제가 결정되면 관련된 교육과정을 분석해보자. 해당 과목, 단원, 학습목표, 성취기준 등을 분석하여 해당 내용이 영상에 포함될 수 있게 준비하면 좋다. 이 과정이 클립형 영상학습자료 내용의 뼈대가 되는 것이다. 전달하고 싶은 핵심 내용을 결정하고 어떻게 풀어가면 좋을지 고민하여 제목과 형식을 미리 정하도록 하자.

시나리오 작성하기(4~6월)

본격적으로 내용을 구성하는 단계이다. 필자는 이 시나리오 작성 단계가 이후의 콘티 작성만큼 중요하다고 생각한다. 시나리오는 영화, 방송 프로그램을 만들기 위해 사전에 작성한 글을 의미하며 형식에 따라 다르지만 캐릭터(등장인물), 씬^{Scene}, 지문, 대사, 내레이션(독백 및 해설), 장면 전환 등이 포함된다. 교육방송연구대회는 학생들이 시청하는 교육 콘텐츠이기 때문에 학습 목표가 담겨 있는 의미 있는 대사를 짜야 한다. 시나리오가 구체적이면 구체적일수록 콘티 작성 단계에서 완성도가 높아져 디테일한 촬영이 가능해진다.

참고로 교육방송연구대회 출품용이라면 시나리오 작성 시 필수 장면과 삭제해도 되는 장면을 구분하여 작성하자. 이는 추후 7분을 맞출 수 있도록 시간을 효율적으로 조절하기 위함이다. 또 영상에 들어가는 오디오(대사)를 모두 작성하여 대본 리딩 자료로 활용하도록 하자. 그래야 대본 리딩을 해보고 어색한 부분이 없는지, 영상의 시간대가 어느 정도 나오는지 알 수 있다.

예시로 필자가 작성한 시나리오를 한번 살펴보자. 이는 콘티를 작성하기 전에 작성한 수정 전 시나리오다. 실제로 S#1 장면은 대본 리딩 단계에서 시간이 초과됨을 확인한 뒤, 중요도가 낮은 장면이라 통으로 삭제되었다.

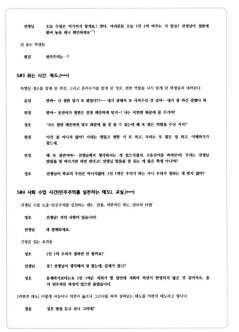

그림 5-11 〈풀뿌리 연대기〉의 시나리오 초반부

〈풀뿌리 연대기〉는 단편영화 형식의 작품이니, 시나리오의 존재는 어쩌면 당연하게 보일 수 있겠다. 그럼 과연 단편영화 형식이 아닌 영상도 시나리오를 써야 할까? 필자는 써보는 것을 추천한다. 시나리오 작성 시, 다음과 같은 장점이 있다.

첫째, **시나리오를 쓴 후에 콘티를 작성하면 완성도가 높아진다.** 시나리오는 영상을 제작하는 데 구조적 뼈대로 기능할 선 텍스트(pre-text) 역할을 한다. 콘티의 완성도에 따라 제작 난도가 천차만별로 달라지는데, 고민 과정이 짧은 콘티는 제작 중 위화감을 주고 추후 수정을 거칠 가능성이 높아진다.

둘째, **시간을 효율적으로 조절할 수 있다.** 사전에 시간과 관련된 문제를 생각해두지 않는다면 편집 단계에서 골치 아픈 상황에 놓이게 된다. 영상이 7~8분 내외로 나온다면 다행이지만 9~10분 이상의 분량이 나오면 분량을 덜어내는 순간 핵심적인 내용을 건드릴 수밖에 없다. 자동적으로 구조가 흔들리는 상황에 놓이게 되는 것이다.

영상마다 다르지만, 시나리오를 **소리내 읽었을 시 5~6분 사이** 분량의 나오면 좋다. 앞서도 말했지만 오디오가 없는 장면도 분량에 포함됨을 고려해야 한다. 그래야 분량이 지나치게 초과되는 경우를 피할 수 있다.

콘티 작성하기(6~7월)

시나리오 작성만큼 중요한 콘티 단계이다. 장시간의 영상을 콘티 없이 만드는 것은 불가능하다. 콘티란 각본(시나리오)을 바탕으로 필요한 모든 사항을 매 장면마다 기록한 문서를 의미한다. 필자는 시나리오에 주로 공을 들이고, 콘티는 촬영 시 참고할 수 있을 정도로만 작성하였다. 필자가 작성한 콘티를 살펴보자.

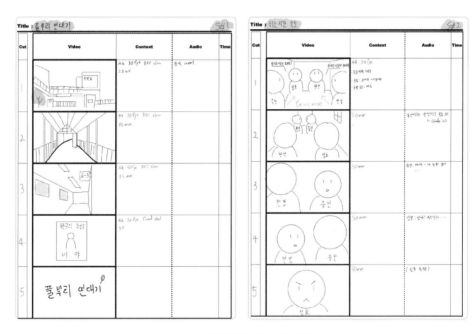

그림 5-12 〈풀뿌리 연대기〉 콘티 일부

사실 대단히 잘 짜인 콘티는 아니다. 필요한 정보가 다 담겨 있지도 않고 남들이 보았을 때 이해하기 어려울 수도 있다(특히 그림 실력이 처참하다). 하지만 이 콘티가 없었다면 촬영은 난관에 부딪혔을 것이다. 콘티를 통해 필자가 무엇을 영상에 담아내려 하는지 참고할 수 있었기에 촬영 단계를 무사히 마무리할 수 있었다.

보았듯 콘티는 크게 글과 그림으로 구성된다. 콘티에 들어가는 글은 장면의 상황을 설명하고, 그림은 카메라 구도나 인물의 배치 등 글로 설명하기 어려운 요소들을 담는다. 콘티에 명시해야 하는 요소는 사실 많지만, 출품자가 촬영 및 제작에 필요하다고 생각하는 내용을 담으면 된다. 다음 표는 작성자가 참고할 수 있게 콘티에 주로 담는 요소들을 정리해본 것이다.

대략적인 대사	간략한 그림	카메라 앵글 및 화각	구도를 설명하는 배치도
상황에 대한 대략적인 설명	음향 효과	시각 효과	인물 배치도
동선을 나타내는 화살표		카메라 무빙 및 장면 전환을 설명하는 화살표	

표 5-7 **콘티 구성요소**

표에 언급한 요소를 모두 담을 필요는 없고(1~2인 제작자가 모든 걸 고려할 수 없다.) 필요하다고 생각하는 것만 작성하자. 그림도 대략적으로 이미지를 구상할 수 있을 수준 정도로 그리고(봉준호 감독과 같이 처음부터 완성도 높은 콘티를 그리는 감독은 무척 희귀하다.), 촬영 시 참고할 수 있는 간략한 대사와 설명 정도로 마무리를 지어도 좋다.

중요한 것은 콘티를 짜는 행위 자체이다. 날것의 콘티를 탑재하는 데 고민을 했지만, 이렇게 제작 과정을 온전히 드러낼 수 있는 콘티를 연구 보고서에 탑재한 출품자는 거의 없다. '아~ 이 정도로만 해도 되는구나' 정도의 자신감을 주기 위해 용기를 내어 일부 탑재한 것이니 혹 나머지 콘티가 궁금하다면 〈풀뿌리 연대기〉 작품설명서 부록 파트를 살펴보길 바란다.

2단계 촬영하기

앞서 '7분의 법칙' 절에서 지나치게 흔들림이 많은 영상, 메인 피사체 외에 과다한 정보가 담긴 영상, 초점과 색감의 변화가 심한 영상, 잡음이 많이 들어간 영상 등을 피하는 것이 좋다고 언급하였다. 그렇지만 무작정 촬영을 하면서 이를 다 회피하기란 쉽지 않다. 어느 정도 촬영 공부를 한 후에 접근하면 영상의 퀼리티가 높아진다. 그럼 촬영 시 무엇을 고려해야 하는지 알아보도록 하자.

삼각대 사용

요즘 카메라와 핸드폰 모두 손떨림 방지 기능이 탑재되어 있어 핸드헬드(손으로 들고 촬영하는 방식)로 촬영해도 안정적인 영상을 찍을 수 있다. 하지만 촬영에만 몰두할 수 있는 환경이 완성되지 않는다면 1~2인 제작 촬영에서는 핸드헬드를 추천하지 않는다. 출품자가 촬영 외에도 동시에 신경 써야 하는 요소들이 많기 때문이다. 또한 핸드헬드 촬영은 흔들림을 완벽하게 잡아주지는 못한다. 따라서 영상의 흔들림을 잡아줄 수 있는 장비들, 예를 들어 삼각대, 짐벌, 모노포드 등을 사용하는 것을 추천한다. 이 중 가장 친숙한 장비는 삼각대일 것이다. 움직이면서 찍어야 하는 상황이 아니라면 꼭 카메라를 삼각대에 고정하여 촬영하자.

수동 모드

카메라를 처음 잡아보거나 계속 스마트폰으로 영상을 촬영해 왔다면 이제 수동 모드에 관심을 가져보면 좋다. 수동 모드는 조리개, 셔터 속도, ISO, 화이트밸런스, 초점 등의 설정값을 사용자가 직접 조작하여 촬영하는 방식을 의미한다.

사실 스마트폰 카메라 소프트웨어가 좋아져서 자동 모드도 발전했으나 추천하지 않는다. 자동으로 두고 촬영할 시 몇 가지 문제점이 있는데, 우선 초점이 촬영 도중 변할 수 있다. 초점 이동 자체도 문제지만 포커스브리딩(초점이 이동하면서 화각이 바뀌는 현상) 등은 시청에 불편함을 준다. 피사체와 카메라의 거리가 촬영 중 변하는 경우를 제외하고 특정 대상을 장기간 촬영해야 할 때는 초점을 고정해두고 촬영하자.

자동 모드의 또 다른 문제점은, 중간에 영상의 색감이 변할 수 있다는 것이다. 카메라가

화이트밸런스(주변 빛의 영향을 보정하여 흰색 물체를 하얗게 보이도록 하는 기능)를 자동으로 맞춰주기 때문인데, 생각보다 자주 화이트밸런스가 바뀐다. 이 또한 수동으로 맞추어 촬영하면 영상의 색감이 균일하게 유지되는 데 도움이 된다.

이외에도 수동 모드로 촬영해야 하는 이유는 많지만, 영상에서 크게 신경 쓰일 수 있는 부분만 언급하였다. 내가 의도에 맞게 카메라를 통제(수동)하여 촬영할 수 있으면 영상의 질을 향상시키는 데 크게 도움이 된다고만 참고하자. 자동으로 촬영해도 입상이 가능하니 필자의 설명이 이해가 가지 않아도 겁먹지 않았으면 좋겠다. 이 내용을 심화하여 공부해 보고 싶은 선생님들을 위해 '영상 초보를 위한 로드맵'에 무엇을 공부해야 할지 안내하였으니 참고하자.

핵심 피사체에 집중

사진을 찍을 때도 들어봤겠지만, 영상에서 구도는 정말 중요하다. 구도에 대해 말하자면 끝도 없으나, 여기서는 시청자(시선)를 핵심 피사체에 집중시키는 기본적인 방법에 대해서만 이야기하겠다. 이 역시 다양한 장치로 수행할 수 있지만, 딱 3가지만 알고 가자.

첫째, **주변 환경을 정리해야 한다.** 가장 기본적인 것이지만 왕왕 놓치는 경우가 있다. 피사체보다 튀는 물건만 정리해도 한층 더 편안한 영상이 된다. 배경을 깔끔하게 정리하고 액세서리(시계, 반지, 팔찌, 튀는 옷 등) 같이 시선을 분산시킬 수 있는 물건은 치워 핵심 피사체에 집중할 수 있는 환경을 만들자.

그림 5-13 배경이 정리되지 않은 화면 vs. 배경이 정리된 화면

둘째, **삼분할 구도를 사용**하자. 카메라와 스마트폰에는 모두 3분할 그리드(격자선) 기능이 있기에 이를 활용해볼 것이다. 간단히 설명하자면 우선 사각형, 즉 영상 프레임의 두 변을 삼등분하여 가로세로 선을 긋는다. 그러면 선이 만나는 곳에 4개의 점이 생기는데, 이를 스윗스폿sweet spot이라고 한다. 삼분할의 법칙은 사진이나 영상을 찍을 때 피사체를 스윗스폿에 배치하면 가장 미적인 구성이 된다는 이론이다. 모든 상황에 적용되는 것은 아니지만 격자선을 활용하여 물체의 수평과 수직을 맞추고, 구도를 안정적으로 잡는 데 도움을 줄 수 있다.

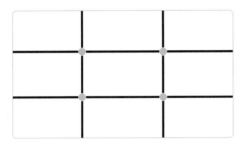

그림 5-14 **3분할 그리드**(왼쪽)**와 3분할 그리드 적용 화면**(오른쪽)

셋째, 배경을 흐리게 만들자. **아웃포커싱**, 즉 배경 흐림을 적절히 사용한다면 시청자가 집중하길 원하는 피사체가 더 돋보이는 효과를 얻을 수 있다. 인물에 집중해야 하는 장면에 효과적인 기법이다. 심도, 초점 거리 등의 복잡한 용어는 차치하고 간단히 〈그림 5-15〉 ~〈그림 5-17〉의 3가지 예시만 기억하자. (화분: 피사체/호랑이: 배경)

아웃포커싱에 유리한 렌즈가 있지만, 본 책에서는 최대한 쉽고 간단한 팁 위주로 제공하고 있기에 생략한다. 참고로 모든 상황에서 아웃포커싱 효과를 적용할 필요는 없으니 피사체에 집중해야 할 때 사용하면 된다.

- 조리개(f)값은 낮게 (일부 스마트폰은 프로 모드에서 조리개값을 낮출 수 있다)

그림 5-15 **낮은 조리개값 vs. 높은 조리개값**

- 피사체와 배경의 거리는 최대한 멀리

그림 5-16 **먼 배경 vs. 가까운 배경**

- 피사체와 카메라의 거리는 가깝게

그림 5-17 **가까운 초점 거리 vs. 먼 초점 거리**

그림 5-18 **지향성 마이크와 실제 사용 모습**

지향성 마이크는 특정 방향에서 들려오는 좁은 각도의 소리를 선택적으로 수음하는 기능이 있다. 〈그림 5-18〉과 같이 돌출된 형태이며 2만원대 저렴한 제품으로도 충분하다. 마이크가 향하는 방향의 소리만을 주로 수음하기에 발화자의 목소리에 집중할 수 있다는 것이 장점이다. 주의해야 할 점은 마이크와의 거리가 멀어진 상태로 작게 수음한 음량을 편집으로 높일 경우, 잡음이 많이 생긴다는 것이다.

이 문제의 해결 방법은 두 가지다. 후 편집 시 음량을 키우고 잡음을 지우거나, 처음부터 촬영 단계에서 마이크를 가까이 두는 방법이다. 필자는 촬영 단계에서 마이크를 최대한 가까이 두는 쪽을 추천한다. 레코더를 발화자에 채우고 후 편집 시 두 오디오 클립을 맞추는 방법도 있지만, 연장 케이블(카메라는 3극, 스마트폰은 C타입)을 사용하는 것이 덜 번거롭고 쉬운 방법이지 않을까 한다.

촬영 시 음향을 수음해야 하는 경우 주변 소음이 문제가 된다. 교육방송연구대회 영상 제출이 8~9월이기에 대부분 더운 여름에 촬영을 한다. 에어컨 소리, 공기청정기 소리, 기계 소리, 자동차 소리, 공사 소리, 매미 소리 등 주변 소음이 있을 경우 수음이 어렵다. 우리가 물리적으로 통제할 수 있는 소리가 있는 반면 매미 소리와 같이 통제가 불가능한 소리도 존재하는데, 일단 통제 가능한 소리는 전부 제거를 하고 촬영에 들어가자. 어쩔 수 없이 소음이 들어갔다면 편집 파트에서 해결 방법을 안내하였으니 참고하면 좋겠다.

더운 날씨에 에어컨을 끄고 어떻게 촬영할까? 필자는 촬영 장소를 제외한 에어컨이 나오는 휴식 공간을 마련했다. 또 촬영 전에 교실 에어컨 냉기를 충분히 쐰 후, 촬영 때만 에어컨을 껐다. 촬영 장소가 더워지면 에어컨을 켜두고 휴식 공간에 가서 휴식을 취한 후에 다시 촬영하는 식으로 진행했는데, 깔끔한 수음에 도움이 되었다. 그래도 여름 촬영은 덥고 고되니 출연자를 위한 아이스크림은 꼭 준비하자.

촬영 디렉팅

영상은 혼자 찍을 수 없다. 제작자도 촬영 전 준비해야 할 것이 많지만, 영상에 출연하는 배우들도 사전에 준비가 되어야 한다. 다음은 촬영 전후로 배우에게 안내해야 할 사항의 몇 가지 예시다. 촬영 중 숙지할 규칙 등을 간단히 정리했으니 이하 내용을 고려하도록 하자.

- 대본 사전 숙지하기(연습하기)
- 촬영 전 감독(제작자)의 디렉팅 잘 이해하기(시선 처리, 동선 등)
- 카메라 쳐다보지 않기
- 카메라 on 3초 후 대사 시작하기 / 대사 끝나고 3초간 미동하지 않기

이상의 촬영 팁은 연구대회의 본질보다는 기술적인 부분과 관련된 노하우라 할 수 있다. 하지만 여타 연구대회와 달리 교육방송연구대회는 영상학습자료가 핵심이기에 기술적인 요구가 필수적으로 동반된다. 그럼에도 불구하고 중요한 것은 내용, 주제, 스토리텔링이고 기술적인 팁은 이 내용을 돋보이기 위한 수단이라는 점을 잊지 말아야 할 것이다.

3단계 편집하기

본 파트에서는 너무 어려운 편집 방법론적인 내용보다, 가볍게 접근할 수 있는 툴과 꿀팁 등을 다루고자 한다. 어떤 툴을 사용하면 좋을지, 다른 사람들이 알려주지 않는 체크포인트는 무엇인지를 알아보자.

편집 소프트웨어

영상 편집, 뭘로 해야 할까? 워터마크가 없는 익숙한 프로그램을 사용하자. 현재 사용하고 있는 소프트웨어가 있다면 굳이 바꿀 필요는 없다. 스마트폰 앱으로도 가능하다. 하지

만 촬영본 용량이 상당히 클 가능성이 높기에 용량 관리의 측면에서 컴퓨터가 유리하다. 또한 큰 화면으로 자세히 영상을 체크하기 위해 컴퓨터로 편집하는 것이 좋다.

컴퓨터로 시작한다면 주요 편집 툴(프로그램)인 프리미어프로, 파이널컷, 다빈치리졸브 중 하나를 선택해서 공부하거나 캡컷으로 편집하는 것을 추천한다. 우선 프리미어프로는 유료이나 다양한 튜토리얼이 유튜브에 있기에 배우기 쉽고, 다빈치리졸브는 무료라는 점이 좋다. 두 프로그램 모두 윈도우, 맥 버전을 지원하여 운영체제 제약은 없지만, 컴퓨터 사양이 어느 정도 받쳐줘야 하며 익숙해지려면 꽤 노력해야 한다. (파이널컷은 맥OS 유저만 사용이 가능하고, 맥이 있다면 영상, 사진, 디자인 쪽으로 기본 소양이 있을 확률이 높으니 논외로 치자.)

따라서 처음 영상편집을 접하고 컷 편집만 할 예정이라면 **pc용 캡컷**을 추천한다. 인터페이스가 직관적이며 프로그램 자체도 비교적 가볍기 때문이다. 하지만 장기적으로 본다면 프리미어프로 사용법을 익히는 것을 추천하는 바이다.

편집 전 준비

처음 영상을 편집할 때 하기 쉬운 가장 큰 실수는 파일 정리를 하지 않고 편집 프로그램에 집어넣는 것이다. 정돈되지 않은 파일을 한꺼번에 넣을 경우 편집 시 수고스러움이 기하급수적으로 상승한다. 사용할 영상, 사용하지 않을 영상을 구분하고 시간 순서에 맞게 파일 이름을 수정하자([F2] 키를 누르면 쉽게 파일 이름을 수정할 수 있다). 그리고 다음과 같이 한 폴더 안에 영상, 사운드, 이미지를 폴더별로 구분하여 파일을 정리하면 좋다. 이러한 데이터 매니징 과정을 거치면 편집 시간이 상당히 단축될 수 있을 것이다.

그림 5-19 **파일 정리 방법**

촬영 영상마다 오디오 크기가 들쭉날쭉할 텐데, 균일하게 맞춰줘야 한다. 이것을 오디오 레벨링이라고 한다. 어떤 영상은 오디오 소리가 작고, 어떤 영상은 오디오 소리가 크다면 영상을 시청에 방해가 된다. 피크를 치는 소리는 없는지(소리가 커서 찢어지는 소리가 나는 상황인데 촬영 단계에서 주의해야 한다), 너무 작게 수음되지는 않았는지 확인 후 조율하면 좋다. 오디오 미터에서 가장 큰 소리가 0db~6db에 오면 대략 적정 음량이라고 보면 된다. 평균적인 목소리가 **-6db~-13db 사이**에 오게 조절하자.

따로 설정하지 않은 이상 대부분의 영상이 Stereo(둘 이상의 채널, 쉽게 설명하자면 오른쪽 왼쪽 채널이 다른 소리)로 녹음되었을 것이다. 약간의 차이는 있지만 신경 쓰일 정도의 차이는 아니다. 하지만 간혹 한 채널의 소리가 다른 채널의 소리보다 확연하게 크게 녹음되기도 한다. 좌우가 구분된 스피커나 이어폰으로 확인 가능하며, 체크하고 시청에 방해가 될 수준이라고 판단되면 한 채널을 다른 한 채널로 복사하여 Mono(양쪽 스피커에서 같은 소리가 나는 방식)로 사용하자. 실제 몇 입상작을 보면 이어폰으로 들을 시 좌우 균형이 맞지 않는 작품들도 존재한다.

잡음이 없는 환경에서 수음을 하는 것이 가장 중요하지만, 사운드를 올리게 되면 작은 노이즈도 덩달아 커지게 된다. 그럴 땐 각 편집 툴에 존재하는 노이즈 제거 효과(프리미어 프로: Denoise, 파이널컷: Voice Isolation, 다빈치리졸브, 캡컷: Noise Reduction)만 적용해줘도 음질 퀄리티가 향상된다. 다른 기능은 다 필요 없고 이것만 적용해도 된다. 하지만 노이즈 제거 효과를 지나치게 적용하면 목소리가 뭉개지니 적정선을 찾아 적용하자.

보다 깨끗한 음질에 관심이 있다면 프리미어프로를 어도비 오디션과 연동하는 방법이나, 최근에 나온 AI 잡음 제거 플러그인 Supertone Clear를 알아보면 도움이 될 것이다. Supertone Clear는 필자가 생각하기에 현존하는 최고의 잡음 제거(분리) 프로그램인데, 매미 소리조차 분리가 가능하다. 플러그인 형태라 프리미어프로, 파이널컷, 다빈치리졸브에도 적용이 가능하니 필요하면 참고하자.

　적정 노출(밝기)로 촬영했다 하더라도 영상마다 밝기가 다르기도 하다. 큰 차이는 없으나 한결 균일한 영상을 제작하고 싶다면 각 영상마다 노출값을 조절하여 보기 편안한 영상을 만들어보자. 대부분 비슷한 밝기로 찍었을 테지만 간혹 혼자 튀는 영상 소스가 있곤 하니, 편집 과정을 통해 맞추어 가면 된다.

　이 파트를 마무리하며 반복하여 강조하는데, 기획이 부실한 콘텐츠는 결국 촬영과 편집 기술로도 살리기 어렵다. 촬영과 편집은 내용을 돋보이는 데 도움을 주는 부가적인 요소들이다. (교육방송연구대회에 한정해서. 3단계 모두 영상을 제작하는 데 중요한 과정이다.) 하지만 결국 모든 과정이 중요하니 기술적인 노하우도 비중 있게 다뤄보았는데, 선생님들이 부담감을 느끼지 않았으면 좋겠다. 좋은 기획을 바탕으로 촬영, 편집 단계에서 언급한 내용을 취사선택하여 활용한다면 출품자가 전달하고 싶은 바를 더 선명하게 전달할 수 있지 않을까 하는 마음이다.

| 교육방송연구대회 노하우

저작권 문제 클리어

　저작권 문제는 상당히 복잡하고 다양한 사례가 많아 정형화할 수 없다. 하지만 연구대회 출품에 있어 필자가 해줄 수 있는 말은 최대한 보수적으로 접근하길 바란다는 것이다. 이번 파트에서는 간단하게 저작권을 확인하는 방법과 음악/폰트/영상 및 사진 소스와 관련하여 참고하면 좋은 사이트를 안내하고자 한다.

　CC^{Creative Commons License}는 옵션에 따라 6가지 라이선스로 구분되며, 이 중 **CC0**는 저작권과 상관없이 배포, 수정, 상업적 용도 사용이 가능하다. 법률에 의해 허용되는 최대한의 한도로, 저작관과 저작인접권을 포기한다는 권리자의 의사표시이다(CCKorea, 2023). 어려우니 참고만 하고 넘어가도 된다. 교육방송연구대회 출품용 영상학습자료는 비상업적 용도의 영상이다.

또 하위 분류로는 무료 소스 사용 시 저작자를 표시해야 하는지, 표시하지 않아도 괜찮은지 확인 과정이 필요하다. 출품 자료 중 지식재산권 보증서에 해당 소스의 CC 라이선스를 탑재하면 저작권 문제에 휘말릴 위험은 없을 것이다.

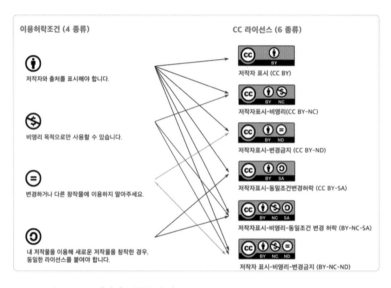

그림 5-20 **CC 라이선스 종류** (출처: Creative Commons- About The Licences)

음악

밋밋한 영상을 다채롭게 살려주는 음악. 당연히 음원 선정도 매우 중요할 것이다. 영상에 어울리는 음악을 고르는 작업 또한 상당히 긴 시간이 소요된다. 음원 선정에 도움이 될 저작권 프리이면서도 매력 있는 음원을 제공하는 사이트를 몇 군데 소개한다.

• 유튜브 오디오 라이브러리(Youtube Audio Library)

그림 5-21 **유튜브 오디오 라이브러리**

수익창출용을 포함한 모든 동영상에서 사용이 가능한 음원을 무료로 제공한다. 하지만 영상마다 저작권자를 표기해야 하는 음원도 있기에 꼭 확인 과정을 거치자. 라이선스 유형을 보면 저작권 표기 여부를 확인할 수 있다.

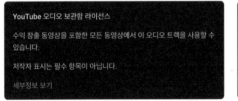
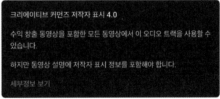

그림 5-22 **저작자 표시가 필요 없는 경우**(왼쪽)**와 저작자 표시가 필요한 경우**(오른쪽)

괜찮은 음원이 많으니 무료 음원을 사용하고 싶다면 여기서 음원을 내려 받길 추천한 다. 단점은 쓸 만한 음원은 이미 한 번은 들어봤을 것이라는 점. 연구대회에 출품되는 콘텐츠에 많이 사용되었기에 흔한 인상을 줄 수도 있다.

• 아트리스트(Artlist) / 에피데믹 사운드(Epidemic Sound)

그림 5-23 'Artlist'(왼쪽)와 'Epidemic Sound'(오른쪽) 홈페이지

아트리스트(artlist.io), 에피데믹 사운드(epidemicsound.com) 모두 유료 구독형 음원 사이트이다. 비용 결제 후 다운로드가 가능하며 음원 사용 시 출처를 표시할 필요가 없다. 다양한 효과음도 많으니 유료 구독 전 음원을 들어보고 결정하자.

• 저작권 프리 음악 제공 유튜브

저작권 프리 음원을 제공하는 유튜브도 있는데, 사용 조건이 유튜버마다 다르다. 출처를 표기하지 않아도 되는 유튜버와, 출처를 표기해야 하는 유튜버, 그리고 출처를 표기하되 유튜브에서만 무료로 사용할 수 있는 유튜버 등 각인 각색이다. 대표적으로 유튜브에서 많이 사용하는 '브금대통령'의 음원은 유튜브 영상의 경우 출처를 표기하면 무료로 사용 가능하나 이외의 용도로 사용하려면 개인적으로 곡을 구매해야 한다. 따라서 저작권 약관을 잘 읽어보아야 하며 약관이 변경되는 경우도 있기에 잘 살펴보아야 할 것이다.

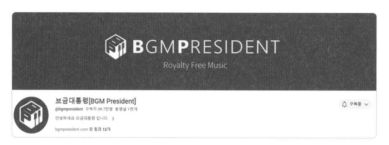

그림 5-24 유튜브 채널 '브금대통령' (youtube.com/@bgmpresident)

그림 5-25 **무료 폰트 사이트 '눈누'**

영상학습자료 자막에는 상업적으로 사용이 가능한 무료 폰트를 이용하자. 유료 폰트도 많지만 굳이 그럴 필요는 없다. 요즘 많은 폰트가 상업적 용도로 사용 가능하며, 당연히 비상업적 용도로도 쓸 수 있기 때문이다. 다만 여기 저기 분산되어 있는 것이 단점인데, 상업적으로 이용이 가능한 폰트를 모아둔 사이트가 있다.

이름은 '눈누'로, noonnu.cc에 접속해 마음에 드는 폰트를 검색하면 된다. 단 혹시 모르니 폰트를 제작한 회사에 들어가서 사용가능 범위를 다시 한번 확인해본 뒤 사용하도록 하자. 대형 포털 사이트 혹은 기업에서 제작한 폰트는 대부분 무료이고 디자인도 상당히 괜찮으니 활용해보면 좋을 것이다.

영상 및 사진 소스

콘텐츠를 제작하다 보면 다양한 풋티지(영상, 사진 소스)가 필요하다. 직접 제작한다면 저작권 문제에서 가장 자유로울 수 있으나 물리적, 시간적 제약이 존재한다. 그러다 보니 기존 소스들을 사용해야 하는 경우가 생기는데, 그래도 영상 및 사진 소스는 직접 촬영하길 추천한다. 남이 찍은 소스가 아무리 좋아도 본인의 영상과 어울리기 힘들고, 작품 입상에 큰 영향을 미치지는 않는다. 입상에 영향을 미치는 것은 조화로운 구성이기 때문이다. 그리고 교육방송연구대회인 만큼 직접 촬영을 할 수 있는 소스는 최대한 스스로 준비해야 하지 않을까?

스톡 풋티지 사용은 티가 나기 때문에 꼭 필요한 상황이 아니라면 자제하자. 직접 촬영할 여건이 되지 않아 무료로 스톡 풋티지를 구하고자 한다면 Pixabay(pixabay.com)를 추천한다. 영상, 사진, 백터 이미지 등 상업적으로 이용이 가능한 스톡 풋티지들이 탑재되어 있다. 물론 사용하기 전 각 풋티지마다 저작권 범위 확인은 필수이다.

사진 소스 중 백터 이미지(이모티콘 등)는 활용도가 높다. Pixabay에서도 무료로 사용 가능한 백터 이미지를 구할 수 있지만 유료 사이트에 비해 다양하지 않다. 만약 아이콘, 이미지 등을 많이 사용해야 한다면 Flaticon(flaticon.com), Freepic(kr.freepik.com) 등의 사이트를 구독 후 이용하면 좋다.

이외 뉴스 화면이나 기 제작된 영상을 연구대회에 사용하기 위해선 원작자의 허가가 필요하다. 허가를 받기 위해선 기관 이메일에 사용 목적을 밝히고 사용 승인을 요청하면 된다. 상업적인 용도가 아니라 교육 연구 목적이기에 웬만해서는 허가를 받을 수 있다. 허가 받은 내용은 지식재산권 보증서에 탑재하자.

교육방송연구대회에 출품하는 만큼, 제작 과정 전반의 저작권 이슈에 대해서는 출품자 입장에서 보수적으로 접근함이 옳다고 본다. 저작권 문제가 없는 음원 및 이미지를 사용하고, 원작자의 허가가 필요한 소스는 허가를 받는 것. 두 가지만 지킨다면 저작권 문제는 걱정하지 않아도 되지 않을까?

영상 초보를 위한 로드맵

왜 영상 편집을 해야 하는가?

교육방송연구대회에 출품하기로 마음먹은 당신. 자의든 타의든 촬영 및 편집을 해야 하는 상황에 놓였을 터다. 하지만 교육방송연구대회 출품 목적과 상관없이 영상을 제작하는 경험을 통해 가치를 찾았으면 좋겠다. 영상이란 기록이자 언어이다. 소중한 순간을 시각, 청각을 통해 다시 재경험할 수 있도록 기록하고 내가 표현하고 싶은 바를 전달하는 또 하나의 언어인 것이다. 이처럼 영상이라는 새로운 언어는 기록을, 기억을 선물하기도 하고, 새로운 세상을 창조하기도 한다. 필자는 작은 관심으로 영상을 시작했지만, 현재는 삶에 의미를 부여하는 수준까지 깊어졌다.

영상 공부를 꼭 해야 한다고 말하는 게 아니다. 단순히 연구대회 출품만을 목적으로 영상을 공부하기보다는 삶의 새로운 의미를 부여하는 방식으로 들여다보자는 것이다. 부담감을 내려놓고 관심을 가져보면 생각보다 흥미로운 영역이다.

여기에 영상 제작에 흥미를 느낀 선생님들이 편하게 공부할 수 있게 기초적인 이정표를 제시하고자 한다. 옛날에는 도제식으로 내려오던 지식도 유튜브에 검색만 하면 알 수 있는 시대가 되었다. 하지만 정보의 홍수 속에서 원하는 양질의 정보를 찾으려면 시간이 걸린다. 필자도 유튜브를 통해 영상을 독학하였지만, 여러 시행착오가 있었다. 따라서 필자의 경험을 바탕으로 단기 루트를 통해 선생님들이 효율적으로 핵심 내용을 습득할 수 있게 로드맵을 준비하였으니 참고하길 바란다.

장비 마련하기

여러분은 각자 좋은 카메라를 가지고 있다. 없다고? 주머니에 있는 스마트폰을 꺼내보자. 스마트폰은 최고의 카메라다. 휴대성, 간편성, 접근성 등 수많은 장점이 있고, 성능 또한 장족의 발전을 이루었다. 충분한 광량(빛)이 확보된 상태에서 사진 및 영상을 찍을 경우 전문 카메라와 큰 차이가 없을 정도이다. 렌즈교환식 카메라(미러리스 및 DSLR)와 스마트폰 카메라의 가장 큰 차이점은 센서의 크기이다. 렌즈교환식 카메라는 센서가 스마트폰에 비해 커서 밤과 같은 어두운 환경에 강하다. 또한 낮은 조리개값을 가진 렌즈로 아웃포커싱 효과를 강하게 줄 수 있다는 점이 스마트폰과 비교해서 가지는 장점이다. (물론 다른 장점이 무수히 많지만, 초심자에게 이외에는 큰 의미가 없다.) 솔직히 말해서 초심자라면 비싼 카메라와 렌즈를 구매하기보다는, 학교 장비를 활용하거나 중고 구매를 고려해보는 것을 추천한다.

카메라 구입을 마음먹었다면 미러리스 카메라를 추천한다. 예전에는 DSLR이 미러리스보다 더 좋은 기종으로 인식되기도 했지만, 요즘은 사진, 영상 분야 양쪽에서 미러리스가 더 뛰어단 평가를 받고 있다. 사실 어떤 카메라가 더 낫다고 단정지을 수 없지만 카메라 제조 기업들도 미러리스 카메라에 더 집중하고 있는 추세이다.

미러리스를 선택했다면 풀프레임과 크롭바디 중 하나를 선택해야 한다. 센서의 크기가 크면 풀프레임, 작으면 크롭바디인데, 풀프레임은 센서의 크기가 큰 만큼 저조도(어두운) 환경에 강점이 있지만 무게가 무겁다는 단점이 있다. 반면 크롭바디는 풀프레임에 비해 가볍다는 강점이 있다. 휴대성은 카메라 선택에서 큰 고려 조건이니 잘 생각해보자. 참고로 풀프레임이 (당연히) 더 비싸다.

렌즈의 경우 종류가 정말 방대하기에 단편적으로 추천하기는 어렵다. 일단 줌렌즈/단렌즈와 고정 조리개/가변 조리개를 선택해야 한다. 줌렌즈는 줌인, 줌아웃이 가능한 렌즈이고 단렌즈는 줌인, 줌아웃이 불가능한 화각이 고정된 렌즈를 말한다. 필자는 '50mm 화각대 f1.8 단렌즈'를 중고로 구매해 사용해보길 추천한다. 그래도 카메라를 샀으니 스마트폰과는 다른 느낌을 가져봐야 하지 않을까? 조리개값(f)이 낮을수록 렌즈가 비싸진다. 여력이 된다면 24-70mm대의 화각을 가진 표준 줌렌즈를 구매하면 좋다.

영상편집을 할 예정이라면 컴퓨터도 장만하는 것이 좋다. 평소 게임을 즐겨 하지 않았다면 사무용 사양의 컴퓨터를 소유하고 있을 것이다. 프리미어 프로를 사용하기 위한 최소사

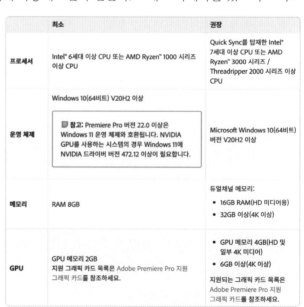

	최소	권장
프로세서	Intel® 6세대 이상 CPU 또는 AMD Ryzen™ 1000 시리즈 이상 CPU	Quick Sync를 탑재한 Intel® 7세대 이상 CPU 또는 AMD Ryzen™ 3000 시리즈 / Threadripper 2000 시리즈 이상 CPU
운영 체제	Windows 10(64비트) V20H2 이상 📋 참고: Premiere Pro 버전 22.0 이상은 Windows 11 운영 체제와 호환됩니다. NVIDIA GPU를 사용하는 시스템의 경우 Windows 11에 NVIDIA 드라이버 버전 472.12 이상이 필요합니다.	Microsoft Windows 10(64비트) 버전 V20H2 이상
메모리	RAM 8GB	듀얼채널 메모리: • 16GB RAM(HD 미디어용) • 32GB 이상(4K 이상)
GPU	GPU 메모리 2GB 지원 그래픽 카드 목록은 Adobe Premiere Pro 지원 그래픽 카드를 참조하세요.	• GPU 메모리 4GB(HD 및 일부 4K 미디어) • 6GB 이상(4K 이상) 지원되는 그래픽 카드 목록은 Adobe Premiere Pro 지원 그래픽 카드를 참조하세요.

그림 5-26 **프리미어프로 최소/권장사양**

양과 권장사양을 확인해보자.

답답함 없이 사용하려면 최소한 권장사양은 맞춰야 한다(최소사양이 아니다). 비용으로 말하자면 데스크톱은 100만원 이상, 노트북은 150만원 이상 필요한데(영상을 원활하게 편집하려면 더욱 그렇다), 사무용으로 50~100만원 언저리의 컴퓨터를 사용했던 사용자들에게는 다소 부담스러운 가격이 아닐 수 없다. 구입이 망설여진다면 학교 방송실 컴퓨터 또는 각 지역 시청자 미디어센터 편집실을 이용하면 좋다. 시청자미디어센터 홈페이지(kcmf. or.kr)에 회원가입하면 무료로 편집실 및 장비들을 대여할 수 있으니 참고하자.

그림 5-27 **인천시청자미디어센터 편집실 모습**

결론을 말하자면 스마트폰으로도 충분히 촬영과 편집이 가능하다. 다만 여러 과정에서 장비 욕심이 생긴다면 이상의 팁을 참고하면 좋겠다. 절대 필수적인 것이 아니다.

◀ 영상 독학하기

현 시대를 살아가는 사람들은 정보의 축복 속에 있다고 해도 과언이 아니다. 찾아다니며 유료 강의를 듣거나 시행착오를 통해 얻어야 했던 고급 지식에 유튜브를 통해 손쉽게 접근하는 세상이니 말이다. 영상 제작 노하우도 예외는 아니다. 독학에 도움이 될 수 있게 필자가 영상을 공부할 때 좋은 참고가 되었던 유튜브 채널들을 소개하려고 한다.

• 카메라 기초: 요즘카메라 / 우티쇼트

카메라 기초 지식과 작동 원리를 알려주는 유튜버들이다. 카메라 3요소인 조리개, 셔터 속도, ISO(감도)에 대해 이해하기 쉽게 알려주며, 사진 촬영 위주의 지식을 주로 다룬다. 영상 공부에 있어 카메라와 관련된 모든 내용이 있다고 해도 과언이 아니다.

요즘카메라 (youtube.com/@latestcamera) 우티쇼트 (youtube.com/@WOOTSHOT)

• **프리미어프로: 조블리 / 비됴클래스 / 편집하는여자**

프리미어프로, 애프터이펙트를 주로 다루는 영상 편집계 3대장이다. 처음 편집을 공부할 경우 '조블리' 커리큘럼을 따라가길 추천한다. 그런 다음, 세세하게 필요한 편집 기술은 '비됴클래스'와 '편집하는여자'를 참고하면 웬만한 영상은 다 만들 수 있다.

추가로 '빠르크' 채널도 추천한다. 영상 편집과 관련된 다양한 지식을 쉽게 소개해주므로 유용하다. 파이널컷 위주로 다루지만 프리미어프로 강의도 종종 올라온다. (만일 캡컷을 이용한다면 '윤들닷컴'을 참고하자.)

조블리 (youtube.com/@jovelyclass) 비됴클래스 (youtube.com/@video_class)

편집하는여자 (youtube.com/@Editinggirl) 빠르크의 3분 강좌 (youtube.com/@park3min)

• Skim On West

픽사 아티스트가 전해주는 영상, 연출을 주제로 한 유튜브이다. 무료 강의가 맞나 싶을 정도의 고급 정보를 '무료'로 제공해주어 공부하는 데 정말 큰 도움이 되었다. 여력이 된다면 꼭 참고하길 바란다.

Skim On West (youtube.com/@SkimOnWest)

이외에도 참고하면 좋은 유튜브 채널이 많지만 꼭 필요한 내용을 담은 유튜브만 추려 보았다. 관련 내용을 이 책에서 다루어볼 수도 있지만 영상 매체의 특성상 글로 이해하기 보다 영상 학습자료를 시청하여 받아들이는 게 더 효율적이라는 판단이다. 그럼 영상을 공부하는 데 이해해야 하는 개념들을 다음 체크리스트를 참고하여 유튜브에 검색하자. 순 번은 연속성을 고려하여 구성했으니 순서대로 학습하면 된다.

순번	내용
1	카메라 3요소(조리개, 셔터 속도, ISO)
2	화이트밸런스
3	화면 비율과 해상도 그리고 프레임레이트
4	화각과 초점거리
5	AF(자동초점) / MF(수동초점)
6	영상 구성의 단위
7	기본 샷의 종류
8	촬영 구도

표 5-8 **영상 독학 키워드**

교육방송연구대회 파트를 맡으며 고민이 많았다. 기존 연구대회와는 결이 다른 연구대회라 접근 방식도 차이가 있기에 목차를 구성하면서 '이게 연구대회 노하우 목차가 맞나?' 하는 생각도 들었다. 여기서 다룬 클립형 영상학습자료 부문은 교육 영상을 제작하는 데 목적이 있기에 연구자가 말하고자 하는 바를 압축하여 제한된 시간 안에 영상 안에 담아내야 한다. 앞서 영상의 기획이 가장 중요하다고 했지만 방법론도 무시할 수 없다. 영상 제작과 관련된 정보가 폐쇄적이었던 과거와 달리 현재는 마음만 먹으면 전문가 수준의 정보를 쉽게 습득할 수 있다. 카메라 기술의 발전과 더불어 영상 콘텐츠 자체의 질이 상향평준화 되었고 덩달아 시청자들의 안목도 높아졌다. 그래서 《연구대회 바이블》 5부에선 내용의 중요성뿐만 아니라 영상의 기술적 노하우도 담고자 노력하였다.

타 연구대회와 차별화되었기에 추천한다지만, 반대로 그 차별점이 장벽으로 다가올 수 있지 않을까? 그러나 필자 주변에는 영상 제작에 대한 노하우가 부족하여 영상 공부와 연구대회 준비를 병행하면서도 입상하신 분들이 상당수 존재한다. 앞서 말했듯 정보의 접근성이 높아졌기 때문에 의지만 있다면 기술적인 문제는 충분히 해결할 수 있는 시대에 살고 있기 때문이다.

교육방송연구대회 클립형 부문은 결국에는 학생들이 시청할 교육자료를 만드는 대회이다. 교사로서 평소에 중요하게 생각했거나 관심이 있었던 주제를 영상으로 풀어나간다고 생각하면 그 자체로도 의미 있는 과정이라고 생각한다. 입상하지 못하더라도 영상은 남고, 제작 과정에서 얻은 경험은 다음 도전에 큰 도움을 줄 것이다. 그렇지만 솔직하게, 과정만으로도 만족할 수 있을까?

연구대회에 나가는 이상 입상이라는 목적을 위해 할 수 있는 일은 최대한 해야 할 것이다. 이를 위해 심사위원의 시각으로 바라보자. 심사기준을 분석하고, 교육과정과의 연계성을 고려하고, 첫 1분에 시선을 끌기 위한 장치를 마련하고, 기획/촬영/편집 단계를 거쳐 유익하고 편안한 영상을 만들어내는 과정 전반에 최선을 다하자. 그래도 너무 결과에 연연하지 않았으면 한다. 입상을 하든 입상을 하지 못하든 영상을 제작하면서 얻은 경험들은 결국 학생들에게, 나의 주변인들에게 선한 영향력을 끼칠 것이다.

현대 사회에서 정보를 가장 효율적으로 전달할 수 있는 수단은 무엇인가? 바로 영상이다. 즉, 영상 콘텐츠 제작 능력을 가진 사람은 자신의 생각을 표현할 수 있는 아주 강력한 도구를 지닌 사람이다. 이 역량은 단순히 교사로서뿐 아니라 현대 사회를 살아가는 시민으로서 매우 큰 도움이 될 것이라고 확신한다. 연구대회 출품에 그치지 않고 자신의 삶과 타인의 삶을 기록하고, 학생들에게 도움을 줄 수 있는 콘텐츠를 지속적으로 제작해낼 능력을 함양하는 그 과정. 이것이 필자가 생각하는 교육방송연구대회의 본질적인 목표다.

첫 입상에 교육방송연구대회와 관련된 책을 쓸 자격이 있을까 하는 주저함도 없잖아 있었지만, 첫 도전에 입상을 위해 준비한 과정이 누군가에게 도움이 될 수 있지 않을까 하는 마음에서 정성껏 5부를 집필하였다. 《연구대회 바이블》이 선생님들이 연구대회를 준비하는 데 조금이나마 도움이 되었으면 하는 바람이다.

6부 교육자료전

1. 교육자료전이란?

2. 교육자료전 뜯어보기
교육자료전 준비·교육자료 설명서 작성·교육자료
요약서 작성·교육자료 전시 및 발표

3. 교육자료전 노하우

4. 1등급 Key point

5. 마무리하며

By. **이정원** 선생님

수상 내역 2023 경기도교육자료전 2등급
2021 경기도교육자료전 1등급 - 전국교육자료전 2등급
2020 교육정보화연구대회 경기도 3등급

경력 및 학위 경기도교육청 교사
경인교육대학교 컴퓨터교육 석사

저서 《코딩과 함께하는 인공지능 첫걸음》(연두에디션),
《한눈에 보이는 인공지능 그림책》,
《한눈에 보이는 블록체인 그림책》(이상 성안당) 등

교육자료전이란?

| 대회요강 및 추진 일정

　교육자료전은 한국교원단체총연합회(한국교총) 주관으로 시행되는 대회이다. 우수한 교육자료를 교육현장에 소개하고, 교육자료 제작에 대한 교사들의 관심을 유발하며, 교육방법 개선과 교육자료 개발을 촉진시키기 위한 목적으로 1970년부터 시작되었다. 2024년 기준으로 총 14개 분야(국어, 도덕, 사회, 수학, 과학, 실과, 체육, 음악, 미술, 외국어, 특수교육, 유아교육 및 통합교과, 인성교육 및 창의적체험활동, 일반자료) 중 한 가지를 선택하여 작품을 출품할 수 있다.

　교육자료전에 출품되는 자료는 **주자료와 보조자료**로 구분된다. 자료의 수는 활용 매체를 기준으로 하며 주자료는 복수매체의 활용이 가능하나 보조자료는 2개 매체 이내로 제한된다. 즉, 교육자료전을 준비할 때는 어떤 주자료를 출품할지, 어떤 보조자료를 출품할지를 꼭 생각해야 한다. 교육자료전의 교수매체 분류 기준은 다음과 같다.

교수매체 분류 기준	
실물자료 모형자료 표본자료 조작자료 (인형극, 그림극, 게임자료 등) TP/슬라이드 자료 영상자료 (DVD 등) NIE 자료	녹음자료 (카세트, CD음악, MP3 등 디지털 사운드 포함) 파일 자료 (괘도, 사진, 카드, 그림, 스크랩북, 도표, 설명 자료 등) 멀티미디어 자료 (CD-ROM 타이틀 기반) WBI 자료 모바일 자료 (휴대폰, PDA, 태블릿 PC 기반)

표 6-1 **교육자료전 교수매체 분류 기준**(2024년 기준)

　교육자료전의 가장 큰 장점은 시상 작품의 비율이 높다는 데 있다. 최종 출품 작품 수의 60% 이내가 수상작으로 선정되며, 1등급, 2등급, 3등급의 비율이 1:1:1이기 때문에 입상확률이 다른 대회에 비해 높다. 이러한 장점 때문에 다른 대회에 비해 많은 교사가 교육자료전에 도전하고 있다.

매년의 일정은 대략적으로 다음과 같다. 각 시도교육청과 시도교원단체 총연합회에서 주최 및 주관하는 시도 규모의 교육자료전은 보통 매년 4월경 응모신청서를 접수하고 6월 중 교육자료 설명서를 제출받는다. 이후 7월경 작품을 반입하여 자료를 전시 및 발표하며, 심사와 시상이 이루어진다. 여기서 1등급으로 선정된 자료만 전국 교육자료전 출품 대상이 된다. (만약에 출품 자료가 적은 경우 1등급이 없다면 2등급 중 최우수 1편을 출품한다.)

시도대회 이후 8월경 전국교육자료전 설명서를 접수하고, 10월경 자료를 반입하여 전시하고 발표한다. 10월 중으로 모든 심사가 끝나며, 최우수 작품은 대통령상, 국무총리상 등을 받을 수 있다. 시도교육자료전과 전국교육자료전의 일정이나 장소는 매년 바뀔 수 있으므로 관련 공문을 반드시 확인하자.

월	추진 일정	개별 연구과제 (예시)
1~2월		· 주제 및 응모 분야 선택하기 · 주자료 및 보조자료 아이디어 구상하기
3월	· 시도교육자료전 시행 공고	· 대회요강 분석하기 · 교육자료전 윤곽 잡기 · 교육자료전 얼개 짜기
4월	· 시도교육자료전 응모신청서 접수	· 응모신청서 작성 및 제출하기
4월~6월	· 시도교육자료전 설명서 접수	· 교육자료 제작하기 · 교육자료 수업 적용 및 활용하기 · 교육자료 설명서 작성하기 · 교육자료전 자료 전시 및 발표 준비하기
7월	· 시도교육자료전 작품 반입 · 시도교육자료전 작품 심사 · 시도교육자료전 전시 · 시도교육자료전 시상식 · 시도교육자료전 작품 반출	· 교육자료전 전시 및 발표하기 · 시상식 참석 및 작품 반출하기
8월~10월	· 전국교육자료전 출품작 보완 지도	· 피드백 반영해 교육자료 보완, 수정하기 · 교육자료 설명서 수정하기 · 전국교육자료전 자료 전시 및 발표 준비하기
8월	· 전국교육자료전 설명서 접수	· 전국교육자료전 설명서 제출하기
10월	· 전국교육자료전 작품 반입 및 심사	· 전국교육자료전 작품 전시 및 발표하기
12월	· 전국교육자료전 수상작 웹 탑재	

표 6-2 **교육자료전 추진 일정 및 개별 연구과제 예시**

| 출품서류 및 자료

교육자료전 응모신청서

당해 교육자료전은 응모신청서 제출부터 시작한다. 다른 연구대회와 다르게 교육자료전은 별도의 자세한 계획서는 필요 없으며, 응모자 명단과 응모신청서를 제출하면 된다. 응모신청서에 총 14개 분야 중 신청을 원하는 분야를 기입하고, 적용 과목 및 단원, 연구 주제 등을 작성한다. 공동 연구인 경우 추가로 대통령상, 국무총리상 수상시에 사용할 팀명까지 만들어서 기입해야 하는 점을 염두하자. 또 응모자 명단은 한 부만 제출하면 되지만 응모신청서는 참여 연구원 전원의 서명과 학교장 직인이 요구되므로, 만일 2명이 공동연구로 출품한다면 2명 모두 제출해야 한다.

응모신청서를 제출할 때 중요하게 고려해야 할 부분이 '동일군 내 중복 참여 여부'이다. 교육자료전은 2군에 포함되는 반면 수업혁신사례연구대회, 디지털교육연구대회, 인성교육실천사례연구발표대회는 경기도 기준으로 1군에 해당되므로, 경기도 교사라면 교육자료전과 중복으로 출품할 수 있다. 각 시도교육청마다 정해진 연구대회 행정사항을 반드시 확인하고 중복 출전하여 나중에 불이익을 받는 일이 없도록 주의하자.

군	순	대회명	전국대회 개최조직	비고
2군	1	경기도기능지도연구대회	(사)한국농업교육협회 고용노동부	
	2	학교운동부연구상(전국, 소년, 동계)	대한체육회	
	3	과학전람회	과학기술정보통신부 국립중앙과학관	
	4	교육자료전	한국교원단체총연합회	경기교총 주관
	5	장애학생직업기능경진대회 연구상	교육부	
	6	장애학생체육대회 연구상	대한장애인체육회	

표 6-3 **경기도 연구대회 2군 현황**(2024년 기준)

교육자료 설명서와 요약서

응모신청서를 제출했더라도 두 달 후에 교육자료 설명서를 제출하지 않으면 교육자료 전 전시에 작품을 출품할 수 없다. 교육자료 설명서는 개인 또는 팀이 만든 교육자료에 대해 설명하는 보고서라고 생각하면 된다. 30쪽 이내로 작성하도록 되어 있으며, 30쪽을 초과하는 경우 3% 감점이 되므로 반드시 분량에 유의하자. 겉표지나 속표지, 요약서, 목차는 분량에서 제외되지만 참고문헌, 부록 등은 분량에 포함된다. A4용지에 양면 컬러 인쇄를 해야 하는데, 어떤 연구대회는 컬러 인쇄를 금하므로 이 부분도 주의가 필요하다. 제본의 경우 스프링철을 금지하고 좌철·제본을 하도록 되어 있으며, 겉표지 코팅은 금지된다.

교육자료 설명서에 반드시 들어가야 할 내용은 추진계획서를 보면 확인할 수 있다. 2024년도 경기도교육자료전의 경우, 추진계획에서 다음 사항들을 반드시 지킬 것을 안내하였다.

- 속표지에는 출품자의 인적사항이 나타나지 않도록 할 것
- 자료 제작의 필요성 및 목적을 기술할 것
- 자료 제작 과정 및 부품 설명을 상세히 기술할 것
- 교육자료 설명서에 의해 다른 사람이 재제작하여 활용할 수 있도록 할 것
- 자료의 현장 투입 내용 및 결과(효과)를 상세히 기술할 것
- 공동작의 경우 그 필요성, 타당성 등을 반드시 명기할 것

교육자료 설명서 작성 방법도 별도로 안내된다. A4규격 기준 좌 여백 30, 우 여백 20, 위 여백 20, 아래 여백 15, 머리말 10, 꼬리말 10의 편집 용지에 작성해야 하며, 표지→속표지→요약서→목차→내용 순으로 구성할 것이 권장된다(〈그림 6-1〉 참조). 물론 연구 주제와 자료에 맞게 구성은 바뀔 수 있다. 교육자료 설명서 작성과 관련해서는 이후 필자가 직접 작성한 교육자료 설명서를 살펴보면서 자세히 이야기할 것이다.

겉표지 양식은 엄격히 지정되어 있으며, 〈그림 6-2〉 왼쪽에서 확인할 수 있다. 우측 상단에 기입해야 하는 고유번호는 응모신청서 취합이 끝난 후 공문을 통해 안내되니 잊지 말고 확인하자. 또 작품 사진이라고 쓰인 중앙에는 교육자료의 사진을 꾸며서 넣을 수 있으며 하단에는 출품자의 소속과 성명을 기입하도록 되어 있다. 속표지는 생략할 수 있지

만, 원하면 추가해도 된다(지정 양식은 없다).

　　교육자료 요약서 역시 A4 단면 1매, 글자 크기 10포인트로 양식이 지정되어 있는데, PC에서 열람을 용이하게 하기 위함이다. 정해진 분량을 준수하는 한편, '자료의 구성 내용' 작성 시 반드시 주자료와 보조자료를 구분하여 기술하도록 한다. 요약서는 단 1쪽이기 때문에 정해진 양식 안에서 개발한 자료를 효과적으로 알릴 수 있도록 작성하는 것이 중요하다.

　　본문에는 다른 연구 보고서와 마찬가지로 연구 목적 및 필요성, 공동 연구의 필요성, 선

-. 표지

-. 속표지 (생략 가능)

-. 요약서

Ⅰ. 자료 제작의 필요성 및 목적
Ⅱ. 공동 제작의 필요성 (공동작일 경우)
Ⅲ. 관련 이론
Ⅳ. 자료 제작과정
Ⅴ. 자료의 특징
　1. 적용 교과 및 학년
　2. 자료의 내용 및 구성
　3. 부품 설명
Ⅵ. 자료 활용방법
Ⅶ. 자료 활용결과 및 일반화
　1. 자료 활용 효과
　2. 일반화 방안

그림 6-1 **교육자료 설명서 구성 예시**

행 연구 이론 등을 기술한다. 또, 자료의 제작 과정이나 특징, 활용 방법 등을 서술하고, 마지막에는 자료를 직접 교실에서 활용했을 때 학생이나 교사에게 어떤 효과가 나타났는지를 확인하고 일반화하여 작성해야 한다. 설명서를 읽고 주자료와 보조자료가 어떤 것이며, 어떻게 활용할 수 있을지를 잘 이해할 수 있게 하자. 또, 누구나 쉽게 자료를 제작하거나 가져와서 사용할 수 있는 일반화 방안도 마련되어야 한다.

　　교육자료 설명서는 총 6부를 제출하는데, 6부 중 5부는 표지와 속표지, 요약서 모두에 인적사항을 미기재하고, 1부에만 인적사항을 기재하여 제출해야 한다. 6부의 인쇄본뿐만 아니라 USB에도 설명서 파일을 넣어 함께 제출해야 하므로 이 점도 반드시 유의하도록 하자. 우편으로 보내거나 직접 담당 교총으로 방문하여 제출할 수 있다. 만약에 우편으로 보낸다면 반드시 등기로 보내는 것이 좋다.

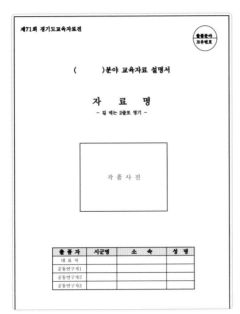
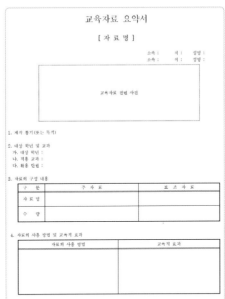

그림 6-2 **교육자료 설명서 겉표지 양식**(왼쪽)**과 교육자료 요약서 양식**(오른쪽)

교육자료와 게시 용지

설명서를 제출한 팀 또는 개인은 정해진 날짜에 교육자료전에 각자 만든 자료를 전시할 수 있다. **작품 전시대**의 크기는 〈그림 6-3〉과 같고, 정해진 범위 내에서만 작품을 전시할 수 있다. 주자료와 보조자료가 최대한 심사위원들에게 잘 보일 수 있게 공간을 효율적으로 사용해야 하며, 전시하고자 하는 자료의 특성에 맞게 전시대에 알맞게 배치하는 것이 가장 중요함을 잊지 말자.

작품 전시대의 정면에는 주자료와 보조자

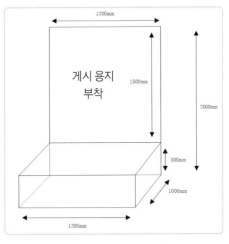

그림 6-3 **작품 전시대 크기**

료에 대해 설명하는 **게시 용지**를 붙이게 되어 있다. 규격은 4×6전지(78.8cm×109.1cm)로 정해져 있으며, 용지는 백색 모조지를 사용한다. 글자 크기나 단락 형태의 경우 별도로 정해진 규정은 없다. 다만 우측 상단에 출품분야와 고유번호를 쓰도록 되어 있는데, 이때 고유번호는 설명서를 제출한 개인 또는 팀에게 다시 부여된 것을 기입해야 한다. 처음 응모신청서를 제출하고 받은 고유번호와 다름을 유의하자. 작품은 심사일 전날 미리 전시하며, 각 분야별로 시간을 정해준다. 전시 장소와 시간을 반드시 잘 숙지하여 늦지 않게 자료를 전시해야 한다.

작품 전시가 끝나고 난 후 심사 당일이 되면 5분의 발표 시간과 5분 이내의 질의 응답 시간이 주어진다. 개인 또는 팀당 발표 시간을 10분 이내로 생각하면 된다. 이 시간 동안 제작한 주자료와 보조자료가 무엇인지, 어떻게 활용할 수 있고, 어떤 효과가 있는지 등을 심사위원에게 설명한다. 그럼 심사위원은 이 설명을 듣고 궁금한 점을 자료를 제작한 사람들에게 물어본다.

단, 이는 경기도 기준의 설명이다. 2021년 전국교육자료전에서는 작품 발표는 7분 이

그림 6-4 **작품 전시대 게시 용지 작성 예시**

내, 심사위원의 질의 응답은 5분 이내였다. 각 시도교총에서 보내주는 공문 또는 공지사항 게시물을 반드시 확인하고 시간에 맞게 발표 준비를 해야 한다. 팀의 경우 발표는 혼자서 하고 질의 응답은 팀원이 함께 대답하는 형태로 진행해도 되고, 두 명 또는 팀원 전부 나눠서 발표해도 된다. 발표자와 관련한 별도 규정은 없지만 2023년 기준 공동작은 반드시 팀 전원이 참석하도록 하였다.

발표가 끝났다고 해서 작품을 바로 반출하는 것이 아니라 일정 기간 동안 작품을 전시하고 난 후 시상식 이후 반출 날짜에 맞춰서 반출하면 된다. 2023년 경기도에서는 발표일 기준 이틀 뒤에 등급 통보가, 사흘 뒤 시상 및 반출이 이루어졌다. 지금까지 교육자료전의 전체적인 흐름에 대해 이야기하였으며, 자세한 내용은 뒤에서 더 다루고자 한다.

교육자료전 뜯어보기

| 교육자료전 준비

교육자료 구상

제작하고자 하는 교육자료를 생각하면서 공문을 통해 안내되는 추진계획에서 심사기준 및 배점을 반드시 확인하자. 어떤 대회라도 마찬가지겠지만 심사기준은 그 교육자료를 평가하는 척도가 되기 때문에 이 기준에 맞지 않는 자료는 높은 등급을 받을 수 없다. 2021년~2024년 사이의 심사기준의 변화가 크지 않았지만, 반드시 제출 전에 심사 요강을 확인하고 그 기준에 맞는 교육자료를 제작할 것을 권한다. 교육자료전의 심사기준 및 배점은 〈표 6-4〉와 같다.

심사기준	배점	내용
1) 자료의 적절성	20점	· 교육과정 및 교육 활동과 직접 연관성이 있는가? · 자료의 제작 목적이 명확하고 타당한가? · 교수-학습 활동에 효과적으로 이용될 수 있는가?
2) 창의성	20점	· 자료가 참신하고 독창적인가? · 본인이 직접 구상하여 제작한 작품인가?
3) 완성도	20점	· 자료가 기본 목적과 설계에 따라 제작되었는가? · 자료 제작 기술은 정밀한가? · 자료가 매체의 특성을 적절히 살리고 있는가? · 자료가 견고하고 사용이 편리한가? · 자료를 체계적으로 조직 정리하였는가?
4) 교육에의 기여도	20점	· 교육문제에 해결을 위한 접근방법이 타당한가? · 교육효과 증진에 도움이 되는가? · 현장교육 개선에 기여도가 높은가?
5) 일반화 가능성	20점	· 제작에 소요된 경비는 적절한가? · 교육현장에 보급이 용이하고 경제성이 있는가? · 제작자료의 재료 구입과 제작 방법이 용이한가?
계	100점	

표 6-4 **2024 경기도교육자료전 심사기준 및 배점**[1]

앞에서 이야기했듯이 교육자료전의 자료는 주자료와 보조자료로 나뉜다. 말 그대로 주자료는 학생 교육 활동에 필요한 주된 자료를 의미하고, 보조자료는 이 주자료를 활용하여 교육을 할 때 도움이 될 수 있는, 또는 보충을 해줄 수 있는 자료라고 생각하면 된다.

구상 방법

교육자료전을 준비할 때 주제→자료의 순서로 출발할 수 있다. 어떤 분야에서, 어떤 과목을, 어떤 주제로 연구하고, 여기에 필요한 주자료와 보조자료로 무엇을 개발할지 고민하는 방법이다. 본인이 교실에서 겪었던 경험이나 다른 동료 교사의 어려움 등을 생각하면서 현장에서 어떤 자료가 필요할지, 효과적인 교육을 위해 어떤 자료를 개발해야 할지 등을 생각하는 것이다. 만약 '경제'를 주제로 한다면 사회 또는 인성교육 및 창의적 체험활동 분야 중 한 가지를 선택할 수 있으며, '경제'와 관련된 어떤 내용을 학생들에게 가르치고 활용하고 싶은지 등을 생각하여 연구 주제를 정할 수 있다.

반대로 자료→주제 순서로 나아갈 수도 있다. 즉, 주자료를 먼저 구상하고, 주자료를 활용할 만한 분야와 관련된 연구 주제를 구체화하는 것이다. 보통 현장에서 수업을 하다가 문득 이런 자료가 있으면 좋겠단 생각이 들었을 때, 즉 자료에 대한 아이디어가 먼저 떠오른 경우에 해당된다. 예를 들어 나눔 장터 활동을 하다가 아이들이 화폐를 거래할 수 있는 '앱'을 교육자료로 만들고 싶다고 생각했다면, 이 자료를 뒷받침할 수 있는 보조자료와 주제, 분야를 고민하고 선택하는 것이다.

주제→자료 순서든 자료→주제 순서든 간에 정답은 없으며, 개인이 처한 상황이나 판단에 따라 정하는 것이 좋겠다.

어느 쪽을 고르든, 자료 제작에 들어가기 앞서 무엇을 만들지 충분한 고민이 필요하다. 어쩌면 이렇게 고민하는 기간이 설명서를 작성하거나 작품을 전시하고 발표하는 시간보다 더 오래 걸릴 수 있다. 자료 준비 과정이 정말 중요한 이유는 여타 연구대회와 다르게 교육자료전에서는 설명서의 형식이나 내용보다 자료 자체에 큰 의미가 있기 때문이다. 실제로 정말 단순하지만 창의적이고 기발한 자료, 교육적인 효과가 크거나 실제 교육 현장에서 필요하리라고 여겨지는 자료들이 높은 등급을 받은 사례가 적지 않게 있었다. 오랜 시간을 고민한 만큼 창의적이며 교육활동에 효과적인 자료를 만들 아이디어가 떠오른다면 이후의 작업들은 훨씬 수월해질 것이지만, 만일 자료 아이디어가 처음부터 잘못되었다면 이후 작업도 지지부진할 것이다.

자료의 종류와 개수

주자료는 복수 매체의 활용이 가능하기 때문에 여러 개를 출품해도 상관없다. 필자 역시 2021년도 교육자료전에서는 앱, 보드게임, 교육용 키트로 총 3개의 주자료를 출품하고, 2023년에는 학생용 교재와 블록 자료로 총 2개의 주자료를 출품하였다. 하지만 보조자료의 경우 2개 매체 이내로 제한하기 때문에 앞서 설명한 교육자료전 교수매체 분류 기준에 따라 2개 매체만 선택할 수 있다. 2021년에는 실물자료와 파일 자료 2개 매체를, 2023년에는 파일 자료와 WBI 자료 2개 매체만 활용하였는데, 대회요강에 주자료와 보조자료의 기준 (〈표 6-1〉)을 명시하고 있으므로 교수매체 분류 기준에 따라 주자료와 보조자료를 선택해보자.

그림 6-5 **필자가 2021년 교육자료전에 출품한 주자료와 보조자료** (스마트앤트 팀)[2]

만약 주자료와 보조자료의 종류와 개수를 어떻게 정해야 할지 도저히 모르겠다면 2가지 방법이 있다. 첫째, 교육자료전을 출품하는 그 해에 중요한 교육적 이슈가 무엇인지 생각해볼 수 있다. 실제로 2021년 전국교육자료전 출품작들을 보면 인공지능이나 메타버스를 활용한 자료가 많았다. 코로나 시기에 비대면 수업을 하게 되면서 가상 공간에서 교사와 학생들이 만나 수업을 하는 경우가 많았기 때문에, 메타버스로 가상 공간을 만들어 그 안에서 문제를 풀고 활동을 할 수 있도록 자료를 개발한 것이다. 또, 가상 현실과 증강 현실에서 아이들이 활동할 수 있는 교육자료도 많이 출품되었는데, 책 형태의 인쇄본이 아니라 다양한 형태의 자료가 출품된 것을 볼 수 있었다.

둘째, 이전에 교육자료전에서 등급을 받은 자료들을 많이 찾아보자. 응모 분야, 즉 각 교과마다 필요로 하는 형태의 자료가 다르다. 예를 들어 체육 분야라면 체육 시간에 활용할 수 있는 교구를, 영어 분야라면 영어 공부를 할 수 있는 홈페이지를 제작하는 식이다. 따라서 내가 출품하고자 하는 분야의 다양한 자료를 참고하여 응모 분야에 효과적인 형태의 자료가 무엇일지 생각하고, 어떤 재료를 활용할지, 어떻게 만들지 구상해 제작할 자료의 청사진을 그려야만 한다.

교육자료 제작 및 활용

어떤 주자료와 보조자료를 만들어야 할지 정했다면 이제 직접 제작해야 한다. 아주 다양한 자료가 가능하다. 가령 실물자료로는 보드게임에 필요한 말이나 게임판을 직접 만들 수 있고, 가상 현실을 활용한다면 로블록스나 ZEP을 활용하여 메타버스 공간을 만들 수 있다. 또, 앱을 개발하고 싶다면 앱인벤터 프로그램을 활용할 수 있다. 학생용 워크북 또는 교사용 지도서와 같은 책 형태의 자료도 가능한데, 스프링 제본을 할지, 무선 제본을 할지 정해 제작해야 한다.

물론 직접 제작이 어려운 경우 업체를 통해 만들어도 된다. 보드게임 업체나 앱 개발 업체, 인쇄 업체 등에 요청하면 비용은 조금 더 들겠지만 직접 만들었을 때보다 훨씬 깔끔하고 제대로 작동이 되도록 제작할 수 있을 것이다. 자료 제작 방식은 개인의 생각이 중요하다. 비용이 더 들더라도 처음부터 업체에 의뢰해 완성도 있게 만들지, 비용을 최소화하고 무조건 직접 만들지, 아니면 타협하여 시도대회는 직접 만들고 전국대회에 출전하게 되면 그때 업체를 통해 다시 만들지 등은 각자의 선택에 달려 있다.

교육자료전이 조금 힘들 수 있는 부분은 이렇게 직접 자료를 제작해야 한다는 데 있다. 앞에서 이야기한 보드게임이나 앱, 메타버스 공간, 워크북 형태 이외에도 체육 분야 같은 경우는 부피도 크고 무거운 자료를 만드는 경우도 있다. 교사가 직접 제작할 수 있는 부분은 최대한 직접 하되, 비용이 조금 들더라도 업체의 도움을 받아 자료를 제작할 것을 추천한다.

그림 6-6 **학생들이 필자가 제작한 키트와 앱을 사용하고 있는 모습**[3]

교육자료를 제작하였다면 수업시간에 활용하여 학생들과 동료 교사의 반응을 살펴보아야 한다. 교육자료를 기획했을 때의 의도대로 현장에서 활용할 수 있을지, 예상한 효과가 있는지 등을 확인하는 것이다. 실제로 교육자료 설명서에도 자료의 활용 방법이나 수업 지도안, 교육적 효과 및 학생 변화 등을 기재해야 하니, 직접 수업에 적용하고 활용하는 과정은 꼭 필요하다.

| 교육자료 설명서 작성

이제 교육자료에 대한 설명과 활용 방법을 설명서와 요약서에 담아보자. 앞서 이야기했지만 교육자료전은 자료 제작과 수업 적용, 설명서와 요약서 작성까지 시간이 부족할 수 있기 때문에 수업 적용 전부터 미리 작성에 들어가면 좋다.

교육자료 설명서를 쓸 때에도 교육자료와 마찬가지로 이전 수상작의 설명서를 살펴볼 필요가 있다. 높은 등급을 받은 설명서들을 비교해보면서 목차나 내용 구성 등을 참고하는 것이다. 다른 연구대회와 마찬가지로 보고서를 작성한다고 생각하면 되는데, 교육자료전 설명서는 제작한 자료에 대한 설명이라는 점에서 차이가 있다. 그러다 보니 타 연구대회들은 주제와 제목 선정을 가장 중요하게 생각하는 데 비해, 교육자료 설명서는 제목보다도 자료에 대한 아이디어나 구체적인 설명이 더 중요하다고 판단된다. 이러한 교육자료전만의 특성을 감안하여 자료 전시와 발표를 더 구체적으로 뜯어보기 위해 설명서 예시는 일부 발췌로 갈음하고자 한다.

구성 및 목차

설명서 작성 시 가장 먼저 해야 할 일은 목차 정하기다. 〈그림 6-1〉의 예시를 참고하되, 정해진 내용이나 순서는 없는 만큼 자료 제작의 의도를 살려 목차를 구성해도 무방하다. 2024년 기준으로 참고문헌 및 부록을 포함해 30쪽 이내의 분량 제한이 있으니, 유의하여 파트별 분량을 정해보자. 분량을 생각하지 않고 작성하면 넘치거나 부족해질 수 있는데, 다 쓰고 난 후 이런 문제가 발생할 경우 교육자료 설명서를 완전히 수정해야 한다. (분량은 매년 바뀔 수 있으니, 대회요강을 반드시 읽고 분량을 확인하여 그 해에 맞게 준비하길 바란다.)

만일 공동 연구로 여러 명이 팀을 이뤄 출품한다면 목차에 반드시 '공동 연구의 필요성'이 들어갈 수 있도록 구성하고, 이후에 교육자료 설명서를 쓸 때에도 왜 공동 연구를 하였는지를 자세히 서술할 필요가 있다.

다음은 필자가 작성했던 교육자료 설명서의 목차다. 서론(1쪽~3쪽)에는 자료 제작의 필요성이나 목적, 공동 연구의 필요성과 관련한 내용이 들어가며, 자료 제작과 관련한 전반적인 내용이 본문(4쪽~27쪽)을 차지한다. 자료를 활용하고 난 후 평가와 효과, 일반화와 관련한 결론(28쪽~30쪽)으로 마무리되어 서론과 결론은 거의 비슷한 분량으로 정한 것을 알 수 있다. 그럼 본격적으로 설명서 각 부분의 내용과 작성 노하우를 차근차근 살펴보자.

목 차

I 자료 제작의 필요성 및 목적

1. 자료 제작의 배경 ·· 1
2. 자료 제작의 필요성 ······································ 2
3. 자료 제작의 목적 ·· 2

II 공동 연구의 필요성 및 방침

1. 공동 연구의 필요성 ······································ 3
2. 공동 연구 역할 분담 ···································· 3

III 자료 제작의 기초

1. 선행 연구 분석 ·· 4
2. 용어의 정의 ··· 5
3. 실태 조사 ·· 6
4. 교육과정 연계 ··· 7

IV 자료 제작의 실제

1. 자료 개요 ·· 8
2. 자료 설계의 주안점 ···································· 9
3. 자료 제작 과정 ·· 9
4. 자료의 내용 및 활용 방법 ························· 12

V 자료 활용의 실제

1. 프로그램 흐름도 ··· 20
2. 교육과정 재구성 예시 ······························· 21
3. 교수학습 과정안 예시 ······························· 22
4. 평가 방법 예시 ··· 24
5. 자료의 활용 ··· 25

VI 자료 활용의 평가 및 효과

1. 자료 검증 및 결과 분석 ····························· 27
2. 자료의 교육적 효과 및 결론 ····················· 29
3. 일반화 방안 ··· 30
   📖 참고문헌 ··· 30

그림 6-7 〈SW·AI 교육을 위한 B. B. C (Book, Brick, Coding) 프로그램〉 교육자료 설명서 목차

서론 자료 제작의 배경 및 공동 연구의 필요성

I. 자료 제작의 필요성 및 목적

서론의 첫 부분에는 자료 제작의 배경과 필요성, 목적 등을 작성한다. 자료를 제작한 배경-필요성-목적의 내용이 연결될 수 있도록 서술하여 서론을 탄탄하게 구성해보자.[4]

Ⅰ 자료 제작의 필요성 및 목적

❶ 자료 제작의 배경

"[창의융합인재 키우는 노벨과학 교육] 과학기술 인재 키워내는 STEAM 교육"
- 2023.04.17. 매일경제-

"4차산업혁명시대를 이끄는 '융복합', 지식 교류 선두에 서다"
- 2023.03.22. 피플투데이-

정보·AI 역량을 기르고, 차세대 교육기반을 조성하며, 모두가 누리는 "정보교육 종합계획(2020년 ~ 2024년)
-2020.5. 교육부-

오늘날 우리는 **4차 산업혁명**이라 일컫는 시대에 살고 있다. 4차 산업혁명은 디지털 기술과 물리적인 세계의 융합을 통해 새로운 경제와 산업 구조를 형성하는 혁명적인 변화를 의미한다. 4차 산업혁명으로 우리 생활은 인공지능, 사물인터넷(IoT), 빅데이터, 로봇공학, 자동화 등과 같은 기술적인 변화를 맞이했고, 이는 우리 생활에 큰 편리함을 주는 동시에 미래 사회를 준비하는 세대에게 새로운 방향성을 제시해주고 있다.

기술적인 발전과 변화는 사회의 여러 분야에서 새로운 비즈니스 모델과 서비스를 창출하는 등 경제와 사회적인 변화를 가져오고 있다. 구체적으로 자동화된 생산 시스템, 스마트 공장, 자유 주행 차량, 가상현실, 스마트 가전 제품 등을 예로 들 수 있다. 이러한 변화에 따라 4차 산업혁명 시대에서 미래 인재에게 기계와의 상호작용 능력, 데이터 활용능력, **창의성과 다양한 분야의 융복합적 활용 능력** 등은 중요한 요소가 되고 있다.

한편, 융합교육은 다양한 학문 영역과 분야를 통합하여 학생들에게 창의성과 다양한 문제 해결 능력을 개발할 수 있는 교육 방법이다. 이는 변화하는 현대 사회에서 요구되는 역량을 갖추는데 도움이 되는 교육 방법이다. 현대 사회에서는 복잡한 문제들이 상호 연관되어 다양한 영역에서 발생한다. 이에 대응하기 위해서는 단일 영역의 지식뿐만 아니라 **다양한 분야의 지식과 관점을 융합하여 문제를 이해하고 해결할 수 있는 능력**이 필요하다. 융합교육은 학생들에게 다양한 분야의 지식과 관련된 역량을 함께 개발할 수 있는 기회를 제공한다. 또한 다양한 분야의 지식을 융합하고 창의적인 사고와 혁신적인 아이디어를 발굴할 수 있는 환경을 제공한다.

미국 메사추세츠 터프츠 대학 부설 연구기관에서 개발한 융합 교육 방법인 노블 엔지니어링(NOVEL ENGINEERING:NE)은 문학 작품을 활용하여 작품에서 발생하는 문제를 해결하기 위해 공학적인 접근 방법을 적용한다. 학생들은 작품을 읽고 분석하며, 작품 속 **문제 상황을 해결하기 위해 공학적인 사고와 설계를 적용하는 과정**을 경험한다. 이 과정 속에서 학생들은 창의적인 문제 해결과 과학적인 사고력, 공학적인 설계, 팀워크, 소통 등을 배운다. 이는 현대사회에서 미래인재에게 요구하는 주요 역량과 크게 관련이 있다.

시대적 흐름과 미래인재를 위한 새로운 교육방법들을 토대로 본 연구자들은 노블 엔지니어링의 요소를 구체화하여 **이야기 속 문제를 해결하기 위해 브릭, 코딩, 로봇활용** 등 다양한 형태로 확장시켜 학생들의 기호와 교육적 효과를 극대화한 융합프로그램을 개발하고, 이를 교육 현장에 제시할 수 있도록 본 자료를 제작하게 되었다.

② 자료 제작의 필요성

1) 절차적 사고에 기반한 창의적인 문제해결력 향상을 위한 자료

실생활에서 발생하는 어려운 복잡한 문제를 해결하기 위해 컴퓨팅 사고력과 협업 능력이 새로운 핵심역량으로 부상하고 있다(교육부, 정보교육 종합계획, 2020). 국내 과학창의재단 연구(이영준 외, 2014)에 따르면 컴퓨팅 사고력은 인간의 사고 과정이며, 실생활 문제를 인식하고 해결하려고 할 때 활용되는 능력이다. 특히 문제 해결방법을 절차적으로 사고하게 한다. 이처럼 컴퓨팅 사고력의 핵심사고 중 하나는 절차적 사고이며, 본 프로그램은 절차적 사고를 기반으로 창의적인 문제해결력을 높이고자 제작되었다.

본 프로그램은 문학 작품 속의 문제 상황을 인식하는 것으로 출발한다. 문학 작품 속의 문제 상황을 발견하고 이를 공학적으로 해결하는 방법을 생각하도록 제시한다. 이를 통해 학생들은 실생활에서 발생한 문제를 발견하고 해결하는 과정을 경험할 수 있다. 발생한 문제를 공학적으로 재구성, 설계하고 이를 문제상황에 적합한 프로그래밍 도구를 활용하여 해결하는 과정을 경험하여 실생활의 문제를 해결하는 능력을 향상시키고자 한다.

2) 문학 작품에 대한 새로운 접근과 시대적 흐름을 반영한 독후 활동

학생들이 경험한 대부분의 독서 전후 활동들은 대부분 '읽기'와 '쓰기' 중심의 활동으로 이루어져 있다. 다양한 콘텐츠 속에서 살아가고 있는 학생들에게는 읽기와 쓰기만의 활동으로는 학생들의 높은 흥미와 창의적인 사고를 이끌어내기 어렵다. 학생들이 문학 작품의 문제에 대해 깊게 고민해보며, 문제 해결 과정 속 조작적인 활동과 다양한 피지컬 교구를 활용하여 주도적이고 과제에 대한 높은 집중력을 이끌어낼 수 있다.

3) 조작적 활동을 통해 코딩 과정의 시행착오 감소

현재 교육현장에서 이루어지고 있는 대부분의 코딩교육은 대부분 블록코딩 프로그램을 활용한 코딩교육이다. 학생들은 컴퓨터를 활용한 블록 코딩 과정 속에서 코드 블록에 대한 이해, 블록 활용에 어려움을 느껴 코딩 과정에 대한 부담감을 안고 있다. 특히 처음 코딩을 접한 학생들은 다양한 코드 블록에 대한 충분한 이해를 바탕으로 프로그래밍 활동에 참여하는 것이 중요하다. 프로그래밍 도구를 활용한 본 코딩 전 브릭 코딩을 경험함으로써 코딩 과정에서 발생되는 시행착오를 줄이고, 컴퓨터를 활용한 코딩에 대한 적응력을 높이고자 한다.

4) 에듀테크를 활용한 블렌디드 러닝 수업

에듀테크는 기술과 교육의 만남이라는 개념으로 교육현장에 급속도로 확산되고 있다. 종래의 교사 중심의 체제에서 학습자 중심의 교육으로 변화하고 있는 현재의 교육 패러다임 속에서 에듀테크는 현재 혹은 미래에 주된 교육수단으로 사용될 것이다. 이런 흐름을 반영하여 학생들이 도서, 교재와 같은 인쇄형 자료와 더불어 태블릿PC, 크롬북, 컴퓨터 등 디지털 기기를 함께 활하는 자료는 미래교육에 더 많이 필요하게 될 것이다. 본 프로그램은 에듀테크를 활용할 수 있도록 클라우드 포트폴리오, 메타버스, 프로그래밍 도구를 적절히 활용하는 자료를 개발하고자 한다.

③ 자료 제작의 목적

목 적	문학 작품에서 발견한 문제에 대한 창의적, 공학적 문제해결력 강화

제작방침. 하나	제작방침. 둘	제작방침. 셋	제작방침. 넷
융합적 문제 해결력 강화하는 프로그램	문제 해결 과정 속 협력적 의사소통 활용	탐구 과정 속 절차적 사고력 향상	블렌디드 러닝 수업을 위한 에듀테크 활용

가. 이야기 속에서 엔지니어링 관점으로 문제를 발견하고, 해결 방법을 모색하는 융합적 문제 해결력을 기르는 자료를 제작하는 것을 목적으로 한다.

나. 구체물을 활용해 다른 사람과 아이디어를 나누고, 토론하면서 협력적 의사소통을 키울 수 있는 자료를 제작하는 것을 목적으로 한다.

다. 체계적인 브릭 코딩과 엔지니어링 탐구 과정을 통해 절차적 사고를 키울 수 있는 자료를 제작하는 것을 목적으로 한다.

라. 디지털 기기의 적극적 활용으로 학습자의 흥미를 높이고, 디지털 역량과 지능을 키울 수 있는 자료를 제작하는 것을 목적으로 한다.

1 자료 제작의 배경

이 자료를 제작하게 된 배경이 무엇인지 밝히는 부분이다. 어떤 사회 이슈가 있었고, 어떤 요구가 있었는지 등이 바탕이 된다. 뉴스 기사나 인터뷰 등 사회적 흐름을 알 수 있는 내용을 제시하고, 이 내용을 통해 어떤 생각과 마음으로 자료를 제작하게 되었는지 등을 서술하면 좋다.

필자가 작성한 자료 제작의 배경을 보면 중요한 단어를 진하게, 밑줄로 표시하여 읽는 사람으로 하여금 더 많은 공감을 이끌어내고자 하였다. 또, 노벨 엔지니어링(Novel Engineering, 책을 읽고 책 속 문제를 해결한 후 이야기를 바꾸어 쓰는 융합 수업 모델)과 관련한 자료이기 때문에 사전 연구를 바탕으로 노벨 엔지니어링의 의미를 되새기면서 교육적 효과를 더 높이기 위한 방안을 고민하였다.

2 자료 제작의 필요성

이러한 자료가 왜 필요한지를 서술하는 부분이다. 앞에서 이야기한 자료 제작 배경과 연결하여 사회적, 교육적 흐름에 따라 이러한 자료가 왜 필요한지 서술한다. 필요성을 작성할 때는 첫째, 둘째와 같이 개조식 형태로 눈에 잘 들어올 수 있도록 작성하는 것이 좋다. 또, 중요한 내용은 글씨를 크게 또는 진하게 하고, 그와 관련된 추가 설명을 하는 편이 효과적일 것이다.

필자가 작성한 것처럼 표를 만들어서 제시해도 좋지만 공간을 많이 차지한다는 단점이 있다. 공간을 효율적으로 활용하기 위해 줄 간격을 줄일 수 있겠지만 이럴 경우 가독성이 떨어지게 된다. 쓸데없는 말은 빼고 왜 자료가 필요한지를 설명할 수 있는 핵심 내용만으로 자료의 필요성을 구성해야 한다. 필자는 노벨 엔지니어링의 문제 해결 과정을 브릭 코딩으로 구체화하여 제시한 자료가 필요함을 역설하였다. 브릭 코딩을 활용한 조작적 문제 해결 과정과 코딩의 알고리즘에 대한 이해를 강조한 것이다.

3 자료 제작의 목적

    자료 제작의 목적에서는 이렇게 필요성 있는 자료를 활용하여 어떤 목적을 이루고자 하는지 제시한다. 자료 제작의 목적도 필요성처럼 개조식으로 작성하면 설명서를 읽는 사람으로 하여금 더 눈에 잘 들어오게 할 수 있다. 목적은 3~4개 정도 작성하면 되고, 세세한 목적에서 출발해 궁극적으로 도달하고자 하는 목적까지 정리하는 것이 좋다.

    필자는 목적을 작성할 때 제작 방침도 함께 작성하였다. 왜냐하면 자료 제작에 있어, 만들고자 하는 목적을 잊어서는 안 되기 때문이다. 목적에 따라 제작 방침을 정하면 이후에 자료를 제작하거나 활용할 때 처음에 수립한 연구 목적을 되새기면서 연구할 수 있을 것이다.

개인이 아니라 공동으로 연구를 진행한 경우 공동 연구의 필요성 및 방침 부분을 반드시 작성해야 한다. 1쪽 정도로 짧은 분량이지만 왜 여러 사람이 함께 자료를 제작할 수밖에 없었는지를 구체적으로, 납득갈 수 있게끔 서술하는 것이 필요하다.

Ⅱ 공동 연구의 필요성 및 방침

❶ 공동 연구의 필요성

본 자료의 개발을 위해서는 선행연구 분석 및 관련 자료 수집, 자료 설계 및 제작 시 기술 자문, 교육과정 분석 등 다양한 연구 활동이 필요하다. 또한 제작된 자료의 정확한 효과를 파악하기 위해 공동 제작을 통해 문제점을 해결하고자 하였다. 따라서 공동 연구자들은 각 분야를 체계적으로 분석 및 개발하는 과정과 다양한 학생에게 프로그램을 적용하는 종합적인 과정을 서로 협력함으로써 제작한 자료의 질을 높이고자 하였다.

❷ 공동 연구 역할 분담

가. 연구자별 연구 활동 분야

구분	분야	연구활동 관련 경력
연구자 A	- 주자료 및 보조자료 설계 및 제작 - 메타버스 플랫폼(ZEP) 맵 제작	- SW교육 담당교육 역량강화 직무연수 이수 - 경인교육대학교 대학원 인공지능융합교육 졸업
연구자 B	- 주자료 및 보조자료 설계 및 제작 - 주제 관련 교육과정 분석 및 실태 분석	- 경인교육대학교 대학원 컴퓨터교육과 졸업 - 초등컴퓨팅교사협회 참여
연구자 C	- 주자료 및 보조자료 설계 및 제작 - 관련 이론 연구 및 기술 자문	- 경인교육대학교 대학원 컴퓨터교육과 졸업 - 초등컴퓨팅교사협회 참여
연구자 D	- 주자료 및 보조자료 설계 및 제작 - 프로그램 안내 구글 사이트 제작	- 경기도 발명메이커 연구회 회장 - 초등컴퓨팅교사협회 참여

나. 연구 단계별 역할 분담

단계	과정	추진내용	A	B	C	D
자료 제작 계획	문제 분석	• SW,AI교육 및 독서교육 관련 교육과정 탐색	○	○	○	○
		• 선행연구 분석	○	○	○	○
	문헌 연구	• 초등 교육과정 및 교과서 분석	○	○	○	○
		• 융합교육 및 노블 엔지니어링 관련 문헌 분석	○	○	○	○
	제작 계획 수립	• 제작 계획서 작성	○	○	○	○
		• 제작 관련 역할 분담	○			
	관련 자료 수집	• 자료 제작 아이디어 선정	○	○	○	○
		• 재료 수집 및 구입		○	○	
자료 제작 및 현장 적용	주자료 및 보조자료 자료제작	• 학생용 워크북, 코딩 브릭 제작	○	○	○	○
		• 교사용 지도서 제작	○	○	○	○
		• 교육자료 구글 사이트 제작				○
		• 활동 정리 ZEP 메타버스 제작	○			
	적용 및 수정 보안	• 자료 활용 지도안 개발 및 보완	○	○	○	○
		• 자료의 적용방법 및 관련활동 모색	○	○	○	○
		• 자료의 현장 적용 및 문제점 도출	○	○	○	○
		• 주자료 및 보조자료 수정 및 보완	○	○	○	○
검증	검증	• 사전/사후 설문지 작성 및 수정, 보완	○	○	○	○
		• 학습효과의 검증 및 분석	○	○	○	○
일반화	정리 및 일반화	• 자료의 보급 및 일반화 방안 연구	○	○	○	○
		• 자료 설명서 제작	○	○	○	○

1 공동 연구의 필요성

교육자료전은 자료 제작부터 수업 적용, 설명서 작성, 전시 및 발표까지 과업이 매우 많기 때문에 대부분 공동 연구로 진행된다. 공동 연구를 통해 어떤 문제를 협력적으로 해결하고 어떻게 보다 나은 자료를 제작하였는지를 타당하게 제시해보자. 공동 연구의 필요성은 대회요강에서도 별도 안내하고 있는 주요 대목이므로, 1쪽이라도 반드시 교육자료 설명서에 들어갈 수 있도록 유의하여 작성하자.

필자는 다섯 줄 정도로 공동 연구의 필요성을 거시적인 관점에서 기술하였다. 어떻게 보면 공동 연구를 하는 누구나 사용할 수 있는 내용이다. 다시 쓴다면 이보다 더 특수한 공동 연구 필요성을 강조할 것 같다. 만약 저학년 담임 교사와 고학년 담임 교사의 공동 연구라면 여러 학년군간 일반화 가능성 같은 구체적인 필요성을 제시할 수 있다. 제작한 자료가 공동 연구를 통해 어떤 점이 더 나아졌는지 생각하고 장점만 살려 기술해보자.

2 공동 연구 역할 분담

역할 분담을 명시하면서 각 연구자를 설명하고, 자료 제작 과정에 교사들이 얼마나 협력적으로 참여했는지도 보여줄 수 있다. 제작한 자료와 관련하여 공동 연구자들이 얼마나 전문성을 발휘하였는지, 제작 과정에서 어떤 일을 하였는지 등을 간략하게 제시하는 것이다.

공동 연구자마다 잘하는 분야가 있고, 효율적으로 분담해 자료를 제작했다는 것을 보여주어야 한다. 필자의 자료에서 ZEP을 활용한 메타버스나 구글 사이트의 경우 경험이 많은 연구자의 역할로 배분하였고, 나머지 두 명의 연구자는 설명서를 보충 작성하거나 자료 제작을 위한 재료 구입 등의 역할을 하였다. 이렇게 각자가 맡은 역할을 밝히면서 공동 연구가 원활하게 잘 이루어졌음을 보여주어야 한다.

본론 자료 제작 및 활용

Ⅲ. 자료 제작의 기초

자료 제작에 앞서 준비한 내용을 정리하는 부분이다. 제작한 자료와 관련한 선행 연구 분석, 자료와 관련한 용어 정의, 실태 조사와 교육과정 연계 등의 내용이 약 4쪽 정도 분량으로 이루어진다. 다음 보고서 예시는 분량상 어떤 내용으로 구성되는지를 대략적으로 파악할 수 있을 정도로만 발췌하여 실었다.

① 선행 연구 분석

가. 연구대회, 자료전

연구자	연구 주제	연구 분석
전북교육 자료전 (2021)	코딩, 한 걸음 더	학생 중심의 자발적, 문제 해결형 학습으로 진행하면 학생들에게 흥미를 더할 수 있으며, 역사, 환경, 안전 등 범교과 주제로 프로그래밍 교육을 할 수 있음.
이지영, 김정아	판으로 열고 펼치고 즐기며 동화 속 코딩인형 삐리삐리와 함께하는 언플러그드 놀이	이야기와 연계한 스토리텔링형 놀이 기반 코딩교육을 진행하면 학생들의 창의력과 문제해결력, 컴퓨팅 사고력을 기를 수 있음.
김한솔	놀이로 깨닫고 코딩으로 꽃피우는 컴퓨팅 사고력 신장	언플러그드 놀이 활동이 학생들의 흥미에 부합하고, 새로운 코딩 도전 활동 등 다양한 문제 해결 경험을 통해 소프트웨어 교육에 대한 긍정적이고 발전적인 태도를 내면화할 수 있음.
연구의 시사점		

이야기와 연계한 코딩교육이 학생들의 흥미에 부합하고, 다양한 문제 해결형 학습을 진행하면 학생 중심의 코딩교육이 가능함. 이야기와 문제를 결합하면 다양한 범교과 주제와 연계하여 코딩교육을 진행할 수 있음. 또한 놀이 기반 문제 해결형 코딩교육은 학생들의 흥미에 부합할 뿐만 아니라 학생들의 창의력, 문제해결력, 컴퓨팅 사고력 등 역량을 신장하고, 이에 더하여 소프트웨어 교육에 대한 긍정적, 발전적 태도를 기를 수 있게 하므로 이를 고려한 프로그램 개발이 필요함.

② 용어의 정의

가. 노블 엔지니어링

노블 엔지니어링(Novel Engineering)은 미국 메사추세츠 주 터프츠 대학(Tufts university) 부설 연구기관에서 개발한 융합 교육 방법이다. 책을 읽고 책 속 문제 상황을 공학적으로 해결하는 융합 활동을 하고, 이를 적용해 결말을 다시 써보는 과정으로 이루어진다. 이 과정에서 학생들은 다양한 과학, 기술, 공학을 활용할 수 있으며, 이야기 속 등장인물을 돕기 위한 공감과 포용 및 인문학적 가치관을 형성할 수 있다. 학교에서는 노블 엔지니어링을 활용하여 학생들에게 STEAM 교육, MAKER 교육 등 다양하게 확장하여 진행할 수 있다.

❸ 실태 조사

가. 학생 대상 설문 조사 결과 및 분석 (5, 6학년 학생 N=64)

1) 학생 독후 활동 관련 실태 조사

내용	설문 문항	응답 결과 (N=64)			그래프 (%)
		응답	N	%	
학생의 독후 활동 경험	주로 경험해 본 독후 활동은 무엇입니까?	글쓰기	30	47	
		토론	21	33	
		만들기	8	13	
		연극	4	6	
		기타	1	1	
	독후 활동 중 선호하는 활동은 무엇입니까?	글쓰기	8	13	
		토론	2	3	
		만들기	35	55	
		연극	15	23	
		기타	4	6	

▶ 독후 활동 인식 조사를 통해 학생들이 주로 해왔던 독후 활동과 선호하는 독후 활동이 다르다는 것을 알 수 있다. 학생들이 만들기, 연극과 같은 조작 활동을 하면서 학생들의 선호도를 반영한 독후 활동 자료 개발이 필요하다.

❹ 교육과정 연계

가. 성취기준 분석

학년군	교과	영역	성취기준
3~4	국어	읽기	[4국02-01] 문단과 글의 중심 생각을 파악한다.
			[4국02-02] 글의 유형을 고려하여 대강의 내용을 간추린다.
		문학	[4국05-02] 인물, 사건, 배경에 주목하며 작품을 이해한다.
			[4국05-03] 이야기의 흐름을 파악하여 이어질 내용을 상상하고 표현한다.
			[4국05-04] 작품을 듣거나 읽거나 보고 떠오른 느낌과 생각을 다양하게 표현한다.
5~6	국어	읽기	[6국02-02] 글의 구조를 고려하여 글 전체의 내용을 요약한다.
		문학	[6국05-03] 비유적 표현의 특성과 효과를 살려 생각과 느낌을 다양하게 표현한다.
			[6국05-05] 작품에 대한 이해와 감상을 바탕으로 하여 다른 사람과 적극적으로 소통한다.
	실과	기술 시스템	[6실04-09] 프로그래밍 도구를 사용하여 기초적인 프로그래밍 과정을 체험한다.
			[6실04-10] 자료를 입력하고 필요한 처리를 수행한 후 결과를 출력하는 단순한 프로그램을 설계한다.
			[6실04-11] 문제를 해결하는 프로그램을 만드는 과정에서 순차, 선택, 반복 등의 구조를 이해한다.

나. 창의적 체험활동 성격과 목표

창의적 체험활동의 목표는 건전하고 다양한 집단 활동에 자발적으로 참여하여 나눔과 배려를 실천함으로써 공동체 의식을 함양하고 개인의 소질과 잠재력을 계발, 신장하여 창의적인 삶의 태도를 기른다. 특히 자율 활동 영역에서는 특색 있는 활동에 자율적으로 참여하여 일상의 문제를 합리적이고 창의적으로 해결할 수 있는 능력을 기르는데 목표를 강조한다.

1 선행 연구 분석

선행 연구로 기존 교육자료전의 설명서나 다른 연구대회의 보고서 등을 참고하거나 논문, 학술지 등을 활용할 수 있다. 선행 연구 분석을 통해 어떤 자료를 만들고자 하였으며, 관련 연구를 통해 어떤 아이디어를 얻게 되었는지 등을 분석하고 이렇게 분석한 내용을 토대로 시사점을 정리한다.

필자는 노벨 엔지니어링, 코딩을 주제로 자료를 개발했으므로 이와 관련한 키워드를 중심으로 연구를 참조하였다. 이때 선행 연구 결과에서 나의 자료 제작으로 연결되는 고리를 잘 짚는 것이 중요하다. 예를 들어 선행 연구 분석을 통해 효과를 확인한 만큼, 이 같은 자료가 더 개발되고 활용되어야 한다는 식으로 정리할 수 있다.

2 용어의 정의

설명서에서 자주 언급할 용어나 제작한 자료와 관련된 용어를 정의하여 자료 이해를 도울 수 있도록 한다. 자료를 개발하고 제작한 사람 입장에서는 쉽게 이해할 수 있는 내용도 처음 자료를 접한 사람에게는 어려울 수 있는 만큼, 용어가 무엇을 의미하는지 상세하고 정확하게 알려줄 필요가 있다.

필자의 설명서에서는 '노벨 엔지니어링'이라는 용어가 제작 배경부터 결론까지 꾸준히 나오기 때문에 이와 관련한 설명을 해두었다. 이렇듯 내가 제작한 자료를 보는 사람들에게 도움이 될 만한 용어를 풀어서 정의한다고 생각하면 된다. 만약 연구 주제를 직접 네이밍했다면 그 용어에 대한 설명을 반드시 기술해줘야 읽는 이가 자료와 연구 주제에 대해 더 쉽게 이해할 수 있을 것이다.

3 실태 조사

이어서 교육자료를 활용하고 난 후에 어떤 변화가 있는지 관찰하기 위해 자료를 활용할 교사 및 적용 대상이 될 학생들의 현재 상황을 사전 실태 조사를 통해 분석한다. 이때 중요한 것은 취합한 데이터를 숫자로만 기재하지 말고 백분율로 바꾸거나 차트를 활용하여 시각화하는 것이다. 이렇게 해야 실태 조사 결과를 이해하기 쉽다. 또, 교육자료를 활용하고 난 후의 변화와 비교할 때도 훨씬 수월할 것이다.

실태 조사 파트에는 그래프가 삽입되기 때문에 분량을 초과하는 경우가 생길 수 있다. 1쪽을 초과하지 않도록 표와 차트를 알맞게 배치하고 데이터 분석 결과는 핵심만 간결하게 작성해보자.

4 교육과정 연계

제작한 교육자료를 수업에 활용하기 위해서는 교육과정과 연계해야 한다. 이때 어떤 방법으로 연계할지, 어떻게 재구성할 수 있을지를 교육과정 분석을 통해 고민할 수 있다. 학년군별 성취기준을 파악하고, 국가 수준 교육과정에서의 성격이나 목표를 분석하여 교육자료를 재구성한 교육과정에서 활용할 수 있도록 한다.

필자는 처음에 자료를 개발할 때 최대한 많은 학생이 이 자료를 활용하면 좋겠다고 생각하였다. 3~6학년 학생들 모두 사용할 수 있음을 알려주기 위해 관련 교과의 성취 기준을 분석하였으며, 3~4학년 교육과정은 SW와 관련한 교과가 없기 때문에 창의적 체험활동과 연계할 수 있음을 안내하고자 하였다. 더 나아가 교육과정 연계 파트 내용을 결론부의 일반화 방안과 연결하여, 교육 현장에서 많은 학생에게 필요한 자료임을 어필하자.

자료 제작의 실제에서는 어떤 주자료와 보조자료를 어떻게 제작하였는지 작성한다. 교육자료전 설명서에서 가장 많은 부분을 차지하는 이 파트에는 자료의 개요와 설계의 주안점이 포함되며, 주자료와 보조자료의 제작 과정과 구체적인 설명을 서술한다.[5][6]

1) 개발 자료의 개관

〈주자료 1〉
학급경제 활동용 전자 지갑앱 S-Pay

〈주자료 1의 특징〉

- ☑ QR기술을 적용한 전자 지갑앱
- ☑ 앱을 활용해 친구들 간 지출, 송금, 입금 등을 쉽게 할 수 있으며 거래 내역이 기록으로 남아 경제활동을 보다 편히 진행할 수 있음.
- ☑ 관리자용 웹페이지를 활용해 어떤 학급이든 쉽게 이용할 수 있음.

〈주자료 2〉
투자 활동 이해 교육용 보드게임 2종

〈주자료 2의 특징〉

- ☑ 교육과정에선 다루지 않지만 생활과 밀접하게 관련있는 주제를 다룬 보드게임
- ☑ 대출 제도와 주식 투자에 대한 이해를 높이고 장점과 단점을 알게 해주는 보드게임 월급 vs 대출
- ☑ 경제 산업에 대한 이해를 돕고 투자활동에 대한 이해를 돕는 보드게임 투자왕게임

〈주자료 3〉
창업 키트

〈주자료 3의 특징〉

- ☑ 창업에 대해 이해를 도울 수 있는 자료
- ☑ 주제를 선정하여 주제와 관련한 회사를 창업하여 자신의 회사를 알릴 수 있는 데 활용할 수 있는 보드
- ☑ 회사를 운영할 때 필요한 역할이 무엇인지 어떤 일을 해야 하는지를 생각해볼 수 있는 자료

〈보조자료 1〉	〈보조자료 2〉	〈보조자료 3〉
경제교육 워크북	화폐 만들기	4분할 저금통

☑ 교육과정과 어린이 경제 도서 분석을 통한 내용 구성 ☑ 4M 단계에 맞춰 보조 교재로 활용	☑ 경제활동에서 필요한 화폐에 대해 이해하고 직접 디자인 할 수 있는 만들기 도구	☑ Make a money 단계에서 용도에 맞춰 수입을 배분하는 계획 있는 소비를 위해 제작

1) 자료 설계의 주안점

2015 개정 교육과정에서 경제교육은 사회와 실과 등에서 7개의 성취기준으로 교과 내용이 구성되어 있다. 합리적인 선택, 소득과 지출 관리, 경제 구조 및 주체 등 다양한 주제에서 모두 활용할 수 있는 자료를 제작하고자 하였다. 또한 대다수의 경제교육이 교과서를 중심으로 한 일반 강의형 수업이 주가 되고 있다 판단하였다. 그래서 학생들의 관심과 흥미, 교육적 효과성을 고려하여 QR코드 앱, 보드게임, 워크북 및 키트 등을 활용하여 체험 및 모의 경제활동을 교실에서 할수 있도록 수업자료를 개발하였다.

본 연구에서 개발한 「**4M 단계로 알아가는 스마트한 경제교육**」은 4~6학년 학생들이 사용할 수 있도록 주자료인 ① 교실에서 사용하는 화폐를 쉽게 송금할 수 있는 앱, ② 대출과 주식 활동을 모의 체험해 볼 수 있는 보드게임, ③ 학생들의 창업 활동을 쉽게 할 수 있도록 도와주는 키트, 보조자료인 ① 4M 단계에 맞게 구성되어 있는 워크북, ② 화폐에 대해 이해할 수 있는 활동 도구, ③ 올바른 저금 습관을 기를 수 있는 4분할 저금통으로 구성하였다. 그리고 교실 화폐를 활용한 수업을 전반적으로 진행해 진로교육과 인성교육, 학급 운영이 가능하도록 재구성해보았다. 이에 주자료와 보조자료의 구체적 특성은 다음과 같다.

주자료	1. QR코드를 이용해 손쉽게 학급 화폐를 거래 및 교사가 교실 화폐의 상황을 한눈에 확인할 수 있는 앱
	2. 현명한 대출 활용 및 주식 투자의 원리를 이해할 수 있도록 제작한 보드게임 세트 2종
	3. 창업을 이해하고 직접 창업을 체험할 수 있는 키트
보조 자료	1. 4M(화폐, 저금 및 대출, 창업, 투자)단계에 기반한 경제 교육 전반의 이해를 돕기 위한 교재로 활용 가능한 워크북
	2. 다양한 화폐에 대해 이해할 수 있는 화폐 관련 컬러링 북과 디자인 도안
	3. 계획 있는 저금 습관을 위해 기간, 목표액, 목적을 각각 쓸 수 있는 4분할 저금통

2) 자료 제작 절차 및 기간

① 자료 제작 기간 : 2020. 11. ~ 2021. 5.

② 자료 제작 도구 : 앱제작 도구, 미리캔버스, 어도비일러스트레이터, 오토데스크 스케치북, 포맥스 등

주자료.1 전자지갑앱(S-Pay) 제작 절차

아이디어 회의	핵심 기능 선정	앱 디자인	앱 프로그래밍	관리자페이지 개발
경제교육활동 운영을 위해 필요한 도구로써 활용될 수 있는 것은 어떤 것이 있는지 협의했고, 전지갑 기능을 활용해 경제교육활동 운영을 하기로 협의했다..	경제교육활동 운영을 위해 앱이 갖춰야할 핵심기능으로 재산변동 내역 확인기능, 송금, 지출 기능을 생각했고, QR 기능을 활용해 쉽게 거래할 수 있도록 했다.	활용하고자 하는 기능을 바탕으로 앱이 갖춰야 할 인터페이스를 디자인한다. 누구나 쉽게 사용할 수 있도록 QR코드를 활용한 입금, 지출, 거래내역 등을 디자인한다.	디자인을 바탕으로 Flutter 프레임워크로 화면을 구성하고 Firebase Firestore SDK를 이용해 데이터베이스에 접근하여 금액 정보를 표시 또는 수정하도록 구성한다.	전자지갑앱을 관리하기 위한 페이지를 제작하기 Vue.js 프레임워크를 이용해 화면을 구성하고, Firebase Firestore SDK를 이용해 관련 정보를 표시 또는 수정할 수 있도록 구성했다.

전자지갑 앱(S-PAY) 첫 화면

S-Pay는?
Smart (현명한 소비를 위한)
School (경제교육을 위한
학교화폐)

전자지갑 앱 로그인 화면

사용자가 아이디와 비밀번호
입력하는 메뉴

학생 계정 생성은 관리자용
웹페이지에서 가능

S-Pay의 거래내역 화면

입금 받을 때 QR코드 생성하여
입금 수행

학생이 자출(이체)할 때 이체
하기 버튼을 눌러 실행

학생의 거래 내역과 잔고를 확인

S-Pay의 송금화면

학생의 계좌로 송금 받는
페이지

송금 받는 학생은 금액과
내역을 입력하여 QR코드를
생성하고, 지출하는 친구가
스캔하여 송금 실행

활용방법 및 유의점	☆ Make a company 단계에서 활용 가능 ① 창업활동을 통해 회사를 만들고 투자금을 받을 때 전자지갑앱을 활용할 수 있다. ② 관리용 페이지를 통해 회사의 계좌를 손쉽게 만들어줄 수 있어 창업활동 후 실질적인 생산-소비활동이 쉽게 이뤄질 수 있다. ③ 입금-송금의 지출내역이 기록되므로 실질적인 창업활동을 돕는데 사용될 수 있다. ☆ Make an investment 단계에서 활용 가능 ① 투자의 개념을 알려주는 보드게임활동에서 실물화폐를 대신하여 사용할 수 있다. 통행료를 지폐로 계산하여 주는 방법 외에 관리자 페이지를 통해 게임용 아이디를 발급하여 보드게임에 손쉽게 참여할 수 있다. ② 학생이 지불해야 할 통행료와 수입 등을 QR코드로 미리 제작하여 계산이 능숙하지 않은 저학년 학생도 쉽게 보드게임에 참여할 수 있고, 투자의 개념에 집중하여 활동하도록 할 수 있다.
교육적 효과	☑ 화폐의 발전 단계를 이해하고 현재의 기술이 적용된 경제활동을 진행할 수 있다. ☑ 학생에게 친숙한 스마트기기에 두루 활용 가능하며 경제활동을 기반으로 한 학급 운영 활동에 쉽게 적용 가능하다. ☑ 관리자 페이지를 활용해 학급에서의 활용도를 더 높일 수 있다.

보조자료 3	활동 정리 ZEP 메타버스

자료 구성	메타버스 ZEP 맵
자료 용도	학생이 스스로 학습 내용 정리 QR코드를 이용해 태블릿이나 컴퓨터로 접속하여 문제 해결

자료 활용 방법		
	 이야기 복습	 등장인물과의 대화 - 주관식 질문
	 등장인물과의 대화 - 객관식 질문	 코딩을 복습할 수 있는 문제

교육적 효과 및 특징	① 이야기 속 등장인물과의 대화를 통해 이야기의 내용을 복습 가능 ② 학습 내용 정리를 다양한 퀴즈 형태로 제공하여 흥미롭게 참여 가능 ③ QR코드를 통해 맵에 쉽게 접속할 수 있고, 기기에 제한받지 않으며, 조작이 간편하므로 학년에 구애받지 않고, 다양한 학교에서 활용 가능 ④ 온라인과 오프라인 학습을 연계하여 진행할 때의 매개로 작용

0 자료 개관

교육자료 설명서의 '자료 제작의 실제' 첫머리에 제작한 주자료와 보조자료를 한눈에 보고 이해할 수 있도록 1쪽 분량의 '자료 개관'을 작성할 수 있다. 반드시 해야 하는 것은 아니지만 대부분의 교육자료 설명서에는 이와 같이 주자료와 보조자료를 정리한 지면이 있었다. 이후에는 주자료와 보조자료를 각각 나누어 자세히 설명한다.

1 자료 설계의 주안점

주자료와 보조자료를 전체적으로 제시한 다음에는 자료를 설계할 때 어떤 부분을 주안점으로 생각했는지 기술한다. 연구 주제와 관련, 주자료와 보조자료를 구분하여 어떻게 설계하였는지 등을 구체적으로 제시할 수 있다.

2 자료 제작 절차 및 기간

이러한 설계를 바탕으로 주자료와 보조자료의 제작 과정을 세세히 보여주자. 자료 제작을 위해 활용했던 도구와 자료를 제작하고 있는 모습을 사진 자료로 삽입하는 것이 좋다. 각 단계별 사진에 구체적인 설명을 제시하여 자료 제작에 대한 신뢰도를 높일 필요가 있다.

3 자료의 내용 및 활용 방법

자료의 제작 과정까지 정리하였다면, 이후로는 주자료와 보조자료에 대한 구체적인 설명과 활용 방법 및 유의점, 교육적 효과 등에 대해 작성한다. 이 부분이 가장 많은 분량을 차지하기 때문에 주자료가 몇 개인지, 보조자료가 몇 개인지를 확인하여 분량에 맞게 주자료와 보조자료의 분량을 나누는 것이 좋다. 주자료가 더 중요한 자료이기 때문에 보조자료에 대한 설명보다는 더 많아야 할 것이다. 예를 들어 주자료가 2개, 보조자료가 3개라면 주자료는 2~3쪽, 보조자료는 1쪽으로 배분할 수 있다. 주자료를 조금 더 분량을 많게하여 자세하게 설명한다면 보조자료는 더 간단하게 설명하는 구조로 분량을 조정해보자.

자료의 내용 및 활용 방법은 교육자료 설명서의 가장 핵심이라고 할 수 있다. 필자는 개발한 앱 자료의 모습을 캡처하고 파워포인트를 활용하여 자료를 설명하였다. 이렇게 한 이유는 앱을 구성하고 있는 각 부분을 구체적으로 설명하기 위함이었다. 각자 개발한 자료의 특성에 맞게 설명서 양식을 정하고 효과적이면서 구체적으로 설명하기 위해 어떻게 해야 할지 고민하는 과정이 반드시 필요하다.

V. 자료 활용의 실제

자료 활용의 실제는 제작한 주자료와 보조자료를 어떻게 활용하였는지를 구체적으로 보여주는 부분이다. 설명서에서 두 번째로 많은 양을 차지하는 부분이며, 실제로 수업에서 자료를 활용한 모습을 보여주는 것이 중요하다.[78]

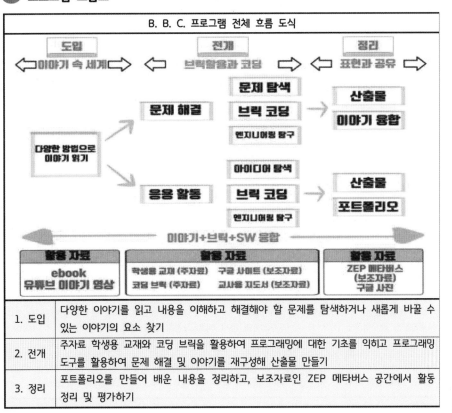

V 자료 활용의 실제

1 프로그램 흐름도

구분	내용
1. 도입	다양한 이야기를 읽고 내용을 이해하고 해결해야 할 문제를 탐색하거나 새롭게 바꿀 수 있는 이야기의 요소 찾기
2. 전개	주자료 학생용 교재와 코딩 브릭을 활용하여 프로그래밍에 대한 기초를 익히고 프로그래밍 도구를 활용하여 문제 해결 및 이야기를 재구성해 산출물 만들기
3. 정리	포트폴리오를 만들어 배운 내용을 정리하고, 보조자료인 ZEP 메타버스 공간에서 활동 정리 및 평가하기

❷ 교육과정 재구성 예시

교과	국어, 실과, 미술, 창의적체험활동	대상	3~6학년	차시	18차시

성취 목표	이야기를 읽고 문제를 찾아 해결하거나 새로운 이야기를 다양하게 표현할 수 있다.	세계 시민 역량	🔒 자기 관리 역량 　　💡 창의적 사고 역량 　　🗣 의사소통 역량	💻 지식정보처리 역량 　　🎨 심미적 감성 역량 　　🌐 공동체 역량 　　🕹 디지털 시민성

준비물	교사	교사용 지도서
	학생	학생용 교재, 코딩 브릭, 스마트기기

차시	교과	학습 내용 계획 및 관련 역량	< 관련 사진 >
1-2 차시	국어	○ 이야기의 표지와 제목을 보고 이야기의 내용 상상하기 🔒💡 ○ 다양한 방법으로 이야기 읽기 🎨🗣 ○ 이야기의 내용 이해하고 정리하기 💻	
3-4 차시		○ 이야기에서 해결해야 할 문제 탐색하기 🔒💡 ○ 이야기의 요소를 바꿔 새롭게 표현할 수 있도록 아이디어 탐색하기 🎨🗣	
5-6 차시	미술	○ 이야기에서 인상 깊은 장면을 떠올리고 브릭으로 표현하기 🎨💡 ○ 해결해야 할 문제 또는 문제 해결 방법을 브릭 연극으로 표현하기 🎨🔒🗣	
7~8 차시	자율 활동	○ 코딩 브릭 살펴보기 🔒 ○ 코딩 브릭을 하는 방법을 익히고 이야기 장면과 연결 짓기 💻💡	
9-10 차시		○ 순차, 선택, 반복 구조에 대해 이해하기 💡💻 ○ 순차, 선택, 반복 구조를 활용하여 브릭 코딩하기 💻🗣	
11~14 차시	실과	○ 순차, 선택, 반복 구조를 활용하여 문제해결 프로그래밍하기 💻 ○ 순차, 선택, 반복 구조를 활용하여 이야기 재구성 프로그래밍하기 💡🎨	
15~16 차시		○ 피지컬 교구 (햄스터봇, 마이크로비트, 스파이크프라임 등)를 활용하여 문제 해결 또는 이야기 표현하기 💻💡🗣 ○ 엔트리 인공지능 블록을 활용하여 인공지능을 활용한 문제 해결 또는 이야기 재구성하기 🔒💻💡🗣	
17~18 차시	진로 활동	○ SW, 인공지능 분야 다양한 직업 알아보기 🔒🗣🌐 ○ 미래에 새롭게 나타날 직업, 유망한 직업 조사하여 발표하기 💻🗣🌐	

◎ 국어, 미술, 실과, 창의적체험활동을 연계하여 독서 교육과 소프트웨어, 인공지능 교육을 융합할 수 있도록 교육과정을 재구성하였다. B. B. C. 프로그램의 문제 해결 과정과 응용 활동 과정을 연결할 수 있도록 학생용 교재 내용의 구성과 흐름이 자연스럽게 들어갈 수 있도록 하였다. 국어, 실과 교과가 중심이 되지만 미술 교과와 연계하여 상상하고 꾸미기 활동을 하도록 하였으며, 진로 활동으로 확장하여 SW와 인공지능에 대해 조금 더 관심을 가지고 미래의 다양한 진로를 탐색해볼 수 있도록 하였다. 브릭 코딩은 자율 활동으로 하여 실과 수업 전 학생들이 미리 코딩에 대해 학습하고 이해할 수 있도록 구성하였다.

③ 교수학습 과정안 예시

학습주제	이야기 속 문제 해결 방법을 브릭 코딩으로 표현하기
학습 목표	문제 해결 방법을 브릭 코딩으로 표현하고 브릭 연극으로 나타낼 수 있다.
자료 및 준비물	코딩 브릭, 브릭 코딩 스티커, 브릭 벌크

단계	학습요소	교수 학습 활동	자료(□) 및 유의점(※)
도입	전시학습 상기 및 동기 유발 전체 학습 문제 안내 전체	■ 전시학습 상기 ▸ 지난 시간에 배운 이야기 속 문제 발표하기 ■ 동기 유발 ▸ 엔트리로 만든 다양한 프로그램 살펴보기 ▸ 어떤 방법으로 코딩을 했는지 이야기하기 작품 공유하기 ■ 학습 문제 및 활동 안내 **문제 해결 방법을 브릭 코딩으로 표현하고 브릭 연극으로 발표하기** [활동 1] 문제해결 방법 탐색하기 [활동 2] 브릭 코딩 익히기 [활동 3] 브릭 코딩하기	□ 엔트리 사이트 https://playentry.org/project/list/popular?sort=ranked&term=all ※ 엔트리에 공유된 다양한 프로그램을 실행해보면서 블록 코딩을 어떻게 할 수 있을지 생각해보고 브릭 코딩으로 기초적인 프로그래밍을 연습함을 안내한다.
전개	방법 탐색 및 표현 모둠 또는 개인	**[활동 1] 문제해결 방법 탐색하기** ■ 문제 해결 방법 ▸ 지난 시간에 찾은 이야기 속 문제 정리하기 - 이야기 속에서 해결해야 할 문제가 무엇이 있을지 생각하기 ▸ 문제 해결 방법 표현하기 - 제시된 문제를 해결하기 위해 어떻게 할 수 있을지 정리하기 - 문제 해결 방법을 브릭으로 표현하고 나타내기 ■ 문제 해결 방법 공유하기 ▸ 모둠 또는 개인이 만든 브릭 발표하기 - 문제 해결을 위해 어떻게 할 수 있을지 브릭으로 표현한 장면을 발표하고 공유하기 ■ 문제 해결 방법을 코딩으로 나타내기 ▸ 발표한 내용을 코딩으로 나타내기 - 문제 해결 방법으로 코딩으로 나타내기 위해 어떻게 할 수 있을지 생각하기 - 코딩으로 나타낼 때 필요한 블록이 무엇이 있을지, 어떻게 조립할 수 있을지 정리하기	□ 학생용 교재, 코딩 브릭 ※ 문제해결 방법을 탐색할 때 브릭으로 표현할 수 있을지, 이후에 코딩으로 나타낼 수 있을 정도일지 생각하면서 방법을 탐색한다. ※ 문제 해결 방법을 코딩으로 나타내고자 할 때 필요한 블록이 무엇이 있을지, 어떻게 조립할 수 있을지 먼저 정리할 수 있도록 하고, 학생들이 생각한 내용을 표현하기 너무 어려울 경우 코딩을 할 수 있는 부분을 찾아서 정리하도록 지도한다.

④ 평가 방법 예시

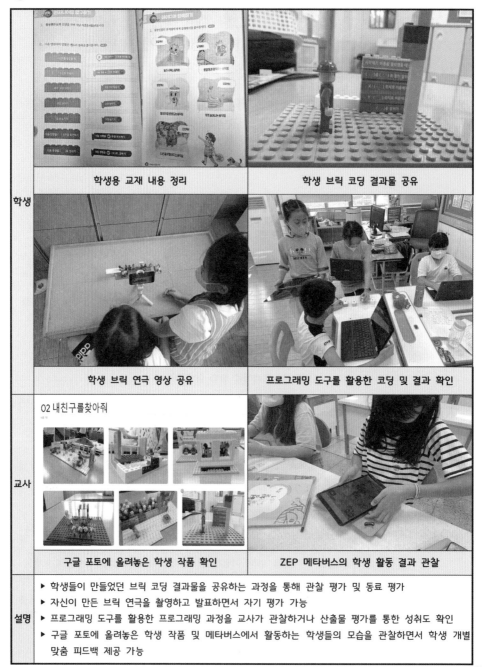

학생	학생용 교재 내용 정리 / 학생 브릭 코딩 결과물 공유 / 학생 브릭 연극 영상 공유 / 프로그래밍 도구를 활용한 코딩 및 결과 확인
교사	02 내친구를찾아줘 / 구글 포토에 올려놓은 학생 작품 확인 / ZEP 메타버스의 학생 활동 결과 관찰
설명	▶ 학생들이 만들었던 브릭 코딩 결과물을 공유하는 과정을 통해 관찰 평가 및 동료 평가 ▶ 자신이 만든 브릭 연극을 촬영하고 발표하면서 자기 평가 가능 ▶ 프로그래밍 도구를 활용한 프로그래밍 과정을 교사가 관찰하거나 산출물 평가를 통한 성취도 확인 ▶ 구글 포토에 올려놓은 학생 작품 및 메타버스에서 활동하는 학생들의 모습을 관찰하면서 학생 개별 맞춤 피드백 제공 가능

1) 주자료

가. S-PAY 활용 사례

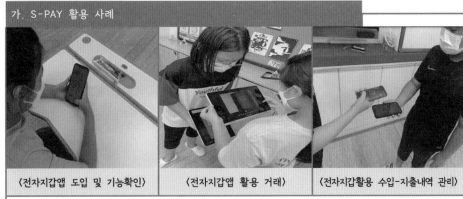

〈전자지갑앱 도입 및 기능확인〉 〈전자지갑앱 활용 거래〉 〈전자지갑활용 수입-지출내역 관리〉

☆ **전자지갑앱 도입 및 기능확인**을 통해 **전자지갑앱을 활용**하여 학생들이 학급경제활동을 진행할 수 있도록 한다. 기존의 학급화폐로 제작한 실물화폐를 전자지갑앱을 통해 본인의 계좌로 입금한다.

☆ **전자지갑앱 활용 거래**를 통해 학급경제활동을 진행한다. 친구에게 송금을 받을 땐 금액과 내용을 입력해 QR코드를 만들고, 송금할 친구가 이를 스캔하면 각자의 계좌에서 거래가 이뤄지는 형식이다.

☆ **전자지갑 활용 수입-지출내역 관리 기능**을 통해 학급경제활동의 내역을 손쉽게 확인할 수 있다. 앱을 통해서 경제활동을 진행하면 학생의 사용기록을 관리하는 수고를 덜 수 있어 활발한 경제활동이 이뤄질 수 있다.

나. 보드게임 -1 활용 사례

〈개념 이해 및 규칙 파악〉 〈보드게임 활동 진행〉 〈전자지갑앱 활용 게임활동 운영〉

☆ **개념 이해 및 규칙 파악**을 통해 보드게임에 적용된 주식의 개념과 투자의 개념을 익히고, 게임 규칙을 파악한다.

☆ **보드게임 활동을 진행**하며 순서에 맞게 말을 이동하고, 해당하는 곳에서 주식을 구입한다. 산업의 구분에 따라 24개의 산업으로 구성되어 있으며 각 산업은 5개의 주식으로 이뤄져있어, 통행료를 주주가 나눠갖고 투자하는 규칙으로 게임이 운영된다.

☆ **전자지갑앱을 활용하여 게임활동 운영**하여 통행료를 지불하고 수입을 얻는다. 다른 보드게임에 비해 주식을 나눠구입하는 개념이 있어 계산의 과정이 복잡할 수 있으나 전자지갑앱과 미리 QR코드로 제작한 통행요금표를 활용해 빠른 게임 진행이 가능했다

1 프로그램 흐름도

우선은 수업의 흐름을 도식화하여 한눈에 볼 수 있게 하자. 이렇게 도식화하면 자료를 처음 접하는 입장에서도 어떤 활동을 할 때 어떤 자료를 활용해야 하는지 쉽게 이해할 수 있다.

2 교육과정 재구성 예시

제작한 교육자료를 활용하기 위해서는 교육과정을 재구성해야 한다. 학급 교육과정을 처음 계획할 때부터 제작한 자료를 활용하기 위한 목적으로 재구성을 했다면 상관없지만 그렇지 않은 경우 기존 교육과정 내용을 연계하여 재구성하는 과정이 필요하다. 예시는 2023년 경기도 교육자료전에 출품한 교육자료를 활용하여 교육과정을 재구성한 것이다. '이야기를 활용한 문제 해결'이라는 주제로 국어, 미술, 실과, 자율, 진로 등과 연계하였고, 교과의 특성에 따라 각 차시별 활동 내용을 구성하였다. 실과 교과를 예시로 들었기 때문에 '3~4학년은 사용하기 어렵지 않을까?'라는 생각을 할 수 있지만 서론의 교육과정 연계 파트를 보면 창의적체험활동까지 연계됨을 알 수 있다. 이처럼 실제 사용 가능성을 제시하면서, 교육자료의 일반화 가능성을 넓히고 지향점을 세울 수 있을 것이다.

3 교수학습과정안 예시

부록 분량 제한이 없던 시기에는 교수학습과정안을 최대한 길게 쓰는 것에 주력하곤 했다. 그러나 현재는 30쪽 이내라는 분량 제한이 생겼으므로, 모든 교수학습과정안을 작성하여 넣는 것은 불가능해졌다. 교육자료를 활용하여 1~2차시 분량의 교수학습과정안을 약 2쪽 내외로 작성하여 예시로 넣는 것이 좋다. 그렇다면 자료 활용이 가장 도드라지는 차시를 파악하여 넣는 것이 중요하지 않을까? 수업 흐름 중 내 교육자료의 필요성이 잘 드러나는 부분을 파악하여 교수학습과정안 예시로 제시하는 것이 곧 경쟁력을 확보하는 길이다.

4 평가 방법 예시

설명서에는 교육 활동의 실제 방안으로서 평가를 제시해야 한다. 교육과정, 수업, 평가 일체화의 의미에서 교육과정을 재구성하고 교수학습과정안으로 수업을 설계했다면 마지막으로 학생 평가가 필요하다. 이때 교육자료를 활용하여 교육과정, 수업, 평가가 연계될 수 있도록 한다는 점을 강조할 필요가 있다. 대부분의 교사가 수업 시간에 자료 활용에만 신경 쓰려고 하지만, 이 글을 읽은 독자들은 필자의 예시처럼 산출물 평가, 관찰 평가 등 다양한 평가가 이루어질 수 있음을 반드시 추가하여 설명서를 구성해보자.

5 자료의 활용

또, 제작한 주자료와 보조자료를 활용한 실제 수업 모습과 학생들의 활용 과정을 신도록 하자. 자료 제작을 넘어 실제 활용을 중점으로 교육자료를 설명하는 것이다. 학생들이 직접 자료를 활용하고 있는 모습을 사진 찍어 활동 내용과 함께 제시하는 것이 좋다.

VI. 자료 활용의 평가 및 효과

결론부에는 자료를 직접 활용했을 때 어떤 효과가 있었는지 분석하고 결과를 정리한다. 사전 실태 조사와 연계하여 결과를 분석하고 많은 교사가 해당 자료를 현장에서 어떻게 활용해야 할지, 일반화 방안을 서술하여 약 4쪽 분량으로 구성한다. [9]

Ⅵ 자료 활용의 평가 및 효과

❶ 자료 검증 및 결과 분석

가. 개요

대상	내용	방법	일시
경기도 파주시, 연천군 소재 초등학교 5~6학년 64명	▸ 사전 검사와 내용 동일	구글 설문	2023년 6월
경기도 파주시, 연천군 소재 초등학교 담임교사 33명	▸ 자료 활용 만족도 ▸ B. B. C 프로그램 효과		

나. 검증 방법

본 연구는 5~6학년 초등학생을 대상으로 B.B.C 프로그램을 적용한 후 사전 검사와 달라진 점을 확인하고자 하였다. 소프트웨어나 인공지능에 대한 이해도, 활용도, 흥미나 관심 등의 변화를 관찰하고자 하였고, 소프트웨어 및 인공지능에 대한 앞으로의 기대나 교육의 필요성, 중요성 등을 알아보고자 하였다.

학생뿐만 아니라 교사 설문을 통하여 자료가 실제로 얼마나 활용할 수 있을지, B.B.C 프로그램을 운영하는 데 있어서 교사나 학생들에게 긍정적인 효과가 있을지 알아보았다.

다. 학생 검증 결과 및 분석

가. 소프트웨어 교육과 프로그래밍 경험 변화

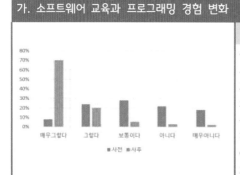

분석 결과
✔ B.B.C 프로그램의 활동이 독서 활동과 SW 교육이 융합된 활동이기 때문에 소프트웨어 교육과 코딩 경험에 대한 응답 비율이 '매우 그렇다'와 '그렇다' 비율이 많은 것을 확인할 수 있었다. 독서 활동 후 단순히 생각이나 느낌을 글로 쓰는 것으로 끝나는 것이 아니라 코딩 경험을 통해 이야기 속 문제를 해결하거나 재구성했던 경험을 제공했다는 것에 의미를 둘 수 있었다.

2 자료의 교육적 효과 및 결론

가. 학생 측면

조작 활동 및 체험 중심의 교육

학생들은 독서 후에 글을 쓰는 활동보다 만들기나 연극과 같이 활동적이 움직임이 있는 활동을 선호하였다. 본 프로그램에서 브릭을 활용하여 직접 조립하고 발표하는 활동(조작 및 체험 중심)을 독후 활동과 연계하여 학생들의 흥미를 높이고 활동의 집중력을 높일 수 있었다.

다양한 독후 활동의 경험 제공

책을 읽고 끝나는 것이 아니라 책을 통해 다양한 생각을 표현하거나 생각과 느낌을 공유하는 것이 중요하다. 이를 위해 독서감상문, 독서 토론, 역할 놀이 등 다양한 활동을 할 수 있지만 B.B.C 프로그램에서 브릭을 활용한 표현 활동, 브릭 연극 활동 등 더 풍성한 독후 활동의 경험을 제공할 수 있었다.

SW·AI 교육의 중요성

SW와 AI 교육에 대한 흥미와 중요성, 필요성 등을 학생들이 많이 느끼고 있음을 알 수 있었다. 본 프로그램에서는 문제를 해결하거나 이야기를 재구성할 때 코딩을 하거나 인공지능 블록을 활용하는 등 SW와 AI 교육의 경험을 더 많이 제공하고자 하였으며, 햄스터봇, 마이크로비트, 스파이크프라임과 같은 피지컬 교구도 함께 활용하여 학생들이 SW와 AI 교육이 중요함을 느끼게 할 수 있었다.

교과 연계 및 융합 교육의 필요

독서 활동은 국어 교과 또는 창의적체험활동으로 학교 현장에서 다양하게 활용할 수 있지만 브릭을 활용하거나 SW와 AI를 활용하는 경우는 많지 않았다. 특히 정해진 시수에 B.B.C 프로그램을 활동하는 것이 불가능하므로 다양한 교과와 연계하여 융합한 교육으로 교육과정을 재구성하여 학생들이 B.B.C 프로그램의 다양한 활동을 경험할 수 있었다.

나. 교사 측면

교육과정 재구성 자료

교육과정의 재구성은 오늘날 대부분 교사들에게 필수 과제가 되었다. 특색있는 학급을 위해 교육과정 재구성을 하여 학급을 운영하는 교사들이 많아지고 있으며, B.B.C 프로그램은 독서, 조작 및 체험, SW와 AI를 중심으로 교육과정 재구성을 하고자 하는 교사들에게 도움을 줄 수 있는 자료로 활용할 수 있다.

B.B.C 프로그램을 활용한 융합 교육의 실천

단일 교과의 내용으로 수업하는 것이 아니라 제한된 시간 안에 학생들에게 다양한 경험을 제공하기 위해 융합 교육을 실천하기 위한 자료로 활용할 수 있다. 로봇을 활용한 과학 교과, 브릭을 활용한 미술 교과, SW와 AI를 활용한 실과 교과 등 다양한 교과를 융합하여 학생들에게 더 효과적인 교육을 실천할 수 있다.

SW·AI 교육 자료 제공

실과 교과서에는 SW와 관련한 17차시 분량의 짧은 내용으로 구성되어 있다. 하지만 2022개정 교육과정도 인공지능 및 디지털 소양 함양과 같은 내용이 추가된 점을 고려하여 교과서의 내용만으로는 부족할 수 있는 SW와 AI 관련 내용을 더 많이 다룸으로써 교사들에게 교육 자료를 제공할 수 있는 기능을 할 수 있다.

③ 일반화 방안

본 자료는 초등학교 5~6학년 학생들을 대상으로 <u>브릭을 활용한 조작 활동과 SW 및 AI를 활용한 프로그래밍</u> <u>활동, 메이킹 활동을 연계한 체험 중심의 교육자료</u>로 학교 현장에서 다음과 같이 일반화가 가능하다.

첫째, <u>학생용 교재를 교사들이 필요한 부분만 출력해서 활용할 수 있으며, 교사용 지도서를 함께 활용하여 교</u> <u>사가 활동에 대해 조금 더 쉽게 이해하고 교육 활동에 더 필요한 내용을 추가적으로 설명하는 데 활용할 수 있</u> 다. 또, 브릭만 있으면 스티커 형태의 블록을 브릭에 붙여서 활동할 수 있으며, 이 아이디어를 활용하여 SW 교육 을 할 때 활동을 변형하여 활용할 수도 있다. 교과서에 제시된 엔트리를 중심으로 활동이 구성되어 있어 학생들 도 쉽게 활동에 참여할 수 있고, 블록 기반의 프로그래밍 언어이기 때문에 다양한 프로그램을 개발할 수도 있다.

둘째, <u>구글 사이트도구를 활용하여 B.B.C 프로그램에 대한 전반적인 내용이나 저작권없이 무료로 이용할 수</u> <u>있는 이야기 책 유튜브 링크를 연결할 수 있도록 하여 접근성을 쉽게</u> 만들었다. Q&A를 통해 활동에 대한 질문 을 받고 답해주면서 프로그램을 원활히 교육과정 안에서 운영할 수 있도록 지원할 수 있다.

셋째, <u>ZEP 메타버스를 활용하여 정리 활동에 활용할 수 있도록 하였으며, 공개되어 있어 누구나 복사해서 활</u> <u>용할 수 있도록 하였다.</u> 또, 비대면 수업에서 적절히 활용할 수 있으며 블렌디드 형태의 수업을 할 때도 효과적 으로 활용할 수 있다.

넷째, 창의적 체험활동에만 한정된 활동이 아니라 <u>국어, 실과, 미술 등 다양한 교과와 연계하여 활용</u>할 수 있 다. 교육과정을 재구성하여 '독서'를 주제로 주제통합 교육과정을 운영할 때에도 더 효과적으로 활용할 수 있다. 또, 학생들의 조작활동이나 발표를 관찰하거나 프로그래밍 결과를 확인하면서 교수-학습-평가의 일체화를 이룰 수 있다.

다섯째, <u>학생용 교재 및 보조자료의 선택적 활용</u>이다. B.B.C 프로그램 운영을 위해 다양한 자료를 개발하고 제공하였지만 이 자료들을 모두 활용하는 것은 한계가 있을 수 있다. 하지만 학급별 특색 및 학년 수준에 맞게 필요한 자료만 선택적으로 활용할 수 있으며, 엔트리 또는 햄스터봇, 스파이크프라임 등 학생들에게 교육하고자 하는 내용에 맞는 교재 및 보조 자료를 선택해서 활용할 수 있다는 장점이 있다.

▌참고 문헌▐

교육부(2015b). 2015 개정 교육과정 총론.

교육부(2015c). 2015 개정 교육과정 각론.

권미경(2015). 초·중등학생 경제교육의 효과에 관한 연구.

전북교육자료전(2021). 코딩, 한 걸음 더

이지영, 김정아(2020). 판으로 열고 펼치고 즐기며 동화 속 코딩인형 삐리삐리와 함께하는 언플러그드 놀이

김한솔(2020). 놀이로 깨닫고 코딩으로 꽃피우는 컴퓨팅 사고력 신장

백은영(2022). 스크래치주니어 활용 놀이에서 만 6세 아동의 프로그래밍 과정

임현주(2022). 유아코딩교육 실제와 미래에 대한 고찰: 레고 놀이를 중심으로

박광렬(2021). 피지컬 컴퓨팅 및 3D 프린팅을 활용한 메이커 융합교육 프로그램 개발에 대한 연구

1 자료 검증 및 결과 분석

교육자료 설명서의 마무리로 자료를 활용했을 때 학생 및 교사들에게 어떤 변화가 있었는지를 사전 실태 분석 내용과 비교하여 정리할 수 있다. 이때 그래프를 이용, 데이터를 시각화하여 나타내면 설명서를 읽는 입장에서 학생들의 변화를 한눈에 확인할 수 있고, 교육자료 활용의 긍정 측면을 한층 더 생각하도록 유도할 수 있다.

2 자료의 교육적 효과 및 결론

앞에서 분석한 내용을 바탕으로 자료의 교육적 효과 및 결론을 서술한다. 이때 학생과 교사를 구분하여 학생 입장에서는 어떤 효과가 있었고, 교사 입장에서 어떤 효과가 있었는지를 각각 작성하는 것이 좋다. 따로 그래프나 데이터가 등장하지 않고 분석을 바탕으로 정리만 하면 되므로 1쪽 정도의 분량으로 작성하도록 하자.

3 일반화 방안

결론부에는 교육자료가 적용된 수업 효과뿐만 아니라 일반화 방안도 포함되어야 한다. 교육자료전의 목적 자체가 교육 활동을 위한 자료를 개발, 보급하는 것이기 때문에 일반화 가능성에 중점을 둘 필요가 있다. 많은 교사가 자료를 활용할 수 있도록 어떻게 도움을 주고자 하였는지 등을 서술하는 것이 중요하다. 자료의 수정 및 배포가 편리하도록 한 점이 있다면 이 부분을 부각시킬 필요가 있으며, 나중에 발표를 할 때도 심사위원들에게 이 부분을 강조하면 더 좋을 것이다.

4 참고문헌

마지막으로 분량이 부족하더라도 연구 윤리와 저작권을 지키기 위해 참고한 다양한 연구 자료의 출처를 꼭 표기하자.

| 교육자료 요약서 작성

　교육자료 요약서는 설명서를 요약한 것이다. 효율을 기하기 위해서 설명서를 모두 완성한 후 요약서를 작성하는 것이 좋다. 대회요강에 포함된 기본 양식에 맞게 1쪽으로 완성하면 된다. 설명서처럼 문장을 길게 작성하지 말아야 하며, 정말 간단하게 핵심만 전달할 수 있도록 요약서를 작성하자. 괜히 요약서를 먼저 만들면 설명서를 수정할 때마다 요약서까지 두 번 수정해야 한다. 설명서에 이미 작성한 내용 중 핵심만 가져와서 A4 1쪽 양식에 채우는 것이므로 큰 부담을 느낄 필요가 없다.

교육자료 요약서
[SW·AI 교육을 위한 B. B. C (Book, Brick, Coding) 프로그램]

1. 제작 목적
　가. 문제 상황 해결을 위해 공학적 사고 및 설계를 할 수 있는 자료 개발
　나. 이야기와 코딩을 접목한 융합 교육을 통한 인문학적 소양 및 창의력, 공학적 사고력 강화
　다. 학년이나 학교 상황에 구애받지 않고 손쉽게 활용할 수 있는 프로그램 보급

2. 대상 학년 및 교과
　가. 대상 학년 : 초등학교 전학년
　나. 적용 교과 : 창의적 체험활동 및 관련 교과

3. 자료의 구성 내용

구 분	주 자 료		보 조 자 료		
	학생용 교재	코딩 브릭	교사용 지도서	구글 사이트	메타버스 맵
자 료 명					
수 량	총 2종		총 3종		

4. 자료의 사용 방법 및 교육적 효과

자료의 사용 방법	교육적 효과
▶ 학생용 교재와 코딩 브릭을 활용하여 코딩 기초 및 피지컬 컴퓨팅, 인공지능 학습 ▶ 교사용 안내 자료를 통해 이야기 줄거리 및 프로그램 예시 답안 등 수업 준비 활용 ▶ 구글 사이트에 프로그램 전체적인 안내 및 이야기 및 메타버스 맵, 피드백 창구 탑재 ▶ 메타버스 맵을 통해 스스로 학습한 내용 정리	▶ 이야기와 코딩이 융합된 프로그램 적용을 통한 인문학적 소양 및 창의적 문제해결력 향상 ▶ 브릭 코딩 적용으로 학생들의 능동적 참여 유도 및 발달 단계에 맞는 절차적 사고 함양 ▶ 에듀테크를 활용한 블렌디드 러닝 수업을 통해 컴퓨터 및 디지털 기기 활용 능력 신장 ▶ 교과 연계 및 융합 교육을 통해 다양한 분야의 지식과 관점을 융합하는 경험 제공

| 교육자료 전시 및 발표

다른 연구대회의 경우 연구 보고서를 제출하는 것으로 끝나지만 교육자료전은 더 중요한 일이 남아 있다. 교육자료를 직접 전시하고 심사위원 앞에서 발표하는 과정이다. 필자는 실제로 교육자료를 두 차례 전시해본 경험을 바탕으로, 어떻게 준비를 하면 좋을지 나름의 방법을 고민하였다. 다른 출품 자료들이 어떻게 전시되었는지 비교하면서 떠오른 바도 있고, 이전 전시를 돌아보고 잘못한 부분은 추후 이렇게 하면 좋겠다고 생각한 부분도 있어서, 이러한 점들을 이야기해보려고 한다.

작품 전시대 꾸미기

이전에 작품 전시대는 규격화되어 있으며, 한정된 공간을 슬기롭게 활용해야 한다고 언급한 바 있다. 필자가 직접 경험을 통해 얻은 작품 전시대 꾸미기 노하우를 여기 공유한다.

첫째, 상자를 활용하자. 크기가 같은 상자(예: 우체국 4호 상자)를 활용하여 다른 높이로 단을 여러 개 쌓아 올리면 더 많은 교육자료를 전시할 수 있다. 전시대 위에 상자를 올릴 수도 있고, 바닥에 상자를 쌓아 바닥면까지 전시대처럼 활용할 수 있기 때문이다. 또 전시대의 높이를 달리한 상태로 자료를 전시하면 자료를 더 잘 보이게 할 수 있으며, 뒤에 배치한 자료가 가려지는 일도 예방할 수 있다.

둘째, 천으로 전시대 위를 깔끔하게 정리하자. 작품 전시대는 보통 오랫동안 계속 반복해서 사용해왔기 때문에 많이 지저분한 상태이며, 그 위에 그대로 교육자료를 전시하면 깔끔해 보이지 않는다. 이러한 문제를 해결하기 위해 흰색 천이나 종이, 검은색 천으로 감싸서 전시대의 더러운 부분을 가려야 한다. 저자의 경우 2021년도에는 하얀색 전지를 여러 장 테이프로 붙여서 감싸서 정리하였으며 2023년에는 검은색 천을 활용하였다. 구할수만 있다면 여러 장의 종이를 테이프로 붙이는 것보다 크기가 큰 천을 사용하여 최대한 이음새가 없게끔 사용하는 것을 추천한다.

셋째, 자료를 효과적으로 배치할 수 있는 다양한 도구를 활용하자. A4용지를 한 장씩 넣어서 전시할 수 있는 회전 스탠드가 있다. 인터넷에 'A4 회전 스탠드'로 검색하면 찾을 수 있으며 A4로 제작한 자료(워크북이나 지도서 등)가 있다면 여기에 넣어서 효과적으로 전시할 수 있다. 또, 태블릿 PC를 활용하여 전시해야 하는 경우 태블릿 PC 높이 조절이 가능한 거치대를 활용하면 일렬로 배치하더라도 뒤에 있는 태블릿 PC 화면까지 심사위원에게 잘 보일 수 있게 전시할 수 있다.

그림 6-8 **도구를 활용하여 효과적으로 교육자료 전시하기**

넷째, 멀티탭을 준비하자. 교육자료 전시는 심사 전날에 이루어지기 때문에 태블릿 PC나 크롬북, 노트북, 모니터 등 다양한 기기를 활용하는 경우에는 완전히 충전을 한 상태라도 하루라는 시간이 지나면 어떻게 될지 모르는 상황이 생길 수 있다. 멀티탭을 활용하여 충전이 지속적으로 이루어질 수 있도록 한다.

다섯째, 인터넷이 필요한 자료의 경우 휴대용 와이파이를 설치하자. 교총에서 인터넷 환경을 제공해주긴 하지만 잘 안 되는 경우가 많으며, 특히 인터넷을 사용하는 자료가 많을 경우 제작한 자료를 제대로 작동시키지 못할 수 있다. 차라리 휴대용 와이파이를 대여해서 사용하는 편이 마음 편할 것이다. 1~2일씩 대여해주는 곳도 있으며 가격이 저렴하기 때문에 인터넷을 반드시 사용해야 하는 경우라면 휴대용 와이파이를 적극 추천한다. (2021년 전국교육자료전에서는 안양 소재 경인교육대학교 체육관에서 전시를 개최하였는데, 이때는 개인별로 고정 IP가 설정된 공유기는 사용할 수 없었다. 고정 IP가 설정되지 않는 자동 할당 공유기는 사용 가능했으므로, 이러한 공지사항도 반드시 확인하자.)

여섯째, 주자료와 보조자료 이름표를 함께 전시하자. 주자료와 보조자료가 섞여 있으면 심사위원들이 자료들을 잘 모를 수 있기 때문에 이를 알려줄 이름표를 함께 전시하는 것이 좋다. '아크릴 쇼케이스'라고 검색하면 다양한 크기의 아크릴 케이스를 볼 수 있다. 필자의 경우 2021년에는 A6 크기의 아크릴 꽂이를, 2023년에는 가로 120mm×세로 70mm 크기의 아크릴 꽂이를 활용하여 전시하였다.

그림 6-9 **이름표를 만들 수 있는 아크릴 꽂이**

일곱째, 모니터를 사용하자. 모니터의 용도는 다양하다. 학생들의 활동 모습이나 제작한 자료 모습을 재생하거나 제작한 교육자료에 대한 소개를 자막 처리하여 반복 재생할 수 있다. 개인적인 생각이지만 모니터를 사용하게 되면 심사위원들이 한 번쯤 눈길을 돌리게 하는 것 같다. 또, 발표 시 자료 영상으로 삼아 심사위원들에게 영상을 먼저 보여준 후에 발표를 하는 형태로 활용할 수 있다. 단, 발표 영상의 길이가 너무 길지 않게 준비하자. 영상 때문에 실제 발표 시간이 줄어들 수 있다.

여덟째, 제작한 자료에 비해 전시대의 공간이나 크기가 작다고 느끼거나 더 많은 교육자료를 전시하기를 희망하는 경우 사전에 요청하면 별도의 공간을 마련해줄 수도 있다고 한다. 필자가 직접 넓은 공간을 배정받아본 적은 없으나 2021년과 2023년에 직접 교육자료전에 출품하러 갔을 때 다른 출품작들이 확실히 넓은 공간을 허락받고 더 많은 자료를 전시한 것을 볼 수 있었다. 더 넓고 큰 만큼 더 많은 자료와 준비 시간도 많이 필요하겠지만 이러한 어려움을 감당하고 제작한 자료를 최대한 많이 전시하고 싶다면 이렇게 별도의 공간을 제공받는 것도 좋은 방법이다.

그림 6-10 **2021년 전국교육자료전 작품 전시 모습**

게시 용지 제작 및 발표하기

게시 용지도 정해진 규격이 있지만 게시 용지 자리의 양쪽 옆 공간까지 활용하는 다양한 방법이 있다. 일례로 〈그림 6-11〉의 게시 용지는 규격대로 가로 78.8cm×세로 109.1cm 크기로 제작하였지만, 포맥스 판에 주자료 제작 과정과 보조 자료 제작 과정, 활동 모습과 활동 결과를 출력하여 함께 전시하였다. 게시 용지 및 양 옆의 게시글은 미리캔버스 웹사이트(miricanvas.com)를 활용하여 직접 디자인하였으며, 인쇄만 인쇄 업체를 통해 요청하였다. 미리캔버스에서 제작 시 처음부터 크기를 설정하고 제작하면 나중에 출력할 때 크기가 바뀌거나 그림이 깨지는 등의 문제를 예방할 수 있다.

게시 용지의 양 옆 공간까지 활용하는 것은 좋으나 너무 크게 출력한다면 옆의 다른 전시대에 방해가 될 수 있기 때문에 이 점은 반드시 유의해서 크기를 정해야 한다. 또, 제목도 따로 제작해서 따로 출력할 수도 있고, 게시 용지와 함께 디자인해서 제작 후에 출력하여 게시할 수 있다. 게시 용지가 주자료와 보조자료에 대한 설명으로 가득 찼다면, 제목은 따로 제작하여 게시하는 것을 추천한다.

그림 6-11 2021년 전국교육자료전 게시 용지

그림 6-12 **2023년 경기도교육자료전 자료 전시 모습**

　게시 용지를 전시대에 붙이는 것이 아니라 전시대 아래쪽에도 붙일 수 있다. 아래쪽 빈 공간을 가리는 용도로 써도 되고, 주자료와 보조자료에 대한 추가 설명 게시용으로 활용해도 된다. 전시대의 가로 길이인 1200mm에 맞춰서 게시 용지를 제작하면 되며, 전시대의 아래쪽 공간을 전시 공간으로 활용하지 않는다면 게시 용지를 추가로 붙여서 심사위원들이 볼 수 있도록 공간을 다각도로 활용하자.

　작품 전시가 끝난 다음 날에는 심사위원이 돌아다니면서 작품을 보고, 발표자의 발표를 들으며 제작한 교육자료에 대해 심사를 한다. 발표 시간은 2021년 전국교육자료전 기준으로 7분, 2023년 경기도교육자료전 기준으로 5분이었는데, 정말 짧은 시간이기 때문에 주자료와 보조자료의 특징이나 활용 방법 등에 대해 중요한 내용만 정리하고 발표해야 한다. 실제로 심사위원들을 따라다니는 사람이 있어 시간을 측정해 남은 발표 시간을 알려주고, 제한 시간 경과 시 발표를 끝내도록 안내한다. 한정된 시간 내에 제작한 자료에 대한 중요한 내용을 얼마나 잘 전달하느냐가 관건이 될 것이다. 발표 시 주자료를 심사위원들에게 직접 나누어주고 가까이에서 볼 수 있도록 하거나, 앱이나 프로그램이라면 직접 실행해보도록 유도해도 좋다.

발표를 마치면 주어지는 질의 응답 시간은 약 5분 정도로 심사위원에 따라 조금 더 길어질 수도, 짧아질 수도 있다. 심사위원이 발표자의 발표를 듣고 교육자료에 대해 더 궁금한 점이나 이해가 안 된 부분에 대해 질문하면, 발표자가 대답하는 형태로 심사가 진행된다.

마지막으로 발표 장소에 관한 정보를 공유하자면, 교육자료전에 참가한 모든 교사가 전시대 앞에 서서 대기하는 것이 아니다. 전시 공간이 아닌 별도의 공간에서 대기하다가 진행 요원이 호출하면 그때 입장할 수 있다. 이전 차례의 사람이 발표하고 있는 동안 태블릿 PC나 노트북, 모니터 전원을 켜는 등의 준비를 하면서 마지막으로 발표할 내용을 떠올려 볼 수 있다.

교육자료 요약서나 설명서도 물론 중요하겠지만 교육자료전에서는 **자료 전시-설명-발표**하는 과정이 매우 큰 비중을 차지한다. 작성된 글로는 이해하기 어려운 자료에 대한 설명을 직접 눈으로 보고 발표로 듣게 된다면, 교육자료 설명서보다 더 큰 효과가 있으리라고 생각한다.

교육자료전 노하우

미리 시작하자!

누차 이야기했지만 교육자료전은 다른 연구대회보다 준비해야 할 것이 많다. 계획서 작성, 수업 적용, 보고서 작성으로 끝나는 것이 아니라 교육자료 제작, 전시, 발표까지 해야하기 때문에 막상 해보면 시간이 정말 촉박할 것이다.

먼저 공문의 추진 일정을 참고하여 교육자료전의 기본 절차를 미리 그려보자. 자료에 대한 아이디어와 제작을 먼저 떠올리고, 설명서를 작성하면서 수업에 활용까지 하는 멀티

플레이어가 되어야 한다. 필자도 2023년도 교육자료전에 출품할 자료를 2022년도 말에 미리 구상하고 제작하였으며, 2023년도에 수업에 활용한 뒤 교육자료 설명서를 작성하여 출품하였다. 혹시나 교육자료전을 준비하다가 시간이 부족하다고 느낀다면 차라리 그 해에는 자료를 개발하고 준비하는 데만 초점을 맞추고, 이듬해에 제작한 자료를 그대로 활용하여 나가는 방식도 추천한다. 시간적 여유를 가지고 많은 고민과 노력이 들어가야 질적으로 훌륭한 교육자료가 탄생할 수 있기 때문이다.

처음은 동료와 함께하자!

교육자료전의 경우, 혼자 하기보다 여러 명이 팀을 이루어 공동 연구를 하는 참가자가 많다. 다른 연구대회와 비교하여 준비해야 할 것이 많기 때문이며 필자도 2021년에는 세 명 팀을, 2023년에는 네 명 팀을 이루어서 함께 출품하였다. 팀을 이루어 출전을 하니 교육자료 개발을 위한 브레인스토밍부터 제작, 교육자료 설명서 작성과 전시, 발표 준비 등을 훨씬 수월하게 할 수 있었으며, 다양한 아이디어를 모아서 교육자료전을 준비할 수 있었다. 함께 고생하면서 보람도 느끼고 서로를 격려하고 응원했기에 끝까지 교육자료전을 잘 마무리하고 좋은 결과도 거둔 듯하다. 어느 공동체나 마찬가지겠지만 협력할 수 있는 사람, 함께 일했을 때 도움이 될 수 있는 사람들끼리 팀을 구성하면 그 효과는 엄청날 것이다.

물론 팀으로서 교육자료전에 출품할 때의 단점도 있다. 1부의 교육공무원 승진규정에 제시된 것처럼 만일 네 명이 함께 팀을 이루어 전국교육자료전에서 1등급에 입상했다면, 1.50점의 3할인 0.45점을 받게 된다. 어떻게 보면 시도연구대회의 3등급보다도 낮은 점수라고 생각할 수 있다. 높은 점수를 한 번에 혼자 받을지, 점수를 낮게 받더라도 여러 번 팀으로 나가서 점수를 받을지는 본인의 선택이겠지만, 처음 교육자료전을 준비한다면 마음이 맞는 교사들끼리 모여서 함께 준비하는 것을 추천한다.

입상 가능성이 큰 응모 분야를 선택하자!

앞서 예시로 든 교육자료 설명서나 교육자료들은 인성·창의적체험활동 분야인 경우가 많다. 교육자료전은 입상 비율이 정해져 있는데, 보통 각 응모 분야별 출품작에 따라 비율이 달라지며 출품작이 적을 경우에는 시도교육자료전에서 1등급이 없을 수 있다. 2022년 전국교육자료전을 기준으로 인성·창의적체험활동 분야에서 1~3등급을 받은 입상작은 15개이지만 미술과 도덕 분야는 3개였으며, 체육은 8개, 사회는 7개였다. 많이 출품하는 분야에서 등급을 받을 비율이나 확률이 높기 때문에, 대부분 인성·창의적체험활동 분야에 출품을 하게 된다. 필자 역시 2021년 교육자료전에 출품할 때 자료 주제는 경제였기 때문에 사회 분야로 출품할 수 있었지만, 입상 비율을 고려하여 인성·창의적체험활동 분야로 출품하였다.

물론 자료를 제작하는 교사의 전문적인 분야가 따로 있고, 정말 교육자료가 필요한 교과가 있다고 생각한다면 본인이 생각한 응모 분야를 선택하는 것이 맞지만 그렇지 않은 경우라면 이러한 입상 비율을 반드시 고려하여 어떤 분야로 출품할지 정하는 것이 중요할 것이다.

교과별 특성에 맞는 자료를 제작하자!

인공지능, 메타버스, AR·VR 등 사회 변화의 흐름에 맞는 다양한 기술을 활용한 교육자료를 많이 볼 수 있다. 이러한 시대의 흐름을 반영하는 키워드와 같은 기술을 반드시 써야 할 필요는 없다. 다만 중요한 것은 이러한 요소들이 응모 분야의 주제에 부합하느냐 여부다.

각 분야별 교육자료 심사위원들은 그 분야에 있어서 대단한 전문가들이다. 심사위원들은 각 교과의 특성을 잘 알고 있기 때문에 이 점을 생각하지 않고 무작정 최신 기술을 활용한다고 해서 높은 등급을 받을 수 있는 것은 아니다. 어떤 교과는 실물자료가 더 교육적 효과가 높을 수도 있으며, 어떤 교과는 디지털 자료의 효과가 더 높을 수 있다. 각 교과별 특성과 주제에 맞는 주자료와 보조자료를 고민하고 질적으로 우수한 자료를 제작하는 데 초점을 맞추자.

교육자료전 준비를 도와줄 수 있는 업체를 찾아보자!

만약 교육자료 제작을 업체에 맡기고자 한다면 다양한 업체를 비교하고 가장 합리적인 가격에 제작을 도와줄 업체를 선정해야 한다. 포털사이트에 직접 찾아봐도 좋겠지만 무작정 검색할 경우 내가 원하는 업체를 다 비교하기 어려울 수 있다. '크몽'이란 사이트(kmong.com)를 활용하면 디자인부터 모형 제작, 앱 개발 등 다양한 분야에서 내가 필요한 전문가에게 도움을 받아 자료를 제작할 수 있다. 반드시 크몽을 사용할 필요는 없지만 제작 업체에 대해 잘 모르거나 검색하는 데 오랜 시간이 걸린 것 같다면 활용해보자.

필요한 것이 단순한 출력이나 코팅 정도라면 가까운 문구점이나 인쇄 업체에 요청할 수 있으며, 필자는 교육자료 설명서를 인쇄할 때는 업체를 이용하였다. 학교에 무선 제본이 되는 기계가 있다고 하더라도 겉표지로 사용할 수 있는 종이나 무선 제본의 질 자체가 업체에 맡기는 것이 더 좋기 때문에, 경제적인 부분을 고려하더라도 교육자료 설명서만큼은 업체를 이용하자.

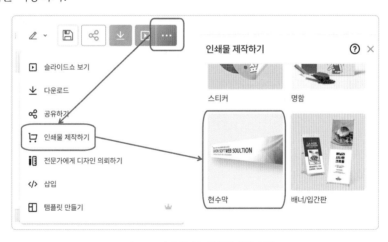

그림 6-13 **미리캔버스 현수막 제작 요청**

게시 용지도 업체를 통해 제작하면 좋다. 앞서 소개한 미리캔버스에서 직접 디자인을 한 후, 오른쪽 상단 메뉴에서 [인쇄물 제작하기]→[현수막]을 클릭하면 대형 현수막을 크기를 지정하여 제작하고 택배로 수령할 수 있다. 인쇄 업체를 방문하거나 파일을 따로 만들지 않고 웹페이지에서 출력까지 가능하여 매우 편리하다.

필자의 경우 2021년도에 게시 용지를 플로터로 출력했을 때보다 2023년도에 현수막을 만들어서 제목과 게시 용지를 한 번에 활용했을 때가 더 좋았다. 백색 모조지를 사용하라는 규정이 있었지만 입상을 한 것을 보면 게시 용지의 종류는 큰 의미가 없어 보였다. 플로터로 게시용지를 출력했을 때는 제목도 따로 제작하여 게시대 상단에 부착하였는데, 현수막으로 제목까지 한 번에 제작하고 뒷면에 우드락을 붙여서 게시하니 더 쉽게 전시할 수 있는 장점이 있었다.

그림 6-14 **미리캔버스로 제작한 게시 용지** (현수막)

자료 전시와 발표 준비를 철저하게 하자!

사전에 교육자료 전시 준비가 끝나면 시간을 재며 발표 연습을 할 필요가 있다. 교육자료전에 직접 자료를 전시하러 가기 전에 비슷한 크기의 책상을 준비하여 자료 배치를 연습해보면 좋다. 이렇게 사전 준비를 철저히 한다면 실제로 현장에 가서 전시하는 시간을 절약하고 더 효과적으로 자료를 배치할 수 있다. 또, 발표 연습도 자료가 전시된 상태에서 한다면 발표자의 동선이나 움직임, 자료를 부각시킬 수 있는 방법 등을 고려하여 효과적으로 발표 준비를 할 수 있다.

발표 준비를 할 때는 사전에 예상 질문에 대한 답변을 써보고 말하는 연습을 하는 것이 중요하다. 2023년 경기도 교육자료전에 브릭을 활용한 코딩 자료를 출품하였는데, 한 심사위원님께서 "블록 코딩으로 어차피 배울 텐데 브릭으로 이렇게 조립하는 활동이 의미가 있나요?"라는 질문을 하셨다. 어느 정도 예상한 질문이었기 때문에 준비한 대로 답변을 할 수 있었다. 이렇듯 제작한 교육자료의 문제점

그림 6-15 **교육자료 사전 전시 모습**

이나 한계점을 스스로 생각해보고 미리 준비하면 질의 응답도 수월하게 해낼 수 있을 것이다.

전시와 발표 준비를 다 마쳤다면 교육자료를 직접 전시하러 갈 시간이다. 필요한 준비물을 미리 챙겨두자. 전시대에 천을 감쌀 때 필요한 압정이나 테이프, 더 강하게 붙이기 위한 찰떡 테이프나 양면테이프, 가위, 충전기, 자료 이동용 카트, 우드락과 스테이플러, 멀티탭, 무선 인터넷 환경을 위한 기기, 태블릿 PC 등을 만약의 상황을 대비하여 넉넉하게 준비하는 것이 좋다.

교육자료가 부족하다면 전시의 시각적 효과를 극대화하자!

질적으로 좋은 교육자료라면 교육자료 전시에 큰 힘을 들이지 않아도 심사위원들이 얼마나 좋은 교육자료인지 알 수 있겠지만, 스스로 생각하기에 그 정도의 자료가 아니라면 최대한 화려하고 많은 양의 자료를 전시하여 시각적 효과를 극대화하는 것이 좋다. 물론 무조건 많은 양이면 되는 것이 아니고 많은 양의 자료를 잘 보일 수 있도록 배치하고 전시하는 것이 중요하며, 때로는 앞에서 이야기한 것처럼 별도의 공간을 제공받아 제작한 자료가 괜찮은 자료임을 보여줄 필요가 있다.

실제로 교육자료전 전시를 눈으로 보면 많은 양의 자료를 화려하게 전시한 곳으로 눈길이 더 가고 기억에 남으며, 얼마나 많은 땀과 노력을 들였을지를 다시금 생각하게 된다. 교과의 특성에 맞고 질적으로 좋은 자료가 최우선이지만, 혹여 조금이라도 자료에 부족한 부분이 느껴진다면 교육자료를 전시할 때 더 많은 시간을 들여서 최대한 화려하고 눈에 띌 수 있게 전시대를 꾸며보자. 조금의 부족한 부분이 시각적 효과가 극대화된 전시로 메꿔질 수 있을 것이다.

1등급 Key point

지금까지 교육자료전에 관해 이야기한 내용들이 무조건 정답일 수는 없다. 다만 필자로서는 두 번의 출품을 바탕으로 직접 보거나 들었던 경험, 생각이나 느낌을 두루 공유함으로써 교육자료전에 대한 이해를 돕고자 하였다. 이제 달리 전국 1등급을 받았던 교육자료와 설명서 몇 개를 함께 살펴보면서 높은 등급을 받은 교육자료는 어떤 특징이 있는지 생각해보도록 하자.

기존의 교육자료전 입상작 자료에 대한 설명서는 에듀넷 티클리어(edunet.net)의 연구대회 입상작에서 찾을 수 있으며, 학교급과 교과, 지역과 출품 연도, 등급 등을 필터링하여 검색하면 내가 출품하고자 하는 분야에서 전국 1등급을 받은 교육자료에 대한 설명서를 볼 수 있다. 모든 교과를 전부 살펴보는 것은 무리가 있기 때문에 출품하고자 하는 분야와 관련한 교과만 검색하고, 다른 등급보다도 1등급만 검색해서 보는 것을 추천한다. 에듀넷 티클리어에서 2023년 기준 전국교육자료전 1등급으로 검색하면 다음 그림과 같이 검색 결과를 확인할 수 있다.

지역 ⬍	연도 ⬍	자료명	대회명	등급 ⬍	학교급 ⬍	교과	조회수 ⬍
전국	2023	생각이 번뜩이는 I.D.E.A! 예감 온 [on] 놀이터	제54회 전국교육자료전	1	초등학교	기타	93
전국	2023	에듀테크 어울림 보드게임으로(路) PEACE 공동체 만들기	제54회 전국교육자료전	1	중학교	기타	53
전국	2023	다문화 학생의 말문이 트이는 우리 이야기 구.절.판.	제54회 전국교육자료전	1	초등학교	기타	73

그림 6-16 **에듀넷 티클리어 2023년도 전국교육자료전 1등급 자료 검색 화면**[10]

교육자료에 대한 설명서와 함께 전국교육자료전에서 어떻게 전시를 했는지도 확인하자. 한국교총 홈페이지(kfta.or.kr)에서 [ON-LINE GALLERY(교육자료전 입상작)]를 살펴보면 동영상으로 촬영된 높은 등급의 교육자료가 전시된 모습을 직접 확인할 수 있다.

그림 6-17 **한국교총 ON-LINE GALLERY** (교육자료전 입상작)[11]

사회와 교육의 흐름에 맞는 주제를 선정하라

〈함께 이야기하고 해결하는 디지털 리터러시 UP D.S.L.R 활동 세트〉라는 제목으로 2022년도 전국교육자료전에서 1등급을 받은 자료를 살펴보려고 한다. 앞으로 살아갈 디지털 사회에서 디지털 리터러시의 중요성이 점점 커지는 가운데 2022 개정 교육과정으로 바뀌면서 한층 더 디지털 리터러시가 강조되고 있는데, 이러한 흐름에 맞는 주제를 선정한 점이 눈에 띄었다. 물론 관련 내용을 자료 제작의 필요성이나 목적, 교육과정 분석에 결부하여 교육자료 설명서에 상세히 서술함으로써 제작한 교육자료가 널리 활용되어야 함을 알리고 있다.

나 2022 개정교육과정에서의 디지털 리터러시 분석

2015 교육과정 외 2022개정교육과정 총론(시안)을 보면, 디지털 기초소양 교육이 포함되어 미래에 중요한 교육으로 많은 사람에게 공감대가 형성되어 있다. 그만큼 디지털 리터러시의 중요성이 높아지면서 교과에 포함되어 체계적 교육 기반을 다져 디지털 리터러시 역량을 갖춘 미래인재 양성을 위해 노력하려고 한다. 특히, 모든 교과교육을 통하여 디지털 기초 소양 함양 즉, 디지털 리터러시 교육 기반을 마련하려고 한다.

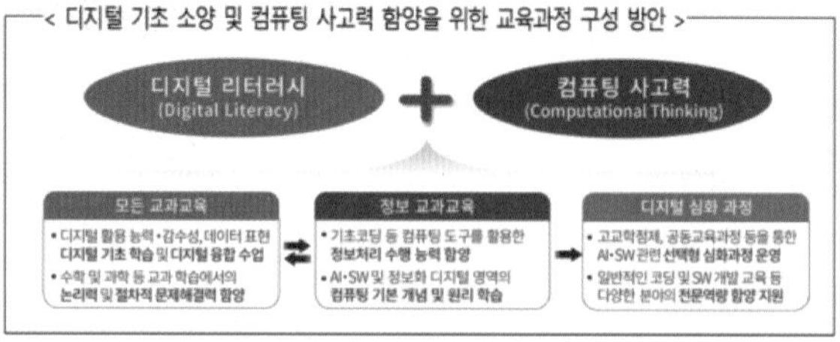

2022 개정 교육과정 총론 주요사항(시안) 2021.11.24.

[시사점]

- 기존 컴퓨팅 사고력 향상을 위한 SW 및 AI 교육과 연계할 수 있도록 내용 구성
- 교과별로 관계성을 맺지 못한 디지털 리터러시 교육을 창의적 체험활동을 중심으로 교과 융합형 수업을 통해 더욱더 체계적이고 쉽게 교육할 수 있도록 교육과정 재구성이 필요함.
- 디지털 시민성 교육을 바탕으로 디지털 생활에 비판적 시각으로 바라볼 수 있는 디지털 능동자로 성장시키는 교육이 필요함.
- 2022 개정 교육과정을 준비하기 위하여 디지털 활용 능력을 통해 기존 컴퓨팅 사고력 향상을 위한 SW 및 AI 교육과 연계할 수 있도록 내용 구성
- 콘텐츠 생산 능력 교육을 통하여 콘텐츠 소비자에서 그치는 것이 아니라 콘텐츠 생산자로 길러 소비와 생산을 동시에 하는 프로슈머인 참여형 소비자로서 미래역량을 가지도록 하는 것이 필요함.
- 한 가지 영역에 치우치지 않고 3가지 영역(디지털 시민성 영역, 디지털 활용 영역, 콘텐츠 제작 영역)이 골고루 학습될 수 있도록 단원별 교과서 형태의 워크북 제작이 요구됨.
- 교과 간 체계적으로 연계성이 떨어져 있어 학생뿐만 아니라 가르치는 교사의 관점에서 쉽게 알려줄 수 있는 지도서(가이드북) 및 영상 제작이 요구됨.

그림 6-18 **사회의 변화, 교육의 흐름에 맞는 주제 선정**[12]

새로운 기술을 적극적으로 활용하라

예전에는 단순히 실물로 된 교육자료를 제작하고 활용하였다면 요즘에는 메타버스나 인공지능, AR이나 VR 기술을 접목하여 교육자료를 개발하기도 한다. 2022년도 전국교육자료전 사회 교과에는 〈A.C.E 역사 보드게임을 통한 역사적 사고력 기르기〉라는 주제로 보드게임 자료가 출품되었다. 이 자료를 개발한 선생님들은 블렌디드 러닝으로 학습 효과를 극대화할 수 있도록 게더타운을 활용한 메타버스 플랫폼도 함께 제작하였다.

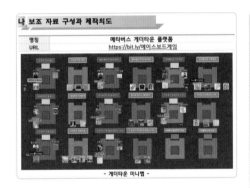

그림 6-19 **메타버스 플랫폼을 활용한 교육자료**(왼쪽)[13]**과 AR 기술을 활용한 교육자료**(오른쪽)[14]

또 동년도 체육교과에 출품된 〈AR 기술을 적용한 스마트 멀티 마커[Marker]〉 교육자료는 AR 기술을 체육 시간에 활용할 수 있도록 개발한 프로그램이었다. 이 프로그램을 활용하여 다양한 체육 활동을 구상하고 적용하였으며, 새로운 기술을 교육에 활용할 수 있는 사례를 공유한 점이 우수하다.

더불어 교육자료에서의 스마트기기, 앱 활용도가 높아지고 있는데, 일례로 2020년도 전국교육자료전 비교과 영역에서 1등급을 받은 8개의 작품 자료명만 살펴봐도 '인공지능', '스마트'와 관련된 교육자료가 4개(50%)이며, 나머지 자료도 확인해봤을 때 앱이나 스마트기기를 활용하는 형태가 많이 눈에 띄었다. 2020년 비교과뿐만 아니라 2020년의 다른 교과, 2021년과 2022년 대부분의 교과에서 인공지능, 메타버스, AR, VR, 스마트기기를 활용하는 교육자료가 제작된 것을 볼 수 있다. 물론 무조건 이러한 디지털 기술들을 활용해야 하는 것은 아니지만 주자료의 활동을 도와줄 수 있는 보도자료 정도로 간단하게 제작하는 것도 추천할 만하다.

지역 ⬍	연도 ⬍	자료명	대회명	등급 ⬍	학교급 ⬍	교과 ⬍	조회수 ⬍
전국	2020	걸으며 발견하는 환경 교육 eco-map 마을환경탐사키트	제51회 전국교육자료전	1	초등학교	비교과	336
전국	2020	우리 아이, AI 인재로 키우는 인공지능 에듀키트	제51회 전국교육자료전	1	초등학교	비교과	287
전국	2020	스마트 서예로 인성 Level Up!	제51회 전국교육자료전	1	초등학교	비교과	183
전국	2020	음운이와 함께하는 말소리 여행 -다문화 학생들을 위한 음운인식 기반 읽기 능력 향상 자료-	제51회 전국교육자료전	1	초등학교	비교과	117
전국	2020	인공지능, 너도 할 수 있어! -초등학생을 위한 인공지능 체험, 이해, 창작 교육자료-	제51회 전국교육자료전	1	초등학교	비교과	309
전국	2020	나백신 박사와 함께하는 S.O.S 전략으로 감염병에서 살아남기	제51회 전국교육자료전	1	초등학교	비교과	127
전국	2020	창의지성을 기르는 P.D.T 교육연극 활동세트	제51회 전국교육자료전	1	초등학교	비교과	132
전국	2020	AI로 배우는 범교과 학습터	제51회 전국교육자료전	1	초등학교	비교과	194

그림 6-20 에듀넷 티클리어 2020년도 전국교육자료전 비교과 1등급 자료 검색 화면[15]

현장에서 반드시 필요하다고 느낄 교육자료를 만들어라

하지만 이러한 디지털 기술과 같이 새로운 기술이 아니더라도 창의적인 자료, 정말 학생들에게 교육적인 효과가 있을 것 같은 자료라면 충분히 높은 등급을 받을 수 있다. 일례로 2019년 전국교육자료전에서 1등급을 받은 〈창의성과 실생활을 이어주는 연결고리 'I to R과 만나는 상상의 세계'〉는 학생들이 조립할 수 있는 블록으로 된 실물자료이다. 'I to R'이라고 이름 붙여진 4종 블록 1세트의 주자료와 학생용 활동 워크북, 교사용 지도안의 보조자료로 구성되어 많은 양의 자료를 개발한 것은 아니었지만, 기발하고 창의적인 자료, 실제로 활용 가능한 자료였던 점에서 인상 깊었다.

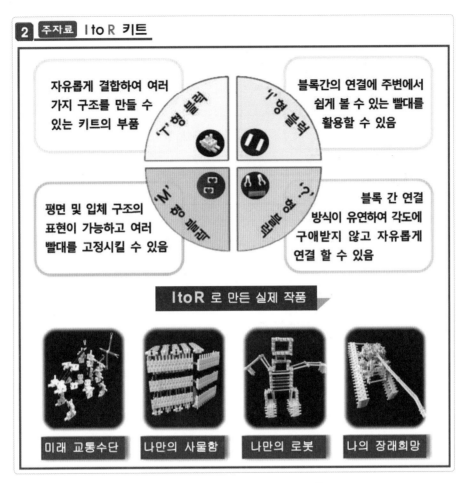

자유롭게 결합하여 여러 가지 구조를 만들 수 있는 키트의 부품

'ㄱ'형 블럭

블록간의 연결에 주변에서 쉽게 볼 수 있는 빨대를 활용할 수 있음

'ㅣ'형 블럭

평면 및 입체 구조의 표현이 가능하고 여러 빨대를 고정시킬 수 있음

'ㅁ'형 블럭

블록 간 연결 방식이 유연하여 각도에 구애받지 않고 자유롭게 연결 할 수 있음

'ㅅ'형 블럭

ItoR 로 만든 실제 작품

미래 교통수단   나만의 사물함   나만의 로봇   나의 장래희망

그림 6-21 **창의적이고 효과적인 교육자료**[16]

2017년도의 〈코딩아 놀자 (코딩블럭과 오조봇)〉도 주목할 만하다. 당시에도 오조봇은 이미 사용되고 있는 SW교육용 로봇이었다. 따라서 새로운 주제는 아니었지만, 이 로봇을 효과적으로 활용할 수 있는 자료를 개발하였다는 점에서 우수하다. 오조봇을 코딩하고 움직이게 하기 위해 나무로 된 블록에 검은색 길과 명령 블록만 붙여서 완성하여 주자료를 제작하였다. 단순하게 보이지만, SW교육이 도입되던 시기의 수요를 정확히 분석하였기에 높은 등급이 가능했던 것이다.

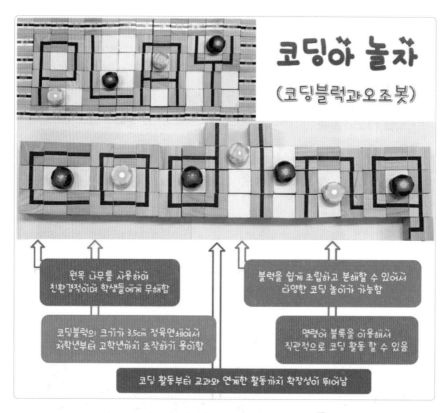

효율적으로 자료를 전시하고 핵심을 잘 발표하라

지금까지 살펴본 것처럼 인공지능 기술이나 메타버스 플랫폼, AR 또는 VR 기술을 접목한 교육자료, 교육 현장에서 정말 필요로 하는 창의적이고 기발한 교육자료를 개발하였다고 하더라도 교육자료전에서 높은 등급을 받는 것은 실전, 즉 교육자료를 어떻게 전시하고 발표하느냐에 달려 있다. 기회가 된다면 교육자료전 전시에 직접 참여하여 현장을 느껴보기를 추천한다. 입상한 사람들이 어떻게 자료를 전시했는지 살펴보는 것만으로도 나중에 교육자료전에 교육자료를 출품하고 전시할 때 큰 도움이 될 수 있다.

앞서 필자가 출품했던 자료들의 전시 모습을 제시했으므로, 지금부터는 한국교총 홈페이지 [ON-LINE GALLERY]에 올라와 있는 영상자료를 보며 교육자료를 어떻게 전시하면 좋을지 살펴보려고 한다.

〈그림 6-23〉은 체육 교과에서 2등급을 받은 자료인데 체육교과는 다른 교과와 다르게 교육자료의 크기가 크고 무거울 수도 있기 때문에 넓은 공간을 필요로 한다. 다양한 형태의 교육자료를 넓게 펼쳐 놓고 직접 교육자료를 어떻게 활용하는지 시연을 하면서 발표를 하기도 한다.

그림 6-23 **체육 교과 교육자료 전시**[18]

이전에도 예시로 들었던 〈함께 이야기하고 해결하는 디지털 리터러시 UP D.S.L.R 활동 세트〉 교육자료(〈그림 6-24〉)의 경우 보드게임과 함께 태블릿 PC를 전시한 것을 확인할 수 있다. 태블릿 PC에 앱과 자료를 전시하는 것은 물론, 전시대 양쪽에도 각각 태블릿 PC를 거치, 학생들의 활동 모습 영상을 반복 재생함으로써 시각적인 효과를 극대화한 점이 인상적이다. 태블릿 PC뿐만 아니라 큰 모니터도 활용한 것을 볼 수 있는데, 교육자료의 효과나 활동 모습을 반복적으로 보여준다면 심사위원이 교육자료를 이해하는 데 도움을 줄 수 있을 것이다.

그림 6-24 **태블릿 PC를 활용한 자료 전시**[19]

2022년도 교육자료전에 출품된 〈사회교과 1등급 A.C.E 역사 보드게임을 통한 역사적 사고력 기르기〉 교육자료(《그림 6-25》)는 주자료인 보드게임뿐만 아니라 태블릿 PC를 많이 활용하고 학생들이 직접 활동했던 자료와 배너까지 고루 전시하였다. 거의 모든 교육자료가 직접 해당 자료를 수업에 적용하여 얻은 학생 산출물을 함께 전시한다. 또, 배너는 공간이 허락된다면 함께 설치해서 전시대에 담지 못한 내용을 추가로 안내할 수 있다는 장점이 있다.

그림 6-25 **수업 적용 자료와 배너 활용 전시**[20]

이처럼 전국교육자료전에서 등급을 받은 교육자료들의 전시 영상을 살펴보면 정말 많은 양의 교육자료가 전시되었음을 알 수 있다. 하지만 꼭 그런 것은 아니다. 2022년 사회 교과에 출품된 〈함께 놀면서 배우는 전라북도〉라는 교육자료(〈그림 6-26〉)는 정말 간단하게 전시했는데도 불구하고 1등급을 받았다. 교육자료를 얼마나 효과적으로 전시하고 시각적으로 잘 보일 수 있게 전시하느냐가 중요한 문제일 수 있다. 또, 자료에 대한 설명을 발표 때 얼마나 잘 전달해냈는지도 입상의 결정적인 요소가 됨을 생각할 수 있을 것이다.

그림 6-26 **간단한 전시이지만 높은 등급을 받은 교육자료**[21]

한마디로 전시의 양, 시각적인 것보다 중요한 것은 교육자료 자체이다. 교육자료 자체가 좋다면 시각적으로 전시 효과를 높이고 발표를 잘하는 것은 금상첨화가 될 것이다. 훌륭한 교육자료를 준비했다는 가정하에 같은 조건이라면 최대한 화려하게 꾸밀 것을 권한다. 어렵게 제작한 교육자료를 더 돋보이게 하고, 교육자료의 모든 것을 보여주라는 의미이다.

마무리하며

　필자의 첫 연구대회는 2018년도 진로교육 실천사례 연구발표대회였는데, 아무 등급을 받지 못하였다. 처음으로 나간 연구대회에서 입상하지 못해서 실망했지만 그때의 경험이 연구대회를 시작할 수 있는 계기가 되었고, 그 경험을 바탕으로 2020년 교육정보화연구대회에 보고서를 출품하여 경기도 3등급을 받을 수 있었다. 물론 이때도 공동 연구로 출품을 해서 높은 점수를 받은 것은 아니었으나 첫 연구대회 입상을 이루었기 때문에 그 경험이 또 좋은 밑거름이 되었다.

　그 후로 교육자료전 3등급 수상 경험이 있는 선생님의 제의에 세 명이 팀을 이루어 함께 준비하면서 많은 것을 배우게 되었고, 전국대회까지 출품하여 2등급을 받을 수 있었다. 먼저 출품한 경험이 있는 선생님이 계셨기에 그 선생님이 이끌어주는 대로 함께 열심히 교육자료를 제작하고 수업에 적용하면서 성취감도 느끼고, 교사로서 자부심도 느낄 수 있었다. 이후 2023년도의 도전에도 수월하게 경기도 2등급 수상이 가능하였다. 혹시나 처음으로 교육자료전을 준비하고자 한다면 먼저 교육자료전에 출품한 경험이 있는 선생님들과 함께 팀을 이루어 나가서 조언을 듣고 교육자료전에 대한 감을 익히는 것이 좋다. 어떻게 해야 할지 막막하기만 하고, 하기 싫어질 때 주변의 동료 교사들은 좋은 원동력이 되며 협력자이자 조언자가 될 수 있다.

　교육자료전은 여타 연구대회와 달리 직접 제작한 자료를 눈으로 보고 수업시간에 활용하는 것이 특장점이다. 단순히 보고서만 쓰고 끝나는 것이 아니라 자료를 공유하고 발표하는 과정에서 더 큰 성취감을 느낄 수 있을 것이다. 내가 직접 만든 자료를 다른 교사들이 열심히 사용하고 칭찬을 아끼지 않는다면 그보다 더한 기쁨이 있겠는가? 더불어 그 자료를 활용한 교사뿐만 아니라 학생들에게도 교육적 효과가 있다고 한다면 교사로서 자부심이나 책임감도 더 크게 느껴질 것이다. 힘들게 준비하는 과정 이후에 더 큰 성취감과 만족감이 기다리고 있으니, 실로 한번 도전해볼 만하다.

또, 보통 교사는 학생들을 가르치는 일에 집중을 하게 되는데 교육자료전을 통해 수업 자료를 제작하는 새로운 경험을 갖게 된다. 이 과정을 통해 새로운 교구 제작-판매로도 이어질 수 있으며 더 나아가 특허권이나 지적 재산권까지도 창출 가능하다. (교육자료전에 입상한 경우 특허권을 취득할 수 없으며, 출품한 교육자료는 모든 교사에게 오픈 소스처럼 제공된다. 일종의 가능성을 제시한 것이다.)

필자는 교육자료를 제작할 때 학생들의 피드백에 특히 귀기울이고 그 내용을 반영하였다. 학생들은 선생님이 직접 만들었다는 말에 더 구체적이고 직설적으로 조언을 주었다. 예를 들어 창업 키트를 만들려고 했을 때도 학생들은 "글씨를 쓸 수 있는 공간이 너무 적어요.", "그림을 그릴 수 있게 그냥 네모난 공간만 있으면 좋겠어요." 등 실질적인 피드백을 제공해주었다. 나중에 완성된 자료는 학생과 교사가 함께 탄생시켰다는 뿌듯함을 주었다. 여타 연구대회에 비하여 교사와 학생의 소통이 강조되는 것이다. 이러한 구체적인 산출물을 통해 자료를 직접 활용하는 학생들에게도 긍정적인 영향을 줄 수 있지 않을까?

교육자료전을 두 번이나 출품할 수 있었던 원동력은 교사로서 느끼는 성취감과 만족감부터 학생들에게 보이는 긍정적인 변화, 학생과 교실에서 함께 제작하고 활용할 수 있다는 교육적인 효용에 이르기까지, 이 모든 보람에 있지 않았나 생각한다. 그러다 보니 교육자료전 공문을 보면 힘들었던 과거의 기억은 잊어버리고 '한 번 더 출품해볼까?', '이번에 이런 자료를 만들면 좋겠는데.'라는 생각이 먼저 드는 스스로를 발견할 수 있다.

어떤 선생님은 연구대회에 보고서를 출품하거나 교육자료전을 위해 자료를 개발하고 제작하는 것이 재미있다고 한다. 그 과정에서 스스로가 발전하는 것을 느낄뿐더러, 교실에서 맡고 있는 학생들에게도 좋은 영향을 끼치게 된다는 것이다. 만일 학생들을 위한 수업을 등한시한 채 교육자료전 입상을 노리는 자료 제작만을 우선한다면 당연히 교육자료전의 본질이 흐려질 것이며, 훌륭한 교사라고 할 수 없을 것이다. 교육자로서 본분을 잊지 않고 승진을 위한 교육자료전 준비가 아니라 실제 교육 현장의 발전을 위한 교육자료전을 준비하기를 바란다.

교육자료전을 비롯한 연구대회를 무조건 경험하라고 강요하는 것은 아니지만 이 책을 읽고 있는 독자는 분명히 교원 연구 과정에 관심이 있으리라 생각이 든다. 학교에서 직접 학생들과 수업하고 활용하면서 좋았던 것들을 혼자만 알고 활용하는 데서 그치지 말고, 교육자료전을 통해 다른 선생님들과 나누고 더 효과적인 교육을 위해 자신의 능력을 공유해보자.

교육자료전에 대한 6부를 읽고 교육자료전에 대해 조금은 관심과 흥미가 생겼기를 바라며, 필자가 가졌던 좋은 기회, 동료 교사들과 행복했던 경험을 이 글을 읽는 모든 선생님도 함께 느끼기를 바란다. 필자의 경험을 바탕으로 이 글을 읽는 선생님들이 함께 발전하고, 전국교육자료전에서도 1등급에 입상하기를 응원한다.

《연구대회 바이블》에 부치는 글

《연구대회 바이블》의 대표저자, 김태령입니다. 먼저 이 책을 함께 해주신 모든 선생님들께 감사드립니다. 누군가는 호기심에, 누군가는 간절함으로, 누군가는 첫 시작으로 이 책을 집어들게 되었으리라 생각합니다. 각자의 사연과 이유가 있겠지만은, 지금까지의 짧지 않은 여정을 함께하여 주심에 감사드립니다.

이 책은 순전히 저의 개인적 고민으로부터 시작되었습니다. 이제 중견교사가 되는 제 입장에서도 연구대회는 항상 궁금증의 대상이었습니다. 첫 학교에서 경험 삼아 나간 대회에서 운 좋게 지역 등급을 받은 것과 그 이듬해에 팀을 꾸려 수상한 경험이 있지만, 동료들을 잘 만난 덕택으로 느껴집니다. 저 스스로가 연구대회에 어떠한 깨달음을 얻지는 못한 것 같습니다. 그렇게 지나온 이후에 학위과정 이수, 논문 작성 등으로 학교 외 시간을 수년간 채워왔습니다. 그래도 교육 프로그램 개발이나 학술 연구, 저서나 원고 작업 등으로 나름대로 글을 쓰거나 콘텐츠를 만드는 일을 놓지 않고 지내왔다고 생각합니다.

그런 저에게 연구대회를 다시 상기시켜준 것은 학급 현장에서 떠오른 고민이었습니다. 학교 외 활동으로 바쁘지만, 저도 다른 모든 선생님과 똑같이 학급 아이들에게 많은 공을 들입니다. 현장에서 어떻게 하면 학생들에게 바른 습관을 들일 수 있을까 고민하고, 지식을 어떤 방식으로 형성시켜주어야 할까를 고민하고, 수업 내에서 어떤 리듬을 가져야 지속적인 집중력을 이끌어낼 수 있을지를 고민합니다.

그런데 최근 들어 저경력 때 느끼지 못했던 많은 한계를 느꼈습니다. 한 수업을 열심히 준비하는 것과는 상관없이 주어진 교육과정 내에서 성취기준과 자율활동의 주제들을 급한 대로 그때 그때 막아내기만 한다는 느낌이 점차 강해졌습니다. 그러다 보니 폭풍우 치는 학급 운영의 바다 속에서 항해하는 선장으로서 있는 것이 아니라, 학생들 각자의 개성에 부딪혀 배를 고치고, 조타를 하고, 갑판을 정리하는 일에 급급한 막내 사환이 되고 말았습니다. 가장 크게 쓰라렸던 것은 문제가 일어나지 않도록 임시방편을 취할 뿐, 앞을 향해 나아갈 수 없었다는 점입니다. 파도와 바람에 의해 움직일 뿐 망을 보고 돛을 조절할 여유가 없었던 것이지요.

이런 상황은 가시적인 문제를 일으키진 않았지만 서서히 위기감을 느끼기에는 충분했습니다. 세상은 굉장히 빠르게 변하고 있습니다. 그리고 우리 아이들은 더 빠르게 변합니다. 특히 문해력 하락과 본인과 다른 의견에 대한 배척, 깊은 사고를 막는 환경, 비대면 문화의 확산으로 인한 예절 문제, 급격한 기술 발달로 인한 사회 변화 등이 만드는 교실 속 문제 현상은 단순히 교과서로 극복해 나가기에는 어려운 점이 많습니다. 특히 요즘처럼 학교에서 배우는 것을 경시하는 풍토와 더불어 가르치는 것에 대해 손발이 묶여가는 현실에선 더욱 깊은 좌절감을 느끼게 됩니다.

저는 아직도 중요한 것은 눈에 보이지 않는 것이라고 생각합니다. 교사들이 '영 교육과정(null-curriculum)'이라고 부르는 그것은 많은 사람이 학교에서 배웠지만 학교에서 배웠다고 생각하지 못하는 것들입니다. 예를 들면, 기본적인 생활 습관과 예절, 사회적 관계 설정과 이익 분배, 의사소통과 갈등 문제 해결 같은 인간 사회를 형성하는 기본적인 원리입니다. 더 들어가자면 자기 인식, 자기 관리, 자기 조절 능력, 공감 능력이나 스트레스 관리, 감정 마주보기 등 스스로를 제어하는 능력들이 있겠고, 다른 방향을 살펴보자면 창의성, 협업 능력, 비판적 사고력, 적응력, 주도성과 같은 문제 해결 역량이 있습니다.

그러나 이러한 것들은 눈에 보이지 않을뿐더러 어떻게 기르는지에 대한 대단한 교육적 합의가 존재하지 않습니다. 다만 몇몇 실증적인 연구들과 그러리라고 짐작되는 이론들이 가리키는 손가락만이 있을 뿐입니다. 그렇다고 해서 이것을 무시할 수 없습니다.

왜냐하면 교육에 관해서는 우리가 가장 전문가이기 때문입니다. 우리가 하지 않으면 그 어느 누구도 할 수 없는 일입니다. 그렇기에 교사의 역할이, 교사가 해야 하는 일이 소중합니다. 학교를 나온 사람이라면 누구나 교육 철학가가 된 것인양 말하는 오늘날의 현실에서, 원자화된 교사는 힘을 쓸 수 없습니다. 스스로 한 발 딛고 일어나 한 사람 한 사람이 교육 리더가 됨과 동시에, 한 인간을 만들어내는 중차대한 과업을 누구보다도 진심으로 대할 수 있어야만, 교육 전반에 지워진 무겁고 불합리한 사회문화적 현실을 이겨내 가게 될 것입니다.

저는 연구대회가 그러한 역할을 할 수 있다고 생각합니다. 보편적으로 설정된 교육과정과 교과서의 지식을 단순히 익히며 따라가는 그런 교육이 아닌, 우리 지역과 우리 학생들에게 보이지 않는 것을 볼 수 있게 이끌어주는 교육이 계획되는 장이 바로 연구대회인 것입니다. 마치 우리가 혼자 운동을 할 수 있어도 PT를 받고, 혼자 무언가를 배울 수 있어도 학원을 가는 것처럼, 연구대회 참가는 우리를 조금 더 교육의 지면에 굳게 서게 하고, 마음과 능력을 키워 한층 어엿한 교사, 단단한 한 사람으로 만들어줄 것입니다.

이 책을 쓰면서 저 역시 다른 저자님들께 많은 배움을 받았습니다. '연구'라는 이름 아래에서 어렵지 않다고 생각했던 연구대회가 실제로는 상이한 문법을 가지고 있음은 물론, 각 대회의 특성에 따라 어떤 것이 포인트가 되고 학생들에게 어떤 도움을 줄 수 있는지를 알 수 있었던 시간이었습니다. 자신의 노하우를 다 내어주신 저자님들과 조언을 아끼지 않으셨던 모든 분께 감사드립니다.

마지막으로 각 연구대회를 집필하셨던 선생님들의 응원 편지를 부쳐드립니다.

From. 송해남 선생님(디지털교육연구대회)

성장! 도전해라!

이 책을 통해 연구대회의 방법적인 부분을 채웠다 해도, 실제 1년간의 연구를 진행하는 것은 생각보다 다양한 부분에서 품이 많이 드는 과정입니다. 수업 하나 하나 사진 남기는 것도, 글을 쓰는 것도, 디자인을 하는 것도, 더 특색 있는 수업을 위해 이것 저것 고민하는 시간도. 어떻게 하는지 감이 왔더라도 막상 시작하는 게 두려우실 수 있습니다.

하지만 고민만 하지 말고 일단 당장 시작하라고 말씀드리고 싶습니다. 승진을 위한 점수라도, 개인적인 도전 의식이라도, 교사로서의 성장이라도, 어떤 이유에서든 도전해봅시다. 저는 이제 "이 정도 글이면 등급을 타겠구나!" 하는 감이 생겼고, 연구 보고서가 아니더라도 다양한 문서를 제작하는 능력이 높아졌습니다. 다른 선생님들의 글을 보고 조언해줄 일이 잦아졌고, 책을 쓰거나 강의할 일이 빈번해지고 있어 개인적으로도 뿌듯합니다. 더불어 이 책을 집필하며 여섯 팀의 연구대회 도전을 컨설팅해 드렸고, 모든 팀이 등급을 수상하시는 기쁨을 안았습니다. 제 등급 수상보다 더 기쁘더라고요.

3년 전 한번 도전해보고 싶다는 생각으로 시작한 연구대회 출전이 제 교직 인생 마라톤의 큰 변곡점이 되었음은 분명합니다.

양질의 연구문화를 만들자!

이 도서의 전 부분을 읽어본 선생님이라면, 연구대회 종류가 다르고 특성과 중점이 상이하지만 모두 공통적으로 강조하는 흐름이 있다는 걸 눈치채셨을 겁니다. 시작하기 전 탄탄한 연구 설계와 특색 있는 주제를 잡지 않으면 등급 수상으로 가는 길이 험난하리라 예상됩니다. 혹자는 연구대회를 승진에 미쳐서 반 아이들을 팽개치고 '사진'만 찍는 사람들이 하는 행위로 여기곤 합니다. 과거에는 그런 분위기도 있었겠지만 요즘은 높은 가능성으로 그렇지 않습니다. 독창적인 연구 주제를 고민하는 과정은 사전 문헌 탐구 시간으로 채워질 것이며 연구 설계를 고민하는 것은 양질의 교육과정과 이어집니다. 사진을 잘 건지기 위한 활동은 학생들이 재밌어 하는 수업이 되어 교실의 즐거운 환호를 불러옵니다. 저는 많은 교사가 연구에 참여함으로써 교직 내 탄탄한 연구 문화가 자리 잡았으면 좋겠습니다. 서로 도와주고 끌어주고 경험을 나누며 각자의 연구를 존중하고 박수쳐주기를 바랍니다. 그 한 걸음의 시작을 제가 먼저 박수쳐 드릴게요. 한번 시작해보시죠!

From. 임지은 선생님(수업혁신사례연구대회)

연구대회에 도전하기로 마음먹은 모든 선생님을 응원합니다. 승진을 위해 혹은 스스로의 성장과 변화를 위해, 어떤 이유로 도전하시든 참가 그 자체에도 큰 의미가 있으며 좋은 결과까지 확실히 가져가시라고 연구대회에 대한 소소한 것부터 차별화된 노하우와 꿀팁들까지 모두 모아 이 책에 담았습니다.

《연구대회 바이블》백 퍼센트 활용하는 방법

- 첫째, '내년에 연구대회 한번 나가볼까.' 하시는 때에 읽기
- 둘째, 연구대회 도전주제를 구상하고 기획할 때 읽기
- 셋째, 연구 진행 30% 되었을 때 읽기
- 넷째, 연구 진행 70% 되었을 때 읽기
- 다섯째, 전국 연구대회 준비 시 빈틈 없게 보완해야 할 때 읽기

나에게 더 잘 맞는 연구대회가 있습니다. 연구대회에 나가고 싶은데 어떤 연구대회에 나가면 좋을지 고민일 때 이 책을 읽어보신다면 나에게 딱 맞는 연구대회를 찾을 수 있을 테니 선생님의 고민 시간을 줄여줄 것입니다.

연구대회를 부정적으로 생각하고 계신 선생님들께서도 이 책을 우연히 읽어보신다면 연구대회 도전 과정이 얼마나 치열한 고민과 열정의 과정인지 느끼실 수 있을 것입니다. 우리가 하는 연구가 아이들과 함께하는 호흡이기에 그 시간들은 그 자체로 충분한 가치와 의미가 있습니다.

이 책이 선생님의 모든 연구대회 도전 과정에서 함께했으면 좋겠습니다. 선생님의 도전과 열정과 변화를 응원합니다.

From. 조수진 선생님(인성교육실천사례연구발표대회)

이 글을 쓰기 꼭 이틀 전. 2년, 4년 차. 막 교직 생활에 적응이 되어가고 있을 동학년 선생님들과 이야기를 나누었습니다. '어떻게 하면 교사라는 직업에 만족하는 사람이 될 수 있을까?'를 주제로 솔직담백하게 나누었던 이야기 속, 독자 선생님과 함께 나누고 싶은 것들이 있어 이 곳에 담아봅니다.

교사 생활에 만족하려면 교사와 학생 모두가 안전한 교육 환경, 선진화된 교육 제도 등과 같은 중대한 필요조건들이 있겠습니다. 하지만 이는 개인이 쉬이 변화시키기 어려운 문제라 우리는 좀 더 개인화된 조건을 생각해보았지요. 그렇게 세 명의 교사가 머리를 맞대어 내린 결론은 결국, '스스로를 자랑스러워 할 수 있는 교사가 되자.'였습니다.

그나마 경력이 가장 많은 제가 스스로를 자랑스러워했던 경험을 되새겨 이야기해주었습니다. 제게 자부심을 선물한 것은, 좀 더 주체적으로 연구해서 가르치고 싶은 과목이나 주제를 찾고, 직접 관련 교육활동을 구성하여 가르치는 모든 때였습니다. 스스로를 전문적이라 여길 수 있기 때문이죠. 교사들의 커뮤니티 웹사이트에서 누군가의 노력이 담긴 교육 자료를 편하게 가져오거나 지도서의 명쾌한 교육 흐름을 그대로 따라가는 것이 아닌, 조금은 엉성하더라도 우리반 아이들의 특성에 가장 적합한 교육 활동을 구성해내는 경험은 고된 만큼 가슴을 뛰게 만들었습니다.

"좋아하는 주제나 과목을 어떻게 찾아요?" 가장 어린 동료 선생님이 말했습니다. 그때, 관심 있는 분야가 너무 다양하고 막연해서 나만의 '주특기'를 찾아 헤매던 예전의 제 모습이 떠올랐습니다. 다양한 과목을 가르쳐야 하는 초등교사 특성상 전문 분야를 찾고자 하는 욕구는 모두 한번쯤 느껴봤을 것입니다. 저 또한 마찬가지였고, 그 당시의 저는 연구대회에 도전하여 한 편의 교육과정을 만들어내면서 마침내 또렷해진 교육관과 더불어 더 잘 가르치고 싶은 교육 주제를 얻을 수 있었습니다.

연구대회에 나간 후, 저는 교사로서 제2의 진로를 찾았습니다. 확신을 바탕으로 대학원을 등록했고 연구회도 들었습니다. 약간의 긴장감을 도구 삼아 집중적으로 나의 교육과정에 대해 연구했던 그 농축된 시간은 분명 제 스스로를 보다 자랑스럽게 만들어주었습니다.

이미 훌륭한 업적을 많이 쌓으신 선생님도 분명 이 책을 보시리라 예상되어 자랑스러움과 만족에 대해 논하는 제 자신이 작아집니다. 그럼에도 당당히 말하고 싶습니다. 연구대회의 궁극적인 목적은 트로피가 아님을요. 연구대회는 스스로 만족하는 교사가 되기 위한 '과정'입니다. 《연구대회 바이블》과 함께 나만의 교육 연구를 시작해봅시다! 매너리즘에 빠져 이 직업이 힘들었던 분은 새로운 발전 가능성을 발견하여 즐겁게 치유되실 겁니다. 본인 역량에 좀 더 확신을 갖고자 하는 분 역시 도전 욕구로 흥분되실 거예요.

이 책을 읽는, 곧 읽을 모든 선생님. 우리 모두 스스로를 자랑스러워 하는 교사가 되어봅시다.

From. 주민환 선생님(교육방송연구대회)

연구대회는 승진을 생각하는 사람들만 나가는 대회일까요? 사실 이 질문에는 연구대회에 나가는 것이 승진에만 도움이 된다는 의미가 내포되어 있는 것 같습니다. 교육방송연구대회에 나가기 이전의 저역시 그렇게 생각했죠. 자의 반 타의 반으로 시작하게 되었지만, 이왕 시작한거 열심히 해보려고 했어요. 결과적으로 입상을 하게 되었고, 등급을 받게 되었습니다. 당연히 기뻤고 뿌듯했습니다. 하지만이 기쁨은 입상 당시에 느낄 수 있는 짧은 기쁨이었습니다.

시간이 흐른 지금 제겐 입상이라는 결과보다 과정에서 얻은 것이 더 많아졌어요. 제가 연구한 단원의내용을 더 실속있게 가르칠 수 있게 되었고, 제작한 학습자료를 선생님들이 유용하게 활용하셨을 때가장 큰 기쁨을 느꼈던 것 같습니다. 그리고 이 충족감은 현재진행형이고요. 무엇보다 과정을 통해 좀더 성장한 교사가 되었다는 느낌이 들었습니다. 평소 생각만 하고 있던 아이디어를 구체화시키는 과정을 통해 배움을 얻고, 학생의 입장에서 교과를 어떻게 받아들일지에 대한 고민을 하게 되었으니까요. 그래서 누군가 제게 연구대회에 나가는 것을 추천하냐고 물어보면, 이제는 자신있게 도전해보시라고권할 수 있을 것 같습니다. 등급 외의 가치가 많기 때문에요. 물론 성장의 방법이 연구대회만 있는 것은 아니기에 꼭 나가야 하는 것은 아닙니다. 단지, 연구대회가 도전하기 어려울 정도로 진입장벽이 높은 분야는 아니라는 말씀을 드리고 싶습니다. 그래도 처음에 방향을 알려주는 이정표가 있으면 좋겠지요? 이 책이 연구대회에 도전하시는 선생님들께 방향성을 제시해주는 등불과 같은 역할이 되었으면합니다.

From. 이정원 선생님(교육자료전)

처음에 연구대회를 시작할 때까지만 해도 누군가 제게 "연구대회를 힘들게 왜 나가?"라고 질문을 한다면 "승진 점수 채워야지."라고 대답했을 것입니다. 경기도 기준으로 대학원 석사학위 점수 1.5점을 제외한 나머지 1.5점. 돌이켜보면 처음에는 그 점수를 위해 연구대회를 준비하려고 했던 것 같습니다. 연구대회로 유명한 선생님의 연수를 직접 찾아 듣기도 하며 준비했지만 처음부터 좋은 결과를 얻지는 못했습니다. 그냥 보고서 대충 쓰면 받을 수 있는 점수로만 생각했던 것이 큰 착각이었죠. 1년 동안 나름 열심히 노력했지만 어떠한 결실을 맺지 못했을 때, 그 허무함과 상실감은 말로 표현할 수 없었습니다.

하지만 그 후 디지털교육연구대회, 교육자료전 도대회와 전국대회에서 입상했을 때는 분명한 성취감과 만족감을 느낄 수 있었고, 자신감도 생기게 되면서 더 큰 욕심을 부리고 싶어졌습니다. 단순히 승진 점수 때문에 시작한 연구대회였어도 오랜 시간과 노력을 투자하였고, 이윽고 결실을 맺는 것을 보며 스스로 성장했음을 느낄 수 있었으며, 교사인 저의 변화로 아이들도 함께 변하는 것을 알 수 있었습니다. 그렇기 때문에 준비하는 과정은 너무 힘들지만 성장하는 경험을 계속 느끼고 싶다는 마음으로, 저는 연구대회를 계속해서 나갔던 것이 아닐까 생각합니다.

선생님, '승진' 때문이라도 좋습니다. 일단 연구대회를 시작하는 것이 가장 중요합니다. 시작이 반이라는 말이 있듯이 연구대회를 시작하는 것만으로도 각자가 교사로서 성장하는 데 반을 이룬 것이며, 나머지 반은 연구대회를 준비하는 과정을 통해 배울 수 있을 것입니다. 연구대회를 준비하면서 제가 느꼈던 긍정적인 감정을 연구대회를 고민하고 있는 선생님들도 모두 느껴보시기를 바라면서 항상 응원하겠습니다. 화이팅!

응원합니다. 선생님. 그리고 같이 만들어가면 좋겠습니다. 모든 선배님들과 동료분들, 그리고 후배님들께 이 책을 바칩니다. 감사합니다.

2023년 11월, 김태령 드림.

서론

1. https://www.law.go.kr/행정규칙/연구대회관리에관한훈령/(427,20221230)

2. 장재훈 (2022.01.30.) 교원 연구실적평정점 2점으로 낮춘다, 담임·보직교사 승진 유리.
    에듀프레스. http://www.edupress.kr/news/articleView.html?idxno=8547

1부

1. 지연욱 (2022). 무지개 물고기들의 어울림 바다(S.E.A) 탐험으로 만들어가는 인성 로드맵(M.A.P). 경기도현장교육연
    구대회.

2. 이정용 (2021). M.I.N.D-Bridge 관계회복 프로젝트로 뉴노멀 시민으로 성장해요. 2021년 인성교육실천사례연구발
    표대회.

2부

1. 홍석희 (2020). 예둘샘의 쉽게 쓰는 인성교육 실천사례 연구대회 보고서 작성법 2.

2. 장재훈 (2023.03.09.) 경기도교육청, 초3~고3 100% 스마트기기 보급 .. AI 학습체제 구축. 에듀프레스. http://www.
    edupress.kr/news/articleView.html?idxno=10165

3. 이수진 (2023). 지속가능발전목표(SDGs) 실천을 위한 에이스 프로젝트로 e-생태시민성 함양하기. 제16회 교육정보
    화연구대회

4. 강석기, 이인선 (2019). 학생중심 STAR 프로그램 개발·적용으로 천체 전문가되기. 제13회 교육정보화연구대회

5. 김한솔, 김선진 (2022). ON-BOOK ARTIST(아티스트) 프로젝트로 미래핵심역량(6Cs) 기르기. 제16회 교육정보화연
    구대회.

6. 김한솔, 김선진 (2022). ON-BOOK ARTIST(아티스트) 프로젝트로 미래핵심역량(6Cs) 기르기. 제16회 교육정보화연
    구대회.

7. 김한솔, 김선진 (2022). ON-BOOK ARTIST(아티스트) 프로젝트로 미래핵심역량(6Cs) 기르기. 제16회 교육정보화연
    구대회.

8. 최지선, 배국환 (2022). 메타버스 기반 MATrix 전략으로 CoM 역량 기르기. 제16회 교육정보화연구대회.

9. 최지선, 배국환 (2022). 메타버스 기반 MATrix 전략으로 CoM 역량 기르기. 제16회 교육정보화연구대회.

10. 강민정 (2022). 개념 기반 탐구학습 단계 적용 DSI 프로젝트로 사회과 변혁적 역량 기르기. 제16회 교육정보화연구대회.

11. 강민정 (2022). 개념 기반 탐구학습 단계 적용 DSI 프로젝트로 사회과 변혁적 역량 기르기. 제16회 교육정보화연구대회.

12. 황종대 (2022.02.09.) 인공지능과 뿌리기술 융합해야 'K제조강국'의 길. 경향신문. https://m.khan.co.kr/opinion/contribution/article/202202090300065#c2b

3부

1. 이연호 (2021). HTHT핫태핫태! 맞춤On · 미래+로 New T.U.R.N.하는 탐구키움터. 2021년 수업혁신사례연구대회.

2. 이연호 (2021). HTHT핫태핫태! 맞춤On · 미래+로 New T.U.R.N.하는 탐구키움터. 2021년 수업혁신사례연구대회.

3. 이연호 (2021). HTHT핫태핫태! 맞춤On · 미래+로 New T.U.R.N.하는 탐구키움터. 2021년 수업혁신사례연구대회.

4. 이연호 (2021). HTHT핫태핫태! 맞춤On · 미래+로 New T.U.R.N.하는 탐구키움터. 2021년 수업혁신사례연구대회.

5. 유민주 (2022). 여섯 싱어송라이터들과 떠나는 연결고리 창작여행, 비긴 어게인!. 2022년 수업혁신사례연구대회.

6. 유민주 (2022). 여섯 싱어송라이터들과 떠나는 연결고리 창작여행, 비긴 어게인!. 2022년 수업혁신사례연구대회.

7. 유민주 (2022). 여섯 싱어송라이터들과 떠나는 연결고리 창작여행, 비긴 어게인!. 2022년 수업혁신사례연구대회.

4부

1. 시민영 (2021). 글로벌 W.I.T.H.+ 프로젝트로 더불어 사는 소우주 세계시민으로 거듭나기. 2021년 인성교육실천사례연구발표대회.

2. 오란 (2021). 인성 T.O.P 스타(STAR) 프로젝트를 통해 평화로운 민주시민으로 성장하기. 2021년 인성교육실천사례연구발표대회.

3. https://www.edunet.net/nedu/ncicsvc/listTchBoardForm.do?boardNum=30&menu_id=712

4. 교육과학기술부 (2012). 인성교육 비전 수립을 위한 정책연구.

5. 김명현 (2021). 인문철학 글놀이(N.O.R.I.)터에서 같이 자라는 꼬마 가치인. 2021년 인성교육실천사례연구발표대회.

6. 최철우 (2021). 구하자 프로젝트(탐(探)구하자! 친(親)구하자! 지(地)구하자!)를 통한 인성 역량 키우기. 2021년 인성교육실천사례연구발표대회.

7. 김명현 (2021). 인문철학 글놀이(N.O.R.I.)터에서 같이 자라는 꼬마 가치인. 2021년 인성교육실천사례연구발표대회.

8. 최철우 (2021). 구하자 프로젝트(탐(探)구하자! 친(親)구하자! 지(地)구하자!)를 통한 인성 역량 키우기. 2021년 인성교육 실천사례연구발표대회.

9. 교육부 (2020). 제2차 인성교육 종합계획.

10. 김명현 (2021). 인문철학 글놀이(N.O.R.I.)터에서 같이 자라는 꼬마 가치인. 2021년 인성교육실천사례연구발표대회.

11. 김명현 (2021). 인문철학 글놀이(N.O.R.I.)터에서 같이 자라는 꼬마 가치인. 2021년 인성교육실천사례연구발표대회.

12. 김명현 (2021). 인문철학 글놀이(N.O.R.I.)터에서 같이 자라는 꼬마 가치인. 2021년 인성교육실천사례연구발표대회.

13. 김명현 (2021). 인문철학 글놀이(N.O.R.I.)터에서 같이 자라는 꼬마 가치인. 2021년 인성교육실천사례연구발표대회.

14. 최철우 (2021). 구하자 프로젝트(탐(探)구하자! 친(親)구하자! 지(地)구하자!)를 통한 인성 역량 키우기. 2021년 인성교육 실천사례연구발표대회.

15. 최철우 (2021). 구하자 프로젝트(탐(探)구하자! 친(親)구하자! 지(地)구하자!)를 통한 인성 역량 키우기. 2021년 인성교육 실천사례연구발표대회.

16. 최철우 (2021). 구하자 프로젝트(탐(探)구하자! 친(親)구하자! 지(地)구하자!)를 통한 인성 역량 키우기. 2021년 인성교육 실천사례연구발표대회.

17. 최철우 (2021). 구하자 프로젝트(탐(探)구하자! 친(親)구하자! 지(地)구하자!)를 통한 인성 역량 키우기. 2021년 인성교육 실천사례연구발표대회.

18. 최철우 (2021). 구하자 프로젝트(탐(探)구하자! 친(親)구하자! 지(地)구하자!)를 통한 인성 역량 키우기. 2021년 인성교육 실천사례연구발표대회.

5부

1. EBS 교육방송연구대회 홈페이지 (https://home.ebs.co.kr/study/etc/68/htmlMenu#UI_table04)

6부

1. 2023 경기도 현장교육연구운동 추진계획.

2. 정지범, 이정원, 이승규 (2021). 4M 단계로 알아가는 스마트한 경제교육. 제52회 전국교육자료전.

3. 정지범, 이정원, 이승규 (2021). 4M 단계로 알아가는 스마트한 경제교육. 제52회 전국교육자료전.

4. 박미림, 이정원, 장명현, 박형진 (2023). SW, AI 교육을 위한 B.B.C (Book, Brick, coding) 프로그램. 제70회 경기도교육 자료전.

5. 정지범, 이정원, 이승규 (2021). 4M 단계로 알아가는 스마트한 경제교육. 제52회 전국교육자료전.

6. 박미림, 이정원, 장명현, 박형진 (2023). SW, AI 교육을 위한 B.B.C (Book, Brick, coding) 프로그램. 제70회 경기도교육 자료전.

7. 박미림, 이정원, 장명현, 박형진 (2023). SW, AI 교육을 위한 B.B.C (Book, Brick, coding) 프로그램. 제70회 경기도교육자료전.

8. 정지범, 이정원, 이승규 (2021). 4M 단계로 알아가는 스마트한 경제교육. 제52회 전국교육자료전.

9. 박미림, 이정원, 장명현, 박형진 (2023). SW, AI 교육을 위한 B.B.C (Book, Brick, coding) 프로그램. 제70회 경기도교육자료전.

10. https://www.edunet.net/nedu/stdysvc/listStdyConfrForm.do?clss_id=CLSS0000000060&menu_id=461

11. 한국교총 홈페이지 ON-LINE GALLERY 제53회 전국교육자료전 입상작 중 인성교육·창의적체험활동 부문 (https://www.kfta.or.kr/n/2022/1102/personality.html)

12. 김동건, 임희권, 이동수, 손재진 (2022). 함께 이야기하고 해결하는 디지털 리터러시 UP D.S.L.R 활동 세트. 제53회 전국교육자료전.

13. 신성진, 박솔민, 이종선 (2022). A.C.E 역사 보드게임을 통한 역사적 사고력 기르기 (메타버스와 함께하는 추 체험 역사여행). 제53회 전국교육자료전.

14. 박필종, 송재헌 (2022). AR 기술을 적용한 스마트 멀티 마커(Marker). 제53회 전국교육자료전.

15. https://www.edunet.net/nedu/stdysvc/listStdyConfrForm.do?clss_id=CLSS0000000060&menu_id=461

16. 장의남, 권형준, 김상희 (2019). 창의성과 실생활을 이어주는 연결고리 'ItoR과 만나는 상상의 세계'. 제50회 전국교육자료전.

17. 정태석 (2017). 코딩아 놀자 (코딩블럭과 오조봇). 제48회 전국교육자료전.

18. 장세훈 (2022). 흥미와 성취감을 만족시키는 놀이 체육 교수·학습 자료. 제53회 전국교육자료전.

19. 김동건, 임희권, 이동수, 손재진 (2022). 함께 이야기하고 해결하는 디지털 리터러시 UP D.S.L.R 활동 세트. 제53회 전국교육자료전.

20. 신성진, 박솔민, 이종선 (2022). A.C.E 역사 보드게임을 통한 역사적 사고력 기르기 (메타버스와 함께하는 추 체험 역사여행). 제53회 전국교육자료전.

21. 김형태, 서해옥 (2022). 함께 놀면서 배우는 전라북도. 제53회 전국교육자료전.